明清实录藏族史料类编丛书

国家出版基金项目
"百部好书"扶持项目
"十三五"国家重点图书出版规划项目

名誉主编 ◎ 顾祖成　　主编 ◎ 孔繁秀

清实录藏族史料类编

第八集

孔繁秀　主编

· 广州 ·

版权所有 翻印必究

图书在版编目（CIP）数据

清实录藏族史料类编．第八集／孔繁秀主编．—广州：中山大学出版社，2019.10

（明清实录藏族史料类编丛书／孔繁秀主编）

ISBN 978-7-306-06695-4

Ⅰ．①清… Ⅱ．①孔… Ⅲ．①藏族－民族历史－史料－中国－清代 Ⅳ．①K281.4

中国版本图书馆CIP数据核字（2019）第196229号

QINGSHILU ZANGZU SHILIAO LEIBIAN DIBAJI

出 版 人：	王天琪
策划编辑：	嵇春霞　王　睿
责任编辑：	王　睿
责任校对：	李先萍
封面设计：	林绵华
装帧设计：	曾　斌
责任技编：	何雅涛
出版发行：	中山大学出版社
电　　话：	编辑部 020-84110779，84111996，84113349，84111997
	发行部 020-84111998，84111981，84111160
地　　址：	广州市新港西路135号
邮　　编：	510275　　传　真：020-84036565
网　　址：	http://www.zsup.com.cn　E-mail: zdcbs@mail.sysu.edu.cn
印 刷 者：	常州市金坛古籍印刷厂有限公司
开　　本：	787mm×1092mm　　1/16
总 印 张：	176.375印张
总 字 数：	2800千字
版次印次：	2019年10月第1版　2019年10月第1次印刷
总 定 价：	1350.00元（全九集）

如发现本书因印装质量影响阅读，请与出版社发行部联系调换

○《清实录藏族史料类编》编辑委员会

顾　　问：杜建功　　扎西次仁
主　　任：欧　珠　　刘　凯
委　　员：邹亚军　　扎西卓玛　　史本林　　袁东亚　　王沛华　　张树庭
　　　　　顾祖成　　索南才让　　张宏伟　　王斌礼　　陈敦山　　袁书会
　　　　　丹　曲　　徐　明　　孔繁秀

○《清实录藏族史料类编》由西藏民族大学承编

名誉主编：顾祖成
主　　编：孔繁秀
编辑人员：赵艳萍　　张若蓉　　崔　苊　　陈鹏辉　　顾浙秦　　李　子
　　　　　马新杰　　冯　云　　马凌云

目 录

调遣屯练土兵剿讨湖南苗民起事（续）及派赴台湾剿乱 / 1981

停止续征廓尔喀军需民间津贴银两与拒助廓尔喀抗御英印，派兵进藏
　卫边 / 1983

安置作木朗苏班色于藏内居住 / 1991

准雅州番民子弟捐监乡试，不分汉番，照原额取中；令驻扎大臣接见
　地方官员，不得持尊蔑视 / 1992

准免九世达赖金瓶签掣；谕第穆呼图克图摄政 / 1994

禁阻洋人入藏传教 / 1995

缅甸经珞巴寄书西藏地方官员 / 1996

拒绝哲孟雄部长来藏居住与不派官员分断尼哲界址 / 1997

审理布鲁克巴人与藏官争殴事件 / 1998

调处哲蚌寺与西宁地方红教扎乌喇嘛互争粮户、布施 / 2001

中瞻对洛布七力事件 / 2003

对迎护四世哲布尊丹巴呼图克图之呼毕勒罕由藏赴库伦擅用青海蒙古
　乌拉、索借银两的查处 / 2008

十世达赖金瓶掣签认定、坐床 / 2010

藏族僧官来京和在内地任职 / 2014

限定哲孟雄八年来藏熬茶一次；拒绝廓尔喀以借兵、借饷、赏给和
　　易换藏地助其抵御英印 / 2016

喇嘛章程的订立与寺庙匾额之颁赐及活佛转世金瓶掣签的申严等 / 2025

查拿喀喇乌苏、阿足等地"夹坝" / 2029

查办德格土司对大小囊谦纷争之干预 / 2030

张格尔余孽逃至拉达克，噶伦敦珠卜多尔济等出力拿解 / 2032

博窝事件 / 2035

十世达赖圆寂，十一世达赖金瓶掣签认定、坐床 / 2041

雍希叶布等四部避住青海地方，安插定地及回牧玉树 / 2043

击退森巴入侵阿里 / 2045

鸦片战争中金川、瓦寺等屯土兵丁奉调驰赴东南沿海抗击英军入侵 / 2049

五世哲布尊丹巴呼图克图圆寂，谕令其呼毕勒罕由藏寻访、金瓶掣签
　　及仍经青海迎至库伦 / 2051

摄政诺们汗阿旺扎木巴勒粗勒齐木被控，褫革查处 / 2054

琦善整饬驻藏事务，弹劾失职贪黩官吏与放弃驻藏大臣稽核商上收支
　　及变更藏兵操练技艺旧制 / 2060

对英印谋求于克什米尔与后藏"定界通商"、法人欲入藏传教之办理 / 2064

查处乍丫大小二呼图克图争斗事件 / 2071

对西藏上层请剿在藏之额鲁特不法弁兵的办理 / 2076

中瞻对工布朗结事件 / 2077

六世哲布尊丹巴呼图克图之呼毕勒罕奉旨在藏掣定、从摄政呼征受戒及迎至库伦坐床 / 2080

琦善率意妄杀雍沙番族遭参劾获罪 / 2083

循化、贵德等地番族劫夺滋扰，渡河占住蒙古牧地，清廷派兵剿讨，驱逐河北番帐，设卡防河；西宁诸处番族抢掠窜扰，攻扑汛卡，清廷调兵讨伐，并严饬地方缉捕 / 2090

查办果洛克劫夺滋扰 / 2192

查办门隅达旺寺喇嘛互斗、抗断事件 / 2205

七世班禅圆寂，谕令驻藏大臣前往祭奠及察看代办藏事的扎萨克喇嘛 / 2206

查处七世第穆呼图克图不守僧规及假冒第穆之喇嘛 / 2207

廓尔喀借端起衅，侵入后藏，藏军反击，西藏地方政府和廓尔喀签订议和条件 / 2210

赫特贺等奏准变通唐古忒额设番兵章程六条及奏请更正 / 2227

十一世达赖圆寂，十二世达赖的签掣认定、坐床 / 2228

八世班禅的签掣认定、坐床 / 2230

查办里塘喇嘛争充副堪布，挟仇互劫，撤站阻路 / 2232

镇慑察木多与工布旺曲逞兵仇杀 / 2234

驻藏大臣及其他驻藏官员的任免、奖惩 / 2235

藏族僧俗官员的封授、罢黜 / 2265

  西藏僧俗贵族 / 2265

  四川、甘肃等地喇嘛和土司头人 / 2278

朝贡与封赐 / 2287

  八世达赖 / 2287

  七世班禅 / 2288

  九世达赖 / 2298

  十世达赖 / 2298

  十一世达赖 / 2302

  八世班禅 / 2305

  八世帕克巴拉呼图克图 / 2306

  九世帕克巴拉呼图克图 / 2307

  噶勒丹锡哷图萨玛第巴克什 / 2308

  七世第穆呼图克图 / 2312

  三世哷征阿齐图诺们汗 / 2313

  荣增班第达 / 2314

  八世济咙呼图克图 / 2314

  西藏其他僧俗贵族 / 2315

  四川、甘肃等地喇嘛和土司头人 / 2316

赈灾、免赋 / 2320

调遣屯练土兵剿讨湖南苗民起事（续）及派赴台湾剿乱

○ 嘉庆元年（丙辰）四月己亥（1796.5.30）

福康安等奏报："攻克结石冈山梁石城，歼贼毁寨。"

得旨："嘉奖。下部议叙，赏伤亡二品衔金川屯弁生根葬银，准其子承袭一次。并赏兵丁一月钱粮。"

（仁宗朝卷四·页一八上）

○ 嘉庆元年（丙辰）五月庚戌（1796.6.10）

以剿火麻营等处苗寨功，赏把总杨坤玉等蓝翎，瓦寺土舍索诺木文锦巴图鲁名号并花翎，土守备朗尔结等蓝翎。

（仁宗朝卷五·页七下）

○ 嘉庆元年（丙辰）六月丁酉（1796.7.27）

和琳奏报："连克廖贡坡、马鞍山苗寨。"

得旨："嘉奖。擢头等侍卫阿哈保为正黄旗蒙古副都统。赏头等侍卫西津泰副都统衔，三等侍卫富僧德阿达、游击宋延清、土参将那木尔甲、土守备党忠则多尔、朗喀阿斯达巴图鲁名号。……土守备永忠巴旺、勒尔结则、丹巴喜墨赉花翎。……"

（仁宗朝卷六·页一三上～下）

○ 嘉庆元年（丙辰）十二月丁酉（1797.1.23）

以遣土兵助平逆苗，加瓦寺土司索诺木雍忠宣抚司衔，赏党坝土司更噶思丹增甲木楚花翎，土兵一月盐粮。

（仁宗朝卷一二·页一五下～一六上）

○嘉庆二年（丁巳）闰六月壬戌（1797.8.16）

予贵州、湖南阵亡土守备克丕，土千总章滚，土把总王相、舍拉、卡杂，屯外委桑卡，土外委阿思太、纳他尔金、保阿皆、贾格尔，伤亡土都司朗结，屯守备羊马太，屯把总革宗多吉，土把总客依革、康太，屯外委生格上祭葬世职，兵丁色木色囊等一百八十名赏恤如绿营例。

（仁宗朝卷一九·页一八上～下）

○嘉庆十一年（丙寅）二月丁酉（1806.4.7）

调四川屯土兵二千名赴台湾剿捕洋匪。

（仁宗朝卷一五七·页一八上～下）

停止续征廓尔喀军需民间津贴银两与拒助廓尔喀抗御英印，派兵进藏卫边

○ 嘉庆元年（丙辰）三月庚戌（1796.4.11）

先是，谕大学士署四川总督孙士毅停止续征廓尔喀军需津贴银两，并查明续收银数具奏。至是，复奏："未奉谕旨停止以前，共续征银一千一百余两。"复谕孙士毅："此项津贴夫价共有八十余万，今事隔数年，所完之数不过千分之一二，可见前次该署督所奏百姓踊跃急公之说竟是虚言。著严饬各县发还原纳各户。"

（仁宗朝卷三·页五上）

○ 嘉庆六年（辛酉）十月丙寅（1801.11.28）

谕军机大臣等："英善、福宁奏接据哲孟雄来禀，当即筹度檄谕缘由一折。内称廓尔喀喇特纳巴都尔与噶箕等不和，借披楞之兵，与廓尔喀打仗等语。此系伊等家事，原可置之不问。至哲孟雄系边外小部落，从前曾被廓尔喀侵占地方，今见伊境内彼此构衅，欲乘间借端复夺侵地，故以通好为名探听消息。并恐该处不令入境，希冀倚仗天朝声威，檄谕廓尔喀，以遂其诡计。至火药系内地操演兵丁之用，尤不应擅行请给。英善等接到来禀，即严切饬驳，谕令该部长自为酌量各守地方，和睦邻封，所办甚是。惟当饬边界汉番官处以镇静，严密防守，毋令滋生衅端为要。倘哲孟雄再行渎请，仍应严行驳斥。至廓尔喀境内构衅缘由，总不必过问。如续得该处争哄情形，仍即行具奏。将此谕令知之。"

（仁宗朝卷八九·页一五上～一六上）

○嘉庆七年（壬戌）正月己丑（1802.2.19）

谕军机大臣等："……至（英善、福宁）另片奏廓尔喀父子内哄情形，此事与内地无涉，英善等当遵照前旨，不必过问。惟严饬边界密为防范，毋令该部落之人窜入境内为要。将此谕令知之。"

（仁宗朝卷九三·页一五上～一六上）

○嘉庆七年（壬戌）十月壬戌（1802.11.19）

谕军机大臣等："英善奏，廓尔喀王吉尔巴纳租塔毕噶尔玛萨野呈进例贡。另片称：风闻披楞之兵已将廓尔喀部落侵夺六处，恐该国王势穷，仰仗天朝威力，或奔投唐古忒境内等语。该国王此次遣使进贡，或即为将来地步，但此等蛮触相争竟可不必过问。倘乞兵相救，英善等惟当请旨遵办。若情急来投，断不可遽令入境，惟令其在唐古忒境内暂行停顿，一面迅速奏请训示。将此谕令知之。"

（仁宗朝卷一〇四·页一六下～一七上）

○嘉庆八年（癸亥）八月戊寅（1803.10.1）

又谕（军机大臣等）："英善等奏廓尔喀头人与披楞互相和睦，该部落平安宁静等语。廓尔喀一带边防本应随时严密查察，即该部落素属安静，亦不可稍涉大意。今据英善等节次探明廓尔喀等业已和好，惟当严饬卡隘各员慎重边防。所有边关附近地方暗备木石等件应即全数撤去，免致四处传播，疑有他故，并不必多差弁役纷纷探听信息也。将此谕令知之。"

（仁宗朝卷一一九·页三上～下）

○嘉庆九年（甲子）三月庚戌（1804.4.30）

谕军机大臣等："据英善、福宁奏：廓尔喀老王子喇特纳巴都尔现在回至阳布，与伊子同住。有噶箕乃尔兴差人来至边界告知，意欲携家逃入唐古忒境内。已飞饬该处番营官明白宣谕，不准收留等语。所办甚是，其令营官等宣谕之言亦属得体。廓尔喀臣服天朝，颇称恭顺。从前老王子因病传给伊子承袭，伊子年甫数岁。今老王子既回阳布，原可率同办事。该噶箕等乃伊臣属，辄思背主潜逃，岂有天朝容纳叛臣之理！若准其入境，何以抚驭外藩。乃尔兴如不内投则已,若再差人渎请,英善等并当谕知来人以乃尔兴背弃国王即属天朝所恶,若逃至境上,不但不应收留,并当缚交该国王,听其自行办理。如此严切示谕,则乃尔兴及其余噶箕自必皆知凛惕。即或本国不能存留,逃往他处听其自便。若潜来至唐古忒地方滋生事端,即行缚交该国,边界自可永臻宁谧。将此谕令知之。"

（仁宗朝卷一二七·页二二下～二三下）

○嘉庆十一年（丙寅）十一月丁巳（1806.12.23）

谕军机大臣等："玉宁等奏驱逐廓尔喀窜出逃人并廓尔喀国王呈进表贡一折,览奏俱悉。噶箕乃尔兴在该国谋逆被诛,伊弟热纳毕各咙即系逆党,畏罪潜逃,断无放进唐古忒界内任令容留之理。玉宁派委把总出口面谕,严加驳斥,所办甚是。至该国王投诚向化已阅多年,今不幸惨遭内变,嗣王年尚幼稚,即能诛殛罪人,申明大义,实勘嘉悯。今叩关进表纳贡,备陈喇特纳巴都尔被戕,及噶箕乃尔兴等就戮缘由,情词恭顺,恪守藩封,自应渥承恩眷,俟另颁敕书、赏件,交玉宁等祗领颁给可也。将此谕令知之。"

（仁宗朝卷一七〇·页二四下～二五上）

○嘉庆十九年（甲戌）九月乙未（1814.10.20）

谕军机大臣等："瑚图礼等奏驳饬廓尔喀王来禀缘由一折。披楞在廓尔喀西南,与唐古忒不通闻问,素无仇隙,岂有越境远来与唐古忒构衅之理。自系廓尔喀与披楞连年争斗,求助天朝屡干驳饬,是以妄言耸听,希图赏赐金银,遂其私愿。所言实不可信。瑚图礼等缮檄驳斥,所办甚是。廓尔喀接到檄谕,如不再渎禀则已,如敢再来尝试,喜明等当严加驳谕以天朝一视同仁,从无因外藩被兵赏助金银之事。即使以金银赏助,仍须尔国自为备御。如备御不力,非但赏去金银被其抢夺,即尔国自有财物亦难保守。尔国疆土界在披楞及唐古忒之间,披楞与唐古忒闹事,必先将尔国抢占,断不能越境而来。尔为天朝固守藩篱,即所以自固藩篱,无庸多为冒渎。如此明白饬谕,该国王自当畏服凛遵,不敢再行渎禀。但廓尔喀此次禀内既有披楞欲将唐古忒霸占,再往内地闹事之语,边疆紧要,不可不加意备防。喜明等仍当密为留神，随时侦探，以杜窥伺而静边陲。将此谕令知之。"

（仁宗朝卷二九六·页一九下～二〇下）

○嘉庆二十年（乙亥）二月辛酉（1815.3.15）

谕军机大臣等："喜明等奏复接廓尔喀王来禀，遵旨严行驳饬缘由一折。廓尔喀与披楞互相争斗，自取败衄，天朝岂能过问。乃屡次渎求赏助金银，并向达赖喇嘛、班禅额尔德尼等求为帮给口粮，殊为贪诈。喜明等遵照谕旨严行驳斥，所办甚是。其达赖喇嘛、班禅额尔德尼于接到廓尔喀来信亦俱能正词驳斥，绝其觊觎之心。朕披阅进呈各信底，均甚妥协。著喜明等传旨嘉奖。此时廓尔喀王如不再渎禀则已，倘再来渎禀，著喜明等檄知以尔国与披楞打仗一事，据尔来禀所言，尔国兵丁被披楞损伤固多，但尔国杀害披楞之人前后计有八千余名，亦属不少，可见尔国兵势尚足以抵御披楞。若谓披楞广有金银，尔国既能杀败披楞，所得财物分给尔国兵丁，亦可不致穷苦，何得饰词求助。况天朝抚驭外藩，从无赏给饷银令与邻国构兵之理，即如缅甸与暹罗国为天朝属国，伊两国从前累有争战之事，彼时大皇帝从未偏助，今尔等彼此相争，事同一律。若此时帮助尔等，岂披楞前来求助亦帮助披楞乎？如此明白晓谕，该国王自不能再行渎请。至阳布地方关系紧要，不可不密为备御，固守藩篱。喜明等当督率边界营汛，加意训练，留心防范，并派明干将弁在彼，时常侦探。如披楞与廓尔喀只在边外构衅，总当置之不问。倘或披楞之兵竟敢阑入边界，侵扰阳布地方，必当示以兵威，痛加剿杀，立时驱逐出境，勿稍疏懈。"

（仁宗朝卷三〇三·页五上～六下）

○嘉庆二十年（乙亥）四月丙子（1815.5.29）

谕军机大臣等："喜明等奏驳饬廓尔喀王来禀一折。廓尔喀与披楞彼此争斗，既在边境之外，总当置之不问。廓尔喀王来禀所称恳求转奏，敕谕披楞各守边界，并称披楞之人偷探唐古忒路径，在尼增达拉等十五处屯扎，其意总欲求天朝帮助伊国，加兵披楞，故为此虚词耸听。喜明等即遵照前旨，严加驳饬，自为正办。该国王如仍遣人赍表来藏当谕以尔国与披楞尚未释争，所进表文不便转奏。大皇帝抚有万国，一视同仁，从无偏助一国之事。设此时披楞造作言词来天朝赴诉，岂肯即助披楞加兵尔国乎？如此绝其觊觎，该国王自不敢怀诈饰词再来渎请。至藏地一带边界，喜明等当督饬营员密为备御。如披楞人等果有阑入边界之事，则当示以兵威，俾知震慑，以固边围。将此谕令知之。"

（仁宗朝卷三〇五·页一七上～一八上）

○ 嘉庆二十一年（丙子）正月癸卯（1816.2.20）

谕军机大臣等："喜明奏接到廓尔喀来禀，遵旨驳饬一折。此次廓尔喀来禀内有现在与天朝进贡，若投诚披楞，就不能容我与天朝进贡等语。其词实属狡诈。喜明等所与檄谕，措词犹未得当，应指出纰缪之处，责以大义以该国久经投诚，即为天朝臣仆，如届期不行进贡，即属背叛。若将此禀奏闻，大皇帝必然震怒，立即兴师讨罪，是以不敢具奏。尔国来禀之意，不过要求天朝帮助，但天朝于边外部落彼此相争从无发兵偏助一国之事。尔国与披楞或和或战，即或竟投诚披楞，天朝总置不问。但届至贡期，仍当按例进贡。倘至期不来，即当奏闻大皇帝发兵进剿，彼时尔国追悔何及。至尔国境内天朝无驻兵之理，若系唐古忒边界，自有大兵镇守，披楞断不敢窥伺。倘敢侵及边界，立即剿杀。谅披楞么么小国，何能为患。如此严词饬谕，自可破其奸谋。但喜明等于各处边界不可不加意防范。倘披楞之兵竟敢轶入边界，殊属不成事体。此时各卡隘原设之兵殊不足恃，喜明等即于该处汉、番官兵内挑选数百名，派得力晓事将弁带领，移驻该一面地方，镇静弹压，随时侦探。如有越界扰及者，无论披楞、廓尔喀即当痛加剿杀，以振边威。现已降旨令赛冲阿携带钦差大臣关防，前往西藏察看情形。赛冲阿到彼后，凡藏内一切事宜，著与喜明会同妥协办理。将此谕令知之。"

（仁宗朝卷三一五·页一五上～一六下）

○ 嘉庆二十一年（丙子）三月戊申（1816.4.25）

是月，钦差大臣成都将军赛冲阿奏："带兵赴藏，行程遄利。"

得旨："命汝带兵至藏，总为严防边界，断勿协助廓尔喀。若披楞扰及藏地边界，必应痛剿驱逐，切勿贪功穷追。若廓尔喀王子情急，本身来投，亦可收留，妥为安插，严堵披楞，勿令阑入。若两处讲和罢兵，汝即回成都可也。"

又批："汝至藏时，以奉旨询问达赖喇嘛呼毕勒罕为名，勿宣露带兵卫边之意。即廓尔喀又来请助，总置不问。仍令喜明、珂什克二人寄信，勿令彼知汝在藏方妥。"

（仁宗朝卷三一七·页二〇下～二一上）

○嘉庆二十一年（丙子）四月辛亥（1816.4.28）

谕军机大臣等："喜明等奏檄驳廓尔喀来禀，并拣派弁兵移驻定日等处各折。廓尔喀来禀谬妄不恭，喜明等驳饬甚是。就此时两国情形而论，披楞势颇猖獗，廓尔喀兵败地蹙。将来披楞或竟将廓尔喀国土并吞，并将其王子戮害，总系外夷之事，蛮触相争，得失俱可不问。惟披楞于侵夺廓尔喀后，若竟敢恃强不戢，扰及唐古忒边境，则必当示以兵威，驱逐远遁。又或廓尔喀逼于披楞，该王子弃其国都，来唐古忒边界叩关求纳，赛冲阿等即当准其投入，择地安插。但此一节当密存于心，所有文武员弁不可使一人知之。将此谕令知之。"

（仁宗朝卷三一八·页一下～二上）

○嘉庆二十一年（丙子）五月戊戌（1816.6.14）

谕军机大臣等："赛冲阿等奏商办廓尔喀、披楞交兵渎禀一案，先行驰檄诘责，随带兵前赴边境，胁以兵威一折。所奏实属妄诞纰缪之至。此次令赛冲阿带兵赴藏，原为严防边界，并令该将军到藏以奉旨询问达赖喇嘛呼毕勒罕为名，不可稍露风声。乃赛冲阿竟不钦遵办理，辄首先出名，将让路阻贡之词分驰二檄诘责廓尔喀、披楞。其诘责廓尔喀之词已属糊涂无理，至诘责披楞则谬妄更出情理之外。如披楞接到檄谕，该国王以让路阻贡之言系廓尔喀捏禀恳请天朝发兵，其将何以应之？若恃其险远，竟承认伊向廓尔喀曾有此言，又岂能因此一言即大兴师旅穷兵黩武乎？至廓尔喀屡次投禀请兵、请赏，今接到檄文，即回禀以前此屡禀驻藏大臣，未蒙转奏，今闻大皇帝特差将军带兵前来感恩欢喜，其让路阻贡之言实系披楞所说，恳请天朝发兵，万里远征，国家何所为而出此？若如赛冲阿等檄谕所言，我兵两路进捣阳布，檄饬披楞攻其南面，则廓尔喀臣顺多年，不恤其难，转率同外夷夹攻其地，堂堂天朝大体安在？赛冲阿此举，首鼠两端，进退无据，朕惟自恨误用无能奴才之咎，曷胜愤懑！看来伊因朕派令赴藏，即妄起贪功之心，欲构成边衅，以邀爵赏，而置国家大局于不顾，是诚何心，太不度德量力矣！况如此重大军情，不待奏闻，先行驰檄，其专擅之咎亦无可辞。赛冲阿著传旨严行申饬，先拔去双眼花翎，降为二品顶带。喜明、珂什克并不阻止，随同会衔，俱著降为三品顶带，喜明并拔去花翎。现在檄谕已发，料难追回，惟有静候该二国回禀，再行核办。其回禀赍到时，赛冲阿等即将原禀译出，不准增减一字，候朕指示办理。彼时边疆静谧，赛冲阿即带兵径回成都，喜明自回前藏。此时惟有严防边境，待以镇静，不许轻举妄动。若赛冲阿等再妄发檄谕，或带兵擅出边界，激成衅端，朕必将赛冲阿革职拿问，从重治罪。将此谕令知之。"

（仁宗朝卷三一八·页二二上～二四下）

○嘉庆二十一年（丙子）七月辛酉（1816.9.5）

谕军机大臣等："赛冲阿等奏据廓尔喀国王来禀，已与披楞讲和，赶办贡物，禀求示期进献，情词极为恭顺等语。廓尔喀与披楞和议已成，彼此息争，边境宁谧，赛冲阿奏请俟披楞禀复到日，即行回川。计此时披楞复禀应已到藏，该将军查看无事，即回成都本任。至廓尔喀备办表贡，请示期进献，该国系久经臣服之国，岂有因此一事令添备一贡之理，即谕以该国与披楞连年构兵，今和议甫成，得以安辑，大皇帝体恤藩服，俾令休养安息，此时毋庸赶办贡物，仍遵照一定贡期，于嘉庆二十二年差噶箕头目于年内到京照例朝觐，以示怀柔。该将军等接奉此旨，即檄谕该国王祗遵可也。至披楞已与廓尔喀讲和，将来禀复谅无异说。如禀词极为恭顺，著由四百里具奏。如尚有应行查办之处，由五百里具奏，无庸再发六百里急递，致骇听闻也。将此谕令知之。"

（仁宗朝卷三二〇·页一三上～一四上）

○嘉庆二十一年（丙子）九月丁卯（1816.11.10）

谕军机大臣等："赛冲阿等奏廓尔喀王专遣噶箕恭进表贡，披楞部长头人遵檄禀复，现在两国讲和，边界宁谧，并遵旨撤兵回川各一折。览奏欣慰。此时廓尔喀与披楞两国和议已成，披楞来禀并有'与廓尔喀更加和好，永远和睦'之语。彼此自可息争，边境宁谧。至廓尔喀贪诈刁顽，即或另起争端，亦与天朝无涉。其来禀称有事总欲禀知，此时尽可付之不答。将来即有禀求之事，亦仍置之不问。惟当加意训练汉、番兵丁慎守边疆，是为至要。至廓尔喀贡期，著仍遵照前旨，于嘉庆二十二年差噶箕头目于年内到京照例朝觐。现在该二国俱已恭顺服从，边圉敉宁，赛冲阿著加恩赏还双眼花翎头品顶带，喜明、珂什克俱赏还二品顶带，喜明并赏还花翎。赛冲阿现已撤兵，带回成都，到省后即将将军印信交常明兼署，起程来京陛见。计算程期，如年内可以至京，即作为本年年班。至该将军等此次带往将弁及文职官员等并未著有劳绩，有何可鼓励之处？不准保奏一人。喜明于查阅营伍后，亦即回前藏供职可也。将此谕令知之。"

（仁宗朝卷三二二·页一一上～一二下）

安置作木朗苏班色于藏内居住

○ 嘉庆七年（壬戌）正月己丑（1802.2.19）

谕军机大臣等："英善、福宁奏筹办边界情形一折。苏班色本系从前作木郎部长之叔，当作木郎地方被廓尔喀占去，苏班色投入科洽边界时，即不应容留居住。乃彼时既准其来藏安置，而达赖喇嘛等给与口粮已历有年。今若将伊逼出边界，必遭仇害，或致情急自戕。且因廓尔喀差人向索，即将苏班色送出，亦非天朝体制。英善、福宁应饬令派出之员善为开导。如苏班色情愿搬移，即听其便；若实无可归之处，即照所奏，于前藏另筹地方，将苏班色跟随旧人尽行散去，只令带亲属数人，妥为安插。既可不致滋生衅端，且达赖喇嘛本与作木郎素好，即可交伊照管，亦足以安达赖喇嘛之心。并当晓谕苏班色，以此次乃天朝格外加恩，伊惟当安心居住，不可少滋事端。倘仍有不安本分之处，王法具在，不能再为宽宥，俾知警惕。……"

（仁宗朝卷九三·页一五上～下）

准雅州番民子弟捐监乡试，不分汉番，照原额取中；令驻扎大臣接见地方官员，不得持尊蔑视

○嘉庆九年（甲子）三月丁未（1804.4.27）

礼部议准四川总督勒保咨称："雅州府属番民呈请援例捐监，应责成各该土司查明身家清白，取具族邻甘结，加具土司印结，申送附近所属州、县再行加结，由该督汇齐送部查核，以昭慎重，而杜冒滥至。所请乡试之年，与汉民生监一并凭文去取，卷面不必分别汉、番，取额不必加增之处，均应如该督所咨办理。惟查番民子弟读书，既准其捐监乡试，其愿应童试者，并请照雍正八年议准之例，准其于附近州、县报名，地方官查明。其卷面亦不必分别汉、番，仍照原额取中。如汉民有肆行阻挠者，照例办理。……"

（仁宗朝卷一二七·页一九上～下）

○嘉庆十九年（甲戌）二月辛丑（1814.2.28）

又谕（军机大臣等）："本日朕恭阅皇考高宗纯皇帝实录内载乾隆四十三年十一月丁亥圣谕：'昨召见雅德，据称回子伯克每日俱上大臣衙门，每见必叩头行礼，殊属非是。中国之待外藩原有定制，不在接见间过事森严。朕抚驭怀徕，回子等无不感恩知法，不敢稍怀异心，然而必命大臣前往驻扎者，乃国家亿万年之计。我后世子孙不可不善体朕意，将所定成法永远遵守。大臣等果能正己率属，恩威并施，伊等自然悦服。倘回子伯克干犯法律，据实参奏，小则降革，大则予诛，亦不为过。若徒倚恃尊严欺陵作践，断乎不可。不但见回子伯克不可如此，即土尔扈特、金川番子见大臣亦不可如此。等因钦此。'仰见我皇考统驭外藩思深虑远之至意。国家抚有万方，长驾远驭，回疆、卫藏俱特派将军、大臣驻扎抚绥，当令

知大皇帝威德远播，统于一尊，同深感畏。至将军、大臣等于回番伯克、部长虽有约束镇抚之责，然同为朝廷臣子，于接见时自当各按定制，以礼相遇。若妄自尊大，将伊等视同奴隶，殊乖抚绥之义。且伊等于将军、大臣之前几同臣僚，又何以辨上下别等威乎？著传谕该将军、大臣等，并转饬所辖各处，务遵照乾隆四十三年颁发圣谕，恪守定制，不可将外藩等欺陵蔑视。并将此旨各抄录一通，永远奉行。"

（仁宗朝卷二八四·页二三上～二四下）

准免九世达赖金瓶签掣；谕第穆呼图克图摄政

○嘉庆十三年（戊辰）二月乙亥（1808.3.5）

谕军机大臣等："特清额奏途次接奉谕旨驰赴西藏颁赐达赖喇嘛等赏件，并遵旨明白宣示一折。所论俱是。此次呼毕勒罕出世，诸多征验，实为吉事有祥，殊堪嘉慰。特清额驰抵西藏后，当晓谕班禅额尔德尼、济咙呼图克图等以从前指称呼毕勒罕出世，率多牵合附会，或仅小著灵验，不足凭信。仰蒙高宗纯皇帝特赏金奔巴瓶，饬令书名封贮，诵经签掣，以防弊混。今达赖喇嘛甫逾二岁，异常聪慧，早悟前身。似此信而有征，洵为从来所未有。设当高宗纯皇帝时，亦必立沛恩施，无须复令贮瓶签掣。但此系仅见之事，且征验确凿，毫无疑义，嗣后自应仍照旧章，不得援以为例。倘因稍有端倪即附会妄指，一经查明，必当治以虚捏之罪。并著驻藏大臣等将此旨敬谨存记，一体钦遵办理。仍著特清额于颁赏达赖喇嘛呼毕勒罕时，令通事询问试验如何灵敏出众之处，将实在情形详细复奏。"

（仁宗朝卷一九二·页一一上～一二上）

○嘉庆二十年（乙亥）三月辛丑（1815.4.24）

赏故达赖喇嘛呼毕勒罕银、币。以第穆呼图克图领办达赖喇嘛事务。

（仁宗朝卷三〇四·页一三上）

禁阻洋人入藏传教

○ 嘉庆十六年（辛未）十二月戊午（1812.1.27）

谕军机大臣等："阳春等奏，噶哩噶达部落夷人马吝带同通事汉人赵金秀到藏朝佛。该大臣等察看马吝面貌光景与西洋人相似，恐其素习天主教，假借朝佛之名，希图暗中传教等语。所虑甚是。近来西洋夷人散布各处传习天主邪教，意图煽惑，甚不安分，必应加意严防。夷人马吝据称系噶哩噶达部落，其地滨海，路通西洋，向不信奉佛教。今迂道远赴西藏，显系托名朝佛潜来窥伺，或有隙可乘，即渐图传教惑众，断不可任其久留藏中。著瑚图礼等即将该夷人驱逐出境，并通饬藏卫各卡伦于该夷人出境后随时防范，勿令再行混入，嗣后如有西洋一带夷人以朝佛为名前来藏地，即概行阻回，毋令入境，以杜奸萌。其汉奸赵金秀，以内地民人由京师至广东，度越重洋，随夷人深入藏地，甚属可恶。著解交常明严审，从重定拟具奏。将此各传谕知之。"

（仁宗朝卷二五一·页一四下～一五下）

缅甸经珞巴寄书西藏地方官员

○ 嘉庆十七年（壬申）二月壬申（1812.4.10）

谕军机大臣等："阳春、庆惠等奏接据第穆呼图克图咨送缅甸国寄来信字，请饬交云贵总督伯麟确切查奏一折。桑昂曲宗地方距藏四千余里，察瓦免空地方离桑昂曲宗二十站。其缅甸离察瓦免空道里又不知凡几。此项第穆呼图克图查送缅甸国信件，朕详加阅看，其汉字书信汉、夷言语夹杂，多不成文，夷字未经译出。是否系该国王所寄，抑系云南边外与藏卫按壤地方汉奸、番民中好事者捏造，均未可定。此时若交伯麟查办，云南徼外野夷甚多，无从究问。若经檄询缅甸国王，或该国本无此举，转令心生疑惑，此事竟无庸交伯麟查奏。该大臣等现已饬噶布伦另选番官等前往察瓦免空地方会同详查，即静俟该员等查复到日，据实奏闻。至桑昂曲宗营官从前复济咙呼图克图禀内称，差人往查此字，原系缅甸有男妇二人送交野人洛巴，接递至察瓦免空地方。其时既未将该男妇二人拿住讯究，此时瑚图礼等当饬知桑昂曲宗等处地方营官以后留心严密稽查，毋许缅甸国人与藏中呼图克图等私通书信。如有送到信件，即将持信之人拿获，同信件一并解送驻藏大臣处。该大臣等亲自查讯，并可将前次寄信根由一并究明。此时只宜持以镇静，不必多生枝节也。所有奏到缅甸各字件，仍著发回交瑚图礼等，俟番官查复到日以凭核对。将此谕令知之。"

（仁宗朝卷二五四·页二九上～三〇下）

拒绝哲孟雄部长来藏居住与不派官员分断尼哲界址

○嘉庆十七年（壬申）三月甲申（1812.4.22）

谕军机大臣等："阳春等奏：接据哲孟雄部长来禀，恳将唐古忒庄子赏给一所，俾资居住，并求差派汉、番官员前往分断界址。经伊等严行驳斥，并饬帕克哩营官等预为防范，不令偷越等语。所办甚是。哲孟雄部落并非藏属，因畏惧廓尔喀侵欺，虑及日后不能保守疆土，禀求在唐古忒居住。伊现在尚存日呢杵、冈多二处地方，非比失土无归，辄预为营窟之计，妄希赏给藏属庄子。边外部落甚多，若因强邻侵逼，俱纷纷效尤乞赏地方，则藏内疆域岂能遍为容纳。至外番犬牙相错，各守地界，亦不能差派官员一一代为清厘界址。著传谕瑚图礼等，此次哲孟雄部长既经驳斥之后，或仍怀贪鄙再行渎禀，并以后边外各部落有似此妄生希冀饰词禀求者，俱当严词檄谕，绝其妄想。一面严饬边界营官加意巡防，毋致偷越为要。"

（仁宗朝卷二五五·页一四上～一五上）

审理布鲁克巴人与藏官争殴事件

○嘉庆十七年（壬申）三月庚寅（1812.4.28）

谕内阁："前据阳春等奏，布鲁克巴头人等因货物进关漏税，经帕克哩营官查诘，有策忍敦柱辄同跟役郭结、卜琼等将正、副营官揪殴，经伊等讯供，将该头人等问拟斩枭、斩决具奏。部议上时，业经降旨发往。旋又据阳春等奏到接据布鲁克巴部长来禀，称营官先持刀向戳，该番民始行抵格，请免治罪。因查阳春等初次奏折并未将营官持刀一节声叙，似有意偏袒营官，办理不公。随又特降谕旨由五百里发去，令瑚图礼等再行详查起衅根由，其策忍敦柱等三人暂缓办理。本日召见松筠谕及此事，据松筠奏，向来布鲁克巴进藏货物例不上税，节经禁革有案。并称营官等均系唐古忒充当，向来外夷人等与边地营官及唐古忒等斗殴致毙，均依各部落土俗治罪，并准收赎罚付死者之家等语。此案阳春等所奏策忍敦柱等逞凶治罪根由，系因漏税而起。若向来既不收税，岂能加以漏税之咎，竟是该营官等勒索肇衅。阳春等不将营官滋事之处据实查办，以服夷情，转称该头人抗税起衅，且彼时既据跟役干扎喜有营官先用刀向戳之供，折内全不叙及。其檄谕该部长文内亦不叙明，以致该部长具禀申辩。再，营官被殴之伤亦未验明轻重，案内紧要情节，伊等均一味含糊，不加详讯，显系偏听枉断，案情多不确实。至外夷与唐古忒斗殴之案既有旧例可循，伊等又何以不行查明，辄将策忍敦柱等三人问拟重辟？阳春、庆惠二人办理此事欺隐舛谬，糊涂不堪，厥咎甚重。著交部严加议处，即来京听候部议。"

寻议："阳春、庆惠均照溺职例革职。"从之。

（仁宗朝卷二五五·页一九下～二一上）

○嘉庆十七年（壬申）七月丙戌（1812.8.22）

谕军机大臣等："瑚图礼等奏审明布鲁克巴头人争殴情节，改拟罪名一折。此案前据阳春等奏，布鲁克巴头人等因货物进关漏税，经帕克哩营官查诘，辄将正、副营官揪殴，讯明问拟斩枭、斩决。续又据阳春等奏到，以接据布鲁克巴部长来禀，有营官先持刀向戳，该番民始行抵格之事。阳春等前奏并未将情节声叙，似有意偏袒营官。并据松筠奏，向来布鲁克巴进藏货物例不上税，曾经禁革有案。如果该营官以例外勒索肇衅，并先有持刀向戳情节，则阳春等审办不公，实不足以服外夷之心，因命瑚图礼等秉公确查。兹据瑚图礼等讯明商上征收货税，乾隆五十七年曾经奏明有案，以后并未禁革。其帕克哩仍系循例征收，并非额外勒索。至营官持刀先戳一节，系干扎喜图轻打伤营官之罪谎言诬赖。虽干扎喜业经病故，而该部落头人郭勒等同辞具结，称不敢扶同诬赖。并讯据同时在场之策忍敦住等及头人、百姓，亦均供营官当日并未持刀在手。其正、副营官伤虽平复，而比较原报伤痕俱属符合。是此案起事根由尚非营官肇衅，从前阳春等原审案情尚非虚捏。惟比照殴钦差、侍卫之例，将策忍敦住等问拟斩枭、斩决，实属错谬。兹瑚图礼等改议，将策忍敦住、敦结、卜琼三犯仍解回布鲁克巴部落，令该部长分别责惩，择其境内极边苦地发遣。所拟亦未允协。该犯等殴打营官，情殊凶横。今营官俱以办理不善褫革，若仍将该犯等解回本部落，其责惩发遣与否，内地无从得知，未免外番无所儆畏。策忍敦住、郭结、卜琼三犯，俱著发往云贵极边烟瘴地方充军。瑚图礼等将办理此案缘由，明白檄谕该部落以大皇帝办理中外事宜，一秉大公至正，毫无偏倚。此案因前任驻藏大臣陈奏未明，特派本大臣复加详审。今讯明具奏，大皇帝如天好生之德，将策忍敦住三犯宽免死罪，从轻发遣，实属格外施恩。该部长及头人等应同知感畏。嗣后约束所部番人，如因事进藏，务遵守旧规。若营官等有例外勒索、欺陵情弊，必将该营官从重究治，断不袒护。若该头人等逞强滋事，亦必严行惩办，不能宽贷。如此明白示谕。庶该夷人等怀德畏威，益矢恭顺。至瑚图礼等另折所奏达赖喇嘛征收外番货税，请于一半年后将税课量为酌减一节，殊属非是。该处商上征收税课既系历年办理旧规，若因此次有与营官争殴一事遽尔议减，恐长外夷强傲之渐，殊于体制有关。此事惟应遵守旧章，无庸琐屑纷更也。将此谕令知之。"

（仁宗朝卷二五九·页一八上～二一上）

○嘉庆十七年（壬申）十月乙丑（1812.11.29）

谕内阁："据瑚图礼等奏：奉旨改为发遣之布鲁克巴夷人策忍敦住一犯，先因患病未经监禁，发交噶布伦及布鲁克巴头人管束，现在该犯逃走未获，应俟拿获时再行发遣。瑚图礼、丰绅、祥保因办理疏忽，请同失察出境之江孜守备岳廷椿均交部议处，其防范不严之噶布伦及失察出境之帕克哩营官等均交理藩院议处，并将第穆呼图克图一并参奏等语。策忍敦住一犯，先因抗税殴伤帕克哩营官，经阳春等问拟斩罪。嗣经降旨交瑚图礼等查明起衅根由，特旨改为发遣。向来内地免死发遣之犯，一经潜逃拿获后，无不立予正法，瑚图礼曾任刑部堂官，岂不谙悉定例！今策忍敦住胆敢乘间远扬，瑚图礼等折内尚称拿获时再行发遣，实属轻纵。事关抚驭外夷，不应如此软弱。瑚图礼、祥保均著传旨严行申饬。策忍敦住一犯一俟拿获到案，著即行正法，以示惩儆。至从前审办该犯时，瑚图礼、丰绅将伊开释刑具，不行监禁，以致脱逃。伊二人疏忽之咎较重，著交部议处。祥保到任在后，但未能饬令严防，亦难辞咎，著交部察议。其江孜守备岳廷椿失察该犯逃走出境，著交部议处。噶布伦多尔济、策凌敏珠尔、索诺木班珠尔、敦珠布多尔济于发交管束案犯，并不严密看守，著与失察出境之帕克哩营官霞喀巴班觉伦布一并交理藩院分别议处。至第穆呼图克图系总办商上事务之人，咎止不能督饬，著从宽免其置议。"

（仁宗朝卷二六二·页一七下～一九上）

调处哲蚌寺与西宁地方红教扎乌喇嘛互争粮户、布施

○ 嘉庆十八年（癸酉）七月丙子（1813.8.7）

谕军机大臣等："瑚图礼等奏，据西藏布赉绷寺内喇嘛等禀称，西宁地方有布赉绷寺所管噶勒丹彭错岭寺院一座，原系从前建修，兴旺黄教。嗣有红教扎乌喇嘛江巴曲达尔，身系喇嘛，又于西宁地方请给百户顶带，欲将该寺毁坏，践踏黄教。该喇嘛等屡向驻藏大臣处控诉，曾移咨西宁办事大臣查办，仍各争执，未能允服，瑚图礼等接据该喇嘛等禀恳代奏，以所控人证、地方、寺院俱系西宁所管，请饬交福克精阿就近提集人证剖断等语。此事黄教、红教喇嘛彼此互相争竞，屡控不服，事关紧要。著那彦成即亲赴西宁会同福克精阿秉公查办。扎乌喇嘛江巴曲达尔身充喇嘛，何以给有百户顶带，不僧不俗，殊乖体制。其顶带系由何人给与，是否奏明赏给，抑系由该处办事大臣自行给与，著那彦成等先行查明。如系奏明赏给，从前援照何例呈请，曾否有办过旧案，亦著详查声叙复奏。那彦成曾任西宁办事大臣，或系伊任内之事，亦不可稍有回护。至此案据瑚图礼等折内所叙情节，彼此各执一词。是否扎乌喇嘛欺陵黄教，抑系彭错岭寺住持喇嘛霸占扎乌地方粮户，著那彦成等溯查根据，秉公剖析，不可稍有偏袒讳饰。一切据实奏明，候旨核办。将此谕令知之。"

（仁宗朝卷二七一·页二一上～二二上）

○ 嘉庆十八年（癸酉）八月辛亥（1813.9.11）

谕军机大臣等："那彦成等奏查明西藏喇嘛互争粮户、布施大概情形一折。据称扎乌喇嘛世袭百户，从前有奏定案据，世代承袭，布赉绷寺喇嘛不知原委，系属妄控。其彭错岭寺实属扎乌喇嘛之地，并非西藏布赉绷寺之地，扎乌百户自雍正十年至今纳贡当差，由来已久，且地界、户口、

粮赋等项，青海衙门旧有印册可凭，该处俱系红教旧有。西藏黄教喇嘛二人来寺坐床教经，每届六年换班一次，近年来因在扎乌坐床年久，希图并占扎乌之粮户，以致案结复翻等语。是此案争控情节，曲在西藏喇嘛，已无疑义。著瑚图礼等向第穆胡图克图剀切告知，令其转谕该喇嘛等以彭错岭寺院既系扎乌喇嘛地方，历年久远，确有凭据，西藏喇嘛不应妄思占据。且藏内庙宇甚多，又何必远占他庙，致滋讼端。设西藏庙宇有被人侵占之事，亦必为之从公理论，不能意为偏袒。如此严切晓谕，该喇嘛等自知理屈，即不致再有讦讼。其扎乌地方向有西藏喇嘛二人前往教经，六年更换，此时该处喇嘛习教已久，经典谅皆熟谙，嗣后西藏喇嘛自无庸派往更换，以期永杜争端。至前据瑚图礼等奏称，将原告喇嘛押赴西宁，以备质讯。但长途行走有须时日，急切不能完结。瑚图礼等接奉此旨，若此项喇嘛尚未起程，即无庸解往西宁，著就近明白晓谕，自可完案息事。如已押解在途，著照那彦成等所奏，即令西宁派出之委员瑚图克等查带案卷就近剖断，免致往返，又滋延缓。将此各谕令知之。"

（仁宗朝卷二七二·页二五上～二六下）

中瞻对洛布七力事件

○ 嘉庆二十年（乙亥）四月壬午（1815.6.4）

谕内阁："常明奏特参办理轻纵之总兵及现在筹办进剿瞻对缘由一折。据称该督因筹剿中瞻对一事行次炉城，接据罗声皋禀报，中瞻对番酋洛布七力畏惧兵威，缚献凶夷朗结七力等十一名，该酋央恳上瞻对及啯噜、阿色各土司等保伊出见，愿以土司印信、号纸给伊子阿更承袭。该酋徙居于五百里外之啯噜土司地方，以当发遣，该镇已允其所请，遣令回巢，一面撤退官兵。现在两路官兵均已撤出数程以外，土兵亦皆散而归巢，该督与总兵罗思举另行酌筹进兵道路，相机办理等语。中瞻对番酋洛布七力连岁侵扰各部落，并敢拒伤官兵，情罪重大，必须剿办示惩。官兵已攻克宗木多山梁，进击河东碉寨，正当乘胜直前，扬兵威而寒贼胆，乃罗声皋率听洛布七力畏惧兵威之词，遽准其所请，遣令回巢，即一面撤退官兵，专擅糊涂，办理错谬。常明请将罗声皋革职，作为兵丁，未足示儆。罗声皋著革职拿问，交该督严审定拟，奏明请旨。又据奏，阜和协都司图棠阿前因查办西宁贼番抢劫之案，禀称行至德尔格忒土司地界，该土司带领头人在阿隆沟住扎，阻止不令前进，现在常明亲抵该处，查知德尔格忒土司调派土兵协同官军进剿中瞻对，备办牛马、粮食甚多，极为恭顺出力，访查前此并无阻拦图棠阿之事，该都司因入境后该土司未经远接伺应，捏词妄禀等语。抚驭土司番部全在秉公劝惩，以服其心。若图棠阿之妄禀泄忿，只图快其私意，罔顾国事，甚属可恶。图棠阿著革职拿问，交该督严行审讯。恐尚有需索不遂，骚扰恐吓情事，如讯得实情，著即从重定拟具奏，毋稍徇纵。"

（仁宗朝卷三〇五·页三三下～三五上）

○嘉庆二十年（乙亥）五月甲辰（1815.6.26）

谕军机大臣等："常明等奏官兵攻克藏多山梁及多隆武驰抵炉城一折。此次剿办中瞻对，参将曹兴邦带领咽噜及下瞻对土司头人等抢占藏多山梁，先后歼毙贼番二百余名，生擒阿甲降错折力等三十余名，番夷投降者二百余人，又续报投出者三百余户，抢获刀械、牛羊、马匹甚多，洛布七力率领余党逃入热笼地方窜匿。该督等现已飞饬总兵罗思举由下瞻对如郎桥过河，进抵墨口，从热笼后面与曹兴邦合力夹攻。多隆武已由炉城起身，前往督办。看来洛布七力势已穷蹙，该督等督饬将弁务将洛布七力擒获。凡抗拒官兵者即分别凌迟斩决，其胁从投出者免死发落。并传集番众，将洛布七力等对众行刑，俾番众触目警心，咸知震慑。此旨到日，计已可克期蒇事，常明自应将善后事宜筹办妥协再回省城。将此谕令知之。"

（仁宗朝卷三〇六·页一二上～一三上）

○嘉庆二十年（乙亥）六月己卯（1815.7.31）

谕军机大臣等："常明等奏官兵进抵河西，力攻贼寨一折。逆酋洛布七力自奔窜河西之后，与大头人巴耳甲结在却至贼寨率众固守，抗拒官兵。总兵罗思举等督率弁兵擒歼贼番达那太等二百数十名。上瞻对头人格格绒太带领中瞻对夷人郎卡次力等数人来军前投诚。该提督等准其投诚，并传令各旁寨头人出见，扣留在营，饬令呈缴刀枪、器械。所办是。此时番众投诚，无不准彼之理。但夷情多诈，山路崎岖，四处皆贼番碉寨，我兵深入夷地，该夷目等未必不心怀观望。若我兵连得胜仗，彼自畏威助顺；如大兵稍不得力，彼或仍附贼酋，阻我后路，则所关非细。该督等当檄谕各镇将等加意堤防，切不可稍存大意。多隆武等应晓谕投降番目，令其作为前敌，而以我兵继其后，一则以贼攻贼，可资其力，再则该番目已经与贼接仗，则一离不可复合，并可绝其反复。该督等务相机妥办，将洛布七力迅速擒歼，以靖边圉。将此谕令知之。"

（仁宗朝卷三〇七·页二三上～二四上）

○嘉庆二十年（乙亥）七月甲午（1815.8.15）

以剿办四川逆番事竣，提督多隆武、总兵官罗思举下部议叙；赏屯守备郎尔结、屯千总阿思甲巴图鲁名号，道员李尧栋、同知王世焘、游击造喜和黄玉堂、守备许文通、千总杨忠花翎，知县叶懋勋等蓝翎，及德尔格忒宣慰土司策旺多尔济二品顶带、花翎；馀升叙有差。

（仁宗朝卷三〇八·页一一下～一二上）

○嘉庆二十年（乙亥）十一月丙申（1815.12.15）

又谕（内阁）："本日户部等衙门议复川省剿办中瞻对军需条款内将赏需一款议驳，均已依议行矣。我朝开国以来，无论大小军务，从无带兵大臣擅取银两什物作为军需之事。自福康安带兵剿办台湾、廓尔喀、湖南苗疆，历次任意咨取犒赏，由银两、绸缎以至布匹、烟茶，无所不备。在福康安当日原系假犒赏为名，于领到后除给赏之外，尽皆饱其私橐。以后遂纷纷效尤，借此名目虚糜帑项。揆厥由来，实福康安为之作俑。方今寰宇承平，自可无兵革之事，即或偶有征调，带兵大员总不许擅取官帑以为私犒。报销册内，将犒赏一项名目永远革除。如有带兵大臣违禁，向承办军需之人咨取赏需者，即令承办军需之人据实参奏，将带兵大臣治罪。若承办军需之人徇隐滥应，除不准开销外，仍将带兵大臣及承办军需之人一并治罪，决不宽贷。"

（仁宗朝卷三一二·页一五上～下）

○嘉庆二十一年（丙子）闰六月己亥（1816.8.14）

予剿办四川瞻酋阵亡守备王舜年，千总阮廷麟，外委蒋玉琪、王彦林，前锋校成惠，屯外委沙格只木撒思等祭葬世职；兵丁达冲阿等三十二名赏恤如例。

（仁宗朝卷三一九·页一七下～一八上）

○嘉庆二十二年（丁丑）十二月辛未（1818.1.8）

谕军机大臣等："据卓秉恬奏川省积弊四条，内称访闻中瞻对逆酋洛布七力前剿办时并未焚毙，因与上瞻对头人格格绒泰素有仇隙，本年将格格绒泰戕害，该逆酋膂力强悍，如根株未绝，恐致滋蔓等语。洛布七力前据常明奏称，官兵攻破贼巢时已将该逆酋焚毙。兹卓秉恬奏称，该逆酋至今尚存，并戕害邻境头人，事关控驭番夷，著蒋攸铦确实查明。如洛布七力从前果未焚毙，现仍恃强不靖，或应派员带兵往捕，即奏明候旨饬办。如能设法诱获，更为妥协，彼时审明将该逆酋正法。其前此办理此事各大员常明虽已病故，该督将会同剿办之提、镇等查明，一并据实严参。惟是洛布七力素有勇悍之名，或该逆酋焚毙后又有贼番假冒其名，欺压邻境，戕害番酋，亦未可定。必须察访真确，不可为其所惑，致有舛误。……"

（仁宗朝卷三三七·页一下～二下）

○嘉庆二十三年（戊寅）三月壬寅（1818.4.9）

谕军机大臣等："蒋攸铦奏奉旨饬查中瞻对逆酋洛布七力未经焚毙一事，密派员弁前往访查，该处距省辽远，派去员弁约须二月底方能旋省，统俟查明奏请训示等语。此事前经卓秉恬具奏，降旨饬查。本日朕召见赛冲阿，据奏称伊在川省时与常明俱有所闻，洛布七力前奏报系属焚毙，又闻或系淹毙，并传闻该逆酋于官兵进剿时先已潜逃，并未毙命，事定后又复回至巢穴，向上下瞻对索取所分地土、人户，上下瞻对畏其强悍，仍俱给还。彼时伊与常明商酌因未查得确实，是以未及参奏等语。此事关系边务，蒋攸铦务访查真确，不可草率。如查明洛布七力实未焚毙，现尚恃强不靖，该督迅速由驿奏闻，候旨酌办。一面将原办此事之总兵罗思举革职拿问，并将多隆武截回四川，一并革职拿问，究明从前捏饰情弊，按律定拟具奏。将此谕令知之。"

（仁宗朝卷三四○·页四上～五上）

○嘉庆二十三年（戊寅）三月辛酉（1818.4.28）

谕军机大臣等："蒋攸铦奏遵旨按款确查，将办理情形复奏一折。逆酋洛布七力前据卓秉恬奏并未焚毙，且有戕害上瞻对头人格格绒泰之事，是以降旨令蒋攸铦查明具奏。昨据赛冲阿面奏，伊在川时亦闻知洛布七力潜逃未毙，事定后复回巢穴，向上下瞻对索取地土、人户。与卓秉恬所奏大略相同，因复降旨交该督确实访查。此次该督拜折时，尚未奉到续降谕旨。据奏称查得洛布七力焚毙之处，只有该酋常用之铁马鞍、鸟枪及手带之镶珊瑚金戒指为凭。其时贼骸焦烂，无从辨认，番众佥称洛布七力实已焚毙。现据派往道将密访得二十年剿平中瞻对,将地土分给上下瞻对,复有洛布七力之婿七力滚一支野番扬言洛布七力尚存,向上瞻对索还地方,彼此忿争而去。此后七力滚亦未再来滋事,上瞻对则恐其复向寻衅,时常准备。逐细查访,不能得洛布七力实在踪迹。至格格绒泰其人现存,并未被戕。是卓秉恬所奏洛布七力复出戕害格格绒泰之语,系属传闻不确。惟洛布七力是否烧毙,迄无确据。该督仍当遵照续奉谕旨,再行访查。此事必须将七力滚拿获讯明,始能辨别真伪。七力滚虽属野番,往来无定,但前既有向上瞻对寻衅之事,亦难保其不再前来,蒋攸铦当设法侦伺购索。如能将七力滚擒拿到案,确切供明洛布七力实已焚毙,再将七力滚治其妄索土地之罪,则群疑尽释,方能杜传讹之口。该督务勉力办理,不可颟顸了事。将此谕令知之。"

（仁宗朝卷三四〇·页一五上～一六下）

对迎护四世哲布尊丹巴呼图克图之呼毕勒罕由藏赴库伦擅用青海蒙古乌拉、索借银两的查处

○嘉庆二十五年（庚辰）四月丁未（1820.6.2）

谕军机大臣等："文孚等奏遵查秀宁奏驳法礼哈咨商动用青海蒙古乌拉一案。溯查乾隆四十五年旧案，陕甘总督及西宁办事大臣衙门均无动用青海蒙古乌拉明文。此次喀尔喀四部落盟长等凑备银两，奉派玛呢巴达喇前往西藏迎接哲布尊丹巴呼毕勒罕，本不应再用乌拉。法礼哈及随带司员等已由西宁县动用银六千余两，置备长行驼马、口粮、锅帐等物，亦不应复动用乌拉。其上年理藩院移文系指该呼毕勒罕自热河旋回时由边外行走，始令照例办给乌拉票张。前已有旨因该呼毕勒罕年甫七岁不令前来热河，是此项乌拉更无可动用之处。今据青海台吉恭藏等呈控，玛呢巴达喇护卫索诺木等在柴达木地方硬拿乌拉，讹索银两，自应究明惩办。文孚现已回京，著长龄于法礼哈回至西宁时，即由省前往提集索诺木等与该台吉等质对。如系该护卫及随带司员笔帖式领催等借端影射讹诈勒索，即审明按律治罪。如法礼哈有知情纵容情事，将法礼哈据实严参。若该副都统只系失察，并无染指，亦于定案时一并声叙附参。将此谕令知之。"

（仁宗朝卷三六九·页二三上～二四上）

○嘉庆二十五年（庚辰）七月戊午（1820.8.12）

又谕（内阁）："长龄奏审拟借用蒙古乌拉之副都统及索借银两之笔帖式等分别议处杖革一折，所拟尚轻。法礼哈派赴西藏迎接哲布尊丹巴呼毕勒罕，例不应动用蒙古乌拉。乃因驼、马倒毙，听从属员怂恿，向青海蒙古台吉等借用乌拉，以致随带之笔帖式、通丁、护卫等乘机借贷银两。虽回日如数措还，该台吉等业已具控在前，未经收回，即与勒索无异。护

卫策敦丹巴、索诺木，均著照所议革退鞭责，笔帖式富英、伊伸泰毋庸交议，均著即革职。副都统法礼哈违例擅用蒙古乌拉，又失察随带笔帖式索借银两，年老无能，著于库伦回京日降为四品顶带休致。玛呢巴达喇著照例议处。"

（仁宗朝卷三七三·页五下～六下）

十世达赖金瓶掣签认定、坐床

○嘉庆二十四年（己卯）三月戊申（1819.4.10）

谕军机大臣等："玉麟等奏藏中僧俗人等求定达赖喇嘛呼毕勒罕一折。甚属非是。从前各处呈报呼毕勒罕出世，每多附会，争端渐起，弊窦丛生。皇考高宗纯皇帝洞烛其情，设金奔巴瓶缄名掣定之制，睿谟深远，自当万世遵行。今里塘所报幼孩，其所述灵异何足征信？若遽听其言，与从前指定一人者何异？玉麟等不严行驳饬，实为错误，著传旨申饬。此次里塘幼孩，即作为入瓶签掣之一。俟续有报者，再得其二，方可将三人之名一同缄封入瓶，照定制对众讽经，掣签。著将此旨明白传谕第穆呼图克图，毋许再渎。若来京求请，即查拿治罪。将此传谕知之。"

（仁宗朝卷三五五·页一六下～一七上）

○道光元年（辛巳）九月辛亥（1821.9.29）

谕军机大臣等："文干等奏达赖喇嘛之呼毕勒罕拟确验签掣一折。达赖喇嘛掌管西方黄教，其呼毕勒罕出世自必有灵异可征。前据玉麟等奏里塘幼孩有灵异之迹。今察木多所属复出有幼孩二人，均有吉祥佳兆。前后共得三人，已符入瓶签掣之例，但系各该处具报之词，或恐言过其实。著照文干等所奏，将幼孩三名，令其亲丁师傅等携至前藏，文干等会同噶勒丹锡哷图萨玛第巴克什等确加试验。如均有灵异之性，即照例写签入瓶，对众讽经掣定，核实奏闻。若试验未确，仍令另行访查，俟灵异幼孩数足三人再行照例办理可也。将此谕令知之。"

（宣宗朝卷二三·页七上～八上）

○道光二年（壬午）三月乙亥（1822.4.21）

又谕（内阁）："达赖喇嘛之呼毕勒罕于八月初八日坐床，届期即派文干会同成都副都统苏冲阿及章嘉呼图克图看视。章嘉呼图克图由京驰往，著由广储司赏银三百两制办行装。所有颁赏达赖喇嘛等之敕书、例赏等件，著理藩院拣派司员二人一同照料，驰驿赍往分赏。"

（宣宗朝卷三一·页四一上）

○道光二年（壬午）闰三月己卯（1822.4.25）

又谕（内阁）："理藩院奏此次看视达赖喇嘛之呼毕勒罕坐床，派出之章嘉呼图克图呈请加赏大车十五辆，可否依照请旨一折。章嘉呼图克图此次赴藏，由驿给乘之马皆有定例，自应遵行。今章嘉呼图克图请加赏大车十五辆，殊属违例，著不准行。章嘉呼图克图呈请之时，该院应查例案，将可否应行之处明白具奏，乃并未查核，率行冒昧代伊陈请，甚属不合。所有理藩院堂官，俱著交部议处。"

寻议上，得旨："赛冲阿、色克精额俱著罚俸九个月，不准抵销。穆克登布年力就衰，不胜理藩院尚书之任，著即开缺，无庸罚俸。"

诏谕班禅额尔德尼："前因达赖喇嘛未出呼毕勒罕，降旨命尔加意访寻。兹据驻藏大臣等奏，班禅额尔德尼访得察木多等处幼孩三人，此内里塘之七岁幼孩名噶勒桑建灿者，容貌端重，举止大方，能识前代达赖喇嘛供用佛尊什物，尔甚尊服，诚心念经祷祝，会同驻藏大臣，在布达拉庙内供奉高宗纯皇帝圣容前行礼毕，由金奔巴瓶内将伊名掣出等语。此事甚属吉祥，朕深欣悦。降旨将噶勒桑建灿作为达赖喇嘛之呼毕勒罕。今尔奏请于八月初八日令噶勒桑建灿在布达拉庙内坐床，所办甚是。特派驻藏大臣文干、成都副都统苏冲阿、章嘉呼图克图等颁给达赖喇嘛之呼毕勒罕诏书及赏赐物件外，尔能仰体朕意，将呼毕勒罕寻得，可嘉之至。今特问尔好，颁给诏书，并赐蟒缎二端、闪缎一端、片金缎一端、八丝缎六端、大哈达五方、小哈达十方，到时祇领。特谕。"

又谕噶勒丹锡哷图萨玛第巴克什之呼毕勒罕阿旺扎木巴勒粗勒齐木："自尔办理西藏事务以来，推衍黄教、训导喇嘛等事，均能代达赖喇嘛妥协办理，并率藏内各寺僧众等虔诵经卷，诚心祷祝，将达赖喇嘛之呼毕勒罕寻得，朕甚嘉悦。今虽有达赖喇嘛之呼毕勒罕，但年岁尚小，尔萨玛第巴克什务须仰体朕推广黄教、子视群生之意，加意照管呼毕勒罕，令其勤习经卷，并训导阖藏堪布等熟习经卷，毋怠。兹特问尔好，颁给诏书并赐蟒缎一端、妆缎一端、闪缎一端、八丝缎四端、大哈达五方，到时祇领。特谕。"

又谕达赖喇嘛之呼毕勒罕："朕抚驭天下，惟期万方各安生业，振兴道学。昨据驻藏大臣等奏称，自呼毕勒罕降生后，藏内屡著吉祥。且尔容貌端方，举止沉重，经卷熟练，并能辨认前代达赖喇嘛供过佛尊、用过物件，故普藏僧俗皆倾心悦服。择于二月十二日释迦牟尼佛传教吉期，在布达拉等庙令呼图克图等念经七日，并在班禅额尔德尼前念经祷祝后，诣高宗纯皇帝圣容前行礼毕，由金奔巴瓶内将尔名掣出。览奏实深欣悦，降旨将尔作为达赖喇嘛之呼毕勒罕，并派驻藏大臣文干、成都副都统苏冲阿、章嘉呼图克图等于本年八月初八日在布达拉庙内，公同监视尔坐床。所有赏尔各色物件派理藩院司员带往，到时祇领。尔正聪明长进之时，理应感戴朕恩，勤习经卷，阐兴黄教，俾僧俗人等均安居乐业，毋怠。特谕。"

（宣宗朝卷三二·页四下～八下）

○道光二年（壬午）四月辛亥（1822.5.27）

又谕（军机大臣等）："文干等奏达赖喇嘛之呼毕勒罕等恭递奏书、贡物并于坐床后专差巴雅尔堪布赴京各一折。此次达赖喇嘛之呼毕勒罕受持小戒，诸事甚为吉祥。除由噶勒丹锡呼图萨玛第巴克什代办贡物，与班禅额尔德尼等贡品业经呈递外，尚有例进贡物，著准其于坐床后再交巴雅尔堪布赍送来京。至巴雅尔堪布若俟与年班堪布一同赴京为期太远，并准其照上届成案，由川就道，以利遄行。将此谕令知之。"

（宣宗朝卷三三·页一四上～下）

○道光二年（壬午）六月甲辰（1822.7.19）

又谕（内阁）："文干等奏达赖喇嘛之呼毕勒罕坐床时可否照前赏用黄轿、黄缰、黄鞍座请旨一折。前世达赖喇嘛俱经赏用黄轿、黄缰、黄鞍座，著加恩现在达赖喇嘛之呼毕勒罕仍准赏用。"

又谕:"文干等奏赏给前世达赖喇嘛金印,今达赖喇嘛之呼毕勒罕坐床后可否仍用之处请旨等语。赏给前世达赖喇嘛之金印,该呼毕勒罕坐床时既经捧用,坐床后著加恩于谢恩折内仍前钤用。"

(宣宗朝卷三七·页四上～下)

○道光十五年(乙未)闰六月庚申(1835.7.27)

又谕(内阁):"文蔚等奏查明达赖喇嘛、班禅额尔德尼请换金册一折。前因理藩院修办喇嘛事例奏请饬查呼图克图印信册敕事宜,兹据该大臣等奏称,达赖喇嘛现已及岁,受戒坐床,与早经受戒坐床之班禅额尔德尼均只有金印,未经赏给金册。达赖喇嘛、班禅额尔德尼俱著赏给金册,该衙门照例颁给。"

(宣宗朝卷二六八·页三上)

○道光十七年(丁酉)四月丙辰(1837.5.13)

又谕(内阁):"嗣后颁赏达赖喇嘛、班禅额尔德尼金册,著仍照旧制办理。其道光十四年新纂则例内,定于旧册后添錾第几辈字样一条,著即销除。所有改纂新例未经查明旧制之理藩院堂司各员,均著交部查取职名,照例议处。"

(宣宗朝卷二九六·页一三下～一四上)

藏族僧官来京和在内地任职

○道光元年（辛巳）七月戊午（1821.8.7）

谕军机大臣等："文干等奏班禅额尔德尼闻理藩院行调堪布，请于札什伦布拣选二三名送京当差等语。此次理藩院咨调堪布喇嘛等，系专交前藏拣派。现已派定，随年班堪布赴京。今班禅额尔德尼既自愿拣选喇嘛送京当差，著文干等行知，俟下届调取堪布时，准其选派一二名来京可也。将此谕令知之。"

（宣宗朝卷二一·页一四下～一五上）

○道光五年（乙酉）七月己亥（1825.8.27）

又谕（内阁）："松廷等奏：四川广法寺堪布喇嘛嘉木扬雅木丕勒现届三年期满，拣选得堪布罗布藏当吹堪以派往。著照所请，即饬令前往换班。嘉木扬雅木丕勒著即令其回藏，无庸赴京当差。"

（宣宗朝卷八五·页一六下）

○道光五年（乙酉）十二月庚申（1826.1.15）

命图观呼图克图之呼毕勒罕班第驻京，赏静修禅师名号及副扎萨克达喇嘛职衔。

（宣宗朝卷九二·页二〇下～二一上）

○道光七年（丁亥）二月辛亥（1827.3.2）

又谕（内阁）："理藩院奏噶勒丹锡呼图呼图克图之呼毕勒罕呈请住京，尚属伊之至诚，著照所请，准其留京住宏仁寺，勤习经艺。该呼毕勒罕前世留住闲散喇嘛三人，著支给十分徒众钱粮。"

（宣宗朝卷一一四·页七下～八上）

○道光十四年（甲午）四月戊申（1834.5.21）

谕内阁："察罕喇嘛绰尔济系由国初投效来京，且在西藏军前效力。现在之察罕喇嘛驻京有年，既在喇嘛印学习行走，著撤销绰尔济，赏给呼图克图职衔。至该察罕喇嘛转世之后，并准其作为呼图克图，此系念其从前著有军功，从优赏给，其他不得援以为例。"

（宣宗朝卷二五一·页一八下～一九上）

○道光二十年（庚子）十一月癸巳（1840.11.30）

谕内阁："孟保等奏拣派教习字话喇嘛可否随同下届年班堪布赴京一折。所有派定教习唐古特学生喇嘛二名，著于二十二年随同后藏堪布来京。"

（宣宗朝卷三四一·页一〇上）

○道光二十六年（丙午）十月丙子（1846.12.12）

谕内阁："理藩院奏栋廓尔呼图克图呈请来京当差请旨一折。栋廓尔呼图克图呈请来京当差，实属悃诚，朕心甚悦，栋廓尔呼图克图著即来京当差。惟该呼图克图到京后，若服水土甚好；倘因不服水土欲回原游牧处，亦可听其自便，以示朕体恤呼图克图之至意。"

（宣宗朝卷四三五·页一八下～一九上）

限定哲孟雄八年来藏熬茶一次；拒绝廓尔喀以借兵、借饷、赏给和易换藏地助其抵御英印

○道光元年（辛巳）十一月己巳（1821.12.16）

谕军机大臣等："文干等奏哲孟雄部长来藏熬茶，妄求地方人口，严行驳斥遣回并拟定该部来藏年限一折。哲孟雄部落在唐古特边外，从前福康安进剿廓尔喀时曾檄令该部乘势进攻收回被夺之地。该部长观望不前，及事定之后，屡次妄行祈求，均经驳斥。今来藏熬茶，又向噶勒丹锡呼图萨玛第巴克什禀恳或赏给帕哩营官之缺，或将所属卓木族卓百姓及卓木雅纳绰松百姓赏给管理。该部长贪鄙无知，竟敢妄求藏地所属职官民人交伊管理。文干等饬令该喇嘛严行驳斥以绝其妄念，仍著赏银物以示体恤，所办俱是。该部长向准来藏礼佛，文干等因其每次来藏辄多乞请，拟定以或五年或八年来藏一次，以示限制。著即以八年为限。但所定年限乃杜其非时前来，若届期不来，亦听其便。如未至八年，即行斥驳。至边防理宜严密，如该部长禀请来卓木避暑时，自当随时批驳。江孜守备、帕克哩营官等小心防范，以安边圉。将此谕令知之。"

（宣宗朝卷二六·页三四下～三五下）

○道光二年（壬午）三月乙卯（1822.4.1）

谕军机大臣等："文干等奏申严边禁一折。据称：藏属西南边缺绒辖尔营官所管之纳溪山洞，向有安都喇嘛磋竹让珠在彼念经修行，上年该喇嘛以廓尔喀地方吉绒噶速塔顶坍圮，拟请募修，当经噶勒丹锡呼图萨玛第巴克什寄信阻止，该喇嘛仍派徒众十余名由聂拉木出境，在阳布雇匠兴修，廓尔喀亦派彼处喇嘛帮同修理。现在塔顶已修七层，工程将次完竣，该喇嘛磋竹让珠明年即前往开光等语。廓尔喀地方虽经内附，究在唐古特

边外。该喇嘛擅派徒众径赴阳布，捐修吉绒噶速塔工，实属私越边境。既据该大臣等查明，该喇嘛平日修行尚为安静，因不谙定例致蹈愆尤。若遽令中止，顿弃前功，恐边外夷人不免心生疑惧。著照所议，于该喇嘛修塔事毕后，即将前差徒众速行撤回，并严饬该喇嘛磋竹让珠，不准亲往开光。嗣后如有欲作善事者，须令在内地尽心筹办，毋许再行私越境界，致干重咎。至聂拉木营官于该喇嘛出境时既未严行阻止，又不随时禀报，殊属有乖职守。现任营官拉尔吉雄巴著即行斥革，以示惩儆。其绒辖尔营官于境内居住之喇嘛私行派赴边外毫无觉察，亦属疏忽，所有兼管该营官之后藏戴琫汪金彭楚克，著不准其兼管营官事务，仍罚俸一年。其所出营官缺，即咨行噶勒丹锡呼图萨玛第巴克什另选番弁，会同验放，以实营额而重边防。该大臣等务严饬各边界营官，遵照定例，一体严密稽查，不准番夷僧俗擅自出入，致滋弊端。如有私越边界者，即行从重惩办。将此谕令知之。"

（宣宗朝卷三一·页一六下～一八下）

○道光五年（乙酉）七月己亥（1825.8.27）

谕军机大臣等："据松廷等奏哲孟雄部长屡次恳请到卓木地方避暑及来藏瞻礼一折。哲孟雄部长前因其来藏礼佛每次辄多妄请，经文干等具奏，当经降旨，定以八年准其来藏一次，未至八年即行斥驳。兹据松廷等奏，该部长因达赖喇嘛坐床后屡次恳请瞻礼，惟现距该部长前次来藏之期仅止四年，本应斥驳，姑念达赖喇嘛坐床系属吉祥善事，该部长近年遵奉谕旨尚属安静，此番恳请出于至诚，著加恩准其暂来一次，不准另有乞请，仍遵前定章程再届八年方准前来。如未届年限复行渎请，该驻藏大臣严行斥驳，以示限制。至该部长每年赴卓木地方避暑，虽系从前常有之事，达赖喇嘛等并不拦阻，但卓木曲批乃唐古特境地，该部长系自行前来。今若明降谕旨，准其每年在帕克哩以外居住数月，该处系藏外一小部落，素尚恭顺，又有驻防官兵及帕克哩营官等稽察防范，或不致别滋事端。第外夷贪鄙性成，安保其日久不妄生觊觎，若附近别部落纷纷效尤，又将何以处之？边圉紧要，不可不防其渐。松廷等率请奉旨后咨明转饬遵照，令该部长开报人数，准其前来避暑，殊属不合，著不准行。松廷等惟当告知噶勒丹锡哷图萨玛第巴克什、班禅额尔德尼，哲孟雄部长每年来至藏界地方避暑相沿已久，此时若严行驱逐，亦非字小之道。应由伊等体察情形，或照从前容其暂住，过时即催令回巢。该驻藏大臣等仍随时查察，毋许该部长在藏境逗留，并严饬驻防及帕克哩管官等不时防范稽查，以靖边徼。将此谕令知之。"

（宣宗朝卷八五·页一六下～一八下）

○道光九年（己丑）正月丁巳（1829.2.25）

谕军机大臣等："惠显等奏哲孟雄部长妄行禀渎，逐一严行驳斥一折。所办极是，哲孟雄部落久居边外，从前屡有妄干之事，俱经驳斥。兹复敢捏词渎禀，妄有希冀，实属贪诈。外夷部落只应照常羁縻，纵使他夷部落恃强侵占其地，不过蛮触相争，岂值以内地兵粮为其守御？至其措词不当，亦不必加以深究，惠显等总当照向来抚驭之法办理。如有分外妄求之事，仍当剀切晓谕，加以驳斥，并督饬驻防员弁加意防范，慎守边圉。将此谕令知之。"

（宣宗朝卷一五〇·页二〇下～二一上）

○道光十六年（丙申）十二月庚午（1837.1.27）

谕军机大臣等："据鄂顺安奏：廓尔喀国人呈递表章，译系该国王因哲孟雄部落侵占该疆界请示办理。又，夷人热拉杂阿帮里表章内称，该国王听信谗言，将伊祖官职革去，伊父无辜被杀，求照伊祖官职赏伊承充，并将该国王苦累百姓，现有头目人等私议将地土交与披楞掌管等语。抚驭外夷之道惟在慎守边防，持以镇静。即偶有夷人控诉之案，只可晓谕以天朝法度，尔外国之事从不过问，遣人送出卡外。况既无该国王印记，正好驳斥，乃辄称该夷人以平民擅递封章，妄希官职，本应抄录原禀，札饬该国王治以应得之罪，又恐该国王斥其赴诉，再加凌虐等语，是鄂顺安欲以内地例文科断外夷，太不晓事，著交部严加议处。关圣保接奉此旨，无论行抵何处，迅即兼程前进，亲赴边界体察情形，并随时派人密加探听。倘该夷人等蛮触相争，该大臣等惟当严饬所属汉番官兵慎守卡伦，严密防范，不准一人擅出边界，致酿事端，是为至要。将此谕令知之。"

寻吏部奏："鄂顺安照例降调。"

得旨："著照部议降四级调用，带所降之级仍留该处效力，暂停开缺。"

（宣宗朝卷二九二·页二八下～二九下）

○道光二十一年（辛丑）正月壬子（1841.2.17）

又谕（军机大臣等）："孟保等奏访明廓尔喀国王禀内所称聂噶金那等处地方一折。据奏聂噶金那系披楞洋面地名，其披楞之东噶哩噶达地方直达广东边界，噶哩噶达、披楞皆第哩巴察所属，该夷向呼英吉利为第哩等语。览奏均悉。现在廓尔喀国虽属安静，仍著该大臣等遵奉前旨，严饬所属边界营官妥为防范，毋任别滋事端。将此谕令知之。"

（宣宗朝卷三四五·页二〇上～下）

○道光二十一年（辛丑）三月癸巳（1841.3.30）

谕军机大臣等："……再，据驻藏大臣孟保等奏：廓尔喀国王禀称，披楞与京属汉人争战，被京属烧毁洋船，情愿去打披楞等语。经该大臣等婉为饬驳。旋查得披楞为英吉利所属，该国人常在广东贸易。其与京属打仗，据称在聂噶金那地方，因在外洋，不能指实界址。惟知披楞之东系噶哩噶达地方，直达广东，又称第哩巴察，为西南一大国，噶哩噶达及披楞皆其所属，而该夷向呼英吉利为第哩等语，究竟披楞是否即英人所属，与广东相去远近若何，并著祁𡎴查访具奏。孟保等原折著抄给阅看。将此谕令知之。"

寻奏："查加尔格打系孟呀啦地方之内城，为英吉利属国，因洋人呼加为噶，呼尔为哩，故亦名噶哩噶达。其地计水程二十余日可到广东。披楞在噶哩噶达之西，亦英吉利所属。英人呼官长为第哩，未闻有第哩巴察之名。聂噶金那即聂噶钗那，例译作在中国海岸五字。"报闻。

（宣宗朝卷三四八·页一四上～一六上）

○道光二十一年（辛丑）十月壬辰（1841.11.24）

谕军机大臣等："据孟保等奏接据廓尔喀国王呈递夷禀一折。览奏均悉。天朝制度向无赏赐外夷银两之例，该国王因披楞聚兵，恐其侵扰，恳求赏赐银两抵御，业据该大臣等缮檄饬驳，所办甚是。该大臣等现已严饬各边界密防，著即不动声色严密防范，毋稍疏虞，是为至要。将此谕令知之。"

（宣宗朝卷三五九·页二七上～下）

○道光二十二年（壬寅）九月己酉（1842.10.7）

又谕（军机大臣等）："据孟保等奏廓尔喀国王呈进表文一折。此次廓尔喀差赍表贡到藏，表文内添叙该国屡被披楞欺凌，求赐银两，发兵堵御，并请易换藏属地方等情。又另有该国王之子呈进表文一道。现据该大臣等明白开导，谕以大义，反复驳斥，并将所呈披楞原信掷还。所办俱好。该国求赏银两，上次曾经饬驳，此次复行求赏，实属无厌。至因披楞欺凌求请发兵救援，并恳易换藏地，更属无此体制，必应逐一指驳，以杜妄念。该大臣所拟檄谕该国底稿，著即遵照朱笔改定处缮发。其该国王之子向无呈进表文之例，著暂为存贮前藏，俟噶箕等回国时仍令带回。将此谕令知之。"

（宣宗朝卷三八〇·页八下～九上）

○道光二十三年（癸卯）正月丁巳（1843.2.12）

谕廓尔喀额尔德尼王热尊达尔毕噶尔玛萨野："朕临御天下，柔远能迩，寰海共乐升平。王自袭尔父爵以来，恪守藩封，敬顺将事，一切事宜均照驻藏大臣指示遵行，甚属可嘉。兹遣使噶箕咱噶达巴孟邦哲等恭请朕安，呈进表贡，朕嘉悦览之。当令来使噶箕咱噶达巴孟邦哲等觐见，筵宴数次，使观诸艺。至王所进表文内添叙尔国被披楞欺凌，叩求赏派天兵救助，并赏赐银两、地方及易换地方等情，天朝统驭万方，一视同仁。尔王惟有爱惜百姓，把守边界，不可轻举妄动，自无他虞。且各部落各守土地，百姓日久相安，从无借兵、借饷、赏赐地方及易换地方之事，道光十八年间曾因尔国王求赏银两，特降敕书明白晓谕，尔国王自已领悉。此时不当轻信虚诞之言，再有所请。天朝优待外藩，恩礼备至。尔国王效顺有年，久通朝贡，自必深明大义，恪守藩封，断不可为浮言所惑也。今噶箕咱噶达巴孟邦哲等回旋，将颁给诏谕、赏尔缎匹物件交伊等赍往，至时祗领。嗣后深感朕恩，遵驻藏大臣指示，永尽恭顺之道，力效肫诚之心。

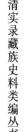

凡尔属下，善为管理，以期各享安乐，永受朕恩，钦哉勿怠。特谕。"

（宣宗朝卷三八八·页一九上～二〇下）

○ 道光二十四年（甲辰）二月癸卯（1844.3.24）

谕内阁："孟保等奏廓尔喀贡使由捷径回家，请将护送之游击都司交议一折。叠溪营游击应国锐、黔彭营都司李国安于护送廓尔喀贡使回国，自应照例由济咙行走，乃任听该噶箕等恳由绒辖尔捷径回家，并不禀请示遵，率即派人护送出口，实属错谬。应国锐、李国安均著交部严加议处。"

又谕（军机大臣等）："孟保等奏廓尔喀正副噶箕闻其亲属被害，由捷径先行回家。已明降谕旨，将护送之游击、都司严加议处矣。所有敕书、御赐业据该国王接奉，该噶箕等曾否回国，未据该国王知照。著孟保、钟方严饬济咙、聂拉木、绒辖尔及通内地之各口隘营官等，倘该噶箕等逃入界内，即行拘拿，派员押送该国。至该国如何惩办该噶箕之处，本与内地无涉，不必过问。如该国续有禀来，亦即以此意檄知。琦善到任时，如办理尚未完结，著将此旨令其阅看，会同钟方办理。将此由四百里谕令知之。"

又谕："孟保等奏探得廓尔喀地方现在安静一折。据奏廓尔喀所属把巴地方忽来贼匪无数，疑系披楞之人改装而来，经该国王派兵前往对敌，贼匪旋即退去，该国留兵防堵，现今地方安静等语。廓尔喀地方现在虽属安静，仍须严密防范，随时侦探。著琦善于到任后，会同钟方严饬所属慎守边界，不准妄生事端。并著不动声色，随时密探该国近日情形，据实具奏。但不可稍涉张皇，是为至要。将此谕令知之。"

（宣宗朝卷四〇二·页七下～一〇上）

○ 道光二十四年（甲辰）二月丁巳（1844.4.7）

谕军机大臣等："孟保等奏续接廓尔喀国王来禀及谕复缘由一折。览奏均悉。廓尔喀国王禀词内称，噶箕因上年来藏恳求一切未准，不敢回国，并牵叙聂拉木、济咙地方十年归西藏管理，三年归该国管理等语，实属谬妄。该大臣等正词晓谕，办理尚为妥协。倘该国再差头目来藏，另有恳求，该大臣等仍当据理回复，杜其妄念，是为至要。琦善到任后，即著会同钟方妥办。但言语不通，文字不同，只凭一译，尤当加倍留心，勿致歧误。将此谕令知之。"

（宣宗朝卷四〇二·页二八下～二九下）

○道光二十六年（丙午）四月己丑（1846.4.29）

谕军机大臣等："琦善等奏近接廓尔喀国王来禀，复借披楞与森巴交战之事恳请指示，现已于檄谕中反复开导等语。近年廓尔喀国王屡肆干求，虽节经饬驳，而乞恩之念总不能已。兹复借端请示，用意极为狡狯。经该大臣等檄谕开导，使知保护南方门户，即保护该国疆宇，不致妄逞所欲，办理甚为妥协。惟夷情变诈，难保不再三渎请，该大臣等惟当坚持前说，力加开导，折以正言，晓以大体，务令妄念全消，不复逞其诪张狡黠，是为至要。又，另片奏哲孟雄部长恳请来藏念经等语。此次即准其来藏念经，嗣后著仍照旧章八年来藏一次。将此谕令知之。"

（宣宗朝卷四二八·页三上～四上）

○道光二十七年（丁未）八月戊辰（1847.9.30）

谕军机大臣等："琦善等奏据廓尔喀国王之子禀称拣派噶箕等呈进贡物及该嗣王袭爵缘由一折。又，另片查开廓尔喀王向蒙赏给宝石顶带成案，览奏均悉。廓尔喀国王之子已遵伊父印书袭爵，现在拣派噶箕呈进贡物，足见恭顺输忱。惟据称尚有面禀苦楚，求祈教导之事，难保别无妄渎。既据该督等颁给檄谕，俟该噶箕等到藏时，即当晓以大义，杜其妄念。如别无要求，著即宣示恩旨，赏给该嗣王宝石顶带，令其恪守藩服，断不可别生枝节，是为至要。……"

寻斌良等奏："查此次廓尔喀嗣王遣使纳贡，甚属恭谨，并无意外干求。奉旨俟该噶箕到藏时晓以大义，兹该噶箕早已赴京，无从宣示。至赏给该嗣王宝石顶带一节，现在飞商琦善，总期意见相同再行具奏。……"报闻。

（宣宗朝卷四四六·页一五下～一七下）

○道光二十七年（丁未）十二月庚午（1848.1.30）

又谕（军机大臣等）："本日据斌良奏布鲁克巴头人与哲孟雄部长在西藏所属地方互斗，已开导劝令先后回国一折。览奏均悉。边人等蛮触相争，本可不必过问，惟据称哲孟雄部长与布鲁克巴头人在唐古特界内帕克哩地方邂逅滋闹，坚持不下，经该大臣等派员晓谕，开导再三，始肯先后回国等语。该洋人诡谲多端，哲孟雄所禀将所管四处隘口均交帕克哩营官管辖之言亦难全信。第该部落与披楞毗连，自应暗加防范，著斌良等严饬各边隘侦探洋情，有无动静，仍遵前旨咨商琦善。若其事与藏地不相干涉，即可置之不问。又片奏：在事办理各员，恳恩鼓励等语。著斌良等核实秉公酌量保奏，毋许冒滥。将此谕令知之。"

（宣宗朝卷四五〇·页四〇上～四一上）

○道光二十八年（戊申）七月丙子（1848.8.3）

谕内阁："穆腾额奏查明上年办理番务朦蔽，请将汉、番员弁分别惩处一折。前因哲孟雄部长及布鲁克巴夷目在藏境互斗，经派往各员弁等开导安静，业已量予恩施。兹据该大臣奏称本年哲孟雄部长复来帕克哩原旧避暑之春批地方，禀求事件，查系该营官等于上年曾出具图结，俟本年夏间禀催上司派员查办等语。此案戴琫朗结顿柱于委办外番事宜，辄敢主使营官出具图结，致哲孟雄部长得以借词妄请，实属冒昧自专。噶布伦衔戴琫朗结顿柱著即褫革，交噶布伦等严加管束；听从不禀之帕克哩营官策旺班觉尔、策忍汪札均著降二级调用；署江孜守备太平营千总马元镇、泸宁营外委陈三珠前给尽先升补、拔补之处均著注销，再行交部议处；前赏三品衔之扎什伦布四品顶带小商卓特巴宜玛顿柱著革去三品衔，仍戴用四品顶带，以示惩儆。所有该大臣自请议处之处，著加恩宽免。该处事务著穆腾额等小心妥办，力杜欺朦。其各隘口应遴派妥实营官前往，不得稍涉颟顸，有误边务。"

（宣宗朝卷四五七·页四下～五下）

○道光二十九年（己酉）闰四月庚寅（1849.6.13）

谕内阁："穆腾额奏哲孟雄部长恳赴后藏瞻礼等语。哲孟雄部长来藏瞻礼本有定限，现在虽未届期，念其恳切禀请，加恩准赴札什伦布虔诚瞻礼。事毕饬即回牧，无任滋事妄求。"

（宣宗朝卷四六七·页九上～下）

喇嘛章程的订立与寺庙匾额之颁赐及活佛转世金瓶掣签的申严等

○道光二年（壬午）正月戊午（1822.2.3）

又谕："文干等奏西藏重修敏珠尔伦吉竹布贝寺工竣，噶勒丹锡呼图萨玛第巴克什恳请赏颁匾额一折。乾隆年间，敏珠尔伦吉竹布贝寺修理之后，曾蒙恩赏匾额。兹因该寺重修工竣，该喇嘛复恳赏颁寺额，著即照所请颁给祗领，以迓吉祥。"

寻颁御书匾额曰："大千普佑。"

赏捐修西藏寺宇之噶布伦敦珠布多尔济花翎，并给"好善乐施"匾额。

（宣宗朝卷二八·页一一下～一二下）

○道光二年（壬午）二月甲辰（1822.3.21）

谕内阁："理藩院请定口外喇嘛章程酌议条例具奏。内如蒙古汗、亲王、郡王、贝勒、贝子、公、扎萨克、台吉之子孙承袭受职后复愿充当喇嘛，及孤子充当喇嘛，均系蒙古旧俗，相沿已久，自应仍听其便，毋庸明立禁令。至每年呈进丹书克，由中正殿运进，亦系向来旧制，著仍遵循办理。其所议赏给诺们汗职衔之达尔汉喇嘛等未经转世者，不准给与名号、印敕。其呼图克图诺们汗涅槃后，徒众过五百名者，择人分别赏给职衔督率，又赏有名号、印敕及徒众多者，方准其补行入档。至认获呼毕勒罕时，该旗加具印结报理藩院，方准入瓶掣签。其四川广法寺堪布喇嘛三年换班由藏就近更换各条，均著照所议办理。惟呼图克图涅槃后择人给与扎萨克喇嘛职衔，诺们汗涅槃后择人给与达喇嘛职衔，原为督率徒众起见，若该呼图克图、诺们汗转世成立，则督办有人，著将扎萨克喇嘛、达喇嘛各职衔即行撤销，以昭核实。"

（宣宗朝卷三〇·页一七下～一八下）

○道光二年（壬午）七月癸酉（1822.8.17）

谕内阁："松廷奏请将访出幼孩二名咨行西藏入瓶掣签，拟定栋廓尔呼图克图之呼毕勒罕请旨一折。著照松廷所奏，栋廓尔呼图克图之徒弟商卓特巴喇嘛楚图木吹木丕勒等访出番族达什车凌之子名济尔噶勒、民人王志之子名桑济扎布，咨行驻藏大臣，眼同达赖喇嘛入于大昭所供之金奔巴瓶内掣出一人，作为栋廓尔呼图克图之呼毕勒罕。"

（宣宗朝卷三八·页一下～二上）

○道光三年（癸未）六月己亥（1823.7.9）

又谕（内阁）："向来各处访寻呼图克图之呼毕勒罕俱由蒙古、番子等幼孩内访查，将名送至西藏，入于金奔巴瓶内掣签。上年西宁办事大臣松廷并未循照旧章办理，率由栋廓尔呼图克图之徒弟呈报，将当噶尔民人王志之子桑济扎布咨送西藏掣出，甚属非是。除将此次掣出民人王志之子不准作为呼毕勒罕外，嗣后务照旧章断不准在民人幼孩内寻访。"

（宣宗朝卷五三·页二上）

○道光五年（乙酉）十二月丙子（1826.1.31）

谕内阁："松廷奏噶勒丹锡哷图萨玛第巴克什修庙铸佛请赏匾额一折。乾隆年间色拉寺修寺造佛节经恩赏匾额并哈达等物，兹该喇嘛在毗连祝庆寺另修殿宇、铸造佛像工竣，著照所请，颁赐御书匾额，并赏哈达一方、念珠一盘、铃杵一分、音轮一个，以迓吉祥。"

寻颁御书匾额曰："法云广荫。"

（宣宗朝卷九三·页一七上）

○道光六年（丙戌）正月丁未（1826.3.3）

谕内阁："松廷等奏班禅额尔德尼修庙铸佛请赏寺名、匾额一折。雍正、乾隆年间，扎什伦布及拉尔塘等处寺宇节经恩赏寺名、匾额，兹班禅额尔德尼在扎喜曲达地方新建寺院铸造佛像工竣，著照所请，颁赐寺名并御书匾额，以迓吉祥。"

寻赐名"广佑寺"，颁御书匾额曰："法界庄严。"

（宣宗朝卷九四·页二九下～三〇上）

○道光十六年（丙申）十二月丙子（1837.2.2）

谕内阁："德楞额奏帮办台吉那噶克噶布藏等呈禀访出察罕诺们汗呼毕勒罕呈请具奏一折。番子确锡锡勇之子桑济阿勒巴图、额尔克完布之子班第既经那噶克噶布藏等访出，著将伊等名送藏，归入金奔巴瓶内掣定一名作为呼毕勒罕。"

（宣宗朝卷二九二·页三九上～下）

○道光二十九年（己酉）五月辛亥（1849.7.4）

谕内阁："琦善奏神灵祐顺请颁给匾额一折。此次中瞻对野番滋事，经琦善督兵进剿，该处道路崎岖，且风雪弥漫，粮运维艰。该督虔祷该处各庙所供护法神，军行得无阻滞，自应酌加酬锡，以昭灵应。著发去御书匾额二方，交该督敬谨悬挂，用答神庥。"

寻颁箭头寺御书匾额曰"灵昭远徼"；博底冈擦御书匾额曰"绥边敷福"。

（宣宗朝卷四六八·页一〇上～下）

○道光三十年（庚戌）九月壬寅（1850.10.18）

谕军机大臣等："哈勒吉那奏卓扎巴地方产生章嘉呼图克图呼毕勒罕奏闻一折。章嘉呼图克图系勋旧有为之呼图克图，自涅槃以来已历四载。兹据哈勒吉那奏称所生幼童噶勒藏楚克噜布，据扎萨克喇嘛爵木磋称，此子似识章嘉呼图克图之物，即系呼图克图之呼毕勒罕等语，朕闻之殊深欣慰。惟此子甫经九月，尚未能言。从前乾隆年间若有呼图克图呼毕勒罕出世，均将所生数子年岁、花名书写签支，入于瓶内掣定。著哈勒吉那转谕吹布藏呼图克图、扎萨克喇嘛爵木磋等，于该地方再为访察二三幼童及此子之名一并具奏，再降谕旨办理。"

（文宗朝卷一七·页二四上～下）

○道光三十年（庚戌）十二月丙戌（1851.1.30）

谕内阁："哈勒吉那等奏询访章嘉呼图克图呼毕勒罕，查有三子等因一折。朕以必有大呼图克图呼毕勒罕出世，甚为欣慰。兹由理藩院将现在雍和宫唪经之三子，其名归入金瓶，将端噜布所生之子桑哈色特迪掣定。且端噜布之子桑哈色特迪识认前代章嘉呼图克图曾用物件，即铃杵、素珠、木碗三项应手认出，则是章嘉呼图克图呼毕勒罕无疑矣。朕心何胜欢悦，著将朕素日常用念珠一串赏给该呼毕勒罕，交哈勒吉那敬领，转交该呼毕勒罕收领。将此晓谕各蒙古王公及在京之呼图克图、喇嘛等，并章嘉呼图克图住持寺院各喇嘛外，仍著晓谕驻藏大臣，转行知照达赖喇嘛、班禅额尔德尼等，以慰所望。"

（文宗朝卷二四·页二八上～下）

○咸丰元年（辛亥）十一月辛酉（1851.12.31）

又谕（内阁）："穆腾额奏达赖喇嘛于明年前往布啦济绷及齐齐克塔拉等寺，请派驻藏大臣一员护送，抑或另派一官护送一折。所有达赖喇嘛遵照前世达赖喇嘛前往旧建寺庙熬茶布惠，化导下人，其意出于至诚，朕心甚为嘉悦。惟是该达赖喇嘛现在年幼，且齐齐克塔拉距藏较远，著照穆腾额所请，俟该达赖喇嘛明年择吉前往齐齐克等寺讲经之时，即派恩特亨额妥为保护。"

（文宗朝卷四七·页一五下～一六上）

○咸丰四年（甲寅）五月庚子（1854.5.28）

以修西藏敏珠尔伦济珠布贝庙工竣，赏噶卜伦旺曲揭布虚公爵红宝石顶，颁给御书庙额曰"宗乘不二"。

（文宗朝卷一二九·页四下）

○咸丰五年（乙卯）三月丙寅（1855.4.19）

颁给呼征阿齐图呼图克图寺宇御书匾额，曰"翊赞宗源"。

（文宗朝卷一六一·页一四上～下）

查拿喀喇乌苏、阿足等地"夹坝"

○道光四年（甲申）三月癸巳（1824.4.28）

以西藏噶布伦敏珠尔索诺木班珠尔在喀喇乌苏等处查拿夹坝不避艰险，赏花翎。

（宣宗朝卷六六·页三九下）

○道光四年（甲申）六月乙未（1824.6.29）

又谕（内阁）："松廷等奏夹坝抢劫报匪，尚有钥匙、公文未获，饬员严拿惩办一折。此案阿足地方在察木多迤东，为西藏往来大路。该夹坝等胆敢黍夜抢劫报匣、公文，实属目无法纪。据松廷等查明，仅止寻获报匣，著即严饬该处商卓特巴及营员头人等带领土兵前往，协同该游击等一体缉拿，务将赃贼全获，从严惩办。至该管营汛官弁等平日并不认真巡防，致有夹坝肆劫之案，殊属怠玩。该处既系江卡、乍丫二处交界地方，究由何处疏防，著查明地界，即将该员弁等奏请交部分别议处。"

（宣宗朝卷六九·页四下～五上）

查办德格土司对大小囊谦纷争之干预

○道光六年（丙戌）正月丁未（1826.3.3）

谕军机大臣等："杨遇春等奏委员会办四川德尔格土司头人干预西宁所管玉舒巴彦囊谦番族分管人户一案，仍行狡赖，请由四川派员查办等语。西宁番目诺尔布前此呈请将所管三百人户交伊侄孙千户官木都克拉尔加立统管。经穆兰岱查明诺尔布懦弱无能，且此项人户本非四川土司所管，不便任其投往，惟诺尔布之妻噶尔嘛才尔吉等尚在四川土司地方。由该处土司递来番词内称如将诺尔布所管人户归巴彦囊谦族千户管束，定要与巴彦囊谦族滋事等情。当经该督等派员会同四川委员查办。所有投依四川土司之玉舒巴彦囊谦族百长仲巴丹增成立、喇嘛噶尔角第巴二名业已投回本族，惟诺尔布之妻子已由德尔格族潜回四川热窝切族投依该番妇母家居住。该土司复差番目呈递番字，语多狡展。该委员仍照前奏，将诺尔布所管人户断归该千户统管。该番目高耸七力帕牙才登辄带领多人向其拦阻，声称总要将此项人户仍归诺尔布弟兄等语。经委员等反复开导，抗不遵循。西宁委员呼应不灵，自应由川省另委大员查办。著瑚松额等另行遴委熟习番情之明干大员前往该处明白开导，永绝葛藤，毋任该土司妄行干预，以息争端而绥边境。将此谕令知之。"

（宣宗朝卷九四·页三〇下～三一下）

○道光六年（丙戌）十二月乙卯（1827.1.5）

谕内阁："瑚松额等奏查明德尔格忒土司与玉舒巴彦囊谦族交涉情形一折。此案四川德尔格忒宣慰司与西宁玉舒巴彦囊谦族本属一家，从前乾隆年间因囊谦弟兄不和，经西宁大臣断分三百户，令诺尔布之父索诺木旺尔吉分管，原系该土司之祖调处，给有执照。今小囊谦诺尔布因头人不服，避入大囊谦地方，意图归并大囊谦，而番目成立尔多等不愿归并，向该土司投诉。诺尔布之妻噶尔麻才尔吉亦不愿归并，带领其子逃回母家内五齐番族。大囊谦千户又不敢亲往质对，其为大囊谦意图占据小囊谦已无疑义。自应俯顺舆情，各清夷界，遵照断案，永杜葛藤。著仍照乾隆年间原断，将小囊谦三百户分设番目，令成立尔多暂行代管。并著成立尔多亲至边界将土妇噶尔麻才尔吉及都尔吉旺母子一并领回，毋致失所。仍俟都尔吉旺年长，交还承管。其诺尔布听其自便。嗣后玉舒巴彦囊谦不得觊觎小囊谦户口，德尔格忒土司亦毋许干预邻封事件，以息争端而绥边境。该衙门知道。"

（宣宗朝卷一一一·页二一下～二三上）

张格尔余孽逃至拉达克，噶伦敦珠卜多尔济等出力拿解

○道光八年（戊子）五月丁巳（1828.6.30）

谕军机大臣等："那彦成奏：据恒敬等于上年派令回子库尔班等出卡搜捕余匪，访有霍罕回子逃窜前藏推依博特地方，已被该头目敦诺普纳莫扎尔截拿圈禁，当据将逃匪阿布都萨塔尔等二十四名交库尔班等管解，并添派小头目萨莫等协解进卡，讯明分别办理等语。在逃零匪阿布都萨塔尔等或从逆攻抢，或被贼胁从，既据那彦成逐犯研讯属实，自应分别正法、发遣。惟所奏前藏推依博特地方是否即藏内所辖处所，抑另系部落名目，其头目敦诺普纳莫扎尔是否番子，抑系回子，折内亦未声明。该头目于回疆从逆人犯窜匿在境，协拿护解，甚属恭顺。该督只将差来之小头目萨莫优加赏赉，其头目敦诺普纳莫扎尔亦须加以赏赉。如该头目再有遣人效顺之处，即著从优奖赏，以励其余。……将此由四百里谕令知之。"

（宣宗朝卷一三六·页三五下～三六下）

○道光八年（戊子）五月癸亥（1828.7.6）

谕军机大臣等："昨据那彦成奏，叶尔羌上年派六品蓝翎回子库尔班出卡搜捕余匪，在前藏推依博特地方，访有霍罕回子逃窜到彼，已被该头目敦诺普纳莫扎尔截拿。当经指交阿布都萨塔尔等二十四名，令库尔班等管解，并添派小头目萨莫等协解进卡。推依博特地名是否系藏内所属，在前藏何方，距藏若干程，该头目敦诺普纳莫扎尔及小头目萨莫等是否皆系番子，是何等头目，系何官所管，著惠显等详细查明，据实复奏。将此谕令知之。"

（宣宗朝卷一三六·页四三上～四四上）

○道光八年（戊子）八月乙酉（1828.9.26）

又谕（军机大臣等）："惠显等复奏查明推依博特即前藏界外拉达克部落。曾据该部长禀称，拿获逃至彼处逆回一百余名等语。拉达克部落在藏属堆噶尔本边外，距叶尔羌较近。该头目敦诺普纳莫扎尔因逆回窜入其境即行拿获，遣人随同差员将该犯等解交，实属恭顺可嘉。该部长敦诺普纳莫扎尔著加恩赏给五品顶带、花翎，并赏大缎二匹。小头目萨莫著加恩赏给金顶、蓝翎，并赏宫绸二匹。所需绸缎均由该处赏需项下颁给。并著惠显等传旨嘉奖，俾知感奋。至所禀拿获逆回一百余名，仅解交二十四名，是否前禀不实，抑该部落尚有匿存余匪，惠显等已派员确查，俟复到时即行据实具奏。将此谕令知之。"

寻奏："据该部长夷禀译称，前次押送逆回实止五十七名，余四十五名系避难良夷，释放回籍。除已解交二十四名并先后病故十九名外，应续交回犯萨领景等十四名，现已起解。"报闻。

（宣宗朝卷一四一·页六下～七下）

○道光八年（戊子）十二月庚午（1829.1.9）

又谕（内阁）："惠显等奏拿解逆回，审明定拟一折。逆回萨领景等十四犯在喀什噶尔等处均经从贼打仗，嗣因张格尔势穷窜匿。该犯等由叶尔羌逃至拉达克地方被获。据惠显等审明该犯等跟从张格尔占据四城，扰乱地方，实系罪大恶极，俱著即行正法。又另片奏派员拿解逆回颇为出力，恳请鼓励。加恩著照所请，噶布伦敦珠卜多尔济著赏加二品顶带，五品番目朗噶布著赏加四品顶带，遇缺即补。该部知道。"

（宣宗朝卷一四八·页一一上～下）

○道光九年（己丑）三月辛亥（1829.4.20）

谕军机大臣等："惠显等奏拉达克部长呈进奏书、哈达、花绸谢恩一折。前因拉达克拿解逆回，加恩赏给该部长及小头目萨莫等顶翎、绸缎。兹据惠显等奏该部长敬备奏书一分、哈达一方、花绸一匹，祈为代进，因于体制不符，未敢遽行呈进，亦不便即行驳回，现将递到各件暂为收存，请旨办理等语。西藏沿边小部落遇有事件，向未呈递奏书。拉达克本非廓尔喀之列在藩封者可比，今呈递奏书等件，原与向来体制不合，该大臣等所见尚是。但该部长究因赏给顶翎备物谢恩，且奏书等件业已递到收存，若遽行驳回，转恐该部长别生疑虑。所有此次呈递之件，著该大臣等遇便呈进，并著传谕该部长以尔部落原不应呈递奏书，兹经本大臣据情奏闻，大皇帝嘉尔恭顺，姑准呈进。此乃格外施恩，并示体恤之意。将此谕令知之。"

（宣宗朝卷一五四·页四下～五下）

博窝事件

○道光十三年（癸巳）三月甲戌（1833.4.22）

谕军机大臣等："兴科等奏博窝生番滋事委员查办一折，察木多属迤西之硕板多汛、边坝汛鄂博外生番部落博窝不归唐古特管属，向来尚属安静。道光元年，该处头人宜玛结布故后未遗亲丁，属下小头人扎木、旺鲁二人各占地土，致起衅端，连年争竞，互有杀伤。上年秋间，该生番争执不休，经商上拣派卓泥尔罗桑坚参前往查办，讵该生番妄生猜忌，竟将卓泥尔罗桑坚参并边坝番官杀毙，以致属下顽夷借势在硕板多、边坝所管地方抢掠牛马、粮食，骚扰番民，现派驻防前藏游击孙如藻拣带弁兵四十名，督同噶布伦敦珠卜多尔济、策垫夺结等，各带所属土兵数十名驰往查办等语。唐古特界外生番部落甚多，蛮触相争原可置之不问。若扰害番民，必应严行惩办以儆凶顽。该生番因争夺头人构衅滋扰，历任大臣因循未办，此次胆敢杀毙番目，属下顽夷借势出巢，在边坝、硕板多地方扰害。该处系进藏通衢，为往来文报必由之路，岂容该生番在彼出没。设使扰及塘汛，或至酿成别故，尚复成何事体！著该大臣等严饬该游击孙如藻等迅即前往硕板多、边坝适中地方妥速查办，随地抚绥，务使边界肃清，生番畏法，尤不可稍滋扰累，致生事端。前降旨令兴科来京补授山海关副都统，此时如尚未起程，著暂留该处会同隆文办理。倘业经起程，即著隆文速将此案查办完竣，不必俟徐锟到任，致有稽延。至该生番每年夏间出巢市易一事，亦著该大臣等明定章程，妥议具奏。将此谕令知之。"

（宣宗朝卷二三三·页六上～七下）

○道光十三年（癸巳）六月丁卯（1833.8.13）

谕军机大臣等："兴科等奏办理博窝生番滋事一案。现据委员孙如藻禀称，查得毗连博窝诸处隘口皆系深山密箐，道险雪深。该生番并无一人出巢，大道塘汛地方极为安静，文报无滞，行旅如常。惟各边界商属番民间有迁徙，均已妥为安抚，照常耕牧。并据博窝头人扎布、汪鲁专人来营禀称，该部落素知畏法，不敢滋事，前因争夺头人起衅，以致无知生番杀伤番目，滋扰商属番民，头人等实不知情，今蒙檄谕，实在害怕，愿将滋事凶夷押解来营，听候惩办等语。该头人等畏罪之心已可概见，现在塘汛行旅既无阻滞，该番等蛮触相争原可置之不问。著隆文、徐锟严饬委员孙如藻等示以恩威诚信，务令该头人将凶夷献出，讯究明确，分别惩办，使生番畏法，边界肃清，并不得稍有稽延，致滋扰累。其每年出巢市易一事，著饬令就近确查情形，酌量妥议章程，奏明办理。将此谕令知之。"

寻奏："扎布、汪鲁均已指献凶夷，并赔缴抢去牛马，边界肃清。嗣后该夷定于每年五月初一日出巢，十月底回牧，由商上指定博窝路南地方，不准越界，并派兵巡查，以杜争端。"从之。

（宣宗朝卷二三九·页二四下～二五下）

○道光十五年（乙未）三月戊辰（1835.6.4）

又谕（内阁）："隆文等奏博窝逸犯自行投首并妥议管束章程一折。此案博窝投首逸犯果洛等均著照该大臣等所拟办理。该夷目扎布、汪鲁带领全部夷人投归商上，自应设立营官管束，俾得永远相安。著照所请，准其于曲木多寺设立四品番目营官一员，宿凹宗'聂沃'有茹寺三处各设立六品番目一员，宿木宗寺、普咙寺、汤堆批批三处各设立七品番目一员，均著选前藏番目中素能办事之人升补，并准将该夷目汪鲁等亲信之人拣充东科尔数名，承当商上差使。该夷人等既有番目管束，该大臣前奏每年于该番出牧时派委官兵弹压，著即毋庸派往。此案夷务赏需银两，均系自行捐办，著免其造册报部核销。又，另片奏尤为出力之文武员弁及番子台吉头目等，请酌加鼓励等语。驻防前藏四川督标中营蓝翎把总涂占魁加恩著遇有该省各标营千总缺出尽先拔补，前藏粮务四川候补同知王槐龄著遇有该省同知缺出不论繁简尽先补用。噶布伦敦珠布多尔济前因查办商上案件赏给二等台吉，著准其子嗣承袭二次，二品顶翎噶布伦策垫夺结著赏给二等台吉，无庸世袭。番目中译比喜娃、三十九族上噶鲁百户彭错丹增郎结之弟四郎拉结均著赏给三品顶带，以示鼓励。"

（宣宗朝卷二六四·页一二下～一四上）

○道光十五年（乙未）十一月辛卯（1835.12.25）

谕军机大臣等："据文蔚等奏博窝不服查办酌筹添兵剿捕一折。此次博夷出巢滋扰，前据该大臣等奏请酌派番兵，并饬噶布伦等慎重妥办。兹据奏博番出没无常，分扰番寨、汉塘，恃强抵拒，现经噶布伦带兵查办，尚敢负固不服，肆无忌惮，实属目无法纪，必应痛如惩创。该大臣等奏请酌添前后藏属番兵三百名，与前此调派及添派各番兵会合归并，饬令策垫夺结、比喜等酌量分带，东西并进。总须相机攻剿，随时体察贼情，示以兵威，俾知悔罪输诚，以期迅速蒇事，绥靖边圉。其与博番界连处所，仍严饬各番目营官迅拨土兵严密防堵，暨各汉塘汛弁兵人等随时巡查防范，毋令阑入。其官弁经过及驻扎地方，务须约束目兵人等，毋得扰累百姓。该大臣等迅饬所派员弁妥速办理，毋再观望耽延，坐费时日，尤不得恃有兵众轻率偾事。将此谕令知之。"

（宣宗朝卷二七四·页七上～八上）

○道光十六年（丙申）三月丙戌（1836.4.18）

谕军机大臣等："据文蔚等奏分兵剿捕博番，夺据要隘，严催迅办一折。此次博夷出巢滋扰，经该大臣等派拨兵丁，分作东西两路克期进剿。现据策垫夺结、比喜禀报，进兵甫及月余，或歼敌焚垒，夺其险要，或拓地占寨，据贼户庭。虽扎布现仍负固，而前后受敌，鸟栖纳沃仅为远窜自毙之计。是贼势现已穷蹙，自应相机攻剿，迅速蒇功，著该大臣等即饬策垫夺结分兵驻守鲁郎以固运道，其余全队迅赴纳沃顶一带，设法搜捕，毋任扎布窜匿。其东路所请炮位，著即飞咨萨玛第巴克什拣选运往，交比喜收用，以资攻击。至现讯所获博番既有扎布事急欲窜野人国之供，务即密饬比喜，预调土兵先将野人国界口扎断，防其奔逸，并出示晓谕，解散贼党。仍严谕策垫夺结、比喜等，现将深入贼境，一切行兵运粮尤宜小心持重，不得因我兵屡胜遂生骄逸。现当春融雪消，进兵较易，该大臣等惟当督饬所属一鼓作气，乘胜进攻。俟炮位解到时，即行择便轰击，务期得手，毋得耽延时日，坐失机宜。策垫夺结、比喜等现在带兵分路前进，连获胜仗，甚属勇往。倘能始终奋勉，俾扎布指日授首，番众悔罪输诚，边圉得以绥靖，该大臣等择其尤为出力者核实保奏，候朕施恩。将此谕令知之。"

（宣宗朝卷二八〇·页二下～三下）

○道光十六年（丙申）七月丙戌（1836.8.16）

以剿办博窝军务出力，赏噶布伦索诺木结布等花翎，同知王槐龄等蓝翎，馀升赏、选补、承袭有差。

（宣宗朝卷二八五·页九下～一〇上）

○道光十七年（丁酉）八月甲戌（1837.9.28）

谕军机大臣等："据关圣保等奏称：博窝番贼甫经投诚，现在宿凹宗、曲木多两处来有番贼共一千余名，声言报仇，要将唐古特官民全行杀害，并向寨内抢取粮食，杀伤土兵，烧断曲木多桥梁，使我兵不能相顾，又将官寨围困。其边坝、巴里郎等处复有番贼一百余名在大路抢劫，居民躲避，现派番兵前往查办等语。番民犬羊性成，旋服旋扰。兹复胆敢纠众抢粮，围寨伤兵，种种情形实属目无法纪，自应严加惩办，以靖地方。现经该大臣等酌派前后藏及江孜番兵，合之该处土兵共有二千余名，兵力不为不厚，足资制敌，著即饬令各该处番官戴琫等迅速带往，相机剿办。并饬噶布伦策垫夺结等察看情形，倘该贼番等见我兵威，即知畏惧，务令将此次起意为首及助恶之人速即全数献出，痛加惩治，其未经随同滋事者，妥为安置。如敢始终抗拒，负固不服，即著该大臣饬令噶布伦等悉心筹画，整饬戎行，认真剿擒，务必慑服。惟不得轻率前进，或致偾事。至带兵番官等尤当严行饬谕，凡经过及驻扎地方，务即严加约束，毋令目兵人等稍滋扰累。其与博窝连界之江达、拉里、硕板多、边坝等处，并著飞饬汉、番官弁派拨兵丁，实力防堵，毋令番贼势穷逃窜，阑入卡内，以靖边防而杜后患。将此谕令知之。"

又谕："关圣保等奏请暂缓查阅后藏营伍边界。据称后藏江孜、定日、三汛营伍边界，每年秋季例应驻藏大臣轮班前往查阅一次。惟道光十三年查阅届期，因筹办博窝军务曾经奏准暂缓等语。现在博窝番民又复滋事，该大臣等自应在藏会同筹办，以期妥速。所有本年应行查边阅伍，准其援照成案，缓至来年秋季再行前往。至饬委该管将备就近校阅，并赴各边隘周历巡查，往返脚价盘费暨例赏各等项俱著照所议办理。将此谕令知之。"

（宣宗朝卷三〇〇·页三七下～四〇下）

○道光十八年（戊戌）二月己酉（1838.3.2）

谕军机大臣等："本日据关圣保等奏剿办博窝生番得获胜仗一折。据称噶布伦等带兵进剿，行至西拉咱噶及吉林青木等处，有博窝番贼六百余名前来迎敌，经该噶布伦率领番兵接仗，我兵奋勇攻击，歼毙贼匪多名，并歼毙头目策忍洛布。现在贼众逃散，将来东路官兵会合夹攻，不难扑灭等语。番民犬羊性成，此时虽已溃散，难保不恃众复聚。噶布伦等深入贼境，趁势慑以兵威，捣其巢穴，我兵俟东路会齐，分道夹攻，扫除净尽，则一劳永逸正在此举。惟进兵之际，接济粮饷最关紧要，粮道源源不绝，该兵丁等有恃无恐，自能奋勇破敌，迅速蒇功。著关圣保等严饬督粮官弁小心护送前进，不可稍有迟误，毋令该番贼等梗阻抢掠，是为至要。倘粮饷接运迟延，致有贻误，惟关圣保等是问，懔之。将此谕令知之。"

（宣宗朝卷三〇六·页九上～一〇上）

○道光十八年（戊戌）四月甲寅（1838.5.6）

谕军机大臣等："本日据关圣保等奏博窝生番认罪投诚，并将所抢粮食等物赔偿，嗣后永远不敢滋事等语。该生番犬羊性成，屡出滋扰。现经官兵两路攻击，力穷势蹙，隐忍求生，难保不旋散复聚。该大臣等现派游击瑞周、守备贾献廷督同噶布伦等示以恩威。著密饬该员细察情形果否真心畏服，并著严查汉奸，毋许从中勾结煽惑。倘有不法匪徒，立即从严惩办。至该番等禀内有'求减差使，以免苦累'之语，务当根究明确。其向来应办差使，自应照旧办理，如实有苦累情弊，亦应革除，以示体恤。总期一劳永逸，边境绥安，无使日后致滋扰累。将此谕令知之。"

（宣宗朝卷三〇八·页一二下～一三上）

○道光十八年（戊戌）八月乙亥（1838.9.24）

驻藏大臣关圣保等复奏："博窝生番滋事，前经官兵攻击，即畏罪投诚认罪。兹复将为首番贼捆献来营，察其情形，自系真心畏服。"报闻。

（宣宗朝卷三一三·页八上～下）

○道光十八年（戊戌）九月辛亥（1838.10.30）

又谕（内阁）："关圣保等奏博番捆献贼首解藏讯办一折。此案贼犯朗札起意纠众滋事，戕害官兵，实属渠魁。阿旺盖桑、策忍札喜、彭错策坡均听纠聚众，带兵打仗劫营，杀毙官兵，罪不容诛。所有朗札等五犯著即行正法，传首犯事地方示众，以彰国法而儆凶顽。其在逃之仁侵策旺等各犯，著严饬下博窝头人等查明存亡，另行办理，毋任幸逃显戮，并清查附近博窝被扰地方，妥为安抚，毋令一夫失所。至此次出征汉番官兵，口粮、赏需等项俱系捐办，著免其造册报销。其打仗阵亡之番官、番兵等家属，即著关圣保等会同噶勒丹锡呼图萨玛第巴克什妥为抚恤；并查明打仗出力及捐备赏需之汉番官弁，分别奏请鼓励。所有单开善后章程，该大臣等务当实力奉行，以期边陲永靖，毋得始勤终怠，日久又成具文。"

（宣宗朝卷三一四·页二四上～二五上）

○道光十八年（戊戌）十二月庚辰（1839.1.27）

谕内阁："关圣保等奏请将督办军务无误之达赖喇嘛正师傅等量加鼓励等语。此次剿办博窝番贼，调派番土征防各兵、催运粮饷、拨派乌拉、运送军火等项，俱系该达赖喇嘛正师傅噶勒丹锡呼图萨玛第巴克什一手督办，毫无贻误，除将禅师旧号准其作为本身名号外，著加恩于原得衍宗翊教禅师名号内赏加'靖远'二字，并赏给蟒缎二匹、大缎一匹。乍丫大呼图克图图布丹济墨吹济加木参调派土兵，捐助军需，亦属急公出力，加恩赏给敕书，以示鼓励。"

以剿办博窝番贼出力，赏游击瑞周、商卓特巴萨尔冲巴、仔琫夺卡尔娃花翎，馀升赏、承袭有差。

（宣宗朝卷三一七·页一九上～下）

十世达赖圆寂，十一世达赖金瓶掣签认定、坐床

○道光十七年（丁酉）十一月乙酉（1837.12.8）

命驻藏办事大臣关圣保往奠故达赖喇嘛，并赏赉如例。

（宣宗朝卷三〇三·页一三上）

○道光十八年（戊戌）五月甲寅（1838.7.5）

谕内阁："关圣保等奏达赖喇嘛现已圆寂，所有每年恩赏银两应否停止一折。此项赏给达赖喇嘛银两，本因卫藏添设唐古特兵丁需用经费，历年在办公项下支给银一千两，俾用度充裕。今达赖喇嘛虽已圆寂，其每年恩赏银一千两仍著照旧赏给。"

（宣宗朝卷三一〇·页一四上～下）

○道光二十一年（辛丑）正月辛丑（1841.2.6）

谕军机大臣等："据孟保等奏查验呼毕勒罕出世幼子四名均有灵异情形一折。达赖喇嘛之呼毕勒罕出世，即据咨称查验幼子四名均有灵异切结。著孟保等即译咨噶勒丹锡呼图萨玛第巴克什，并咨行四川总督，饬将各该处幼子令该亲丁师傅携至前藏，由该大臣等照例会同班禅额尔德尼及噶勒丹锡呼图萨玛第巴克什等面加试验，并令识认从前达赖喇嘛所用什物后，缮签入瓶，对众签掣。俟掣定何人，再行奏明办理。将此谕令知之。"

（宣宗朝卷三四四·页三一上～三二上）

○道光二十一年（辛丑）七月丁卯（1841.8.31）

谕内阁："达赖喇嘛呼毕勒罕于明年四月十六日坐床，所有颁给敕书、赏赉等件，著理藩院拣派司员二人驰驿赍往。沿途经过直隶、山西、陕

西、四川等处地方，著各该督、抚派委道、府、副、参大员妥为护送。并著宝兴于司库提银一万两，俟该司员等到省时交给带往，一并赏给达赖喇嘛。至打箭炉以西，著该督知会前途，照例预备马匹，勿致迟误。"

（宣宗朝卷三五四·页一三上～下）

○道光二十一年（辛丑）八月丙申（1841.9.29）

又谕（内阁）："达赖喇嘛于明年四月十六日坐床。届期著派孟保会同成都副都统什蒙额及章嘉呼图克图看视。章嘉呼图克图由京驰驿前往，著由广储司赏银三百两制办行装。所有颁给金册，即著章嘉呼图克图赍往。"

（宣宗朝卷三五五·页三四上）

○道光二十二年（壬寅）正月壬申（1842.3.4）

又谕（内阁）："孟保等奏达赖喇嘛例应呈递丹书克、贡物等语。达赖喇嘛之呼毕勒罕祗领金册并坐床后，均例应呈递丹书克、贡物。惟该处距京遥远，跋涉维艰，所有应递两次丹书克、贡物，著俟道光二十五年前藏轮应入贡之期一并呈递，以示体恤。至该堪布进京时，仍照向来年贡道路行走。"

（宣宗朝卷三六六·页一一下）

○道光二十二年（壬寅）十二月壬辰（1843.1.18）

谕内阁："近因章嘉呼图克图由西藏旋回，询及现在达赖喇嘛资禀灵秀，超轶群伦等语。达赖喇嘛为总统黄法之领袖，阖藏喇嘛人等悉赖以安。兹闻其灵秀性成，好学经艺，种种均为瑞兆，自能振兴黄法，慈佑群生，朕心深为欢悦。惟念达赖喇嘛年岁尚幼，一切需人妥为奉侍，著驻藏大臣传谕噶勒丹锡呼图禅师，俾伊等郑重奉侍达赖喇嘛，尽心训诲经艺，以示朕敦崇黄教至意。"

（宣宗朝卷三八七·页五上～下）

雍希叶布等四部避住青海地方，安插定地及回牧玉树

○道光十八年（戊戌）二月辛酉（1838.3.14）

谕军机大臣等："德楞额奏玉舒熟番避住青海一折。青海衙门管辖玉舒熟番内雍希叶布、蒙古尔津、尼牙木错、卡爱尔等四族，因被果洛克番子屡行抢劫，奔赴青海地方投生，现据盟长棍楚克济克默特等情愿让地住牧。著照所请办理。惟番族、蒙古各有疆界，现经盟长等让出空闲地方令该番等住牧，是否日久相安，必应明定界址，令其切实具结，毋得侵占，致有欺凌蒙古情事。著德楞额悉心筹议一切章程，俟苏勒芳阿到任时详细告知，妥议具奏。将此谕令知之。"

寻奏："查询各蒙古，佥称与该番相处数年，尚属相安，并未多事。"报闻。

（宣宗朝卷三〇六·页一八下～一九上）

○道光十八年（戊戌）九月壬寅（1838.10.21）

青海大臣苏勒芳阿复奏："踏勘留住青海玉舒雍希叶布等族番牧地，设立鄂博，分定界址，详查户口实数，议立章程：

一、该番等安插后，宜遵照界址住牧，不得搬移侵占别旗地方，致滋争端。

一、青海野番每出抢劫，该番等远出打牲，恐不肖番子勾引，应著落该百户、百长、番目人等递相管束，免致勾结。仍令该郡王不时稽察，俾蒙番均得安居乐业。

一、该番等宜照现在清查户口住牧，不准任意招引玉舒各族番子续行前来。取据该百户等不致再行招引甘结，仍令该郡王不时稽核。倘日后查出续来番户，定将该郡王、百户等严惩不贷。

一、该番等每年原有交纳贡马银两，近年以来因被抢穷蹙拖欠未交。今既住牧有所，生业稍资，自应照旧按年输纳。其从前拖欠银两分年清厘，以免积欠。

一、该番等应照依蒙古易粮之例，按季赴青海大臣衙门请领照票，易买粮茶，以免私贩接济。

一、该番等既住蒙古界内，自应与蒙古一律防范游牧。如遇番贼行抢，协同蒙古兵堵御。倘能缉获贼赃，奋勇出力，随时量为奖赏，以示鼓励。

一、该番等既已留住青海地方，应即令该郡王认真稽察。倘有不安本分情事，除将不肖番民按例惩办，并将该郡王治以应得之咎。

一、该番等甫经安插定地，应加体恤。除例应承纳贡马暨应当兵差外，倘有苛派差徭暨不肖章京等苦累番民，除将该章京惩办，并将该郡王暨该百户、百长、番目等按以苛派之例严行究治。"

得旨："依议妥行。"

（宣宗朝卷三一四·页八上～九下）

○道光二十九年（己酉）十一月己酉（1849.12.29）

青海办事大臣哈勒吉那奏："所属玉舒三十九族熟番内雍希叶布、卡爱尔、尼牙木错、蒙古尔津四族番民屡被四川果洛克番子抢劫穷蹙，陆续逃奔青海地方投生，经前任大臣德楞额奏准，在右翼正盟长郡王棍楚克济克默特游牧内诺尔布塘地方住牧。兹据总管千户等呈称，玉舒地方近年再未被抢，雍希叶布等族情愿回归，自应俯顺夷情，准令回牧。俟明春派员照料同往，交该总管千户查收，免致流散。"下部知之。

（宣宗朝卷四七四·页一五下～一六上）

击退森巴入侵阿里

○道光二十一年（辛丑）八月丙午（1841.10.9）

谕军机大臣等："孟保等奏夷匪勾结抢占，派兵防堵一折。拉达克部落头人勾结森巴生番三千余人，将唐古特所属营寨夺占。经该大臣等派后藏番兵一千名并前藏鸟枪番兵三百名，拨派土兵一千名，派员管带启程，分拨堵御。军火、口粮咨行噶勒丹锡呼图萨玛第巴克什筹办接济。均著照所议妥为办理。又另片奏森巴、拉达克部落虽与廓尔喀相近，该国近尚安静等语。览奏已悉。另折奏请缓阅后藏三汛营伍，著准其缓至来年秋季再行前往。其派员就近查阅，及酌拨盘费银两、分赏物件，亦均照议办理。将此谕令知之。"

（宣宗朝卷三五六·页二六上～下）

○道光二十一年（辛丑）九月甲子（1841.10.27）

谕军机大臣等："据孟保等奏拉达克夷人森巴生番占据唐古特边界，现在添派番兵剿捕并筹办口粮等语。拉夷勾结生番侵占藏境，夺据达坝噶尔及杂仁、补仁三处营寨，经前派查办之戴琫比喜与贼接仗，互有杀伤。贼势猖獗，自应添派番兵，以资堵御。除前次派往番兵一千三百名外，著再行拣派如琫二名、甲琫四名、定琫二十名，前后藏番兵五百名，兼程前往。飞饬前次派往之噶布伦等相机设法攻剿。所需口粮，准其将各营官寨所贮青稞赶于大雪封山之前全行运到军营，毋稍迟误。该大臣等务须妥为筹办，以期迅速完竣。……"

（宣宗朝卷三五七·页四四上～下）

○道光二十一年（辛丑）十月壬辰（1841.11.24）

谕内阁："孟保等奏请将矛手番兵改挑枪手一折。前后藏各汛所设番兵向来分习鸟枪、弓箭、矛手技艺，兹据该大臣等查明矛手番兵不能得力，若改挑鸟枪，尚可有裨实用。著照所请，嗣后前后藏矛手番兵四百六十八名内遇有缺出，均著改以枪手挑补。每番兵一千名，酌定弓箭兵三百名、鸟枪兵七百名以为定额。该大臣等仍当认真训练，务令技艺娴熟，一兵有一兵之用，毋致日久懈生，有名无实。"

（宣宗朝卷三五九·页二六下～二七上）

○道光二十一年（辛丑）十一月壬子（1841.12.14）

谕军机大臣等："孟保等奏探明夷贼滋事情形相机攻剿一折。览奏均悉。该夷贼因希图唐古特金厂，勾结森巴番众侵占地方，经噶布伦等带兵查办，尚敢聚众据守。复称令唐古特给与银两方肯撤回，实属肆无忌惮。现据该大臣等详审地势，一面于要隘处所分兵堵御，一面由麻参地方绕道径趋茹妥，前后攻击。著照所议办理。并著该大臣饬令噶布伦察看情形，如该夷贼仍负固不服，即行进兵攻剿，痛加惩创，不得任意耽延，致将来办理费手。如果求和之意，亦断不准令唐古特给与银两，将就了事，致启各部落效尤之渐。该大臣惟当加意防范，相机筹办，以期迅速蒇事，勿致蔓延，是为至要。将此谕令知之。"

（宣宗朝卷三六一·页一下～二上）

○道光二十一年（辛丑）十二月庚寅（1842.1.21）

谕军机大臣等："孟保等奏攻剿拉夷森番得获胜仗收复补仁营寨情形一折。前因拉夷森番占据藏境，经该大臣等奏请添兵进剿，兹据奏称严饬噶布伦等进兵攻剿，歼毙、生擒贼匪多名，收其险要，克复补仁营寨。惟该匪占据唐古特地方计已一千七百余里，其余营寨尚多，必应趁此获胜之后，一鼓作气设法进攻，以期全行收复。所调唐古特骑马土兵著即分拨前赴军营，并将藏营所存劈山大炮交该兵队运往，以资攻剿，毋稍迟延。将此谕令知之。"

（宣宗朝卷三六三·页二〇上～下）

○道光二十二年（壬寅）正月壬申（1842.3.4）

又谕（内阁）："孟保等奏攻剿森巴番夷杀毙首恶一折。森巴大头目倭色尔蚕食侵占边外大小部落，实属强横。兹复带领贼众抢占唐古特营寨数处，并敢屡次抗拒官兵，洵为此案渠魁。现经该大臣等札饬噶布伦等带兵四面夹攻，将倭色尔杀毙，又歼毙大小贼目四十余名、贼匪二百余名，余贼纷纷溃散，逃往贼寨，并据拉达克头人及八底部落部长等呈献军器，情愿投降，所办甚好。著该大臣等即将逃散贼匪设法追拿，搜剿净尽，务使不留余孽，仍督饬该噶布伦等将达坝噶尔等四处营寨夷贼探明多寡虚实，进兵剿捕，及早蒇事。至此次攻剿出力官弁，著即查明据实保奏，候朕施恩。"

（宣宗朝卷三六六·页一〇下～一一下）

○道光二十二年（壬寅）四月壬辰（1842.5.23）

谕内阁："孟保等奏攻克几汤贼寨，收复达坝噶尔等四处营寨地方一折。上年森巴番夷勾结三部落贼匪侵占唐古特营寨地方，经该大臣等进兵攻剿，歼毙贼首倭色尔，并拿获勾结滋事之拉达克贼目谷朗堪等四名，前后共杀毙森巴及拉达克贼目四十余名，投降者八百三十六名。及几汤克复未及两月，即将夷贼所占之达坝噶尔等处营寨地方一千七百余里全行收复，现在边境肃清。孟保、海朴督办军务调度有方，蒇功迅速，均著交部从优议叙。所有出力官弁，著即查明据实保奏，候朕施恩。阵亡番官、番兵，查明照例办理。其堆噶尔本各营寨逃散番民，并著札饬噶布伦等妥为安抚。应办善后事宜，著孟保等体察情形，妥议章程具奏。"

谕军机大臣等："据孟保等奏审讯夷贼滋事情形，并安置投降贼匪等语。该夷贼等勾结滋事，因森巴头人倭色尔被唐古特杀毙，率众乞降，本属法无可贷，惟既经悔罪投诚，未便概行诛戮。所有现在投降之八百三十六名，著照所议，于藏属设有营官处所，酌量地方大小、人数多寡均匀摊派，责成各该处营官严加拘禁管束。是否安静，仍造具花名，按季结报，以备查核。将此谕令知之。"

（宣宗朝卷三七〇·页二九上～三〇上）

○道光二十二年（壬寅）四月庚子（1842.5.31）

又谕（内阁）："孟保等奏酌拟拉达克及八底部落人等，准其投诚商上，并添设防范挖金番民章程一折。上年森巴番夷侵占唐古特营寨地方，业经该大臣等剿除首恶，收复地方，边境肃清。兹据噶布伦策垫夺结等禀，据拉达克番民及八底部长人等公同恳求，准其投归唐古特商上，情愿各防边界，协力堵御等情。拉达克等部落向与唐古特通商，兹既愿投商上，自应俯如所请，以顺舆情。惟该部落既归商上，必应妥立章程，以为久安之计。著照该大臣等所议，将堆噶尔本挖金番民酌定五百名，由前后藏番民内择其精壮派令前往充当金夫，此内拣选明白晓事者十人作为头目，以资约束；并于前后藏拣派熟悉操演之戴琫一名、如琫二名、甲琫二名、定琫四名前往驻守，教习技艺。该番民等既以挖金为业，毋庸另筹经费。至派往之戴琫等在彼驻守，准其以二年更换。如果地方安静，教习亦有成效，由驻藏大臣量加鼓励。倘有废弛，查明惩办。惟该戴琫等在藏均有操防之责，著俟试看三四年后，由该大臣会同噶勒丹锡哷图萨玛第巴克什酌量情形，再行撤回归伍。其教习等事，即责成该处营官按照妥办，以资防范。"

以攻剿森巴番夷出力，赏驻藏大臣孟保、帮办大臣海朴花翎，仍下部议叙；馀加衔、升叙、承袭，并赏翎顶有差。

（宣宗朝卷三七一·页二〇上～二三下）

○道光二十二年（壬寅）十二月己丑（1843.1.15）

又谕（军机大臣等）："据孟保等奏官兵歼毙森巴番夷贼目，取据各部落永不滋事甘结，现已撤兵归伍等语。防边之道抚驭为先，该番夷等时常滋事，自不得不加以惩办。惟恐该噶布伦等因偶获胜仗辄邀奖励，或致借端启衅，构怨不休，俾番夷等屡图报复，勾结各夷别生枝节，不可不防其渐。此时既具永不滋事甘结，自应妥为安抚，以期日久相安。著该大臣等剀切晓谕该噶布伦等，嗣后惟当严加防范，毋令生番再行窜入边界，但不可轻举妄动，再生事端。倘经此次谆谕之后，仍敢借事贪功，不顾后患，恩奖亦不能再邀也。将此谕令知之。"

（宣宗朝卷三八六·页二一下～二二下）

鸦片战争中金川、瓦寺等屯土兵丁奉调驰赴东南沿海抗击英军入侵

○道光二十一年（辛丑）九月癸亥（1841.10.26）

又谕（军机大臣等）："英逆在浙猖獗，宁波失守，已授奕经为扬威将军，出师征剿。著宝兴迅速于四川建昌、松潘两镇属内挑选精兵。其该省屯兵有可调用者，亦著一体挑选。共足二千名之数，派委曾经出师之镇将管带前赴浙江军营，听候调遣。沿途严加管束，毋许滋扰。将此由六百里加紧谕令知之。"

（宣宗朝卷三五七·页四二上～下）

○道光二十一年（辛丑）十月辛丑（1841.12.3）

又谕（军机大臣等）："本日据奕经、文蔚奏带兵前进，拨兵留防上海一折。据称十月初十日奕经与文蔚在扬州会齐，河南征兵已到，简阅技勇精熟。英人有来上海之语，不可不慎密防守，已将湖北二起官兵改道前赴上海听候调拨。将来拟将河南兵一千名在浙江嘉兴一带暂行择要屯扎，声势联络。俟川陕各兵渐次会齐，相机进剿等语。办理甚为妥协。上海已有重兵把守，自可无虞。其续调赴浙之陕甘、四川兵丁计岁内总可全到，著奕经等一面会商安置粮台事宜，一面筹办如何进剿之法。……"

（大学士四川总督宝兴）又奏："……遵派指调之顺庆营游击张富川等，并添派署松潘镇总兵恒裕，管带兵丁二千名及各员弁亲信劲兵赴浙差委。"报闻。

（宣宗朝卷三六〇·页九上～一一上）

○道光二十一年（辛丑）十二月己酉（1842.2.9）

谕军机大臣等："本日奕经等奏川陕各兵前起已抵浙境，并英船沿海驶窜，旋复退去一折。览奏均悉。此次进剿兵勇据称已有一万三千余名，毋庸另筹征调。川陕各兵陆续已到一千一百余名，与后募之勇壮分起拨往曹江前进。……"

（宣宗朝卷三六四·页二八上～下）

○道光二十二年（壬寅）二月壬午（1842.3.14）

谕军机大臣等："奕经等奏征调兵丁、招募勇壮均已到齐，克期进剿，并将各路调拨情形开单绘图呈览一折。览奏欣慰。……又，另折奏请将已革四川游击梁有才暂行管带屯土兵丁等语。著准其暂带各兵，俟事竣派员押赴四川候讯。将此由五百里谕令知之。"

（宣宗朝卷三六七·页一一上～一二上）

○道光二十二年（壬寅）十二月己卯（1843.1.15）

又谕（内阁）："奕经等奏请将革员暂行开复顶带等语。四川已革广元营游击梁有才现带屯土官兵由浙江撤回归伍，准其暂行开复游击顶带，带兵回营，以资弹压。所有该革员浮开船价一案，著俟归伍后仍由宝兴讯明办理。"

寻奏："梁有才所带弁兵现已归伍。浮索船价一案业经参革，应毋庸议，仍摘顶带。"下部知之。

（宣宗朝卷三八六·页四下～五上）

○道光二十二年（壬寅）十二月辛巳（1843.1.7）

谕内阁："兵部奏阵亡之瓦寺土守备哈克里一员，据四川总督宝兴咨称，实系空衔，并未管理屯务，请将议给世职之处注销等语。自系照例办理，惟念该弁虽系空衔，其临阵捐躯忠勇之忱，与实缺者同堪悯恻。哈克里著仍照实缺例给予世职，以示朕破格施恩激励将士之意。所有多给恤赏银一百两，亦著毋庸扣减。其造册错误各员，并著免其查取职名议处。"

（宣宗朝卷三八六·页八下～九上）

五世哲布尊丹巴呼图克图圆寂，谕令其呼毕勒罕由藏寻访、金瓶掣签及仍经青海迎至库伦

○道光二十二年（壬寅）十一月癸酉（1842.12.30）

又谕（内阁）："车林多尔济奏参额尔德尼商卓特巴那旺吹木玻勒违旨前往喀尔喀地方寻访呼图克图之呼毕勒罕等语。前辈哲布尊丹巴呼图克图之呼毕勒罕皆出于西藏，是以寻访该呼图克图之呼毕勒罕，仍著达赖喇嘛、班禅额尔德尼由藏寻访，曾经降旨甚明。该商卓特巴自系深知，而又字寄四部落盟长，令其在喀尔喀地方寻访呼毕勒罕，其意何居？实属任性妄为。除将哲布尊丹巴呼图克图之呼毕勒罕仍遵前旨由藏寻访外，所有该额尔德尼商卓特巴那旺吹木玻勒，著交库伦办事大臣严行查办。"

（宣宗朝卷三八五·页二一下～二二下）

○道光二十三年（癸卯）十一月戊寅（1843.12.30）

谕内阁："孟保等奏西藏所属地方访获哲布尊丹巴呼图克图之呼毕勒罕聪慧幼孩，请旨入于金奔巴瓶内签掣一折。哲布尊丹巴呼图克图涅槃已逾二载，兹据孟保等奏，访获聪慧异常之幼孩三名，实属祥瑞，朕心喜悦。著照所请，班禅额尔德尼著赴前藏，会同驻藏大臣、达赖喇嘛及伊徒达喇嘛罗布桑楚勒特木等，将此幼孩三名入于金奔巴瓶内，唪经，敬谨签掣，拟定呼毕勒罕名号。"

（宣宗朝卷三九九·页一一上～下）

○道光二十四年（甲辰）三月甲申（1844.5.4）

谕内阁："孟保等奏闻哲布尊丹巴呼图克图之呼毕勒罕出世，经驻藏大臣等会同达赖喇嘛、班禅额尔德尼、噶勒丹锡呼图萨玛第巴克什带领喇

嘛等众唪经，由金奔巴瓶内掣出番民绥那玛之子聂尔阿定为呼毕勒罕，命名罗布桑巴勒垫丹拜佳木粲等语。洵属祥瑞之事，朕心深为畅悦。著加恩赏给该呼毕勒罕黄哈达一方、佛一尊、大缎四匹，并赏给班禅额尔德尼黄哈达一方、大缎四匹。至所奏留银一千两给喀尔喀四部落之绰尔济罗布桑巴勒丹等及呼毕勒罕之父母作为口粮，并请将扎萨克图汗、爱曼诺们汗、伊什当津等留藏奉侍呼勒毕罕，及达喇嘛罗布桑楚勒特木由北路草地行走，斋桑喇嘛罗布桑吉木毕勒仍由南路行走进边之处，均著依议。"

（宣宗朝卷四〇三·页二〇下～二一下）

○道光二十四年（甲辰）八月辛丑（1844.9.18）

又谕（内阁）："哲布尊丹巴呼图克图之呼毕勒罕本年年甫二岁，西藏距库伦路途甚远，该徒众一切难以照顾，未迎至喀尔喀地方以前，与伊父母均责成班禅额尔德尼看顾。俟呼毕勒罕年至五岁时，照旧由班禅额尔德尼受戒。"

（宣宗朝卷四〇八·页七上～下）

○道光二十六年（丙午）十二月丙寅（1847.1.31）

谕内阁："理藩院议奏遵旨妥拟迎接哲布尊丹巴呼图克图之呼毕勒罕各项事宜一折。朕详加披阅，与前五世迎接哲布尊丹巴呼图克图之呼毕勒罕办过成案相符，均依该院所奏。惟思呼图克图之呼毕勒罕年岁尚幼，自藏至库伦途路其遥，朕甚不放心。著四川、陕甘总督，西藏、西宁办事大臣等，于该呼图克图之呼毕勒罕自藏至库伦一带经过地方，务须多派官兵，小心谨慎，妥为照管，以示朕轸念呼图克图之呼毕勒罕至意。"

（宣宗朝卷四三七·页一八上～下）

○道光二十七年（丁未）七月癸未（1847.8.16）

谕内阁："哈勒吉那奏库伦赴藏喀尔喀蒙古官员暨喇嘛人等行抵青海，缓养马匹、驼只，被番贼抢劫一折。该大臣防护不力，咎复何辞！哈勒吉那著交部议处。仍著该大臣督饬兵弁，严缉此案赃贼，务获究办，断不准任令逃逸。所有此次被抢牲畜，并著该大臣照数赔补，以示惩儆。"

谕军机大臣等："哈勒吉那奏库伦赴藏喀尔喀蒙古官员暨喇嘛人等行抵青海，缓养马匹、驼只，被番贼抢劫，现饬防护缉办一折。已明降谕旨责令赔补，并将该大臣交部议处矣。青海地方辽阔，为哲布尊丹巴呼图克图之呼毕勒罕自藏至库伦一带经由之路，该蒙古官员等偶尔驻扎，缓养牲畜，即被番匪抢劫，其防护不力已可概见。转瞬该呼图克图即应自藏定期起程，倘经过时再有疏虞，尚复成何事体？著布彦泰接奉此旨，务即预期选派员弁实力巡查。俟该呼图克图经过时，一体加意防护，断不可再有疏失。并著哈勒吉那严饬缉拿此案赃贼，务获究办，仍探明要隘，派拨兵役，会同护送，并不时亲往稽查。如防范不严，致有番贼复肆抢掠，惟该大臣是问。恐不能当此重咎也。将此各谕令知之。"

（宣宗朝卷四四四·页三下～五上）

○道光二十七年（丁未）十二月壬申（1848.2.1）

谕军机大臣等："穆彰阿等奏会议哲布尊丹巴呼图克图之呼毕勒罕来岁行走路程仍照旧章，毋庸改由四川行走一折。所议甚是。呼毕勒罕前往库伦向由边外一带行走，若议改道四川，既难省供顿之繁，亦易起官民之惑。随行藏番人等分作两途，数省受其扰累，照料反觉难周。试思哲布尊丹巴呼图克图向为口外蒙古所重，该喀尔喀蒙古人等悉由草地迎接护送。如取道四川，则迎接之蒙古王公等不能随行，大失所望，所谓接护者安在？其输诚展敬者又安在耶？布彦泰所请，实属窒碍难行。惟循照旧章，小心护送，乃哈勒吉那专责，布彦泰亦应督饬办理，不可因噎废食，务当慎派官兵加意迎护，设法预防，毋得稍有疏失。倘仍有抢劫等事，借口于未改章程，该督等恐不敢出此也，懔之。该大臣会议原折著抄给阅看。将此由四百里谕令知之。"

（宣宗朝卷四五○·页四二上～四三上）

摄政诺们汗阿旺扎木巴勒粗勒齐木被控，褫革查处

○道光二十四年（甲辰）六月壬寅（1844.7.21）

又谕（军机大臣等）："琦善奏接据班禅额尔德尼等控诉诺们汗贪黩营私各情一折，并将所递各呈分缮呈览。该诺们汗噶勒丹锡呼图萨玛第巴克什现在掌办商上事务，如果实有狂妄贪奸各情，于黄教大有关系。著琦善会同班禅额尔德尼，并率同第穆、济咙呼图克图、呼征诺们汗等，逐款确查，据实参办。其商上事务著照议准令班禅额尔德尼暂行兼管，第穆、济咙、呼征三人并令随同学习。俟一二年后，由该大臣会同班禅额尔德尼酌保一人掌办商上事务。将此谕令知之。"

（宣宗朝卷四〇六·页五上～下）

○道光二十四年（甲辰）七月壬辰（1844.9.9）

又谕（军机大臣等）："琦善等奏诺们汗擅给外番印照住牧现在查询缘由一折。据称拉达克喇嘛跟役执持诺们汗路票，欲由济咙回归原牧，迨经阻挡，又称欲赴前藏。经该大臣等查有诺们汗曾请将布竹草厂住所地方赏给洛敏达部长管理，盖印断牌，不准札什伦布百姓在彼牧放，经前任驻藏大臣孟保等任听擅行发给印照等情。界外部落从无商上发给印照断牌之例，亦无大臣会同发给之条。前任驻藏大臣孟保等于该诺们汗擅请发给牌照住牧既不详查，又不请旨，率以均属合宜任听发给办理，实属错谬。孟保著交部严加议处；海朴业已革职，著俟定案时再降谕旨。其案内各情著琦善等会同班禅额尔德尼秉公查办，务臻妥善。又，琦善奏密陈诺们汗所办违例各款开单呈览一折。又，另片奏布赉绷寺内卡尔冻寺众蒙古喇嘛呈控伊等师傅曲觉尔被管事小协鄂打伤身死，诺们汗办理含混等语。著琦善等一并会同班禅额尔德尼确究办理，据实具奏。将此谕令知之。"

寻奏："查向来外番路票系驻藏大臣印发，此次诺们汗所给拉达克喇嘛路票系自行印给。守口各员不敢违例放行，请示前来，现已饬回原牧。其私给洛敏达部长印照一案，已饬噶布伦等派员前往妥善开导办理。又查诺们汗违例私放各缺，及将俗人营官缺补放喇嘛，又将业已降补斥革之营官旋又补放原官，均系违例办理。惟查各番之升调尽由诺们汗所为，未便咎归属吏，此时若概行更换，未免办事乏人，拟请暂留原任，停其升转，以观后效。至喇嘛所占俗人营官，既系兼管养赡之缺，地方为重，应撤出归还俗人，以符定制。又查卡尔冻寺喇嘛曲觉尔被管事小协鄂打伤身死，经前任驻藏大臣孟保将小协鄂斥革，当有布赉绷寺喇嘛桑拉木率领众喇嘛围聚孟保衙署，嗣由诺们汗私议熬茶了结，实属妄谬。现在各喇嘛等深知悔悟，佥称不敢再有妄为，可否免其深究，仍通饬各寺喇嘛勤修静业，不准妄干一事。"下理藩院议。从之。

（宣宗朝卷四〇七·页二六下～二八下）

○道光二十四年（甲辰）十月庚子（1844.11.16）

谕内阁："理藩院奏遵议诺们汗被控各款，请饬讯取确供定罪一折。此案噶勒丹锡哷图萨玛第巴克什被控需索财物，侵占田庐，私拆房间，擅用轿伞，强据商产，隐匿逃人，奸贪狂妄各款，均经驻藏大臣会同班禅额尔德尼等按款查明，自无枉纵。惟该诺们汗勒取财物盈千累万，改桑拉木结以寻常喇嘛何能出如许巨资图升扎萨克？并自供曾受罗布桑曲批等财物，即难保非伊二人表里为奸，并恐所索赃款不止此数。至达赖喇嘛颈上受伤，流血不止，该诺们汗知而不办，其中情节尤属可疑。仍著该大臣会同班禅额尔德尼等提集全案人证逐一严讯，取具确切供词。一经审实，即将该诺们汗历得职衔、名号全行褫革，仍追敕剥黄。名下徒众全行撤出庙内，资财先行查封。其达赖喇嘛受伤情由，并著提同随侍之森琫及服侍之堪布等悉心研鞫、务得实情具奏。其商上事务印信，即著该大臣会同班禅额尔德尼于呼图克图诺们汗内选择一人管理。"

又谕："前据琦善等奏班禅额尔德尼等呈控前藏噶勒丹锡哷图萨玛第巴克什额尔德蒙额诺们汗阿旺扎木巴勒粗勒齐木种种欺压达赖喇嘛、残害全藏生灵等情一折。当交琦善会同班禅额尔德尼明白查办。兹据琦善、班禅额尔德尼等逐款确切查明，该诺们汗原系微贱喇嘛，因其熟习经咒，是以屡施深恩。乃该喇嘛不知感恩图报，胆敢心存傲慢，藐视达赖喇嘛，动辄贪婪，扰害藏内人民。且达赖喇嘛乃宗喀巴之徒，总领天下黄教，岂可为凶残所陵？该喇嘛如此胆大，可恶已极！兹据琦善会同班禅额尔德尼查出该喇嘛实迹，已有旨著琦善、班禅额尔德尼严审取供，照例定拟。因思黄教清高，岂容稍存残恶之渐，著理藩院将该喇嘛劣迹转行晓谕各呼图克图喇嘛等，务令恪守黄教之清规，诚遵宗喀巴之正教，咸以该喇嘛为戒，俾各知之。"

（宣宗朝卷四一〇·页五上～七上）

○道光二十四年（甲辰）十一月乙酉（1844.12.31）

谕军机大臣等："前据琦善奏查办诺们汗被控各款，已明降谕旨严讯办理矣。该大臣等奏称风闻该已革诺们汗差人驮载银两先往青海，向其弟工布商谋觅人设计等语。事关外番差人赍资黉缘控案，不可不严行查办。本年年班堪布来京，恐该已革诺们汗所遣之人混入大队私行，著富呢扬阿、德兴各委干员沿途密查。如该堪布尚未过境，即按册核对人名，但有混迹其间者，一经盘获，即著亲提严讯。是否系该诺们汗所遣，其人数若干，查明具奏。至工布一名，亦即于原籍缉拿，确询有无设计及带银使用之处，一并具奏。倘已随堪布过境，查有确据，即一面奏闻，一面飞行前途一体遵办。将此谕令知之。"

（宣宗朝卷四一一·页一九下～二〇下）

○道光二十四年（甲辰）十二月甲辰（1845.1.19）

谕军机大臣等："前据琦善奏查办诺们汗被控各款，已交该大臣严讯办理矣。兹据理藩院奏称已革诺们汗驻藏掌事有年，与边外及该土司原籍声息相通，藏卫番民杂处，良莠不齐，该已革诺们汗甫经失势，未必无同恶相济之人，应及早妥为羁縻等语。已革诺们汗被控各款案情重大，倘日久防疏，难保无乘间潜逃情事。著琦善一面将所参各项逐款研讯，取具确供，务期水落石出，以成信谳，一面体察情形，将已革诺们汗派委妥员小心看管，无任稍有疏虞，是为至要。将此谕令知之。"

（宣宗朝卷四一二·页一三上～下）

○道光二十五年（乙巳）二月丙申（1845.3.12）

谕军机大臣等："琦善奏讯取诺们汗供词，褫革查封一折。此案阿旺扎木巴勒粗勒齐木贪奸舞弊各款，业据该大臣讯取确据，褫革查封。其达赖喇嘛圆寂缘由，既无罅漏可寻，著即毋庸再行根究。至该犯之弟擅敢纠约喇嘛，将该犯抬回，实属藐法。著琦善会同班禅额尔德尼，即将该已革诺们汗罪名从重定拟具奏，并将所有财物一并查明请旨。该处喇嘛众多，该大臣务须斟酌情形，妥慎办理，毋致滋生事端。将此谕令知之。"

（宣宗朝卷四一四·页二上～下）

○道光二十五年（乙巳）二月甲寅（1845.3.30）

陕甘总督富呢扬阿奏："已革诺们汗徒弟在外募化逗留，现经盘获。"得旨："洛桑扎喜著解京归案审讯。"

（宣宗朝卷四一四·页一六下）

○道光二十五年（乙巳）三月癸未（1845.4.28）

谕军机大臣等："穆彰阿等奏会讯已革诺们汗之弟工布等一案，于喇嘛囊素寓所起出已革诺们汗寄交番字呈词二纸，译出进呈已革诺们汗呈控各情虚实，均应查办。著文庆等公同酌议，或遴派妥员赴藏严密访查，或传提案内紧要人证赴川讯究。其呈内所称章嘉呼图克图到藏时，亲往多只札寺求红教之呢玛经，及第穆呼图克图不能安静，并有女人等语，均属有违禁令。如果查明属实，未便置之不问，著即酌量定拟，查明妥办，毋失抚驭外夷之心。译出呈词抄给阅看。将此谕令知之。"

（宣宗朝卷四一五·页一一下～一二下）

○道光二十五年（乙巳）三月丙戌（1845.5.1）

谕内阁："此案囊素罗布桑曲垫、更定初正、工布经已革诺们汗令为递呈控诉，该喇嘛等尚未递呈，即被拿获。现经讯明实无寄资夤缘情弊，著与代为送信之老桑连楚扎坝三丹及工布家人丹柱均无庸议。其应分别解交管束之处，著交理藩院办理。囊素罗布桑曲垫所带各货内有伊自带之物，著由理藩院分别给领。"

（宣宗朝卷四一五·页一四上～下）

○道光二十五年（乙巳）三月丁亥（1845.5.2）

谕军机大臣等："前有旨令文庆等将已革诺们汗呈内所称章嘉呼图克图到藏时亲求红教呢玛经及第穆呼图克图不能安静等情查办。兹据章嘉呼图克图呈递亲供，据实登复，甚为明晰。所有前交该尚书等查办章嘉呼图克图及第穆呼图克图各款，著毋庸议。将此谕令知之。"

（宣宗朝卷四一五·页一四下～一五上）

○道光二十五年（乙巳）五月己巳（1845.5.13）

谕内阁："前据琦善奏查办已革诺们汗并纠众抢夺各犯罪名一折，当交军机大臣会同该部议奏，业已降旨分别办理。兹据奏称：上年冬间拿获纠抢人犯二百一十名内，除情节较重者分羁朗仔辖、硕里两处外，其余喇嘛一百八十名暂交回寺拘管，俱极安贴。现据公递甘结，自称不敢脱逃，尚知畏惧，自宜量加末减。所有原议各犯罪名应如何酌拟从轻之处，著该大臣悉心酌核，再行定拟具奏。"

（宣宗朝卷四一七·页一〇上～下）

○道光二十五年（乙巳）四月壬寅（1845.5.17）

谕内阁："穆彰阿等奏遵旨会议查封已革诺们汗资产，请援照前案分别赏给各寺庙喇嘛等语。西藏地处边陲，该喇嘛等素蒙赏赉，此次查封已革诺们汗阿旺扎木巴勒粗勒齐木金银估变等项共银十四万四千余两。著该大臣勘明西藏各寺庙应行修理者，即于此项内动用兴修。所余银两分别赏给前后藏各寺庙喇嘛，以示优恤。至所称抄出米二百八十七石，麦、豆、青稞共六千九百四十九石，并著赏给前后藏番官兵丁，俾得均沾惠泽。所有前项分别给赏名数，仍著该大臣查明开单具奏。"

（宣宗朝卷四一六·页九上～下）

○道光二十五年（乙巳）八月乙未（1845.9.7）

又谕："琦善等奏喇嘛余犯罪名恳恩宽免一折。所有该犯等一百七十八名著即全行免罪，仍督饬噶布伦等饬交各寺堪布领回，严行管束。倘稍有不悛，即由该堪布禀请从重治罪。"

（宣宗朝卷四二〇·页六上～下）

○道光二十五年（乙巳）九月己巳（1845.10.11）

谕内阁："前因已革诺们汗呈词内控及驻藏大臣琦善，当将译出呈词交文庆等秉公查奏。兹据逐款查明，琦善到藏时接见该已革诺们汗等，系挨次给坐。嗣因查出不法各情，拟即奏办，始不准其接见。至琦善赴达赖喇嘛处时，并无不恭之处，其发折时均照向例拜发。讯据钟方、孟保、博勒光武及在藏把总、外委、通事等，所供均属相符。至该已革诺们汗点放所管戴琫、噶布伦等，琦善常言所放不是一节，所控尤系虚词，全无凭证，显系该已革诺们汗挟该大臣参办之嫌，捏词抵制。现据该尚书等确查呈控各情，均属全虚，著毋庸议。"

（宣宗朝卷四二一·页九下～一〇上）

○道光二十六年（丙午）三月辛酉（1846.4.1）

又谕（内阁）："理藩院奏查出已革诺们汗产畜等项，请旨遵办等语。已革诺们汗在察哈尔地方所遗佛像、经卷、供器、乐器、房产、人口、牲畜等项，均著赏给会宗、善因二寺，交章嘉呼图克图承领。"

（宣宗朝卷四二七·页四上）

琦善整饬驻藏事务，弹劾失职贪黩官吏与放弃驻藏大臣稽核商上收支及变更藏兵操练技艺旧制

○道光二十四年（甲辰）七月丙寅（1844.8.14）

谕军机大臣等："据琦善等奏：西藏驻防弁兵原系三年一换，例准雇役番妇代司缝纫樵汲，迨后留防过多，更换日少，该弁兵奸生之子在营食粮者，现已十居二三，兼之因差来藏之弁兵，并无留防之例，亦准留藏候补，竟有待至二三年方得轮补缺粮，各弁兵日形苦累等语。内地赴藏驻防弁兵原以备缓急之用，此时若照例查办，自必骤加厉禁，恐难相安。然仍旧因循，年复一年，不但帑项有亏，且恐在营弁兵渐成唐古特族类，倘偶有事端，难资得力。此事甚有关系，自当渐次裁革。著该大臣等嗣后遇换防之期，即行照例更换，少准留防。其有欠项者，酌量给发，俾令糊口有资，余均尽数扣还。如有兵粮缺出，即著慎加遴择，凡身家不清者，概不准其挑入。并著拣择兵丁若干名暂留琦善署中，勤加教练，以收实效而杜弊端。总之，有亏帑项其弊小，成其族类其患大，懔勉为之。将此谕令知之。"

（宣宗朝卷四〇七·页一下～二下）

○道光二十四年（甲辰）八月甲寅（1844.10.1）

谕内阁："宝兴奏已革知县亏用公项，请解回藏审办一折。已革四川遂宁县知县唐金鉴前管察木多粮务，带解藏饷，胆敢亏用银六千余两之多。迨经回川，节次催追，仅据缴银一千七百两。此项台费银两关系兵饷，必应严追究办。著该督即将该革员解交驻藏大臣琦善、瑞元，提同人证、案卷彻底查讯明确，照例拟办。"

（宣宗朝卷四〇八·页一九下～二〇上）

○道光二十四年（甲辰）八月丙辰（1844.10.3）

谕内阁："琦善等奏前藏应存火药、铅子等项因滥行借支不敷操演一折。西藏为极边要地，操防最关紧要。每年前后藏应用火药向由四川制造运解，统交前藏分拨，自应妥为收贮，以期有备无患。兹据琦善等查明前驻藏大臣文蔚等各任内，并未奏明请旨，辄敢私行借给诺们汗火药、火绳、铅子、炮子等项，仅据收还一次，尽系灰渣，不堪应用。此外尚欠未还火药四千一百六十斤、火绳一千六百盘、铅子三万三千粒、炮子二百颗，总未催饬交还，以致营中不敷操演。总缘历任驻藏大臣不肯实心任事，以致诸务如此弊坏，天良何在！著工部即查明历欠药斤等项，照数估计价值银两，饬令前驻藏大臣文蔚、庆禄、关圣保、鄂顺安、孟保、海朴将应赔银两统于四个月内如数解交工部。仍均著交部议处。倘限满不完，著该部严参具奏。其现在不敷操演之火药、铅子等项，著宝兴速饬照数制造，委员解交前藏应用，以实军储而重武备。"

（宣宗朝卷四〇八·页二一上～二二上）

○道光二十四年（甲辰）八月丁巳（1844.10.4）

谕内阁："琦善等奏粮员交款未清，请饬来藏质算等语。前任后藏粮务四川绵竹县知县武来雨、前任前藏粮务四川盐源县知县觉罗宝钺均于班满后未将任内应交各项向各后任交代清楚，经前任大臣先饬回省，以致交款悬宕。武来雨、宝钺均著该督勒令速赴前藏质算明确，交清后再行回任。倘该员等自知实有亏短，业经在省措缴，即迅速解藏归款，以重库项。至前任驻藏大臣孟保等，于该二员班满时并不令其将任内应交款项算明交清，辄即先饬回任，又未具奏，实属不以公事为重，著交部查明，一并议处。"

（宣宗朝卷四〇八·页二二下～二三上）

○道光二十四年（甲辰）九月戊辰（1844.10.15）

谕内阁："前因驻藏大臣将应存火药等项滥行借支，以致不敷操演，当将历任驻藏大臣交部议处。兹据该部遵议具奏，三等侍卫孟保著即革职，前任兵部右侍郎关圣保现已告病开缺，著革去顶带，并另案革职之文蔚、海朴现议革职之处，均著照例注册。河南巡抚鄂顺安本应革职，惟现在督办大工，若遽予罢斥，转得置身事外，著暂行革职留任。所办大工能否妥善，届时再降谕旨。"

（宣宗朝卷四〇九·页四上～下）

○道光二十四年（甲辰）十一月甲子（1844.12.10）

又谕（内阁）："琦善奏滥借无著之款，请饬赔缴等语。前任察木多游击多乐安委办夷务，经孟保、钟方准借库银四百两。多乐安业已勒休，所有借项自应著落赔缴。除钟方应赔银二百两业经归款外，至孟保应赔银两，著该旗即行饬令迅速完缴。"

又谕："琦善等奏，查明孟保任内于汉番弁兵应得赏需，前经嵩禄印给空票未经补给，并自行提用缎匹、银两等语。著该旗即行饬传孟保、嵩禄交军机大臣讯取确供具奏。"

（宣宗朝卷四一一·页三上～下）

○道光二十四年（甲辰）十一月丁卯（1844.12.13）

谕军机大臣等："前据琦善等奏查明孟保任内于汉、番弁兵应得赏需，经嵩禄印给空票未经补给，并自行提用缎匹、银牌等语。当交军机大臣讯供具奏。兹据将孟保、嵩禄亲供进呈，朕详加披览。此项例赏绸缎、茶、布何以嵩禄印给空票不行补给？该员有无侵吞入己情事？已革驻藏大臣孟保何以任听嵩禄发给印票不行查明参办？至提用缎匹、银牌等件，该大臣等奏称并无会衔提用印文，亦无因公动用案据，何以该革员供称有奏案及存稿可查？是否有影射朦混情事？该员等一面之词殊难凭信，著该大臣再行确切查明，据实具奏，务期水落石出，以成信谳，毋得稍有不实不尽。孟保、嵩禄原供著抄给阅看。将此谕令知之。"

（宣宗朝卷四一一·页五上～六上）

○道光二十四年（甲辰）十二月庚子（1845.1.15）

谕内阁："前据宝兴奏参已革遂宁县知县唐金鉴挪用察木多库银，延不交纳，当经降旨将该革员解交驻藏大臣讯办。兹据奏称该革员现已将亏挪银两在省全数缴贮司库等语。唐金鉴著毋庸再行解藏讯办，其扣缴银两，著即搭解归款。"

（宣宗朝卷四一二·页七下～八上）

○道光二十四年（甲辰）十二月己未（1845.2.3）

谕军机大臣等："前据琦善等奏商上布施请仍归商上经理等语，当交该部议奏。兹据奏称，商上布施出纳向由驻藏大臣稽查核办，但凭商上呈开，仍属有名无实。嗣后商上及扎什伦布一切出纳，著仍听该喇嘛自行经理，驻藏大臣毋庸经管。将此谕令知之。"

（宣宗朝卷四一二·页三〇下～三一上）

○道光二十五年（乙巳）二月丁未（1845.3.23）

谕军机大臣等："据琦善奏参孟保等滥提官物一案，已明降谕旨，将孟保、海朴、嵩禄解赴四川，派文庆驰驿前往，会同宝兴审讯矣。所有前任驻藏帮办大臣钟方，如经过四川境内，或业已过境，著宝兴传旨沿途截留，饬回四川归案质讯。将此谕令知之。"

（宣宗朝卷四一四·页一一上）

○道光二十五年（乙巳）八月乙未（1845.9.7）

谕内阁："据琦善等奏西藏所属哈喇乌苏以外按年派员巡查卡伦，只属具文，徒滋扰累等语。哈喇乌苏既设有营官，著即责成该营随时防范，所有按年派员巡查之处著即行停止。"

（宣宗朝卷四二〇·页六上）

○道光二十七年（丁未）八月戊辰（1847.9.30）

谕内阁："琦善等奏请变通唐古特番目兵丁操练技艺一折。西藏设立番兵，前于道光二十一年间将刀矛一项裁撤。现据该督等查明，该弁兵近来熟习刀矛，可期得力。著照所请，嗣后番兵三千名，准其以鸟枪、刀矛各五成，分别挑选。其该管弁目亦著照额选拔。施放炮位，即于鸟枪兵丁中择人兼习，遇春秋操演，即照现习阵势。另呈该大臣阅看。所有旧设木弓、竹箭一项，著即裁撤。"

（宣宗朝卷四四六·页一五上～下）

对英印谋求于克什米尔与后藏"定界通商"、法人欲入藏传教之办理

○道光十年（庚寅）十一月丙寅（1830.12.26）

谕军机大臣等："惠显奏访获克什米尔番民探问腹地情形及酌拟办理一折。克什米尔番民阿玛阿哩时常探问西藏及内地情形，查出记事簿书三本，并有披楞书信及该番寄复信底。经该大臣提讯，该番据供从前为披楞经管税务等事，披楞头人曾有给资生理嘱探情形之议，所写各事，只欲纂集成书，并无他项不法情事。该大臣以披楞素来恭顺，远在廓尔喀、哲孟雄、布鲁克巴之外，从前头人业经身故，与现在头人尚无干涉。且该番坚称，此来并非披楞所使。若遽绳以法律，恐生疑畏，但边疆重地，亦未便置之不理。拟将此案作为该番不识天朝例禁，在藏探问边界隘口、道路、山川情形，经官兵查获，谕知该部落。现已奏明，将该番遣令回巢，不为深究，令其感激天恩，安静耕牧。其阿布都纳足等争控债务，系外番私事，不值过问，拟将该番与阿厦尔阿里、阿布都纳足一并解回原牧，听其自行清算，不许复来西藏。噶玛尔足由该大臣量加鼓励，帕鲁足等均免置议。俱著照所奏办理。嗣后著该大臣等严饬后藏、江孜、定日三汛将备并嘱噶布伦、戴琫等，督饬边界营官随时随事严加防范，遇有克什米尔等处番民来藏，必须认真查察，不准私带披楞字迹入境。该番民等如有往来信件，均照巴勒布之例，来时由边界营官，去时由噶布伦等查明呈送驻藏大臣衙门，饬交克什米尔头人翻译呈验给发，并令该管头人按月出具并无私寄信件甘结，由噶布伦转报驻藏大臣衙门查核，俾重边防而杜奸宄。将此谕令知之。"

（宣宗朝卷一七九·页四〇上～四二上）

○道光二十六年（丙午）四月己丑（1846.4.29）

又谕（军机大臣等）："琦善等奏盘获法兰西洋人并起出洋书洋文，录供呈览一折。据称该洋人等由福建、广东等处至京，复由盛京会遇，经历口外，同至西藏，冀图传教，现将该洋人等于讯供后委员解川等语。该洋人于汉语、清文、蒙古文字皆能通晓，恐未必实系法兰西人。著宝兴于解到川省时，将其来历及经过处所详细研鞫，务得确情，即行具奏。原折并供单均著抄给阅看，木匣所贮洋信、洋书等件著一并发给。将此谕令知之。"

（宣宗朝卷四二八·页四上～下）

○道光二十六年（丙午）闰五月乙巳（1846.7.14）

谕军机大臣等："前据琦善等奏，盘获法兰西洋人至藏传教，将该洋人于讯供后委员解赴四川。当降旨令宝兴于该犯解到时，将其来历及经过处所详讯确情具奏。兹据奏称，研讯该洋人等所供，与驻藏大臣所讯大略相同。察其须眉眼色，确系洋人，并非内地奸徒假冒等语。此人远涉重洋，经历数省，学习各处文字、语言，意究何居？所供仅止劝人为善，别无他意。所传人数、姓名不能记忆，恐难凭信。至该国王发给戒表，持赴广东交与驻扎总官前往各处传教，是否实有其事，著耆英、黄恩彤于解到时，将洋人等详细研鞫，并暗加体访。该洋人是否实系该国所遣，及有无送银接济之事，并将匣内所贮洋信、洋书等件交通晓洋字之人逐件译明，庶可得其底细。如果确系法兰西洋人，并无别项情节，即著斟酌情形妥为办理。原折及供单均著抄给阅看。将此谕令知之。"

（宣宗朝卷四三〇·页一一上～一二上）

○道光二十六年（丙午）十二月辛未（1847.2.5）

谕军机大臣等："耆英奏英人请于西藏定界通商业经正言拒绝一折，并密陈侦探英情及酌办情形等语。西藏地方本有一定界址，无庸再行勘定；通商一事更有原立成约，自应永远遵守。兹该国因与西刻夷人构兵，据有加治弥耳山地，请与后藏交界地方明定界址，并请与后藏通商，殊属显违成约。该国居心狡诈，所称照会驻藏大臣之处，尚未据琦善陈奏。至前往天津之语，尤属虚声恫喝，借以要求。该督现已援据条约，正言拒绝。著仍坚守成约，持以镇静，勿为所摇惑，勿任其巧辩，总须示以大体，俾知成约甚明无从狡执为要。该国回文如何，并加治弥耳夷人与西刻夷人复向攻击之处，著确切侦探，得有实情，一并由四五百里驰驿迅速具奏。……"

（宣宗朝卷四三七·页二四下～二五下）

○ 道光二十六年（丙午）十二月丁丑（1847.2.11）

谕军机大臣等："前据耆英奏，英国请于西藏定界通商，业经正言拒绝，当有旨著该督坚守成约，勿为摇惑。兹据琦善奏称：据唐古特西界堆噶尔本营官禀报，有披楞人投递洋禀，据来人口述，系披楞战胜，森巴已经归附，并将所属之拉达克、克什米尔分与管辖，欲向唐古特交易，定有章程，令人前往会议等语。与该督前奏大略相同。本日已降旨令琦善严密防范。并著晓谕该夷以办理洋务系钦差大臣之事，应由该商自赴广东与耆英商办。著该督仍遵前旨，申明条约，毋任狡执。俾知成约坚明，五口通商之外不得再生枝节，是为至要。原片及信底俱著抄给阅看。将此由四百里谕令知之。"

又谕："琦善奏接据唐古特西界堆噶尔本营官禀报，有披楞所属库鲁部落遣人投递披楞兵目洋禀，并现在探听筹办情形。览奏均悉。此事前经耆英奏称英国请于后藏定界通商，业经耆谕以西藏本有定界，无庸再勘，通商系原约所无，不得违背等语，备文照会。当降旨令耆英援据条约正言拒绝，持以镇静，勿为所摇。兹据该大臣奏称已代营官酌拟回信，并密为筹备以防不虞。办理甚为妥善。惟英人诡谲异常，自应训练兵丁预为防范。如果狡焉思逞，该大臣惟当因时制宜相机筹办。切不可孟浪从事，有伤国体。仍一面广为侦探，随时斟酌情形妥协办理，一面谕以通商事宜现系钦差大臣耆英专管，如有禀请事件，可赴广东商量。已由四百里谕知耆英曲加开导，俾令坚守成约，毋得别生枝节。该大臣现已简放四川总督，著暂缓前往。俟斌良到任时，倘所办洋务尚未完竣，仍著留藏数月再行前赴新任。将此谕令知之。"

又谕："本日据琦善奏，唐古特西界营官禀报，有披楞人投递洋禀，欲向唐古特交易等语。披楞即英吉利国，现经战胜森巴，并森巴所属之拉达克、克什米尔地方俱已归披楞管辖。向来唐古特交易由拉达克转卖，今披楞欲觌面交易，复私定章程，令人前往会议，其意殊属叵测，难保无借端寻衅情事。现在琦善即赴后藏阅伍，就近探访信息，训练巡防。拉达克、克什米尔是否系卡外回子，曾否归服披楞，及现与披楞有无交结同谋情事，著赛什雅勒泰等严密探访。如有其事，著即预行校练，一体防范，以期有备无患，断不准稍涉张皇，亦不准稍有泄漏。琦善原奏著抄给阅看。将此谕令知之。"

（宣宗朝卷四三七·页三二上～三四下）

○道光二十七年（丁未）正月庚寅（1847.2.24）

谕军机大臣等："耆英奏英人定界通商之请已有转圜一折。又另片奏请饬驻藏大臣就近体察情形酌量妥办等语。览奏均悉。英人定界通商之请既系只欲指明旧界，并非另立新界，通商系仍照旧章，亦不另议新条，与来五口通商之国无涉等情。人屈于正论，妄念已息，似不至另生枝节。其西藏地方是否与加治弥耳毗连，有无旧界可循，及加治弥耳国人是否向与西藏贸易之处，已谕知琦善体察情形酌量妥办。并将加治弥耳国人合谋聚众欲行驱逐首领等事确切侦探，迅速复奏矣。……将此谕令知之。"

又谕："前因琦善奏有披楞人欲向唐古特交易，与耆英前奏英人请于后藏定界通商等情大略相同。当降旨令琦善相机筹办，并谕知该国通商事宜系耆英专管，如有禀请事件，可赴广东商办。兹据耆英奏称，彼方顿易前言，又以定界通商均系循照旧章。洋人好利性成，真伪殊难凭信，著琦善就近体察情形酌量妥办。总在因时相机开导，不致别启纷更，是为至要。至加治弥耳国人与西刻国人是否实有合谋聚众欲行驱逐首领、擒去洋官之事，著一面确切侦探实在情形，并查明西藏地方与加治弥耳毗连有无旧界可循，及加治弥耳是否向与西藏贸易之处，一并迅速复奏。原折片及该国来文、来信并耆英复文、复信均著抄给阅看。将此谕令知之。"

（宣宗朝卷四三八·页九下～一一下）

○道光二十七年（丁未）三月壬寅（1847.5.7）

谕军机大臣等："前据耆英奏称英人前请已有转圜，请饬驻藏大臣就近体察情形，已有旨谕知琦善遵照办理矣。兹据琦善奏查访英人请于后藏通商实情一折，览奏并图说均悉，堆噶尔本迤北峻岭下有金矿，又地尽斥卤，挖即成盐。英人惟利是图，自系垂涎此地，希图居奇。其前请定界通商，继复只欲指明旧界仍照旧章之处，未必非有意含混，潜肆贪求。著琦善仍遵前旨体察情形就近酌办，即于四月青草方生之时，派人前往相机办理。一面仍教练弁兵，妥为防备，毋有疏虞。至前令侦探加治弥耳国人等是否实有合谋驱逐首领等事，并西藏与加治弥耳有无旧界可循，是否向系通商，著仍详细查明，迅速复奏。将此谕令知之。"

（宣宗朝卷四四〇·页一五上～一六上）

○道光二十七年（丁未）五月庚寅（1847.6.24）

谕军机大臣等："琦善奏遵查复奏并访闻边外各部落情形，绘具图说呈览。览奏均悉。克什米尔向与西藏贸易，加治弥耳无此部落，或即克什米尔之讹音。该处边界毗连，方言不一。其从前所递之禀，捏称总督哈丁之名，又与耆英所奏之函互异。洋情叵测，或欲借拉达克现归所属曾经占据为名，竟欲骗赖，或借克什米尔向在前藏贸易为词，欲前来垄断居奇，均未可知。总之，彼等狡狯性成，惟利是视。琦善现已密行筹议，妥为预备。如彼等前来，著即因时制宜相机筹办，以消其桀骜之气而杜奸诈之萌。嗣后彼处情形及酌量办理之处，著随时具奏。原折已抄给耆英阅看矣。另片奏携带火药教练等语。唐古特火药、铅丸不敷应用，琦善此次前往教练，著即将库贮赢余之火药、铅丸酌量携带，以资操演，不可浪费。将此谕令知之。"

又谕："本日琦善复奏西藏边外各部落情形一折，已有旨令琦善相机办理矣。著将琦善原折抄给耆英阅看，并谕令耆英知之。"

（宣宗朝卷四四二·页一七下～一八下）

○道光二十七年（丁未）七月辛丑（1847.9.3）

谕军机大臣等："耆英等奏缕陈近日办理洋务情形一折。览奏均悉。……另折片奏：续接英官来文，仍请于西藏指明旧界，并接奉寄谕，仍请饬随时酌办等语。彼方此次来文与前说无异。惟究有无派遣洋官前往西藏之处，琦善现在总未奏到，已有旨谕知琦善随时察看情形，酌量办理。并将原折片抄给阅看矣。将此谕令知之。"

又谕："本日据耆英奏续接英人德某来文仍请于西藏指明旧界一折。又片奏接奉寄谕抄折，应随时体察酌办等语。英人诡谲百出，据称已派英官前往查明旧界办理。该藏果否已有英官前往，是否只欲查明旧界，抑别有影射情事，著琦善随时密探。若别有诡谋，著即据理驳斥，以服其心。耆英等折片著抄给阅看。将此谕令知之。"

（宣宗朝卷四四四·页一七下～一九上）

○道光二十七年（丁未）八月辛亥（1847.9.13）

谕军机大臣等："前据耆英奏续接英人来文，仍请于西藏指明定界，已有洋官前往一折。业谕琦善随时密探，酌量办理。兹据琦善奏称：差赴边外查访之人回称，披楞界连各部落如常安静，并无备办兵马消息，唐古特地方亦无披楞之人。惟据闻披楞现与读然部落打仗，又克什米尔与古浪森争战，此外毫无动静。至令噶布伦向喇嘛、番民设法开导，遇事早行内移，能否听从等情尚未禀复等语。琦善赴任自应将从前所办各情节告知斌良、穆腾额，俾心中了然。惟英人诡谲多端，必宜预为防范。该督虽已将番、土各兵教练熟悉，著仍遵前旨，沿途随时密探，洋官果否前往，彼方有无动静。上年代营官寄信库鲁部长，令其开导披楞，日后或有回信，斌良等接著后，飞咨琦善商同核办具奏。至琦善将赴四川新任，所有藏内寻常事件仍由斌良、穆腾额自行照例妥办。如有关涉洋务及应作主张之事，并须知照粤东等情，著迅速知照琦善一面商同办理，一面具奏，毋得冒昧。将此各谕令知之。"

寻驻藏大臣斌良奏："于七月抵任后，边界安静，库鲁部长亦无回信，仍遣人侦探彼方，有无浮动，即飞咨琦善商同核办。"报闻。

（宣宗朝卷四四五·页七下～八下）

○道光二十七年（丁未）十二月庚午（1848.1.30）

谕军机大臣等："耆英奏英人请于西藏指明旧界，现又续接来文请委员前往察看一折。后藏与加治弥耳交界之处是否旧有界址，已谕知斌良等派员密加访查。如果有旧案可循，绝无流弊，自应查照旧定界址奏准允行。倘心怀诡谲，别有隐情，该督思虑所及，即当设法据理驳斥，以杜衅端。仍须密探该国情形，随时具奏。俟斌良等查办复奏后，再谕该督知之可也。将此谕令知之。"

又谕："本日据耆英奏续接英国洋官来文仍请于西藏指明旧界一折。此事前据耆英奏称，英国只欲查明旧界通商，并不另议新条。又称接英官文，印度兵官已派洋人前往等语。曾降旨交琦善等密探情形酌量商办。兹又据耆英奏称，续接英官德庇时来文，以印度兵官文称该国业已派员前往，请中国委员立即前往等情。英人必欲指明加治弥耳旧界，如果系照常通商，无不可行，特恐心怀叵测，不可不防。现在屡次渎请，未便置之不答。著琦善、斌良、穆腾额商派妥员前往访查，如该国实有洋官来至后藏，即眼同确查加治弥耳向与西藏通商旧界，详慎办理。若另生枝节，或别有假道诡谋，著琦善一面飞咨耆英据理驳斥，折服其心，仍一面加意防范，由驿具奏可也。将此各谕令知之。"

（宣宗朝卷四五〇·页三八下～四〇上）

○道光二十八年（戊申）七月丙子（1848.8.3）

谕军机大臣等："穆腾额奏盘获法兰西洋人欲赴西藏传教一折。据称盘获洋人罗启祯，假称贸易，欲赴西藏传习天主教，请即于察木多台解交四川省审讯等语。所见甚是。该国洋人习教念经，意欲遍传内地各省及四川省，办有成案，皆系解交广东。著琦善于该案罗启祯等解到时，详细研鞫妥为解粤，咨交徐广缙核办。将此谕令知之。"

（宣宗朝卷四五七·页五下～六上）

查处乍丫大小二呼图克图争斗事件

○道光二十年（庚子）十一月甲寅（1840.12.21）

又谕（内阁）："孟保等奏请将委办夷务自行转回之噶布伦、达尔汉堪布等摘革顶翎、名号一折。噶布伦丹珍策旺等系二品番目办事之人，禀报两呼图克图滋事，并不等候批示，辄即私行转回，实属有乖体制。其达尔汉堪布罗桑称勒朗结随同该噶布伦转回，亦有不合。所有噶布伦丹珍策旺顶带、花翎著先行摘去，罗桑称勒朗结之达尔汉堪布名号亦著一并革去。仍令迅办完结，由该大臣查明是否奋勉，抑仍疲玩，分别请旨办理。"

（宣宗朝卷三四一·页三六下～三七上）

○道光二十一年（辛丑）九月甲子（1841.10.27）

谕军机大臣等："……至（孟保等）另片奏，乍丫大呼图克图借病未回，以致往来差使每多阻滞。现饬守备谢国泰驰往打箭炉，会同粮员王椿源设法开导之处，已谕知四川总督委员协同办理矣，将此谕令知之。"

又谕（军机大臣等）："据孟保等奏：乍丫大、二两呼图克图彼此不睦，欲图打仗，今大呼图克图住居打箭炉所属之少悟石地方，借称患病未回，以致来往差使行抵乍丫每多阻滞，现委守备谢国泰驰往打箭炉，会同粮务王椿源设法开导，督催该呼图克图速回乍丫，听候剖断，以期大道疏通等语。该呼图克图等蛮触相争固可置之不理，惟乍丫、阿足、王卡一带地方为前藏通衢，未可令其阻梗。孟保等派员前往开导，仅止会同粮员，恐不足以资弹压，著宝兴即委干员驰往，会同妥协办理。将此谕令知之。"

（宣宗朝卷三五七·页四四上～四五下）

○道光二十四年（甲辰）七月壬辰（1844.9.9）

谕军机大臣等："前因孟保等奏乍丫地方两呼图克图彼此不睦，欲图打仗，以致往来差使每多阻滞。当经降旨令宝兴派员前往会同妥办。兹据琦善等奏称，该大呼图克图及该管番目、夷民诉称，罗桑丹臻江错抗不遵断，时肆抢劫，现在饷鞘赏需各件复又梗阻。该处接连六站，距藏较远，著宝兴遴派妥员驰往秉公查办，务须折服其心。其过境之文报、饷鞘等项，务当妥为经理，毋得稍有梗阻，是为至要。将此谕令知之。"

（宣宗朝卷四〇七·页二六上～下）

○道光二十六年（丙午）十一月丁亥（1846.12.23）

谕军机大臣等："瑞元奏乍丫地方因控案未结阻滞官兵，嗣经开导始行送出本境，并呈恳续办一折。据称行抵察木多，查悉换防弁兵被阻情形，随将乍丫大呼图克图传至寓所，晓以利害，饬令速催各站预备乌拉。该呼图克图始悟前非，当即饬令各站将官兵速送出境，惟所称此次阻止官兵，实因本年委员查办夷案回川时给有印结为据，内称六七月间定有委员前来查办，若逾期或断路滋事，不与伊等相涉，百姓因此不肯支应乌拉等语。旋据各头人将委员等所给汉、番字印文谕单呈验，文字又复两歧，虚实无从质证等情。乍丫地当孔道，为西藏进出要路，断难听其梗塞。著廉敬会同琦善设法筹议，拣派能事之员晓以大义，止其争端。至委员等发给汉、番文字不符之处，尤应随案查明，勿使借口，总期该呼图克图等甘心帖服，共息忿争，毋再梗阻，以平夷情而通驿站，是为至要。其此次换防官兵阻滞两月有余，所需口粮盘费，已由瑞元饬令察木多粮员，每名借给银三两，俟到防后分作三个月扣还之处，并著照所拟办理。将此各谕令知之。"

（宣宗朝卷四三六·页五上～六下）

○道光二十七年（丁未）三月壬寅（1847.5.7）

谕内阁："廉敬等奏请将游击交部议处等语。驻防察木多四川黎雅营游击李陆师因乍丫诺们汗所属各站阻滞官兵，札催不遵，辄即派员守取诺们汗原领敕书，并派弁兵提拿头人，实属任意妄为。李陆师著即行革职，以示惩儆。"

又谕（军机大臣等）："廉敬等会奏筹议乍丫地方控案设法晓谕一折。乍丫为西藏进出要路，前因控案未结，降旨令该督等会同筹议，拣员晓谕以止争端。兹据奏称该两造均有不合，空言开导恐难望其慑服。自应劝戒兼施，使之迅速就范。该督等业经就商上所属及土司管辖附近乍丫之土兵分饬预备，扬言进剿，使知儆惧。仍专派噶布伦汪曲结布直至乍丫，向两造喇嘛详晰开导，并晓谕夷民随宜惩戒，相机酌办。著即照议妥办，总期夷情帖服，道路常通，是为至要。……将此并谕令知之。"

（宣宗朝卷四四〇·页一五上～一六下）

○道光二十七年（丁未）十月壬申（1847.12.3）

谕内阁："廉敬等奏乍丫大小喇嘛震慑天威退还侵占地方，情愿当差，出具永不翻悔甘结，地方平静，驿路疏通，并分别革黜治罪结案一折。此案乍丫大小喇嘛挟嫌残杀，争控不休，甚至阻滞官兵，梗塞道路。经廉敬、琦善等遵旨专派番目等前往该处，按照敕书、经典严行查讯。该大小喇嘛等咸知省悟，情愿痛改前非，出具甘结，当将占据地土退还，各头目分别定罪，俾各恭顺当差，不至仍前抗违。所办妥协，可嘉之至。所有前此派令查办此案之四川委员宣瑛、姚莹于投递夷禀辄用汉文札饬，以致得所借口，办理本属疏略，均著交部议处。此后各呼图克图遇有事件，径禀驻藏大臣核办，不准文武员弁干预。即呼图克图出缺，亦毋庸另委代办。其头目只准择人，不得互相袭充，以息争讼而杜夤缘。馀著照所拟办理。至另片奏，派往查办此案奋勉出力之噶布伦汪曲结布前已赏戴花翎，给予二等台吉，著再准承袭一次；德尔格特二品顶带土司达木齐夺尔结策凌拉木结著赏戴花翎；其大头人江卡格勒著赏给五品顶带、花翎；商卓特巴噶桑曲敦著赏给达尔汉堪布虚衔，荣及其身；唐古特二等台吉坚参欧柱、硕第巴觉尔结、六品江达营官策垫伦珠、六品作岗营官江巴克珠均著以应升之缺尽先升用，以昭激劝。"

（宣宗朝卷四四八·页三一上～三二下）

○咸丰二年（壬子）九月己巳（1852.11.3）

又谕（军机大臣等）："穆腾额奏乍丫小喇嘛复起衅滋事，派员驰往查办一折。乍丫小喇嘛因挟夙嫌，胆敢纠集多人将诺们罕属下大小头人杀毙十七名，敕书印信、寺院财物俱被焚抢。差人劝解，执拗不从，并抢劫塘兵马匹。现将诺们罕拘禁，复敢私拟断牌，擅盖印信，勒令遵依。似此狂悖，实属目无法纪。现在该大臣派委噶布伦策垫前往查办，并派察木多仓储巴、乍丫守备朱长春一同前往。著即饬令各该员等秉公晓谕办理，并详查此次因何复起衅端。务令两造输服，彼此相安。倘小喇嘛抗不遵断，仍将诺们罕拘禁，或致有戕伤等情，即著穆腾额查照道光二十七年琦善办法，饬令乍丫连界各属预备土兵，示以军威，镇静弹压，消其桀骜之气，俾道路不致梗阻。总期妥慎办理，以绥边圉。将此谕令知之。"

（文宗朝卷七二·页九上～一〇上）

○咸丰二年（壬子）十一月甲寅（1852.12.18）

谕军机大臣等："穆腾额奏委办乍丫夷务之噶布伦预筹办理情形一折。前因乍丫小喇嘛复起衅滋事，经穆腾额派委噶布伦策垫等前往查办。当谕令该大臣饬令该委员等妥慎办理。兹据奏称噶布伦策垫查照成案，请于打箭炉办买茶叶，并支领银两在藏购买各项赏需带往，俾办理不致掣肘等语。著裕瑞、穆腾额迅即筹备应用，饬令噶布伦策垫会同各委员传集两造严切晓谕，务令照旧相安，支应差使。倘小喇嘛桀骜不遵，即仍遵前旨慑以军威，镇静弹压，毋致别生事端，以绥边境。……将此各谕令知之。"

（文宗朝卷七五·页一六上～下）

○咸丰二年（壬子）十二月戊戌（1853.1.31）

又谕（军机大臣等）："裕瑞奏乍丫夷务情形并廓尔喀贡使启程来省一折。据称乍丫大小喇嘛经委员朱长春多方开导，业已照常供差，并将首犯彭错等拿获。其诺们罕已迁移王卡寺中，听候宝清顺道查办。所有应用赏需茶叶亦经委员带往，自不难克期了结。惟该处僧俗刁悍性成，仍须随时相机妥办。海枚、谆龄到任尚需时日，仍著穆腾额察看情形，如该喇嘛桀骜不遵，即遵前旨慑以兵威。所需口粮就近在藏饷项下先行动支，以归简便。廓尔喀贡使到省，著裕瑞派员妥为护送，毋令耽延。将此谕令知之。"

（文宗朝卷八〇·页一一上～下）

○ 咸丰三年（癸丑）五月乙巳（1853.6.7）

谕内阁："穆腾额、谆龄奏委员查办乍丫夷务，分别治罪完案一折。此案葛布翁甲等纠约多人在烟袋塘寺院捆缚诺们罕，杀毙总仓储巴及头目人等，抢劫财物，私拟断牌，实属情罪重大。业据该大臣等督饬委员，将首要各犯拿获。著即照所拟分别治罪，其调用土兵四千三百名亦著分撤归牧。"

（文宗朝卷九三·页一上～下）

对西藏上层请剿在藏之额鲁特不法弁兵的办理

○道光二十七年（丁未）八月戊辰（1847.9.30）

谕军机大臣等："……又，（琦善等）另折奏唐古特僧俗具禀，额鲁特弁兵屡次不法，公恳带领番兵剿除，现在酌量办理等语。额鲁特屡次妄为，据朗噶等面禀，商谋抗拒者不过十余人，此外多系惑于邪说，被胁勉从，尚无出巢焚掳逆迹。该督等惟当随时察看情形，设法晓谕。如党羽渐散，该奸匪等仍不投出，或带兵缉拿，或责令缚献，务须相机妥办，切勿激生事端。琦善现赴四川总督新任，所有此二案应行酌办之处，并著斌良等一面筹画，一面飞商琦善，总期意见相同，以绥藩封而靖边圉。将此由四百里各谕令知之。"

寻斌良等奏："……至唐古特僧俗具禀额鲁特不法，欲恳带领番兵剿除一案，前与琦善面商，额鲁特抗拒者不过十余人，既经晓谕，党羽已散，若操之太急，恐致激成事端。随将噶玛顿住等拟罪，先行奏结。其惑于邪说商谋抗拒之策垫仁侵等六犯，业据额鲁特固山达等拿获，按夷例定拟遣发，续经具奏结案。现在额鲁特已遵檄谕，愿出马队，唐古特僧俗等各已悦服，愿照旧例按季给予粮饷。现在均极安静。"报闻。

（宣宗朝卷四四六·页一五上～一七下）

中瞻对工布朗结事件

○道光二十九年（己酉）二月丙辰（1849.3.11）

谕内阁："前有旨令琦善驰赴云南审办控案，惟该督现办野番事务，将总督印信交裕诚兼署，琦善著毋庸前往云南。俟剿番事竣即回省城接印，并兼署成都将军印务。所有云南控案，著裕诚交卸后驰驿前往审办。"

谕军机大臣等："琦善、裕诚奏野番滋事一折。四川中瞻对野番工布朗结胆敢出巢滋事，各土司俱被抢掠，并杀毙民人，殊属目无法纪。外番狡逞，自相蚕食，原可置之不问。惟恃其凶顽，不惟占去各土司地方，并欲侵占里塘为梗塞大路之计。经该督出示晓谕，该野番仍负固不服。似此凶顽，自应及早扑灭，毋令养痈贻患。琦善现在驰往中瞻对，督率弁兵相机妥办，务当迅速剿灭，歼厥渠魁，勿令蔓延肆扰。至前交该督赴滇审办之案，现已明降谕旨改派裕诚办理。所有此案原委及寄信谕旨，该督检齐移交该将军查照遵办可也。将此谕令知之。"

（宣宗朝卷四六四·页一〇下～一二下）

○道光二十九年（己酉）闰四月辛巳（1849.6.4）

谕内阁："琦善奏亲督汉、土官兵进剿中瞻对野番大获胜仗一折。此次中瞻对野番工布朗结出巢滋事，将各土司印信、号纸、土地、人民肆行抢掠，复欲侵占里塘，势将梗塞通藏大路。经琦善统带官兵，督饬将弁及土司等行抵该处，该野番头目胆敢带领贼番前来冲突，我兵开炮轰击，枪矛齐施，伤毙贼目二名及群匪二百余人。余匪逃窜，复追杀无数，并夺获牛马甚多。贼目噶罗布、恰必阿索均落崖身死。现仍详探路径，筹充粮饷，以期捣穴穷搜。所办尚好。琦善调度有方，著交部议叙。所有此次进剿之将弁等，并著择其尤为出力者酌量保奏，候朕施恩，毋许冒滥。"

（宣宗朝卷四六七·页五下～六上）

○道光二十九年（己酉）闰四月甲午（1849.6.17）

谕军机大臣等："琦善奏官兵续获胜仗，攻破碉卡，夺占隘口一折。览奏均悉。此次进剿中瞻对野番，我兵甫抵该处，即已大获胜仗。兹复据奏本月初二日子时，复遴选精卒分路攻击，数日之内攻毁碉卡十余处，夺占隘口四处，歼毙贼番数百人，所办甚好。乘此兵力精锐，正可一鼓作气，捣穴擒渠。惟贼巢周围皆系战墙堵塞，且碉寨坚固，必须预度炮力足以相及，方期施放有准，夺隘摧坚。该督惟当审度形势，妥协办理，务将粮饷、军械筹备齐全，并详探路径克日进攻，扫除群丑，俾诸番望风慑服，毋稍疏虞，是为至要。将此谕令知之。"

（宣宗朝卷四六七・页一四下～一五上）

○道光二十九年（己酉）五月庚戌（1849.7.3）

谕内阁："琦善奏中瞻对野番悔罪投诚并附近中瞻对之卓巴塞尔塔野番倾心效顺各一折。又，另片奏在事出力人员可否酌保等语。此次中瞻对野番出巢滋事，经琦善督兵征剿，叠获胜仗，直抵巢穴。该野番工布朗结等震慑兵威，递结投诚，情愿将所夺地土、人民退还各土司，照旧各安住牧，自应宽其既往，俾得向化输忱。著仍赏给工布朗结六品长官司虚衔，以昭劝勉。至卓巴塞尔塔野番汪庆所管地方与中瞻对相距甚近，亦经该督派令护理东科长官司衮噶设法开导。该野番来营投诚，愿备征调，其归顺亦出至诚，汪庆著赏给土守备职衔，并赏戴花翎。护理东科长官司衮噶著一并赏给土守备职衔，并赏戴花翎。琦善督兵远涉，迅速蒇功，著交部从优议叙。所有在事文武员弁及各路土司等均属著有微劳，著该督择其尤为出力者酌量保奏，候朕施恩，毋许冒滥。"

（宣宗朝卷四六八・页九上～一〇上）

○道光二十九年（己酉）五月辛亥（1849.7.4）

谕内阁："琦善奏神灵祐顺请颁给匾额一折。此次中瞻对野番滋事，经琦善督兵进剿，该处道路崎岖，且风雪弥漫，粮运维艰。该督虔祷该处各庙所供护法神，军行得无阻滞，自应酌加酬锡，以昭灵应。著发去御书匾额二方，交该督敬谨悬挂，用答神庥。"

寻颁箭头寺御书匾额曰"灵昭远徼";博底冈擦御书匾额曰"绥边敷福。"

（宣宗朝卷四六八·页一〇上～下）

○道光二十九年（己酉）七月癸丑（1849.9.4）

以剿办中瞻对野番出力，赏四川同知张奉书、副将伊萨布、参将西林、游击巴彦布、都司张万林、守备蒋玉龙、土司格宗达尔结、四朗汪结、工布俄珠朗结花翎，把总陈绍武蓝翎，馀升叙有差。

（宣宗朝卷四七〇·页一四上～下）

六世哲布尊丹巴呼图克图之呼毕勒罕奉旨在藏掣定、从摄政呼征受戒及迎至库伦坐床

○道光三十年（庚戌）十月己未（1850.11.4）

谕内阁："穆腾额等奏由西藏所属地方访有应得哲布尊丹巴呼图克图呼毕勒罕聪慧幼童，请旨归入金瓶签掣等语。哲布尊丹巴呼图克图涅槃已及二载，兹据穆腾额等奏称，访得聪慧异常、英灵夙著幼童二名，实属祥瑞之事，览奏实深欣慰。著班禅额尔德尼来藏会同驻藏办事大臣、达赖喇嘛及伊弟子达喇嘛罗布桑巴勒卓尔等，将此二童之名归入金瓶，敬谨唪经，以便定掣呼毕勒罕。"

（文宗朝卷一九·页二下～三上）

○咸丰元年（辛亥）二月壬戌（1851.3.7）

又谕（内阁）："穆腾额等奏将哲布尊丹巴呼图克图呼毕勒罕转世之幼童验看掣定一折。上年十二月初九日，据驻藏大臣等会同达赖喇嘛，呼征阿齐图诺们罕及伊徒达喇嘛等带领众喇嘛等唪经，由金瓶掣出番民密玛尔之子乌金策仁之名，定为呼毕勒罕。达赖喇嘛当据经理将哲布尊丹巴呼图克图之呼毕勒罕名为哲布尊阿旺吹济旺渠车拉嘉木磋德。此事甚属吉祥，朕心殊深忻悦。著加恩赏给该呼毕勒罕黄手帕一方、佛一尊、大缎四卷，并交库伦办事大臣德勒克多尔济等转行晓谕喀尔喀四爱曼之汗王及伊徒喇嘛等知悉。所有应行办理迎接哲布尊丹巴呼图克图之呼毕勒罕事宜，著交德勒克多尔济等先行敬谨妥为办理。"

又谕："穆腾额等折内所称班禅额尔德尼现患腿疾，举动艰难，朕心殊属惦念。班禅额尔德尼年老，且患腿疾，必须安心调理。著穆腾额等转谕班禅额尔德尼知之，以副朕期念之意。"

（文宗朝卷二七·页七上～八上）

○咸丰元年（辛亥）八月辛巳（1851.9.22）

又谕（内阁）："德勒克多尔济等奏哲布尊丹巴呼图克图之呼毕勒罕尚在年幼，俟届迎接之时请旨再行派人一折。哲布尊丹巴呼图克图之呼毕勒罕本年甫及二岁，西藏距库伦路途遥远，一切难于照料。著照所请，该呼图克图之呼毕勒罕，俟年至六岁时再行奏请派人护送至库伦坐床。"

（文宗朝卷四〇·页一六下～一七上）

○咸丰四年（甲寅）九月戊寅（1854.11.2）

西宁办事大臣吴必湻奏："迎接哲布尊丹巴呼图克图呼毕勒罕之库伦蒙古官员，据青海左右两翼正副盟长呈称，蒙古连年被抢，无力派拨兵丁，现已雇募兵丁，护送赴藏。"

得旨："著照所奏，不必再行添派，以示体恤。"

（文宗朝卷一四五·页三上～下）

○咸丰四年（甲寅）九月乙酉（1854.11.9）

又谕（内阁）："谆龄奏哲布尊丹巴呼图克图呼毕勒罕可否从哷征阿奇图呼图克图受戒之处请旨一折。哲布尊丹巴呼图克图呼毕勒罕向依达赖喇嘛受戒，惟达赖喇嘛既系现未及岁，且又未受格隆大戒，著照所请，哲布尊丹巴呼图克图呼毕勒罕著即依从哷征阿奇图呼图克图阿旺依什楚琛佳木参受戒，传习经咒。"

（文宗朝卷一四五·页二六下～二七上）

○咸丰四年（甲寅）十二月丁巳（1855.2.9）

谕军机大臣等："侍顺奏迎接呼毕勒罕，请饬沿途派兵护送，并酌拟变通一折。据称该副都统由西宁赴藏，行抵青海，两盟官兵均未出迎，及抵柴达木，亦无玉树官兵护送，仅有青海所属之扎萨克朗观车林扎勒带兵五十名照料等语。此次迎接哲布尊丹巴呼图克图之呼毕勒罕经过各地方，自应妥为护送，俟来春事竣回牧。著易棠会同西宁办事大臣查照成案，派员带兵直抵西宁交界之通天河驻候迎接，以备护送。其青海两盟及玉树等处官兵，既据侍顺奏称难期得力，即著毋庸拣派。该督等务当严饬各该属小心护送，毋稍疏虞。将此谕令知之。"

正黄旗汉军副都统侍顺奏报抵藏日期。

得旨："想尔等一路甚是平安，明岁回去事事小心，以慰众蒙古之企盼也。"

（文宗朝卷一五五·页六下～九上）

○咸丰五年（乙卯）三月乙酉（1855.5.8）

谕军机大臣等："寄谕驻藏大臣赫特贺等，……（谆龄）另折奏护送哲布尊丹巴呼图克图回牧一节。此次因通天河一带时有游匪抢掠，是以权令达赖喇嘛支应骑驮，业经该喇嘛遵办骑马、驮牛，派员带往哈拉乌苏交给汉营官兵护送前进，具见悃诚。嗣后遇有差使，不得援以为例，以示体恤。将此谕令知之。"

（文宗朝卷一六三·页六下～八上）

○咸丰五年（乙卯）九月乙酉（1855.11.4）

谕内阁："德勒克多尔济等奏哲布尊丹巴呼图克图呼毕勒罕接受金印，叩谢天恩，呈进哈达，并欲特派喇嘛赍呈丹书克等情，乞为转奏一折。哲布尊丹巴呼图克图呼毕勒罕坐床，感戴厚恩，捐银四千两，聚集喇嘛班第等将及万众，虔唪皇经，实属诚悃可嘉。著赏给哲布尊丹巴呼图克图呼毕勒罕大哈达一块、大荷包一对、小荷包四个、黄缎二匹、蟒缎二匹，交德勒克多尔济等晓谕哲布尊丹巴呼图克图呼毕勒罕祗领。"

（文宗朝卷一七八·页一九下～二〇上）

○咸丰五年（乙卯）十月辛丑（1855.11.20）

谕内阁："哲布尊丹巴呼图克图呼毕勒罕坐床，欲遣喇嘛呈进丹书，自系衷悃出于至诚。惟念库伦距京窎远，著毋庸特遣喇嘛来京呈进丹书，用示朕轸恤之至意。"

（文宗朝卷一八〇·页一上～下）

琦善率意妄杀雍沙番族遭参劾获罪

○道光三十年（庚戌）十月甲子（1850.11.9）

谕军机大臣等："哈勒吉那奏琦善带领官兵将海兰插帐雍沙番子歼毙净尽，夺获牲畜，击打番帐一折。据称该番等系奏明今岁应回玉树原牧，现在海兰地方住牧。其平素有无为匪，未据营员禀报，何以琦善带兵辄将该番等歼毙净尽，该大臣据禀陈奏情节是否确实，著哈勒吉那迅速查明，并饬令该管之郡王等详细确查据实具奏，以凭核办。将此谕令知之。"

又谕："朕闻琦善带兵出巡，将海兰地方住牧番子歼毙净尽，并夺获牛羊、马匹三千余，击打该番帐房一百余顶。该番等何时住牧海兰地方，共有若干户，何以未归原牧，该督因何将其歼毙净尽，著琦善据实迅速明白回奏，毋许稍有隐饰含混。将此谕令知之。"

（文宗朝卷一九·页一〇上～一一下）

○道光三十年（庚戌）十月己卯（1850.11.24）

谕军机大臣等："据琦善奏搜捕柯柯乌苏群贼并剿灭雍沙番贼一折。另片奏各犯解省，并斥革格窝，严查汉奸各等语。据称该番连年伙抢，为西宁、甘州、凉州、肃州之巨害。该督派兵剿捕，而柯柯乌苏地方群贼先已窜去，因将雍沙番贼剿除。并讯据生擒各犯供认抢劫多案，且百户朵噜库、百总冻都噜父子纠抢戕害大员，自应严切讯究，毋任狡展。所有与贼通信令其逃避之察罕喇嘛旗下蒙古章京格窝，著即革去翎顶，一并严讯。青海大臣衙门蒙古通事何以有三十余名之多。据称有偷漏消息等情，亦应确查核办。惟前据哈勒吉那奏称，该督将海兰地方插帐雍沙番子歼毙净尽，该番等平素有无为匪，未据营员具报。该管蒙古郡王等亦称该番素无冒番行抢情事，甚至痛哭流涕恳请办理，并称恐附住之阿里克族番与察汉诺们罕旗蒙番人户心怀疑惧等语。当经降旨令该督明白回奏，著琦善遵照前旨一并查明，据实具奏，毋稍含混。将此谕令知之。"

（文宗朝卷二〇·页一三上～一四上）

○道光三十年（庚戌）十一月乙未（1850.12.10）

谕军机大臣等："琦善奏遵旨明白回奏并续捕黑城回匪各一折。据称海兰地面汉名雍沙，现在剿灭之番子系大囊谦千户所属，并非玉树番族，近因大囊谦频年荼毒良民，戕害大员，是以带兵痛剿。又折奏黑城回匪恃险抗拒，枪毙官兵，经署提督桂龄、总兵萨炳阿等分堵该城南北两门，大兵占住山梁，用大炮轰击，弁兵蜂拥直前，歼毙多名，各撒拉回众投诚献贼各等语。该番等赋性犷悍，扰害善良，据该督所奏情形自应如此惩办。所获各犯经甘肃两司讯明供招后妥为监禁，仍著琦善亲提研讯，自行具奏，候旨办理。该督前奏甘省近边番贼以柯柯乌苏为群聚之所，外来番族麇集于此，西路之雍沙、东路之黑城等处皆为贼之腰站，是该督此次阅边既以柯柯乌苏为扼要之地，何以带兵前往，听其窜匿，仅将未逃之番贼什加、外荣、额群本三名拿获正法。又称穷追深入势有不能，乃回兵于雍沙、黑城等番大加剿灭。该督本意是否欲剿除柯柯乌苏之外贼，因不得手，始将雍沙等处之内贼掩其不备痛加剿办。该督出省巡阅折内仅称遇有番匪潜出滋扰，乘势掩剿等语，未将如何办理主见详悉声明，而哈勒吉那陈奏情节又多不同，著琦善仍遵前旨将前后剿办根由据实复奏，毋稍含混。至所称现在撒拉既知畏威怀服，献贼投诚，著即体察情形，相机妥办，不值再劳兵力也。将此谕令知之。"

（文宗朝卷二一·页七下～九上）

○道光三十年（庚戌）十一月庚戌（1850.12.25）

又谕（内阁）："琦善奏河北番、回及循化撒拉悔罪投诚，缚献各贼，审明办理一折。另片奏在事出力人员可否分别保奏等语。番、回扰害良民，频年肆行抢劫，自应加以惩办。该督带兵巡阅，先将潜踞内地之雍沙番及黑城撒拉回匪次第剿除，现在黄喀洼番族悔惧，该管喇嘛率领头目人等缚献贼犯一百数十名，均经分别审办。西宁东路河北一带番、回及循化八工撒拉均已投诚。现饬提镇等撤兵归伍,办理尚为迅速。其黑城地方移驻营汛之处,著即妥议具奏。此次在事出力文武员弁,著该督择其劳绩尤著者,分别保奏,候朕施恩,毋许冒滥。"

(文宗朝卷二二·页一一上～一二上)

○道光三十年(庚戌)十二月戊午(1851.1.2)

又谕(军机大臣等):"琦善奏遵旨复陈剿办雍沙番贼情形一折。另片奏现讯通事各供及蒙古近日情形各等语。雍沙番贼历年抢劫内地民人,既经该督查明,均有报案可凭,并现讯各供确凿可据,自应如此办理。惟该处蒙、番杂处,驾驭抚绥在在均关紧要,该督务当随地随时预筹妥办,总期法立于无弊,患消于未萌。倘经此次剿办之后,反致该处蒙古番族互启猜疑,别滋事端,朕惟该督是问,懔之慎之。将此谕令知之。"

(文宗朝卷二三·页三上～下)

○道光三十年(庚戌)十二月己未(1851.1.3)

谕军机大臣等:"前据哈勒吉那奏称琦善带兵出卡,将海兰插帐雍沙番子歼毙净尽,夺获牲畜,击打番帐等情。当经谕令琦善明白回奏,并饬哈勒吉那查明复奏。嗣据琦善迭次奏陈剿办情形,与哈勒吉那复奏,该管郡王呈诉各情节迥不相符,事关控驭蒙番,办理稍有失宜,易致借口启衅。萨迎阿现已有旨谕令回京,著即迅速驰赴西宁,沿途密访。并将该郡王恭木楚克集克默特并台吉集克默特、纳木加立多尔济、端多布旺扎勒等传齐,悉心查问该番族住牧该处原委,及现在因何迁延未回原牧,其戕官劫抢各案是否积年旧案,抑系近时滋扰。琦善办理此事时,其巡边折内未经先行奏明,是否因剿除柯柯乌苏贼匪未能得手,移兵雍沙,掩其不备,诛戮过当,以致波及蒙古,滥杀无辜,且牲畜、器械夺获者是否皆系赃物,通共击毙番族若干、蒙古人等若干,所讯各供是否确凿,有无刑求威逼情事,其剿办黑城撒拉回匪及黄喀洼献贼投诚等情,是否所奏皆实,此次办理之后,现在蒙番情形如何,琦善等折内所陈各节,均著逐一访查,据实具奏。萨迎阿久任边帅,于地方绥辑事宜谅能深思熟计,弭患未然,断不致预存成见,迁就了事,务当秉公持平,剖析是非。如琦善有办理过当，及哈勒吉那偏听饰词之处，即应分别参奏，不得稍有不实不尽。至蒙、番如何经久相安，不致别生枝节，一并通筹妥议奏闻。琦善、哈勒吉那前后各折件并单，均著发交萨迎阿阅看。将此由四百里谕令知之。"

（文宗朝卷二三·页四下～六下）

〇道光三十年（庚戌）十二月丙寅（1851.1.10）

又谕（军机大臣等）："前因琦善迭次奏陈剿办雍沙番子情形，与哈勒吉那复奏、该管郡王呈诉各情形不符，业经降旨令萨迎阿于回京时驰赴该处密查矣。兹又有人奏称，琦善到任后屡有番贼抢掠重案，该督并未严饬剿除。至本年七月间始奏请巡阅时带兵追捕，于时番贼抢劫频闻，该督始犹移兵避贼，迨贼众抗拒，不得已调兵会剿。乃于番贼逃匿之后，将熟番妄行杀戮，并严拷被获熟番，逼令供认勾结。其晚间开炮轰毙撒拉回子情形尤为惨酷。若如所奏，该督滥杀无辜，贪功喜事，于边务大有关系。著萨迎阿于接奉前旨驰往密查之际，按照折内所指各情一并严密访查，据实具奏，断不准稍有隐饰，谅萨迎阿必不肯代人受过也。原折著抄给阅看。将此由四百里谕令知之。"

（文宗朝卷二三·页一四上～一五上）

〇道光三十年（庚戌）十二月壬午（1851.1.26）

谕军机大臣等："前因琦善剿办番、回一案，降旨令将前后情由据实复奏。兹据琦善奏称，此次带兵巡阅，系自外而内以次扫除。及抵柯柯乌苏，贼已闻风远扬，窜入雪山深处，碍难穷追，即将雍沙、黑城二处番、回歼除，黄喀洼旋亦投诚，并非因外贼未能得手，始行移剿内匪等语。著萨迎阿仍遵前旨迅速驰赴西宁一带，沿途访查雍沙等处番、回果否与外夷勾结为奸，必应剿洗，其杀伤是否过当，所陈先后剿办情由果否确实，有无掩饰。其审拟雍沙番贼现在甘省监禁者尚有二十四名，著萨迎阿到甘省时提讯确供，是否与琦善所取各供相符，务当悉心研鞫，无枉无纵。琦善复奏原折著抄给阅看。将此由四百里谕令知之。"

（文宗朝卷二四·页一九下～二〇下）

○咸丰元年（辛亥）三月丁未（1851.4.21）

又谕（军机大臣等）："据琦善奏遵旨历陈番夷及内地实在情形，预筹立法一折，并将分别查询各事宜开单呈览。该处善后事宜即著该督悉心体察，酌定章程具奏。总期蒙、番杂处之区经此次筹画防维，可以久安无事，是为至要。将此谕令知之。"

（文宗朝卷三〇·页八下～九上）

○咸丰元年（辛亥）五月甲辰（1851.6.17）

谕内阁："朕前因琦善剿办雍沙番族一案与哈勒吉那所奏情形不符，又屡被人参奏各款，降旨令萨迎阿驰赴西宁查办。兹据奏查明琦善剿办黑城撒拉回子及黄喀洼番贼尚无过当之处，惟讯明雍沙番犯等供词，并详查番族住牧原委及被剿情形，实属率意妄杀，刑求逼供等语。向来甘凉一带时有番贼抢掠，居民行旅均受其害，边疆大吏原应随时查拿惩办，以戢奸宄而卫善良。此案若使琦善剿办得宜，朕方嘉其才能干济，乃据查奏所称，任性错谬竟至于此，实属大负委任。琦善著即革职，由萨迎阿派员解送来京，交刑部按照折内所参情节严行查讯。又，萨迎阿前奏琦善上年未能禁止张镫演戏一节，著刑部一并定拟具奏。所有前次刑部核拟雍沙番犯罪名折片，著仍交该部于全案核定时另行奏明，请旨办理。"

谕军机大臣等："萨迎阿奏遵旨查明琦善被参各款一折。据称琦善剿办黑城撒拉回子及黄喀洼番贼尚非无故兴师，惟将雍沙番族杀毙多名，实系妄加诛戮。边疆地方蒙、番杂处，抢掠之案层见叠出，查拿惩办固不可使有屈抑，亦不可稍示宽纵。萨迎阿查办此案，于该处情形、操纵缓急自必确有定见，琦善既已获咎，蒙古郡王所递诉词业经为之剖白，萨迎阿现署总督，即将蒙古、番民日久相安章程悉心酌核，奏明妥办。不可因此案琦善办理过当，转开姑息养奸之渐。其现讯之通事千总马图、把总乜福供吐不实，并供词狡展之把总康润均著革职，严行审讯，并将现经讯明之雍沙番子等如何安置之处，一并妥议奏闻。前交查办各案，亦著逐款查明分别具奏。再，琦善前次保奏剿办番、回出力各员，雍沙之案业已错谬，自不能再邀鼓励。琦善原奏折单片均著抄给阅看。其中倘有一二员于另案出力者，亦即核实具奏，毋任冒滥。将此谕令知之。"

（文宗朝卷三四·页六上～九上）

○ 咸丰元年（辛亥）六月辛巳（1851.7.24）

谕内阁："琦善奏番贼复出抢掠一折。另片奏永昌县追捕贼匪情形等语。据称西宁镇总兵萨炳阿禀报哈拉库图尔有番贼一百余人，骑马持械，盘踞下硖口地方，当经该镇挑派弁兵驰往堵捕。又，南川王沟尔等庄有番贼抢掠牲畜，该镇等派令署守备汪永桢等追捕，毙贼十余名，复经该镇带兵督捕，余贼始行逃窜。署守备赵国栋被伤阵亡，兵丁亦有伤亡。其撒口冰沟地方抢掠牲畜贼匪，经永昌县知县郭云青会营追捕，杀毙骑马贼三名，夺回被抢骡马，并夺获贼马三匹及鸟枪、刀矛、帐房、铅弹多件，兵勇均未受伤。该处番贼甫经剿办，又复四出抢掠，甚至拒捕伤及官兵，实属目无法纪。著萨迎阿严饬镇将跟踪剿捕，不得以贼匪远扬稍疏防范。如有托故迁延不肯实力查拿者，即著严参惩办。署守备赵国栋交部照例赐恤。"

（文宗朝卷三六·页二二上～二三上）

○ 咸丰元年（辛亥）闰八月庚寅（1851.10.1）

又谕（内阁）："前据琦善保奏剿办番、回出力各员，曾经降旨交萨迎阿查核。兹据复称，琦善前次攻剿番、回，伊未曾目睹，所保人数较多，不能查出何员出力，措词已属含混。又称容俟留心考察，另请鼓励。是于剿办番案之外复开冒滥保举之端，尤属错谬。萨迎阿著传旨申饬。"

（文宗朝卷四一·页一二下～一三上）

○ 咸丰元年（辛亥）十月壬寅（1851.12.12）

谕军机大臣等："前据萨迎阿审办雍沙番子一案，现派大学士、军机大臣会同刑部审讯所有甘肃监禁之番犯十四名，著舒兴阿督同藩司黄宗汉、署臬司易棠慎选通晓番语之人亲提复讯。该番子等平素有无为匪及勾结野番伙同抢劫情事，秉公定拟具奏。萨迎阿前审此案是否办理草率，有无偏袒意见，并伊子书绅如何干预公事，曾否与随员同坐问供，佐领富克津太如何随同审讯，所觅通事几人，是何姓名，现在何处，其如何讯取供词情形，均著确切查明，据实具奏，毋稍含混。将此谕令知之。"

（文宗朝卷四六·页八上～下）

○咸丰二年（壬子）四月丙午（1852.6.13）

又谕（内阁）："大学士、军机大臣会同刑部具奏审明甘肃番案各员分别定拟一折，已革陕甘总督琦善办理雍沙番族，并无抢劫确据，辄行调兵剿洗，已属谬妄，且并未先期奏明，尤属专擅。著发往吉林，效力赎罪。其审办此案并未研究确情，率行定拟斩枭重罪之已革甘肃布政使张集馨、已革西宁道文桂、已革署兰州府知府步际桐、承审此案始终其事之已革知州赵桂芳、已革知县尹泗均著发往军台，效力赎罪。已革游击冷震东非刑逼供，任性妄为，著发往新疆效力赎罪。已革知府桂昌、已革知县姜熊、刘元绩、缑评、李志学，据供承审仅止数日，并未随同定案，著暂行交旗、交坊，仍由陕甘总督查明该革员等曾否取供定案，是否先期出省，咨部分别核办。参将珠克登、都司石长兴、西宁府知府铃祥讯问番案曾取有认抢草供，并未定谳上详，著一并交部议处。番子群吉等十四名既讯无抢劫确据，著免其治罪，仍交陕甘总督分拨不近番界之州、县，严加管束。倘有不安本分，逞忿滋事等情，即行从重惩办。前署陕甘总督萨迎阿于特派复讯之案，并未录取各员供词，遽行拟罪，实属草率。伊子户部员外郎书绅并无审案之责，辄与司员等同坐问供，实属不知检束。萨迎阿、书绅著交部分别议处。其随同审案漏未取供之刑部郎中梁熙、员外郎觉、罗奎栋、武汝清亦属不合，均著交部议处。嗣后甘肃边界地方，遇有野番抢劫，并熟番及内地奸民勾引扰害之案，该督仍严饬该管文武随时随地实力查拿，尽法惩治，不得因琦善以错谬获罪，遂于应办之案相率因循，致蹈废弛恶习，自干咎戾。"

（文宗朝卷六〇·页一〇下～一二上）

> 循化、贵德等地番族劫夺滋扰，渡河占住蒙古牧地，清廷派兵剿讨，驱逐河北番帐，设卡防河；西宁诸处番族抢掠窜扰，攻扑汛卡，清廷调兵讨伐，并严饬地方缉捕

○嘉庆元年（丙辰）六月癸卯（1796.8.2）

谕军机大臣等："据策拔克奏称：遵旨缮写札谕，遣囊苏喇嘛根敦扎木苏等赴索那克部落，晓谕那木沙木，伊甚属恐惧，不敢出见，遂将马牛赔还，交根敦扎木苏等带回。其刚察部落贼番林布等现已逃避，该部落番子亦甚惶悚，代为赔交马十匹，并称即将林布等拿获解送等语。生番等平日妄行劫夺，固属可恨，然一经接奉札谕即知畏惧，将抢去牲畜加倍赔交，尚属恭顺。如刚察部落番子等将在逃贼匪林布等拿获交出，尤为妥善。至此次止于抢夺通事，并未戕害人命。今既经赔赃，并将贼犯旺提卓特巴获案正法，已足彰宪典，想生番等亦不敢肆行抢劫矣。倘其故智复萌，再当酌派兵丁痛加剿办。策拔克即晓谕该蒙古等，嗣后务当留心防守各卡，并不可任其属下人等恇怯疏忽也。将此并谕令宜绵知之。"

（仁宗朝卷六·页一五下～一六下）

○嘉庆元年（丙辰）十二月丙子（1797.1.2）

西宁办事大臣策拔克奏："青海郡王纳罕达尔济等五旗游牧，因被生番抢掠，乞移回尚那克旧游牧。"允之。

（仁宗朝卷一二·页三上）

○嘉庆四年（己未）正月庚午（1799.2.15）

谕内阁："……腊月间，奎舒奏报循化、贵德二厅贼番聚众千余抢夺达赖喇嘛商人牛只，杀伤二命，在青海肆行抢掠一案，和珅竟将原奏驳回，隐匿不办。……"

谕军机大臣等："上年十二月十七日奎舒所奏贵德、循化众番群集，抢掠达赖喇嘛商贩牛只等物。和坤率行私驳，今经查出。奎舒所见尚是。接奉此旨，即行带领青海蒙古兵丁晓谕番众，果能知惧，将为首贼匪及掠去牛只一并献出，即将该解送之人觌面晓谕，为首者即行正法，枭首示众。其余番众仍应妥为抚慰，亦可毋庸彻底根究。倘仍不知惧，肆行抗拒，必须调兵剿办，亦应据实奏明，候朕降旨遵行。将此传谕知之。"

（仁宗朝卷三七·页三二上～三六下）

○嘉庆四年（己未）三月己卯（1799.4.25）

又谕（军机大臣等）："奎舒奏去岁抢劫达赖喇嘛商人牛只伤人之为首贼番那木喀经该部落献出，审明即行正法，并将拿获抢劫蒙古五次之贼番堪布沙木一并正法一折。生番等胆敢各处抢劫，殊属目无法纪。奎舒审明正法示众，所办甚是。塔斯迪叶部落之众番一见所遣番子喇嘛及熟番等执持谕帖即知畏惧，将贼首那木喀及所掳牛三百余只先行献出，并恳将其余牛只陆续交出，尚属恭顺。俟将牛只全行献出时，亦可不必深究，以完此案。惟奎舒等所遣番子喇嘛系属何名，熟番共有几人，并未声叙。著查明量加赏赐，以示鼓励。又另折奏称将审明引路偷窃青海喇嘛沙喇布吹木不勒羊只之蒙古贼人班第丹怎或依律拟绞，或拟斩决，请旨办理。殊属错谬。班第丹怎听从绰霍尔班第之言，引路偷窃羊只，与造意行窃者大相悬殊，即依律载偷窃马匹至十匹以上之例拟绞，入于秋审情实，已足蔽辜。而奎舒奏称或拟斩决，请旨即行正法，则将来贼首绰霍尔班第擒获时，奎舒又如何定拟。奎舒乃特派办理该处事务之人，每事自应秉公断拟。如有不周之处，朕自降旨指示。似此易办之事，漫无定见，惮于费心，则各省所派大员所为何事耶？奎舒著传旨申饬。"

（仁宗朝卷四一·页一九上～二〇下）

○嘉庆四年（己未）九月戊辰（1799.10.11）

谕军机大臣等："据理藩院奏青海扎萨克亲王纳罕达尔济等呈称，该处番子肆意抢掠，将蒙古所立庙宇尽行拆毁，并掠去恩赏什物，杀伤二千余人。从前番贼滋事，奎舒递到之折曾经和珅压搁，擅将原折发回。今则并无压报之事，奎舒于此等案件自应据实具奏，乃竟匿不上闻，以致番贼日强，蒙古日弱。似此阘冗无能，岂胜办事大臣之任？现已令台费荫前往更换矣。但台费荫到彼尚需时日，著传谕松筠转饬广厚酌带甘省兵丁驰赴西宁，先行传旨将奎舒革职拿问，交松筠严讯定拟具奏。广厚即暂署西宁办事大臣印务。至扎萨克纳罕达尔济等所呈番贼抢掠等事，虽虚实未定，近据蔡廷衡奏青海贼番于七月中抢去蒙古牲畜等物，并枪毙章京巴特玛五人、带伤九人，又贝勒济克默特伊什途遇番贼，将伊牲畜抢去二案，则确切有据，不可不严行惩办。广厚带兵到彼后，须严切晓谕。如该番等心知畏惧，将凶犯及马匹、什物遵谕献出，审明后即于彼处正法枭示，尚可就案完结。倘抗不遵依，则此等顽梗番人岂可再事姑容，长其骄志，势不能不略示兵威，使知震慑。广厚应据实速奏，候旨定夺。将此谕令知之。"

（仁宗朝卷五一·页二〇上～二一下）

○嘉庆四年（己未）九月庚辰（1799.10.23）

谕军机大臣等："昨据苏宁阿奏，阿郎杆贼番出抢孳生马匹四群，已降旨令台布驰赴西宁相机妥办。今据奏该番贼等因兵丁追赶将抢去马匹全行放回，是贼性尚知畏惧。但恐素习诡诈，难保其去而不来，且虽将官马放还，而抢马正犯必须拿获正法，方足示惩。现在苏宁阿已赴该处派兵缉捕，如番贼等尚敢抗违，台布当仍遵前旨，酌派甘、凉官兵亲往督办，以助军威。其外委刘全印以六十名兵深入番地，全获马匹，殊为奋勉，著遇缺拔补。将此各谕令知之。"

（仁宗朝卷五二·页一六下～一七上）

○嘉庆四年（己未）九月乙酉（1799.10.28）

谕军机大臣等："昨据青海亲王索诺木多尔济等以近年生番屡抢游牧，伊等逃避，奎舒置之不问等情申报理藩院转奏，已将奎舒革职交松筠审讯矣。兹阅奎舒所奏生番情形一折，奎舒恇怯无能，仅遣熟番千户等往拿首犯，追索牲畜，不思生番向无头目，地属旷野，何从追缉。朕意于生番内设一头目，赏给六七品顶带，俾资弹压。嗣后再有抢掠之事，庶易办理。松筠驻藏多年，谙悉外番性情，著即筹度办理。如另有所见，不妨据实陈奏，总期边陲无事为要。又据奏照依索诺木多尔济等所呈，将托逊诺尔等处所设防范郭罗克卡伦移于蒙古游牧附近一节，殊属错谬。郭罗克近年以卡伦严密之故未曾抢掠，今将卡伦撤回，倘郭罗克乘间抢掠何以御之？著传谕松筠迅即仍前设卡，所有奎舒恇怯情节，一并讯明具奏。"

（仁宗朝卷五二·页三三上～三四上）

○嘉庆四年（己未）十一月甲子（1799.12.6）

谕军机大臣等："广厚奏筹办番案情形一折。该省贵、循两厅所属番民因与黄河南之蒙古纳汉达尔济等五旗游牧毗连，该王、公、扎萨克等属下不肖之徒勾引贼番抢劫。其河北之索诺木多尔济等二十五旗，以河南五旗为屏蔽。嗣因青海办事大臣策拔克奏令五旗移住尚那克，空出游牧地方，野番得以占据。又，察罕诺门汗一旗不愿搬往尚那克，经蒙古三都布等勾结河北空地居住。因不善管束，仍任属下逃往河南，与野番勾结抢窃。是河北二十五旗蒙古被抢，先因纳汉达尔济等移徙，撤其藩篱，后因勾结察罕诺们汗空地，开门揖盗。广厚务将为首各犯查获惩治，并将该处应如何定立界址复设卡伦，并体恤属下不致逃散之处悉心筹议，以期清盗源而安边界。将此谕令知之。"

（仁宗朝卷五四·页一七上～一八上）

○嘉庆五年（庚申）二月乙酉（1800.2.25）

又谕（军机大臣等）："贵德番众见大兵压境，即畏惧投诚，自应网开一面，许其自新。台费荫等谕令出具甘结，并退出抢去牲畜，交还蒙古属下人户，所办皆是。此时台费荫等移兵前赴循化，查办该厅野番，如该处番贼亦能畏威慑服，兵事便可完结。但野番犷悍性成，虽均知改悔，难保其不仍蹈故辙，必须蒙古王公等振作自卫，方可绝其觊觎之心。著台费荫等传谕蒙古王、公、扎萨克等：现在远赴边界剿办番贼，皆为尔等劳师糜饷。今野番既将抢去人户、牲畜全数交还，尔等必当涤除从前委靡积习，力加振作，于所设卡伦严为守御，不可稍有疏懈。并当体恤属下，使之各饶生计，方不至再向外番勾结滋事。如仍怯懦推诿，不但不能再为调兵办理，并将伊等治罪。如此剀切晓谕，庶蒙古王、公、扎萨克各知振作自卫，不致为野番滋扰。"

（仁宗朝卷五九·页六下～七下）

○ 嘉庆五年（庚申）二月戊申（1800.3.20）

西宁办事大臣台费荫奏报："循化野番均已投诚，缴出所抢青海蒙古人户、马、牛、羊，饬蒙古扎萨克分认领回。"

得旨："嘉奖。授台费荫为头等侍卫，仍留西宁办事。赏州判佘景奎、姜有望同知衔。"

（仁宗朝卷六〇·页二四上）

○ 嘉庆五年（庚申）四月辛丑（1800.5.12）

又谕（内阁）："本日军机大臣会同理藩院议复台费荫条奏西宁贵、循所属地方应行事宜，分别准驳一折，已依议行矣。台费荫请修青海龙神碑亭，禁止私售器械，蒙古、番民定期易换口粮，河南、河北蒙古各旗内暂减兵数酌易会哨四款，所见尚是。至野番族户纷繁，若遍历清查，胥役人等必至借端勒索，转滋骚扰。又，野番不谙耕种，倘必教以树艺，诚恐徒费牛具、籽种，亦仍于事无益。至蒙古游牧向依水草不拘里数，原所以因地制宜。若必令在十里内外逐段居住，其水草全无之处又将何以游牧？以上三款，台费荫未能熟为筹酌，率行奏请，殊属不晓事体，著传旨申饬。"

（仁宗朝卷六四·页一二下～一三上）

○ 嘉庆五年（庚申）六月丙寅（1800.8.5）

谕军机大臣等："台费荫参奏青海扎萨克贝勒济克默特伊什等各款。从前青海蒙古屡被生番抢掠，朕俯加矜全，特派大员多带官兵前往查办。番众畏惧，始将所掠牲畜交出。经台费荫均匀分给，伊等自应感戴朕恩，欢欣祗领。乃反称被抢牲畜一百余万，今仅给还一万，为数短少。其言甚属谬妄！统计青海蒙古牲畜未必百万有余，上年所报被抢之数，亦不过任意虚捏。至沿河一带派兵会哨，原为巡察边境，防范生番。乃该王索诺木多尔济声称属下穷困，不能会哨，更属错谬。至本年护送堪布赴藏，例应派兵百名，此次仅派兵五十名。而协理台吉沙津德勒格尔行抵穆尔古策地方，指称兵少，辄敢私回，尤属目无法纪。济克默特伊什等俱照所参，交理藩院严加议处。沙津德勒格尔著革去协理台吉。台费荫接奉此旨即传集索诺木多尔济等谕以奏闻大皇帝，钦奉谕旨，以尔等所获各罪，如内地臣工有犯此者，即应拟斩。姑念尔等无知，只将沙津德勒格尔革去台吉。此系格外施恩。至本年会哨，因系初次，故将索诺木多尔济加恩宽免。倘明年仍复如此，决不宽宥。嗣后务当感激重恩，一切差务敬谨奉行。但思青海蒙古性本庸懦，兹竟肆行冒犯，难保无尝试之情，台费荫宜留心察看。如伊等稍形跋扈，著即据实密奏，朕自有处置。将此传谕知之。"

（仁宗朝卷六九·页一九下～二一上）

○嘉庆五年（庚申）九月丙午（1800.11.13）

谕军机大臣等："台布奏官兵分剿各路窜匪情形，俱经额勒登保、长麟先行奏到。台布已令其前往西宁办事。所有此次来京之贝子齐墨特达巴等呈诉台费荫、广厚前此查办该处蒙古被贼番抢劫牲口等物，追给不及百分之一，并行文该处蒙古，嗣后遇有抢劫之案不准呈报各款，台布务须悉心秉公查核。如果台费荫、广厚前在西宁于此事竟未查办，全系空言，自应据实参奏。若被抢物件已为查拿追给，而该贝子因未餍所欲哓哓渎诉，此风亦不可长。蒙古卡伦各有地界，其向系官为设卡处所，自应循照旧规。若本系该处蒙古自行设卡地方，即当自为防范，岂有伊等开门揖盗，处处皆借天朝兵力为之保护游牧之理。且该处蒙古素称穷苦，亦焉能有牲口百万余俱被抢劫，是所控本难尽信。因该蒙古等屡次渎控，辄行更易大臣，亦属非体。著台布查明上年台费荫、广厚是否全未查办。如只系不实不尽，亦当据实陈奏，听候核办。至该蒙古如续有被抢之事，亦不可竟置不问，仍当为之查拿追给。但不得遂其无餍之请，方合抚驭外藩之道。台布办理此事，惟当令番子各知震慑，不致再行滋事，而该处蒙古亦诚心悦服，更无控告之事，乃为经理得宜。其台费荫前奏，该贝子等于到京后有欲恳请迁至阿拉善地方游牧，如不准所请，即欲勾结丹噶尔地方回子闹事一节，现在该贝子等所递呈词内并未提及欲迁游牧，且住京多日亦并无他说。经朕将该处王、贝勒、贝子、公等俱加赏赉，众心极为感悦。是台费荫前此所奏，自系误听人言，张皇入告。至贸易人谢朝礼或因不能深悉蒙古语言听闻不确，以致传述舛错，尚无大过。台布到彼后，如谢朝礼已经唤至，只须向彼略加询问，即行省释，不必再事苛求。如该处穷苦蒙古或有尚须酌加抚恤之事，台布当奏闻办理。伊等自必倍加感悦，边圉更可永期宁谧也。"

（仁宗朝卷七四·页一八下～二〇下）

○嘉庆五年（庚申）十月辛酉（1800.11.28）

又谕（军机大臣等）："台布奏青海蒙古、番子等情形，所见俱是。青海蒙古等不自防守游牧边界，是以番子等毫无忌惮，肆意妄行，以致蒙古等穷迫失所，此皆过于懦弱之故。天朝简派大臣办理事务，应使蒙古、番子安居乐业，各得其所，不相欺凌，方为合宜。岂有每岁代蒙古等向番子追取牲畜之理，台布到西宁后，务须鼓励蒙古人等各守游牧边界，操练技艺，设法御敌，不可专恃天朝威力，自弛防范。至番子等亦当令其各知畏惧，不敢任意侵掳，方为妥善。将此谕令知之。"

（仁宗朝卷七五·页一一上～下）

○嘉庆六年（辛酉）五月丙戌（1801.6.21）

谕军机大臣等："长麟奏筹议青海蒙古地方安设卡伦，诸多未便。所见甚是。蒙古王公扎萨克本为中国藩卫，若以内地之兵转为外藩防守，不特于理不顺，亦于体制非宜。且以内地官兵前往蒙古地方安设卡伦，必须逾越番境，更属孤悬，鞭长莫及。倘安设卡伦之后，番子仍有劫夺等事，又将如何办理？长麟所论俱系确切情形。著将原折发交台布阅看。如能不烦内地官兵代为设卡防守，固属甚善。倘蒙古王公等知台布业经奏准，事难中止，亦须定以年限，断无常川在彼驻守之理。应俟大功告竣后，派令晓事大员酌带劲兵前往，于附近内地之处遥为声势。其蒙古边隘仍令蒙古自行安设卡伦。并明谕以一二年后即当撤回，俾蒙古知内地官兵不能常为防守，力图振作，转弱为强，庶番子不敢仍前抢掠。其如何设卡防守之处，并著台布悉心妥议具奏，俟奏到日再降谕旨。将此谕令知之。"

（仁宗朝卷八三·页一一下～一二下）

○嘉庆六年（辛酉）八月丙午（1801.9.9）

谕军机大臣等："台布奏在蒙古地方居住番族人等，一经官为驱逐，即已陆续搬出。可见番族人等尚知畏法。惟纳汉达尔济境内有循化合儿族之亦洛合、瓜什济二庄人户，又察罕诺们汗境内有贵德熟番主古录族、揣咱族番众未搬。经台布诘讯，而纳汉达尔济等代为恳求，又令照旧游牧，殊属自相矛盾。前此蒙古王公扎萨克等以番族人等偷窃牲畜、占居帐房，恳求派兵驱逐。及内地大臣带兵到彼，番众即已陆续搬移，本可划清界址，为绥辑蒙古久远之计。今纳汉达尔济等转怜其穷苦，代番众恳求赏给伊等沿边之地居住。姑如所请，准令亦洛合、瓜什济、揣咱、主古录四族居住卡外。应令纳汉达尔济等一体出具甘结，永保番众不再滋事。倘一二年后仍不安静，不但将四族尽行驱逐严办，亦必将纳汉达尔济等一并治罪。其余已经逐出各番，不准各蒙古王公等再为恳求复行搬回居住。至尖木赞素为番族信服，此次亲诣各族劝谕输诚，尚属出力，著赏戴花翎。将此谕令知之。"

（仁宗朝卷八六·页三上～四上）

○嘉庆六年（辛酉）十月辛酉（1801.11.23）

又谕（军机大臣等）："长麟奏审拟汉民私赴番地谋殴肇衅并铁布生番挟嫌抢夺一折。此案王一、血保等以内地民人私赴番地被逐出境，又挟嫌谋殴，将番众鹞子卖钱分用，以致番子等纠众报复，将伊家牛只财物抢夺泄忿。在番众固属不法，而推其致衅之由，实属汉民滋事。若只将该番严办，转似内地袒护汉民，无以折服番众之心，而此等滋事汉民亦无所示儆。长麟审拟此案，将汉民王一、血保等三人拟发吉林，番民察克拟发广东，两无偏向。所拟尚为允协，已交刑部核议矣。至折内所称请将首先被获之番民木兹力一犯宽免治罪等语，木兹力始虽听纠抢夺，嗣因患病并未同行，且能将案内各犯拿获过半，尚知畏惧。不但该番罪名应予宽免，并著长麟量加奖赏。所有现在未获各犯，谕令帮同查拿。伊等声息相通易于踪迹，案犯无难弋获也。将此谕令知之。"

（仁宗朝卷八九·页四上～五上）

○嘉庆六年（辛酉）十二月甲辰（1802.1.5）

谕军机大臣等："台布奏，风闻循化厅属果尔的等族番子又有纠众过河抢劫之信，檄饬循化、贵德文武妥为弹压，并先由贵德派拨民兵六十名前往卡伦防范，其前次奏拨官兵百名，可否准令派往等语。循化属果尔的等族番子即有纠众过河之信，而沙卜浪、科叉等族番子亦商量过河抢劫，虽经台布派令尖木赞等前往晓谕，但各该处必须安设卡伦，预为防范，所有官兵百名，自应即令前往，以壮声势。惟此项官兵原为保护蒙古调拨，若仅以老弱充数，不但不能震慑番众，并恐为蒙古所轻视。设稍有疏虞，更属不成事体。著署总兵保清挑选年力壮健并曾经出征兵丁前往守护，方能得力。或不敷弹压，即增添百十名，亦无不可。俟明岁察看情形，再行奏明裁撤。将此谕令知之。"

（仁宗朝卷九二·页二下～三下）

○嘉庆七年（壬戌）二月己巳（1802.3.3）

是月，西宁办事大臣台布奏："遵旨派兵设卡，保护蒙古，番众畏威敛戢，不敢过河劫抢，并将卡内番帐设法驱逐。"

得旨："番众既畏兵威，渐觉宁谧，何必驱之太迫，逐渐移出卡伦足矣。过一二年官兵、民兵撤回为是。责成青海众蒙古设兵自卫，方为正办。"

（仁宗朝卷九四·页三二上）

○嘉庆七年（壬戌）六月丙寅（1802.7.26）

谕军机大臣等："据英善等奏：班禅额尔德尼差人报称，上年十二月内，达木先降及甲里两处地方有夹坝七十余名，抢去牛厂百姓牛、马等物甚多，现在查明为首夹坝姓名及开明失单，恳祈查办等语。朕详阅折内，该处民人被抢至四十余户。其所开失物单内马五十余匹、牛七百余只、羊一千八百余只，此外尚有衣服、绸缎、氆氇及珊瑚、蜜蜡、松石、珍珠并食物等件，为数甚多，恐非七十余人所能抢劫，其呈报夹坝人数尚有不实。且将该处百姓伤毙二名，现尚有带伤未愈者，情罪甚重，与白昼抢劫财物、杀伤事主之盗犯无异。边陲重地，不可不严办示惩。惟折内据称夹坝七十余名系西宁地方头人所管，其总管头人又系四川地方土司所管。现已分咨西宁办事大臣及四川总督查拿等语。番夷抢劫重情，倘该处地方大臣以事涉两省不免互相推诿，办理焉能迅速。此案夹坝查系西宁地方番族之人，该处番族等向多出外滋事，前此青海蒙古地方曾被肆扰，经朕饬令该处大臣严行整顿，始行驱出界外。现在该处设有卡座，并有官兵驻守，贼番不敢再至蒙古滋扰，又向毗连之卫藏地方肆其劫夺，实为可恨。著台布即查明夹坝等名姓、住址、人数，派委妥干之员按名弋获，并将赃物如数追出，照律严办示儆，勿令漏网。原折著抄寄阅看。将此传谕台布，并谕英善、福宁知之。"

（仁宗朝卷九九·页二八下～三〇上）

○ 嘉庆七年（壬戌）七月丙子（1802.8.5）

谕军机大臣等："台布奏蒙番情形，并将蒙古呈递各条进呈。朕阅纳汉达尔济等所呈，其意总欲内地官兵将番族痛加惩治，殊不知足。台布当明白晓谕以蒙古为我朝臣仆，雍正年间于青海设立办事大臣，随时保护。嗣因尔等不能自卫，致有番子抢夺之事，不值频劳内地兵力。高宗纯皇帝屡降谕旨，如再有番子抢夺等事，继不能代伊等办理，仍重治其罪。原欲尔等振作，弗为番族欺压。自大皇帝亲政以来，念尔游牧地方被番族抢占，特派大臣带兵前往，谕令番子将抢夺各物交还，已属格外天恩。及番子出卡后，尔等又不能自防，复蒙大皇帝赏兵守护，恩施稠叠无可复加。今尔等偶有偷窃小事，辄请天兵帮助，实属恃恩妄为。天朝统驭外藩甚多，如额鲁特、土尔扈特、乌梁海等，岂无偷窃之事，从未请天朝发兵搜捕，何独尔等频频烦渎？且番众久隶骈幪，从无干犯天朝之事。尔等惟当严守疆界，勉力自卫，毋徒恃内地官兵为尔捍御，亦不可与番众有心构衅，致启争端，方不负大皇帝爱护之意。若尔等不知自强，惟思构兵滋事，天朝不但不能相助，并当治罪。如此剀切晓谕，俾蒙古等怀德畏威，自不敢再行渎请。至添兵移卡诸事，台布当酌量妥办。将此谕令知之。"

（仁宗朝卷一〇〇·页六下～八上）

○ 嘉庆八年（癸亥）四月丙寅（1803.5.22）

又谕（军机大臣等）："台布奏：青海河北二十五旗王索诺木多尔济等前来西宁递呈，以循、贵番贼强横迭次抢掠，恳求办理，台布饬令自行振作，护卫游牧等语。前曾节降谕旨，令各蒙古振作自强，不得专恃内地官兵代为防护。台布于蒙古递呈时，当即面加驳饬，固属正理。但据另片奏：贝子齐默特丹巴呈报，三月内有番贼前来抢掠，将伊捉住，剥去帽顶、衣服，枪毙伊妻，枪伤伊媳，拿去蒙古男妇五名口，并马、牛、羊只、俸银、缎匹、口粮等项甚多。且索诺木多尔济等陆续具报被抢牲畜约计马三千五百余匹、牛一万七千余头、驼五百余只、羊十九万一千余只。伊等所失牲畜焉有如许之多？其呈报数目自未必尽确。但番族等胆敢剥去贝子帽顶、衣服，伤毙伊妻，掳掠人口，藐法已极。该处设立办事大臣统辖蒙古番众，俾资弹压，即如内地州县遇有抢劫民人案件，尚必官为查办。若青海蒙古之贝子等现被番贼如此欺凌，竟置之不办，非特使蒙古部落疑为袒护番众，未免寒心，而番众更必肆行无忌，益长刁风，成何事体，亦安用设立办事大臣为耶？都尔嘉现已到任，该贝子等亦必向伊衙门呈告，惟所控各情未知是否真确。著都尔嘉详细访查。如果实有其事，即应严行查办，或令该番众将为首之犯献出，从严惩治。若不知畏罪，尚须慑以兵威，都尔嘉酌量再行带兵亲往督办，以儆凶顽，不可姑息了事。仍将如何办理缘由先行具奏。嗣后遇有此等事件应行陈奏者，俱著书写汉字。其寻常事件，仍用清字折。将此谕令知之。"

（仁宗朝卷一一一·页六下～八上）

○ 嘉庆八年（癸亥）四月庚辰（1803.6.5）

命理藩院侍郎贡楚克扎布驰往甘肃西宁一带查办事件。

（仁宗朝卷一一二·页二上）

○ 嘉庆八年（癸亥）四月辛巳（1803.6.6）

谕军机大臣等："都尔嘉奏设法查拿不法凶番一折。据称，译缮告示，选派通丁协同兵役及喇嘛等传檄宣谕，使该番擒献凶贼原赃，一面亲身驰赴督办等语。所办尚是。都尔嘉到彼，即著传到齐默特丹巴告以尔被番贼种种欺凌，业经具折奏闻，皇上深知怜悯，特派钦差大臣前来，赍给银两、缎匹抚恤。并令将此案凶犯严行缉获，处以国法，为尔申雪仇恨。尔当感激天恩，善为振作，黾勉自立，毋稍畏怯。至尔现因躲避番贼，搬至哈拉果勒地方，自当暂留住牧。俟拿获凶犯办理后，番众自不敢再出滋扰，尔当仍回原游牧处所，安心乐业等语。向其明白宣谕，以安其心。仍督饬文武实力查拿凶犯。如于贡楚克扎布未到之先能将正凶弋获，固属甚善。若一时未能即获，俟贡楚克扎布到后，即当会同妥商或悬赏购线，或檄谕缉拿。如该番闻知尚形畏惧，不烦兵力能将正凶缚献，则当审明按律照盗案办理，即可完结。倘该番野性难驯，或竟有抗拒不法情事，势不得不慑以兵威，即据实奏明办理。至该蒙古逼近番地，不能自强，将来此案办毕后，若不妥为经理，永定章程，则番众日久玩生，难保不复行滋扰。而蒙古等一经被扰，惟知赴诉天朝，纷纭不已，亦属不成事体。都尔嘉当于办竣时，会同贡楚克扎布及臬司蔡廷衡，酌量该处情形悉心会议。或为划定界限，或设立卡伦，以杜侵越。及此外有无另行筹办之处，详悉定议具奏，以期青海地方永臻宁谧。将此谕令知之。"

（仁宗朝卷一一二·页二下～四上）

○ **嘉庆八年（癸亥）五月庚戌**（1803.7.5）

谕军机大臣等："都尔嘉等奏查办番案情形一折。此次野番一闻查拿紧急，俱携带眷口逃入老山，其畏慑情状已可概见，自无庸遽用兵力。至现获之完纳山莫等六名，如实系正凶，则当于审明后，传到贝子齐默特丹巴，眼同正法，俾各蒙古咸知此案凶贼业已拿获严办，共伸积愤。倘所获之贼讯明尚非正犯，应一面仍饬各路员弁上紧踹缉，一面宣谕该番擒献凶贼，以凭审办。至于索诺木多尔济等呈报被抢牲畜辄以千万计，断无有如此之多。况臬司蔡廷衡行抵西宁时，查看丹噶尔搬来蒙古实在大小三千余口几至形同乞丐。该蒙古如有牲畜充牣，何致顿形狼狈一至于此。可见伊等浮开赃数，其意不过希图官为追出多赃，伊等又借得便宜。此等虚报牲畜数目，尽可置之不问。惟是现在该蒙古等既遭此播迁，自宜恩加抚恤。据折内称大口日给炒面一升，小口减半之处，著准其作正开销，亦不必该道、府等捐资散给。都尔嘉等惟应督率各员妥为经理。将此谕令知之。"

（仁宗朝卷一一三·页一七下～一八下）

○嘉庆八年（癸亥）六月甲子（1803.7.19）

谕军机大臣等："此次野番等胆敢将蒙古贝子衣帽剥去，枪毙伊妻，实属凶横。是以迭次降旨、谕令严拿务获，并令贡楚克扎布驰往督办。兹据都尔嘉等奏，已将枪毙贝子妻室之正凶齐克他勒拿获。所办尚好。据获贼供，同伙抢劫之犯约共几十人。虽不能尽数拿获，但首犯扎拉南什济及单开之隆本等七人迭次肆劫，必应按名擒获，毋任漏网。该犯等罪名虽不至于凌迟，亦当分别斩枭。并传集该贝子等当面惩办，以纾积愤。至蒙古人等当番贼抢掠时，人数无多，番贼既能放枪，岂蒙古转不能放枪抵御？何以任番贼来至帐房将衣帽抢去。该贝子辄躲入喇嘛寺内，次日番贼复至，又思出外奔逃，以致伊妻跑出被伤，实属懦怯无能。且据该犯拉隆供称：我因不识水性不能摆渡，有纳汉王旗下渡贼之水手拦角尔等七人，陆续渡过贼番三十余人，分得牛羊若干只等语。其乙旦木一犯，据供即系特礼贝勒旗下蒙古。可见蒙古被抢之案，多系伊等属下人户与贼番通线，为其摆渡，较之番贼等情罪尤为可恶。应将数犯严拿务获，加倍惩治，使知所儆惧。并晓谕该蒙古等，嗣后当大加振作，自卫身家，勿以天朝此次为之查拿凶贼恃为长策。尤当于所属人户严加管束，毋任与贼勾通，自滋扰累。其被抢牲畜虽应多为追给，但番贼等果能畏法，缴出赃物若干，即可就事完结，亦不必全数著追。至蒙古等屡被番族抢扰，该处交界地方既有河一道，番贼等不识水性艰于济渡，即可在彼严防，以绝番贼往来之路。但蒙古积弱已久，不能自行经理，或代为设法，即在沿河地方令蒙古添设卡伦，驻守巡防，并将船筏概行撤收，使番贼不能乘间偷渡，庶可永杜衅端。著贡楚克扎布会同都尔嘉等察看情形，悉心妥议具奏。"

（仁宗朝卷一一四·页二上～三下）

○嘉庆八年（癸亥）六月癸酉（1803.7.28）

谕军机大臣等："贡楚克扎布奏抚恤青海蒙古并现在办理情形。览奏俱悉。贡楚克扎布以野番强悍，非仅以空言慑服，势须天兵临巢，伊等方知震惧，所见亦是。惠龄系该省总督，西宁既须用兵，自应亲往督办。著即驰赴该处，与贡楚克扎布、都尔嘉等会筹熟商，于就近营分调拨官兵一二千名，以张声势。如尚觉不敷，即酌量加增。或扬言大兵数千即日前来，亦无不可。总须令声威壮盛，使野番闻风慴息。虽不犁庭扫穴，歼戮无遗，亦必令将凶犯并所抢牲畜、赃物早行献出，真心畏惧，持咒具结，再不敢复图抢掠，方为一劳永逸之计。兰州省城不可无大员弹压，臬司蔡廷衡于惠龄到后，即令回省办理地方事务。将此各谕令知之。"

(仁宗朝卷一一四·页一四上～下)

○ 嘉庆八年（癸亥）六月己丑（1803.8.13）

谕军机大臣等："贡楚克扎布等奏筹办丹噶尔蒙古内徙情形一折。丹噶尔蒙古陆续内徙，积至九千余人之多，流离播迁，自应妥为抚恤，无致失所。但亦须明白宣示，著贡楚克扎布等即传谕该蒙古以尔等各有游牧，今因畏惧番众，不能自卫，纷纷内移。蒙大皇帝俯赐矜怜，不特未加谴责，且格外施恩给予赈恤。从前历任办事大臣经理未能周备，圣明早经洞鉴，是以钦派大员前来查办。但尔等数千人移居内地，岂能久恃官为给养。现在熟筹妥办，务使番众慑服，不敢再行抢劫，边疆永臻绥靖，俾尔等得以迅回故土，各安生业。务须力加振作，奋勉自强，不可委靡，以期无负大皇帝逾格矜全至意。所有抚恤丹噶尔蒙古于十日散面时，每日加给官茶一两，事属可行。将此谕令知之。"

又谕："……本日据贡楚克扎布等奏，丹噶尔散赈，蒙古内即达赖喇嘛、班禅额尔德尼属下原在青海沙拉图约和累地方住牧二百余名口，因避番族内徙口食无资，现已一同给赈等语。英善等应传知达赖喇嘛、班禅额尔德尼，告以伊属下二百余人共沐恩施，俾益知感激。将此谕令知之。"

(仁宗朝卷一一五·页一六下～一八下)

○ 嘉庆八年（癸亥）七月乙未（1803.8.19）

谕军机大臣等："惠龄奏驰赴西宁会筹商办番案一折。据称各族番众自尖木赞前往晓谕甚为畏惧，又称办理此案，总以妥设卡伦、筹备善后为第一要务等语。所见甚是。该处番族此次抢劫蒙古，只当将本案起意、为从及赃证确凿之犯严行惩治。此外各番族众纵平素曾或为匪，而此次并未随同行劫，亦不便遽加之罪。若不分皂白，概绳以法，朕亦不忍。若使番众心疑，以为并非办理此次抢案，直似诛锄番种，势必人人自危，于事殊有关系。如该番众等能将正犯及赃物如数献出,即分别罪名办理完案,可以不烦兵力。倘仍敢恃强,自当调集兵力,慑以声威,总在惠龄等相机酌办。但事定之后,该蒙古等积忿已久,恐番众挟嫌报复,仍出肆扰,成何事体。此次善后事宜,总在安设卡伦,严密防范。朕闻该处有大河一道,蒙古与番族以河为界,春夏间系扎筏过渡,冬令则由冰桥行走。若于河边安设卡伦数处,饬将木筏提集近蒙古之岸,毋许私渡。冬间即于冰桥处所设卡侦缉。一面谕知蒙古各将其属下人等严行管束,则番贼不能偷渡,日久自可渐臻宁谧。著惠龄会同贡楚克扎布、都尔嘉妥酌章程,期于一劳永逸,以靖边圉。"

(仁宗朝卷一一六·页八上～一〇上)

○ 嘉庆八年(癸亥)七月乙巳(1803.8.29)

谕军机大臣等:"贡楚克扎布等奏会商分兵筹办番案缘由一折。览奏俱悉。此次野番抢劫蒙古,经贡楚克扎布等节次晓谕,令其交赃献贼,而该番等迁延观望,自应慑以兵威,俾知畏惧。现经贡楚克扎布等分路进兵,朕亦不能悬揣,惟在贡楚克扎布等妥为办理。折内所称'此次用兵乃系捕贼,并非扫灭野番'之语,所见甚是,惟所派署西宁镇马斌带兵一千二百名渡过黄河直抵恰克图,自西向东驱逐一节,恰克图地方既据查闻被番族占居者甚多,此时只派马斌一人前往,恐该署镇或有滥杀情事。且所带官兵一千二百名,设稍有挫折,益复不成事体。著贡楚克扎布、惠龄二人内酌量一人亲往恰克图,督同马斌驱逐野番回巢,方为正办。其循、贵适中之清水河地方,著都尔嘉在彼暂扎,以资策应。至仙鹤林带兵驻扎保安沙卜朗一带,亦足遥为声援。如该番等即日献贼交赃,遵奉持咒具结,即可将献出正犯在彼对众正法,办理完案。至扎萨克等请挑兵丁听候调遣,现经贡楚克扎布等派在黄河南岸防守,所办亦是。又据奏续获抢劫贼番及替贼牧放分赃各犯,分别办理。折内将齐克他勒等四犯暂行监禁待质,所办亦是。其渡贼蒙古各犯,著即责成那汉达尔济等查拿务获。该蒙古即属无能,不克捍御外侮,岂于其属下匪犯亦不能缉拿到案乎?将来事竣后办理善后事宜,应将该蒙古属下人等如再有私通番贼偷渡窃劫之事,一经究出,除将正犯严行治罪外,并将该管之王公扎萨克等治以不能管束之罪议立章程，庶使该蒙古自顾责成，各知约束其属下人等，自可渐知畏法，日就安戢。将此谕令知之。"

（仁宗朝卷一一六·页三〇上～三二上）

○ 嘉庆八年（癸亥）八月甲子（1803.9.17）

又谕（军机大臣等）："本日据特清额奏，行抵甘肃，即于庄浪协营内酌调官兵五百名，带往西宁策应等语。野番抢劫一案，前据贡楚克扎布等奏，该番首鼠两端，应慑以兵威，使知畏惧。贡楚克扎布等及总兵马斌两路共带兵二千三百名，今特清额又调兵五百名，现在赛冲阿自陕回甘，亦带有宁夏官兵，军威极为壮盛，何以尚未据伊等将如何办理情形迅速具奏？贡楚克扎布等应趁此兵力厚集之时上紧筹办，务使野番知所震慑，而又须筹画万全，弗致稍损兵威，方为妥善。如果番众闻风惕息，献贼交赃，即令其持咒出结，就事完结。该处蒙古陆续内徙者已有九千余人，岂能长恃官为养赡？一俟此案完毕，即令该蒙古等早回原牧处所。并将一切善后事宜及如何安设卡伦等事妥协布置，使番贼不敢再行抢劫，方足以靖边圉而绥藩服。贡楚克扎布等不可不速筹妥办也。将此传谕知之。"

（仁宗朝卷一一八·页一一下～一二下）

○ 嘉庆八年（癸亥）八月丙寅（1803.9.19）

谕军机大臣等："贡楚克扎布等奏：带兵办理番案，该番等亲见天兵临巢，将占住蒙古地方业已让出，搬回番境，并央同番目尖木赞来营乞恩，情愿交还赃畜，并各处访缉案内正贼，一经寻获即当缚献等语。此等化外野番罔知法纪，朕本不欲遽烦兵力。特因番众愈见强悍，蒙古日形懦弱，甚至该贝勒被番贼剥去衣顶，枪毙眷属，欺凌已极，若不慑以军威，代为惩办，则番族更无所忌惮，而蒙古更失所倚仗。朕之节次谕令贡楚克扎布等酌派官兵前往办理者，实出于万不得已。今大兵甫到，该番等即闻风悚惧，畏罪乞恩，看来事局已定，总可就事完结。惟是一切善后事宜尚须妥为筹度，以垂永久。向来河北二十五旗以黄河为界，河南五旗以沙沟为界，自应于该处安设卡伦，严密防范。但蒙古积弱已久，刻下断难令其自行护卫。著贡楚克扎布等察看情形，酌定卡伦处所，派拨兵丁前往代为防守。俟一二年后蒙古少能自强、再行撤退。并晓谕蒙古王公：此次因尔等被番贼抢劫，蒙大皇帝施恩，特派大臣前来查办，征调官兵，多费粮饷，总为尔等不能振作之故。今番贼业经震惧畏罪，其在逃正贼并赃物等项，责令番族头人擒缚献出。并为尔等安设卡伦，为一劳永逸之计。尔等当知感知奋，勉力自强，勿负大皇帝终始成全之意。其沿河一带，虽据尔等称并无扎筏工匠，但从前番贼抢劫时，若非扎有木筏，抢去牲畜岂能径渡？况前次贼供内即有尔等所属之人勾通番贼用筏摆渡。尔等失察所属之人通贼之咎，已往不究，嗣后务宜严防河岸，禁止扎筏，以绝番众往来之路。尤应严饬属下人等，毋许与番贼私相勾结。倘再不能防范，仍有潜行渡贼之事，必将尔等一并治罪。如此剀切晓谕，俾蒙古力图振作，自卫藩篱，庶永杜争端，不虚朕筹画万全至意。至蒙古、番子各有地界，原不应听其混行杂处，何以察罕诺们汗旗下有番子数十户？番地之扎木养呼图克图寺内又有蒙古人户？此次虽已驱番回巢，若不彻底清厘，严定章程，仍恐日久互相构衅，自应分别户口各归所属，划清地段，毋许私递。再，丹噶尔蒙古陆续内徙者人数过多，岂能常恃官为养赡，即该蒙古等亦未必愿久留内地。贡楚克扎布等应速将番贼抢去牲畜代伊追出给还，即可令该王公等率领所属人户迅回原牧处所，各安生计。将军赛冲阿、提督特清额，现已降旨令其各回本任，毋庸带兵到彼。贡楚克扎布一俟办竣此案，并酌定应办事务，即行来京复命。将此各谕令知之。"

（仁宗朝卷一一八·页一七下～二〇上）

○ 嘉庆八年（癸亥）八月己卯（1803.10.2）

谕军机大臣等："特清额奏，已抵西宁，询知野番乞降，可以无需兵力，伊即由丹噶尔前赴贵德等语。该提督如已至丹噶尔地方，即宣布恩意，饬令内徙之蒙古等勉力自强，知感知足，早回原牧。伊即可仍由西宁带回庄浪官兵，各令归伍，并不必再往贵德。该处现有惠龄等在彼，可以无庸特清额前往协理。该提督应早回甘州办理本任事务，以便苏宁阿交替进京可也。将此谕令知之。"

（仁宗朝卷一一九·页四上～下）

○嘉庆八年（癸亥）八月丁亥（1803.10.10）

又谕（军机大臣等）："贡楚克扎布等奏称，官兵一入蒙古境内，所有占居各番闻信震惧，纷纷搬回番地。现在贵德野番已陆续交赃，并将本案正贼扎拉南什济等四人及另案贼犯策楞加等三名擒获。看此情形，野番畏慑兵威，无难迅就完结。至循化沙卜朗、加咱等族口因本案贼犯俱在贵德，饰词推诿，尚在迁延观望。贡楚克扎布等现已移兵逼近，该族亦必畏罪输诚。但此案不难于目前完结，而难于办理善后章程，为一劳永逸之计。现在贼番见官兵势盛，仓皇遁去，官兵一撤，难保不复来滋扰。且蒙古平日无能，致被抢劫，此时借官兵声势，又复贪得便宜，乘机抢掠野番牲畜，更属无耻。如此自开衅隙，将来番族心怀忿恨，必又仍来抢占。贡楚克扎布等应一面移兵循化之沙卜朗地方，俾其真心畏惧，并令各该处头人设咒出结，永远不生反侧。一面将未经撤回之蒙古七千九百余名口妥为劝谕，悉令移回。并严饬蒙古管束所属，毋许再与番族勾结，及乘机抢掠等事。并当酌议章程，如再互相抢掠，各治以应得之罪。总应分画蒙番界限，毋任彼此偷越，永杜争端，方为妥善。贡楚克扎布等一俟循化等番族畏惧帖服后，即可就势撤兵，熟筹善后事宜。将此谕令知之。"

（仁宗朝卷一一九·页一七上～一八下）

○嘉庆八年（癸亥）九月癸卯（1803.10.26）

谕军机大臣等："贡楚克扎布等奏办理番族完竣一折。览奏俱悉。循化江什加族番藏匿罪人，阻止众番投出。贡楚克扎布等移营前进，该番竟敢抗拒，经官兵枪箭齐发，击杀二十余人，自应如此办理。此时该番已知畏惧服罪，伙贼二名业经枪毙。其南木加、旦木增二名，仍当设法严拿务获。至赃畜一项，从前蒙古开报之数未必一无虚捏，今据交出四万，为数亦已不少，其余自当责令全交。但恐该番等力量实有不能，亦毋庸过事逼勒，转致再生事端。贡楚克扎布等当善为办理，并一面晓谕各蒙古以该番等屡次侵扰，今经官兵进击，示以军威，该番即形震慑，献贼交赃。可见从前总由尔等积弱无能，致被凌侮。内地官兵岂能久驻边疆，常为尔等守御？嗣后惟当振作自强，善卫身家，慎勿恃天朝兵力仍前怯懦，或自行召衅，取侮野番，以期日久绥宁，方为妥善。至善后事宜尤关紧要，贡楚克扎布等当会同熟细筹商，务使此疆彼界蒙古、番人相安，不致滋弊起衅。其分界之河口，春夏间设有渡船，总当停泊蒙古界岸，毋许私越彼岸，致被番人潜渡，并严饬蒙古属下人等，不得勾结番众扎筏偷渡，冬间有冰桥行走，亦当设卡巡查，则番众不能擅入蒙古地界，自无从肆其剽窃，而边陲亦可永靖。并著该侍郎等悉心妥议，具奏办理。"

（仁宗朝卷一二〇·页一七下～一九上）

○嘉庆八年（癸亥）九月丁巳（1803.11.9）

贡楚克扎布奏办理野番事务出力司员、主事奇明等，升叙有差。

（仁宗朝卷一二一·页二五上）

○嘉庆十年（乙丑）九月辛未（1805.11.12）

谕军机大臣等："玉宁奏查看黄河以南蒙古、番子情形一折。据称：查勘河南五旗地方，前经奏定令番目安卡设立交界鄂博之处，并无一人，所有从前永远枷号之贼番，现亦不知下落。并据纳罕达尔济告称，伊住牧界内被循化所属各番逼处，时来抢掠，现在番目尖木赞全族在察罕诺们汗旗下居住，策合洛全族在纳罕达尔济旗下地方居住，驱逐为难等语。青海蒙古积弱，久被番族侵侮，前经特派钦差查办，定立章程，申画疆界。乃该番等竟敢貌抗不遵，占据蒙古界内，毫无畏惧，自应严行驱逐，随时惩究。玉宁系管辖大臣，正当妥筹办理。设有碍难径行之处，即据实奏闻请旨，亦无不可。乃另折转请将青海蒙古事务归并陕甘总督管理，所奏殊属非是。西宁设立办事大臣，专为管理蒙古、番子事务，定制已久，岂有此时独不能控制之理？况陕甘总督驻扎兰州，鞭长莫及，势不能遥为经理。玉宁自称遇事不敢推诿，殊不知所奏正坐推诿矣。玉宁著传旨申饬。现令贡楚克扎布驰赴西宁，伊系原定章程之人。著玉宁俟其到后会同筹商，先将蒙古界内番族概行驱逐出界。倘驱之不听，或需兵力，即酌量奏调，妥协办理。总须使番众真心慑畏，自不敢再行盘踞，各蒙古亦可渐就宁辑。至西宁办事大臣或有呼应不灵，应如何酌定章程之处，并著与贡楚克扎布悉心筹议具奏，请旨定夺。将此谕令知之。"

（仁宗朝卷一五〇·二八下～三〇上）

○嘉庆十年（乙丑）十二月壬辰（1806.2.1）

谕军机大臣等："贡楚克扎布奏遵旨驱逐番帐大概情形一折。据称：于上月二十五日抵贵德后，番众等闻知钦差前来，人人畏惧，各族渐次搬移，现在严饬该厅营上紧驱逐，惟因暗门以外雪深冰厚，一时恐难尽数搬移等语。番众等闻钦差到彼，甚形畏惧，自应趁势驱逐净尽。但现当大雪封山之时，且番族人数众多，若过于急迫，倘生枝节，碍难办理，亦不能不假以时日。惟当先行谕知该头目等，广为示谕，俟明岁二三月春融之际，再严饬该番众尽数搬移。并当传谕该蒙古等以尔等懦弱性成，不能自立，致被番众侵占。每次侵占之后，必须钦差到彼查办，始能驱逐。试思卡伦以内既系尔等游牧地方，是即尔之家产，何至不能自守被人侵占？将来钦差亦岂能常为尔等查办。尔等总须努力自强，趁番族等畏惧远逃，各清地界，严守卡伦，加意振作，方能永远安业。又另据查明青海事务难办情形折内，据称该处番众只畏钦差，不畏西宁大臣等语。此言不通，青海大臣即系钦差。贡楚克扎布从前因钦差到彼，番众畏惧，岂此时补授该处大臣后，番众等即不畏惧乎？其故自缘钦差到彼后，该处道、府、厅、营皆可呼应调遣，声威较重，番众等是以格外畏惧。至青海大臣日久驻扎，地方文武本非所属，遇有查办之事，不能悉听呼应，番众等或少弛忌惮之心，亦并非不畏青海大臣也。此时惟应将青海大臣衙门事权略为加重，则番众等闻而畏惧，自与钦差无异。著贡楚克扎布即会同倭什布详悉熟商，或将西宁附近地方文员自道府以下、武员自镇协以下听其兼辖节制，则设遇有事之时呼应较灵，办理自无棘手。至所辖之文武各员既归青海大臣兼辖节制，遇大计军政之年，即应饬令青海大臣查核各该员平日功过，会同总督秉公分别查办，庶各该员知该大臣有参劾之权，自无不共知鼓励，于该处办事更为有益。应如何酌定章程，并著会同详议具奏。将此谕令知之。"

寻议上，得旨："据贡楚克扎布等奏会议西宁办事大臣节制兼辖附近镇、道各员，酌定章程一折。西宁镇、道与青海大臣近在同城，向无统属。遇有蒙古、番子交涉事件，仅令贵德厅、营各员专司办理，未免呼应不灵，不足以资弹压。嗣后著照该大臣等所请，西宁文员自道府以下，武员自镇协以下俱归该大臣兼辖节制。遇有蒙古、番子交涉事件，即由该大臣主政。其民人地方事务，仍由该督主政。该镇、道等于关涉青海蒙古、番子案件，自当申报青海大臣；若只系寻常地方案件，即当转报总督，免致牵混干与。至军政大计年分，该镇、道等办理蒙古、番子案件功过，由该大臣出具考语咨会该督，再将该员等平日办理地方事务是否认真，由该督会同参酌举劾，以昭核实而示劝惩。馀俱照所议行。"

（仁宗朝卷一五四·页二三上～二六上）

○嘉庆十一年（丙寅）二月庚辰（1806.3.21）

谕军机大臣等："贡楚克扎布奏：番族生齿日繁，现据再四哀求，以地窄人稠不敷牧放，恳将蒙古空闲地方租赁一段，每年添羊一千只作为地租，不敢再为越界滋事等语。蒙古游牧处所原系天朝赏给，但该蒙古生聚有年，此时伊等因被人侵占，情急赴诉，自应将占居番众代为驱逐，并令该蒙古等各回原处设卡宁居，岂能徇番众之请将蒙古地界任令伊等插帐迁居遽行完案。此时一经降旨，将来蒙古等谓朕不能代伊驱逐番帐，转将其地予人，而番族等亦以此地系大皇帝指明赏给，彼此皆有借口，成何事体。贡楚克扎布惟当遵照前旨，驱逐番帐，无许侵占。一面传谕蒙古等努力自强，不可预存令蒙古让地之见。设或蒙古实在自揣积弱，不能固守其地，情愿将闲地赁给番族，彼时方可允为代奏，请旨办理。至番众所交羊只，既系蒙古地租，自应给予蒙古，断无将蒙古地方给与番族，而官收其羊只之理。即或蒙古不愿收取番族羊只，亦听其便，不必令其交官，致乖政体。至蒙古赁地之后，番族插帐居住时，仍当官为勘划地界，并严定罪条。设番族再敢侵越，即当查拿罚惩，设再滋事，更当从重定拟，庶蒙古等不致再受侵占。将此谕令知之。"

（仁宗朝卷一五七·页一下～二下）

○嘉庆十一年（丙寅）二月戊申（1806.4.18）

西宁办事大臣贡楚克扎布奏："遵旨驱逐番族，不敢稍有冒昧。"

得旨："驭边之道总须先示以威，既畏之后，方可施恩抚恤。况蒙古地界岂可让给番子，必应驱逐出界为正办，切勿存化有为无，只图目前安静之鄙见，慎重勉力办理。今文武皆归汝统辖，尚何虑呼应不灵乎？特谕。"

（仁宗朝卷一五七·页二七上～下）

○嘉庆十一年（丙寅）六月己亥（1806.8.7）

谕军机大臣等："贡楚克扎布奏驱逐番帐净尽并酌议安插野番缘由一折。蒙古游牧地界不能努力自守，致被番族侵占，经内地官兵代为驱逐搬移。该蒙古王公等复请添筑三城，设官驻兵，代为防守，实属冒昧渎恳，断不可行。贡楚克扎布向该王公等当面指驳，所见甚是。仍当传集纳罕达尔济等剀切晓谕以尔等不能自固藩篱，屡被番众逼处，甚至尔等界内之人私行勾结番众肆意滋扰。屡次仰仗天朝兵威，将番帐驱逐搬移，画清地界，实系大皇帝如天之仁，怜念尔等懦弱无能，曲加保卫。尔等具有天良，倍当感激愧奋，勉图自立。至所请在蒙古、番子交界要隘地方筑城三座，设官驻兵，常川代为防守一节，蒙古、番族皆系天朝臣仆，大皇帝一视同仁，从无区别。今若为尔等建筑城座，是欲将番族隔绝，划出界外，已属不可。况青海为西藏往来大路，达赖喇嘛等遣使年班入贡每岁经由，尔等赴西藏熬茶亦路所必经。番族见蒙古边界既筑城驻守，又复经行其地，亦必以为逾越界限，从此抢夺肇衅，迄无已时，尚复成何事体？且尔等为天朝藩服，屏障边界，假如天朝有需用尔等兵力之处，尚当凛遵征调。今尔等在游牧安居乐业，又无别项差使，仅仅自守，岂复力有不逮？竟欲天朝派委多兵，为尔等常川防守，有是理乎？试思内地营汛兵丁各有防守责任，若以本处巡防各兵为不足恃，转烦他处兵力代为巡防，可乎不可？此后尔等惟当努力自强，捍御外侮，保守身家，并设立边卡，严行管束属下各蒙古，勿令与番族勾结抢劫，不得妄行渎请，致干驳斥。至番众驱逐搬移，尚知畏法。既据称青海所属有尚那克空地一处，向系官荒，在蒙古界外，自当踏勘明确，奏请赏给游牧，俾资安插。并当谕知番目等恪守边围，安静住牧，嗣后倘再有越界侵占之事，天朝必派调官兵重加惩办。如此明白宣示，庶蒙古自知保护，番族不复滋扰，边境永臻宁谧。仍将尚那克形势、大小、有无关碍蒙古游牧之处，详细绘图贴说具奏。将此谕令知之。"

（仁宗朝卷一六三·页八下～一一上）

○嘉庆十二年（丁卯）二月辛巳（1807.3.17）

谕军机大臣等："贡楚克扎布奏官兵查拿抢劫进贡堪布及青海蒙古之

贼番，并夺回牲畜各缘由一折。向来野番等有抢劫蒙古之案，一经官兵缉捕，即相率窜逃。此次千总杜尚贤等踹探，见有贼番多人，向前擒拿，该贼番竟敢有抗拒之势，实属悯不畏法。且官兵伤贼番数名，而官兵受伤者亦有五名，是临时互有杀伤，亦不足以示威，保无启贼番藐视之心。贡楚克扎布当酌量遴添兵力，扼要堵截，俾知震慑。一面派员剀切晓谕利害，务令将正贼真赃献出，以期肃清边界。至该蒙古懦弱性成，既不克自振作，勉思保卫，遇贼番抢劫牲畜，均系官兵代为查拿。乃复将被劫数目以少报多，希图预为多得牲畜地步，尤属可鄙。试思贼番等抢去牲畜，沿途宰食及倒毙者自所不免，安能一无短少？官兵为之缉捕夺回，已属天朝格外恩施，岂有因原数不足再行垫偿之理。况此次官兵等缉捕出力，至有受伤，而该蒙古并未派有一兵随同协捕，竟若置身事外。似此不知轻重，将来设再遇贼番抢劫之案，官兵当置之不顾，并当将西宁办事大臣裁撤，看尔等如何自为捍卫耶！著贡楚克扎布将此剀切晓谕，俾该蒙古渐知奋勉自强，且可杜其无餍之求。至此次千总杜尚贤追缉贼番夺回牲畜几三千匹，尚属出力。著加恩遇有守备缺出，即行升补。其受伤兵丁马成喜、张杰、马天良、吕伦吉、张学功等五名，著查明受伤轻重分别酌赏。其有因伤身故者，并著照伤亡例分别赐恤。将此谕令知之。"

（仁宗朝卷一七四·页二七下～二九上）

○嘉庆十二年（丁卯）四月甲戌（1807.5.9）

谕军机大臣等："百祥奏黑番抢夺马匹，带兵前赴野马川相机办理一折。此项黑番前在黄番地方抢劫牲畜，杀伤番僧，已属凶恶不法。兹复在马厂地方迭次伺劫，虽据称不敢抢夺官马，但该犯等竟到牧马营盘询问蒙古在于何处住牧，意图劫掠，并将堪布喇嘛牛、马、羊只肆意抢去，实属胆大可恶。并据另片奏称，黑番在牛心台赶去营马一百余匹，虽经弁兵如数夺回，而牧马兵丁已受刀矛伤两处，不可不大加惩创，以昭炯戒。此时百祥一面饬属追捕，并令游击杨廷玉带领兵丁二百名先行起程，伊亦即亲往剿办。惟所带官兵太少，不足以示威重。该提督竟当酌量添调兵丁数百名驰赴剿捕，并会同贡楚克扎布筹商妥办，纵不必悉数殄除，亦须将滋事抢劫之犯按名捕获，立正刑诛，以靖边圉而慑番族，永杜抢劫滋扰之患。

此为最要。百祥曾历戎行，素娴军旅，务当与贡楚克扎布相机办理，勿稍疏纵。将此各谕令知之。"

（仁宗朝卷一七七·页五上～六上）

○ 嘉庆十二年（丁卯）四月丁丑（1807.5.12）

谕军机大臣等："贡楚克扎布奏：接据大通协副将等先后禀报，贼番八九十名在长沟一带抢劫，又十数名在大泉沟抢去蒙古牛一群，又有贼番八九十名将甘州营马及永固营塘兵骑马赶去二十三匹；又据大通县禀报，该县西路鲁木记塘西南山沟突出贼番三百余人，分路抢掠附近居民。并据祁家寺多洛等堡民人禀报，被抢牲畜三百有余，刃伤探贼之兵马得玉一名，贼番占住内地巴哈湖山梁不退，距大通县城仅三十余里等语。贼番从前不过抢掠蒙古牲畜等项，近来竟敢抢劫进贡堪布喇嘛物件，此次甚至分路抢掠内地居民，刃伤兵丁，实属强横不法，其情罪即系叛逆。况从前蒙古被贼番抢掠时，恳请天朝为之驱逐，每谕令奋发自强，内地官兵不能长为捍卫。今贼番日渐猖獗，胆敢抢掠内地居民，若不严加惩创，不特贼番无所畏惧，肆意滋扰，且使蒙古闻知，难保不心怀不服，妄生訾议，于边防殊有关系。现在贡楚克扎布已率同镇、道等带弁兵三百名驰赴大通一带弹压，提督百祥前次奏到，业经谕令添调兵数百名驰往会同筹办，但核计兵数尚少，不足以示威重。现令兴奎挑带满营得力兵五百名驰赴剿捕。全保接奉此旨，著即转饬百祥，于甘省绿营兵丁内再挑年力强健、曾经出师熟谙打仗者五百名，并派得力将弁带领前往，交与兴奎、贡楚克扎布调遣。此次所调满洲、绿营官兵，均当会集一处，同时进发，以壮军威，不可分起零星行走，示之以弱，转启贼番轻视之心。贼番比教匪较为强悍，弓马熟习，山林邃密，难办在此。然贪恋巢穴，不致蔓延，不能逼胁百姓，易办在此。若少带兵将弁，即行具奏，酌量发往。勿存畏难之见，勿存招抚之心，勉力办理。兴奎本系将军，即著统辖师旅。贡楚克扎布系办事大臣，任同参赞。伊二人会晤后当妥为筹商，派拨官兵，竟当声罪致讨，大加歼戮，并扬言捣其巢穴。如果贼番实形畏惧，悔罪吁求，亦必责令将各案抢掠为首要犯按名缚献，对众分别凌迟正法，并将赃物缴出，始可量加宽贷。务使该番十分震慑，庶不致日久复萌故智，而众蒙古亦闻之帖服方为妥善。至办理情形遇有陈奏，著兴奎列衔在前，会同贡楚克扎布连名具汉字折驰奏。百祥著帮同带兵，奏事无庸列名。其官兵所需驮运盐菜等项，著全保督同藩司蔡廷衡酌量动款，妥为供应。如果进兵剿办需费较多，或该省存款不敷，著奏明另行拨给可也。将此各传谕知之。"

（仁宗朝卷一七七·页八下～一一上）

○嘉庆十二年（丁卯）四月庚寅（1807.5.25）

谕军机大臣等："贡楚克扎布等奏驰赴大通县查明贼番业已远扬及筹画办理缘由各折。贼番迭次纠众抢劫滋扰，不法已极。经贡楚克扎布、百祥先后驰抵大通追捕，而贼番已闻风逃窜，自应设法办理，以儆凶顽。贡楚克扎布折内称，前曾奉旨饬谕，焉有因缉拿贼匪即为用兵之理。此原指蒙古等偶被偷窃，不值轻用官兵而言。今则该贼番等抢劫蒙古牲畜并进贡堪布喇嘛物件，甚至分路抢掠内地居民，刃伤兵丁，实属强横不法。其情罪即系叛逆。虽现在贼踪业已远遁，必当探明追蹑，声罪致讨，捣其巢穴。前曾节降谕旨，令兴奎挑带满营兵五百名驰赴剿办，并令全保转饬百祥，于甘省绿营兵丁内挑选五百名，交与兴奎、贡楚克扎布调遣。兴奎等惟应遵照指示，速筹剿捕。惟据折内称：循化、贵德两厅所属野番不下二百余族，其中良莠不一。此次滋事之犯未知系何番族，现已购线踹访等语。兴奎等务须将贼番族分及住牧之所探访明确，统兵进剿。一面晓谕附近各番不必疑惧，庶使安静守法之番众咸知感服，而逞凶肆劫之徒俱各震慑，以期绥靖边围，一劳永逸。切不可轻率进剿，致令番情惊惑。至另片所奏蒙古郡王等呈请随营出力一节，殊可不必。贡楚克扎布已当面驳斥，惟应令其自固藩篱，各守边界可也。将此传谕知之。"

（仁宗朝卷一七八·页三下～五上）

○嘉庆十二年（丁卯）五月丙午（1807.6.10）

升任西宁办事大臣贡楚克扎布奏堵截贼番出力各员都司邵能等。下部议叙，赏通丁罗成印顶带。

（仁宗朝卷一七九·页八下）

○嘉庆十二年（丁卯）五月甲寅（1807.6.18）

谕军机大臣等："兴奎奏行抵碾伯地方接据禀报贼番复至内地抢劫，迅速调兵会剿一折。同日据贡楚克扎布奏野番复扰内地边界，抢劫居民、蒙古牲畜情形一折所奏，贼番在祁家寺、白水河等处两次滋扰，官兵杀贼夺赃，生擒贼目，与兴奎所奏大略相同。兴奎于途次接据禀报，即飞调暂留中卫满兵兼程前进，并就近咨催百祥速挑绿营兵五百名带领前往，所办甚是。此项贼番迭次抢掠牲畜，扰及内地居民，及闻官兵追捕，旋即远扬。今又胆敢复来滋扰，实属不法已极，必须声罪致讨，大加惩创。现据贡楚克扎布奏称：讯取获犯完的供词，据称系揣咱族番目尖木赞之侄，伙贼有一百余人。所有上年冬间及本年二三月间为首贼犯族分，该犯俱一一指实。兴奎等惟当遵照节次谕旨，俟官兵齐集后同时进发，将贼犯按名捕获，以靖边围而儆番族。至尖木赞系番族头目，曾经赏有顶带，原令其管束番众，俾各安分守法。今伊侄完的率同伙贼一百余人肆意抢劫，伊即不能辞咎。著兴奎等严讯已获之贼番完的，如尖木赞本不知情，即当饬传该番目责令缚献贼犯自赎；倘该番目竟有同谋主使情事，著即将该番目顶带斥革，治以应得之罪。兴奎现已驰赴白塔营与贡楚克扎布会商筹剿，务须相机妥办，用副委任。将此谕令知之。"

（仁宗朝卷一七九·页二八下～三〇上）

○嘉庆十二年（丁卯）五月丁卯（1807.7.1）

谕军机大臣等："兴奎等奏酌调官兵相机进剿贼番一折。据称：兴奎赶抵大通，会晤贡楚克扎布面商剿办事宜，接据巡缉官兵禀报松布地方有贼番二三十名在彼游奕抢掠，当派西宁镇九十带兵进剿，贼番见官兵赶近，先行占据山梁，枪箭齐发，经官兵冲锋直上，杀毙贼番七名，余始畏惧奔窜，现在兴奎等即拟相机进剿，大加惩办等语。向来贼番等出没无常，其狡狯伎俩往往乘闲肆劫，迨一经官兵剿捕，即时闻风远扬。乃此次辄敢恃强抗敌，竟与天兵抵拒，甚至凭高恃险，枪矢并施，其犷悍情形，实堪痛恨。此皆由历任办事大臣如台布、都尔嘉等纵容姑息，遇事并不认真查办，以致该贼番貌视天威，不复心存畏惧，边围不靖。职此之故，现在该将军督兵进剿，所有带兵大员前已降旨将格布舍简放宁夏副都统，并令驰驿前往。计此时尚未到彼，兴奎等应即迅速行催，令其赴营听用。又据另片奏，萧福禄恳请随营效力，亦著准其前往。该二员久历戎行，兴奎等应令督兵前敌，庶剿捕尤易得手。其所调各兵已共有三千名，计贼番屡出肆扰，至多亦不过二三百人，兵力十倍于贼，声威不为不壮，但不可分起前进，转致见单。兴奎等当整队督剿，以期一鼓集事。该处各番族中其安分守法者，业经出示晓谕，自不至惊疑滋扰。其敢于抗拒者，即系叛逆不法之徒，正可乘此兵威大加扫荡，务令实在震慑天威，再不敢出而滋事，方为一劳永逸之计。将此谕令知之。"

（仁宗朝卷一八〇·页二四上～二五下）

〇嘉庆十二年（丁卯）六月癸未（1807.7.17）

谕军机大臣等："兴奎奏歼毙贼番二族，现在差探进剿情形一折。此次兴奎等查明贵德所属卓色勒一族屡经做贼，现又逃往他受族下，与之聚合，当即派兵进剿。该贼番等敢于占住山梁，公然抗拒，实为可恨。经官兵分路直上，不能抵敌，始行奔窜。共追杀贼番一百余名，生擒三名，夺获牛、羊、马匹约计一万有余。贼番经此痛剿，挫其凶锋，庶可稍示惩创。现在官兵探明贼番逃往何处，自当乘胜突入，一鼓殄除。但其余安静番族虽经兴奎等向其面谕，各令安业不致滋事。而此等犬羊之性究恐无常，不可深信，此时官兵追剿贼番步步深入，仍当严防后路，或多设卡座广为巡逻，总须声气联络，加意防备，方可无虑。其此次夺获之牛、羊、马匹既有万余，即当查明失主分别给领。如无失主承认，即作为进剿官兵口粮，并备赏项。至折内称前派都司邵能面谕尖木赞，令其缚献贼首，该番目佯为应允，迄今远避不知去向。风闻有纠约各贼番抗拒之势等语。尖木赞曾经赏戴翎顶，非其余番众可比，当此官兵查拿贼番之时，并不出力报效，转敢纠约匪众抵拒官兵，似此背恩称乱，直系叛逆。兴奎等折内只称其情同叛逆，未免措辞失当，已用朱笔改示矣。该处贼番滋事既系尖木赞为首，必当设法擒获，严行惩办，方可以慑服番众。且恐其纠约各族在于后路滋扰，兴奎等探明该逆现在何处，即当迅速统兵进剿，不可迟逾。设兵力尚觉不敷，不妨就近酌调，以期声威壮盛，早就肃清。长龄昨已陛辞出京，于何处接奉此旨，即著驰驿前往。俟到兰州后察探情形，如贼番业已办理完结，自无庸再往会办；设或剿办尚在费手，即当亲自驰赴该处会同兴奎等熟商妥办。现在那彦成应亦将次到彼，伊任同参赞，当与兴奎带兵同办。贡楚克扎布已放察哈尔都统，伊俟那彦成到后同住数日，详悉告知办理情形，即著启程来京请训赴任。将此谕令知之。"

（仁宗朝卷一八一·页二六下～二八下）

○嘉庆十二年（丁卯）七月壬寅（1807.8.5）

谕军机大臣等："兴奎奏剿办三族贼番一折。据称伊等带兵追赶番贼，自什噶干至章缠脑两处，歼毙贼五十余名，生擒贼目一名，可见番贼无甚伎俩，尚易办理。至尖木赞始则诈许缚献贼目，既而躲避，今又聚众屯扎，实属可恶。现经探明在朱八崖地方，自应设法剿办，以示惩创。惟折内称先将尖木赞剿办后，再折回进剿沙卜浪番族，殊未明晰。若如所奏，岂非置逃往沙卜浪之三族贼番于后路？不可不加意防范。该处道路情形，著绘图陈奏。此次败残余匪既逃往沙卜浪大族中，自须加以剿办。但野番族类众多，只须慑以兵威，令其将在逃贼目缚献，即可撤兵，断无将番贼概行歼戮之理。兴奎等应酌量妥办。将此谕令知之。"

（仁宗朝卷一八三·页五上～六上）

○嘉庆十二年（丁卯）七月己未（1807.8.22）

谕军机大臣等："长龄奏兼程赴兰州接印，督催续调各官兵迅剿贼番一折。前据兴奎等奏剿办三族贼番，歼擒贼匪多名，似已办有端绪。今迟逾数月，又经续调官兵，迄未办竣，看来尚无把握。贡楚克扎布向未经历行阵，兴奎虽曾从戎行，但并未统率师干独当一面，恐于剿捕机宜未能深悉。长龄曾经督兵剿办教匪，那彦成亦曾带兵打仗，所有剿捕贼番一事，长龄驰抵兰州后察探情形，如兴奎在彼办理此事并无未协，即著长龄、那彦成帮同经理。贡楚克扎布著回京请训，再赴察哈尔新任。若兴奎在彼不能得力，即将兴奎撤回，其剿捕事务，责成长龄、那彦成专办。伊二人自揣办理未能裕如，不妨奏明另派大员前往会办，以期迅速集事。将此谕令知之。"

（仁宗朝卷一八三·页二八上～下）

○ 嘉庆十二年（丁卯）七月甲子（1807.8.27）

谕军机大臣等："兴奎奏连次攻剿贼番及酌筹添调官兵一折。此次贼番在甘坝、竹坝等处恃险抵拒，经官兵节次攻击，看来已就穷蹙。至贼番尖木赞既不能缚贼自效，胆敢于揣咱等五族内挑出骑马番子七百人，预备抵当官兵，即属叛逆，必当痛加歼戮，以示惩儆。即使畏罪投诚，亦不得从宽。此时长龄、那彦成俱将次到彼，当与兴奎酌筹妥办，以期永靖边圉。又据奏现在带兵四千五百名，尚觉不敷，请添调凉州兵一千名、甘州兵五百名、洮岷各营兵一千名等语。此次剿办贼番，原应厚集兵力，慑以军威，以期一鼓集事，著照所请办理。惟所称撒拉尔回民情殷报效，请将该土司挑备回民五百名调赴军营一节，殊可不必。撒拉尔回民素性贪利，且难驾驭，竟当停其征调，仍谕以伊等情殷报效，尚属可嘉。惟大兵云集，即日扫穴擒渠，不须复借尔等协剿。且路途遥远，跋涉不易，无庸整备听调，以示体恤。又另片奏夺获牛羊数目共十一万有零，除犒赏外，俟军务完竣，饬令变价归入军需报销等语，殊未得体。此项牛羊现既交庆炆收管，即著该道员查明细数，先尽接济兵食，再酌赏出力官兵，如有余剩，俟剿办贼番事竣后传旨分赏众蒙古。将此谕令知之。"

（仁宗朝卷一八三·页三一上～三二下）

○ 嘉庆十二年（丁卯）八月乙亥（1807.9.7）

谕军机大臣等："长龄奏趱程前赴西宁，并陈军务情形一折。据称剿办贼番，自进兵以来，节次奏报歼获甚多，所获牲畜计十一万有余，核对人数、赃数，多寡悬殊，其中恐不能分别良莠，转致正贼远扬，无辜被戮等语。所奏甚是。前经降旨令兴奎等查明番族实在滋事不法者，慑以军威，便可撤兵了事。况番族穷苦，素以牲畜为命，今夺获牛、羊、马匹至十余万之多，恐失业番民因糊口无资，难保不于藏事撤兵之后，又潜至蒙古地界，乘间劫掠。彼时仍须调兵缉捕，辗转剿办，伊于何底。且番族性情剽悍，言语不通，若不设法安抚善良，殄除凶暴，必致相率惊疑。兼之番境气候早寒，地势险峻，亦不值疲劳兵力，日久稽延。那彦成、长龄应与兴奎酌量情形，通盘筹画，总须计出万全，一劳永逸，朕亦不为遥制。倘兴奎从前办理未妥，亦不可意存回护。将此各谕令知之。"

（仁宗朝卷一八四·页五上～六上）

○嘉庆十二年（丁卯）八月丙申（1807.9.28）

谕内阁："据兴奎、贡楚克扎布奏派兵往拿尖木赞，措置失宜，恳请从严治罪一折。尖木赞原系种地纳粮生番，向来办理番案多用伊为线索，其素性本属狡黠。此次剿捕贼番，兴奎等派员前往晓谕，令其擒拿贼目，尖木赞始而疑惧躲避；嗣因通丁往唤，尖木赞随即来营面见兴奎等，情愿出力，旋经引同官兵打仗。迨至六月十五日率同番众潜回，复于二十四日率领五族番众投首，并声明前次因余贼欲行抢害家口，是以驰回照料。后因帮贴乌拉运送官粮，约于二十八日在甘坝引路进剿沙卜浪番贼。届时如期而至。是尖木赞并无违逆情事，兴奎与众商议拟于剿办番贼藏事，再将尖木赞功过明白宣示，所见甚是。乃贡楚克扎布忽于是夜派兵往拿，以致尖木赞逃逸无踪，办理实属错谬。试思尖木赞既已如期投至，若果须设法擒拿，亦不难于伊来营时就便拘缚。今尖木赞本属恭顺，且既允其随营自效，又派兵往拿，已不足以示信。迨至尖木赞乘闲逃逸，缉捕无踪，又不足以示威。贡楚克扎布如此措置乖谬，失信损威，实属咎有应得。著即革职来京，交军机大臣会同刑部议罪具奏。兴奎身为统领，于贡楚克扎布逞臆安拿之处未能拦阻，又未据实参奏，亦有不合，交军机大臣会同行在兵部议处具奏。"

（仁宗朝卷一八四·页一六上～一七下）

○嘉庆十二年（丁卯）九月壬寅（1807.10.4）

谕军机大臣等："兴奎奏官兵攻破沙卜浪番族，焚毁贼巢，剿捕殆尽，并收抚投诚番族一折。沙卜浪人数最多，素称凶横，今经官兵屡次攻击，歼擒多名，余匪散窜。是番族中之强横者已加惩创，其余各番众陆续乞降，接踵而至。自俱已震慑军威，闻风胆落，既知畏法敛戢，即可凯撤藏事。兴奎等当酌量妥办，勿致稍稽时日。至番贼内有蒙古十一人随同打仗，已于擒获后审明正法，所办甚是。仍当通行晓谕青海蒙古王公扎萨克等以尔等自世宗宪皇帝年间输诚纳款，列入版图，世荷豢养，至优极渥。大皇帝嘉尔恭顺，是以每遇番族扰及，辄征调官兵驱逐，不惜帑金，皆系因惠爱蒙古曲加保护。尔蒙古具有天良，方感戴之不遑，何至去而从贼？乃此次剿捕番族，竟有蒙古在内，讯系携眷投入，或被掠入伙，均随同打仗，殊出情理之外。该王公等失察之咎无可解免，本应予以惩处，俾知儆戒。今蒙大皇帝格外施恩，俯念尔等系糊涂蒙古，且从贼之犯必系尔等属下尤为不肖者，已将该犯等讯明正法，将尔等失察罪愆从宽免议。尔等当知感愧，严行管束属下人等，务各安分守法。长此蒙恩，倘复滋事，必当分别治罪，不能再恕。其各凛遵毋忽。又据称尖木赞逃往竹林坝一带老林藏匿，兴奎等既探明踪迹，即当晓谕降番，令其将伊献出，以凭核办。将此谕令知之。"

（仁宗朝卷一八五·页一下～三上）

○嘉庆十二年（丁卯）九月甲寅（1807.10.16）

谕内阁："兴奎等奏番族震慑军威投降归命并番目尖木赞来营投首，边境敉宁一折。览奏俱悉。番众赋性蠢顽，间有一二匪徒鼠窃狗偷，抢掠牲兽，向所不免。乃本年春夏之间，该番贼等竟敢肆意攘夺，扰及边民，为害行旅，实属孽由自作，罪不容诛。是以调集官兵，颁发帑项，饬令声罪致讨。经官兵节次攻击，歼擒贼犯多名。该番众等畏惧乞降，闻风踵至。其沙卜浪一族在番众中最为强悍，官兵痛加歼戮，焚毁贼巢。该番族丧胆惊魂，头目完木古等恳乞大喇嘛诺尔布带领诣营投首乞命，顶经发誓，不敢再滋事端。并据该喇嘛出具甘结保状。是该番众畏威悔罪，实出至诚。前经迭降谕旨，以番众良莠不一，务须分别剿抚，原不欲犁庭扫穴，将番族悉予歼除。今既震慑投诚，自应法外施仁，宽其一线。仍著兴奎等谕令延嘉呼图克图等向番众明白晓示，自此次曲从宽贷之后，务各安分守法，倘再作奸犯科，必当重加惩办。至番目尖木赞因从前屡次办理番案当差出力，曾经赏给翎顶，身受厚恩，此次贼番滋扰理宜力图报称。乃始则随营效力，既又乘间潜逃，虽据兴奎等传讯该番目帮帖乌拉，运送粮饷，并无叛逆情事，即伊侄才楞所供，该番目预备抗拒官兵、分受赃物等事，亦讯系挟嫌污蔑。只因贡楚克扎布轻听浮言，妄行捕捉，是以避匿远扬。但该番目既自问并无罪愆，于贡楚克扎布派兵往拿时，即应自行投案，何至遽行逃遁？本应褫革示惩，姑念其旋即来营，著从宽摘去翎枝，降为七品顶带，仍令其照旧当差。并传知该番目，嗣后如果倍加感奋，管束各番众安静敛戢，二三年后仍当奏请恩施，赏还翎顶。若再不知愧勉，致番众故智复萌，或有滋扰情事，即将伊从严治罪，决不姑贷。此时番境宁辑，边塞肃清，前调官兵即可全行凯撤。兴奎、长龄、那彦成于旋抵贵德筹议善后章程后，即著各回本任。兴奎自调赴西宁督办军务，尚为妥协，本应加以奖叙，惟伊于贡楚克扎布安拿尖木赞一事不能阻止，又不据实劾参，实有应得之咎。前已有旨令军机大臣会同行在兵部议处具奏，当经军机大臣等议以革职，曾令于军务告竣时再行核办。兹念其带兵出力，功过尚足相抵，著加恩免其革职，无庸交部议叙。长龄、那彦成均驰抵军营未久，旋即竣事，亦无庸交部议叙。"

钦差宁夏将军兴奎奏军营出力人员。赏提督百祥、道员庆炆花翎，知府马恩等蓝翎。馀升叙有差。

（仁宗朝卷一八五·页一四上～一六下）

○嘉庆十二年（丁卯）九月辛酉（1807.10.23）

又谕（内阁）："兴奎等奏遵旨查明贡楚克扎布安拿番目尖木赞缘由一折。据称：尖木赞于本年六月来至甘坝大营时，贡楚克扎布同提督百祥等均至兴奎帐房筹商进剿沙卜浪之事，贡楚克扎布因尖木赞不肯进营领赏，疑其反复，即欲乘夜擒拿，经兴奎与提、镇等力言劝阻，而贡楚克扎布立意甚坚，未经定议，旋经提、镇等复恳兴奎至贡楚克扎布帐房商劝，贡楚克扎布辄云是伊一人立意办理，若有一人不遵，即指名参奏，随于是夜派百祥、萧福禄、游栋云、九十等带兵掩捕。因人马踏冰过渡，夜静有声，尖木赞知觉逃遁，并无抗拒官兵情事等语。此次兴奎、贡楚克扎布等统领官兵进剿番族，尖木赞并无叛逆情事。贡楚克扎布轻听人言，以尖木赞素与番贼分赃，挑备马贼七百人欲与官兵抗拒，不察虚实，并因其不肯进营领赏，益疑其反复无常，率欲乘夜往擒，已为错误。当经兴奎及百祥等四人力劝至再，犹复坚不听从，并称有一人不遵，伊即指名参奏，词意决绝，实属任性乖张。且伊既以尖木赞必当擒拿，锐意办理，即当亲自督同提、督等带兵前往，而又怠惰不出，高卧帐中，仅诿之百祥等黄夜查拿，任令疏纵，尤属错谬无能。贡楚克扎布前已革职，降旨谕令德楞泰及沿途督、抚于其赴京途次押解来京，复加审讯。此时业经查明，无可再讯，应即治罪示儆。著传谕沿途各督、抚，于此旨到时，查明贡楚克扎布行至何处，传旨即照军机大臣等所议，发往乌噜木齐，自备资斧效力赎罪。兴奎于贡楚克扎布任性妄拿之时，虽经劝阻二次，随即听其所为，以致办理失当，本当照前议革职，因其剿办贼番统兵尚为出力，功过足以相抵，前经降旨宽免，其自请严议之处，无庸再行交议。至百祥、肖福禄、游栋云、九十四员，此次带兵剿办贼番俱尚出力。百祥昨经兴奎等保奏到时，曾经赏还花翎，并交部议叙，其萧福禄等亦曾有旨交兴奎等核其劳绩，请旨施恩。但伊四人于贡楚克扎布欲拿尖木赞之时虽经用言劝阻，既经贡楚克扎布派令往捕，即当密往拿获，何以被尖木赞知觉潜逃？看来百祥等本有不欲擒拿尖木赞之心，未经认真围捕，以致尖木赞知觉逃脱，而于尖木赞既经逃脱之后，又不带兵紧追，实有应得之咎。百祥除赏还花翎免其追缴外，其交部议叙之处着撤回。萧福禄、游栋云、九十均无庸再行保奏。伊四员亦无庸再行议处。"

（仁宗朝卷一八五·页二四上～二六下）

○嘉庆十二年（丁卯）十月癸酉（1807.11.4）

谕军机大臣等："兴奎等奏筹议西宁善后事宜五条，所议多有可行。惟严谕各寺喇嘛不准滥与番子念经一条，于理不通。番族赋性愚顽，幸赖其敬重喇嘛，尚可劝令为善。即如此次沙卜浪滋事之初，喇嘛诺尔布即曾再四劝谕以官兵到时不可抗拒，并因其不肯受劝，即欲另住焚修。该贼番果心存畏惧，仍向该喇嘛跪地哀求，欲其保救，经该喇嘛等带同前赴大营，顶经罚誓。是其信服有素，正可借以化导冥顽。若如兴奎等所议，岂不阻其向善之心而坚其为恶之念？且所称如该喇嘛等希图布施，不分黑白，滥与念经，一经查出，并将喇嘛严办。如此则将来设有滋事之人，讯出喇嘛曾与念经，并须将各寺喇嘛纷纷查办，尤多窒碍。此一条毋庸置议。又，黄河北岸派兵驻守并换班巡查一节，自应如此办理。惟折内未提及青海蒙古派兵随同防守，尚未周到。应传谕蒙古等以此时剿办贼番大局已定，所有一切边界本当交尔等自行防守，今天朝以尔等积弱之余加恩卫护，特派兵六百名，加给口粮，在彼严密巡查，尔等岂有转不派兵自卫之理？即尔等所派兵数不能有六百名之多，亦当酌派二三百名随同防守，庶为得体。又，严禁通事人等不许私入番地一条，所议甚是。汉人私入番地来往勾结，不但诓骗资财、牲畜，致启番众劫夺之渐，甚且透漏内地消息，指示内地路径，其酿恶不可胜言。嗣后非但通事人等不准私入番地，即内地民人凡有通晓番语者私自潜往，即系汉奸，亦当普行禁止，以杜勾结。又，清查蒙古户口一条，蒙古东西散处，往往逃入番族，自当查明户口清册，送存青海衙门，以便查核。至折内称近来蒙古竟有穿戴番子衣帽毫无区别者，尤为可恨。蒙古服色循用已久，今竟穿戴番子衣帽，即属忘本。不但彼此混淆，且遇有番子抢掠等事，无从辨别，所关非细。著严饬蒙古王公等查拿严办，不可姑息。其循、贵两厅同知不拘用旗、汉人员，以资治理一条，均如所议行。又，另折称河北蒙古二十五旗逃避番贼，有住居日月山卡内者，有逃至丹噶尔汛内者，现派总兵九十驱逐'等语。所办殊未妥协。蒙古臣服已久，近年为番族所迫，逃入内地。今官兵剿定贼番之后，惟当向其劝谕以贼番业经畏惧天威，不敢再有侵犯，尔等尽可自回原住地方照常游牧，不必在此躲避。该蒙古等自亦情愿撤回，不致久占。或再设立鄂博，明立地界，并严谕民人、蒙古、番子各守禁限，毋许搀杂，自不致再有彼此侵轶之事，可期边圉永臻宁谧。将此谕令知之。"

兴奎等奏西宁剿办贼番办理粮运无误人员州判李耀等。下部议叙。

又奏随营出力土司。赏韩辉宗等蓝翎，韩一提八拉等升赏有差。

（仁宗朝卷一八六·页三上～五下）

○ 嘉庆十二年（丁卯）十月庚辰（1807.11.11）

谕内阁："兴奎等奏酌筹黄河北岸拨兵屯田一折。屯田为防边要务，兴奎等以青海蒙古屡被番子劫掠，虽经剿办完案，尚须派兵巡防，因思择地安屯，以裕兵食，固为筹画经久之计。但披阅图内所择屯地俱在蒙古界内，屯兵等未必人人自能耕种，势必招集汉民，将来愈聚愈多，虑滋事端。再番众本以抢掠为生，尤恐成熟之时，妄生觊觎滋扰，皆不可不详细计及。此事是否可行，著军机大臣会同大学士、六部尚书悉心妥议具奏。"

寻议："鄂伦布拉克等三处已属蒙古扎萨克贝勒特礼巴勒珠尔旗下，为游牧善地。我兵在彼屯戍，伊等不能游牧，致令生计维艰。从此小有衅端，辄求申理。其间有无虚实，皆不可知，颇难核办。且屯兵与蒙古错处，不免招集汉人帮同耕种，愈聚愈杂，奸宄丛生。贼番设或窜渡过河偷窃蒙古，必于屯地经过，屯兵当力作之际，既虑耕战两妨，农田届成熟之时，尤恐蹂躏不免。况屯田在黄河北岸，河南五旗亦难兼顾，未便率行议准。至于边防要务，关系綦重，大通密迩西宁，路仅一百一十里，而本年贼番两次到彼肆扰，且皆由蒙古带路，可见近来蒙古不但怯弱无能，且兼良莠不齐，竟有与贼番勾通滋扰内地之事。杜渐防微，不可不申饬戒备。应如何立法防范，请仍敕该将军等详细复商，妥为办理。"从之。

（仁宗朝卷一八六·页一〇上～一一下）

○ 嘉庆十二年（丁卯）十一月己未（1807.12.20）

又谕（内阁）："御史徐寅亮条奏西宁备番事宜一折。据称：请令蒙古各扎萨克精选壮健，练习枪箭，该办事大臣不时调操，抑或亲往按阅，严定赏罚，俾成劲旅，以备一时征发之用等语。此论断不可行。青海蒙古各旗被贼番抢掠，前经屡降谕旨，责令该蒙古等自强以固藩围。该扎萨克等练习兵丁，乃其自为之事。若令办事大臣调操、往阅，该蒙古究系外藩，赏罚俱多未便，国家岂有此体制乎？至请将西宁办事大臣移驻贵德、循化、丹噶尔等城，并令西宁镇属官兵轮番值戍，及将河州镇兵亦归该大臣节制调遣之处，著交陕甘总督会同西宁办事大臣悉心妥议，是否择要移驻控制较为得力。不可以驻扎西宁相沿已久，因畏边境荒寒即偏执仍旧之见。总须熟筹地势，详度边情，期于兵防实有裨益，以为经久辑宁之计。该御史折，著发给阅看。俟奏到时再降谕旨。"

（仁宗朝卷一八八·页九上～一〇下）

○ 嘉庆十三年（戊辰）二月乙亥（1808.3.5）

谕内阁："据长龄等会议青海办事大臣请照旧制仍驻扎西宁一折。所议是。青海办事大臣管辖地界辽阔，从前定制驻扎西宁，原以该郡城为各路适中之地，控制较为得力。若移驻贵德等处，其于番地较近者虽易于震慑，而以全局而论，则相距窎远之地鞭长莫及，转恐顾此失彼，自不若仍循制，足资镇抚。至该处黄河以北，轮派兵六百名扼要驻守，务令严密巡查，遇有番贼窃掠等事，随时捕缉。该大臣暨西宁、河州二镇并实力操防，以靖边圉，不可稍有疏懈。"

（仁宗朝卷一九二·页一〇下～一一上）

○嘉庆十三年（戊辰）九月己丑（1808.11.14）

又谕："长龄、文孚奏筹酌西宁派拨防河官兵，请仍照旧安设以资弹压一折。鄂伦布拉克地方防河官兵，前经那彦成办理番案事竣奏请于黄河冰桥结冻后，派拨官兵六百名，并参、游一员来往梭巡，原因彼时番族甫经慑服，为蒙古稍壮声势，断无以天朝官兵为蒙古防守之理。今据该督等奏称：体察番族情形，实已闻风畏服，惟蒙古恇怯无能，若只令自为防守，现届冰桥将结，恐又启野番窥伺之心。请仍照去岁章程办理等语。此次著姑照所请行，嗣后仍著该督等察看情形，将此项官兵逐年渐次减撤。并谕知蒙古，令其努力自强，勿稍疏懈，以期永靖边圉。"

（仁宗朝卷二〇一·页二九下～三〇上）

○嘉庆二十三年（戊寅）八月戊子（1818.9.22）

谕军机大臣等："据纳尔松阿奏：出口祭海会盟之时，接据西宁镇属白塔营都司禀报，蒙古被抢，窜进卡内。又据贝子喇特纳锡第等前后呈报，被番贼抢掠。及至丹噶尔途次，适贝子喇特纳锡第、台吉多尔济旺济尔徒步迎见，哀诉抢劫营盘一空。至东科尔寺地方，据哈拉库图尔营千总禀报，行至日月山卡外珂珂托洛亥地方，遇有番贼十余名，抢去营马一匹及衣物等件。并查得沿海一带，邻旗蒙古尽被番贼抢劫失散。当饬喇嘛察罕诺们汗旗挑派蒙古沿河堵御，并饬循、贵文武堵缉赃贼。续有蒙古王公十家或亲身或差人前来，俱因被抢投呈。询以别旗王公，据称现在番贼分股乱抢，不知去向等语。西宁边外番族因蒙古孱弱，屡有抢掠之事。今于会盟之顷，该番贼等胆敢纠党百余人至数百人四出抢劫，各旗蒙古被其扰害，竟至不能前赴会盟，该番贼等实属披猖。著长龄会同秀宁确查情形具奏，一面督饬文武员弁速缉赃贼，严行惩办，务令知所儆畏，以靖边圉。将此谕令知之。"

（仁宗朝卷三四五·页一五下～一七上）

○嘉庆二十三年（戊寅）八月甲午（1818.9.28）

又谕（军机大臣等）："秀宁奏查明番子抢掠蒙古情形，无关紧要一折。前据纳尔松阿奏青海贝子、台吉等前后呈报，被番贼百余人至数百人肆行抢掠，沿海一带蒙古王公未来会盟。多不知去向等语。当经降旨交长龄、秀宁会同查办。兹据秀宁奏称：到任后查得蒙古被抢实止番贼二三十名，其情形不过如内地之寻常劫案。蒙古一闻番子踪迹，即行逃窜，将妻子、衣物尽行委弃，直同馈遗等语。纳尔松阿前奏系据蒙古台吉及营员等呈报，固不免张大其词。但秀宁甫经到任，于蒙古、番子情形并未深知，亦不过得之该管文武员弁传述之词，秀宁未经详察，即据以入奏，竟似身亲目睹历历如绘者，未免视事太觉轻易，殊属非是。著秀宁仍遵前旨将此案确查，究竟抢掠番贼共有若干人，应如何查拿赃贼安辑蒙古之处，悉心筹办，据实具奏。将此谕令知之。"

（仁宗朝卷三四五·页二二下～二三下）

○嘉庆二十三年（戊寅）十月戊寅（1818.11.11）

又谕（军机大臣等）："长龄等奏：查明本年六七两月青海各旗蒙古呈报被抢，均称番贼数十人至百余人不等，惟贝子喇特纳锡第呈报有番贼四百余人，其白塔营都司傅统所报蒙古被抢原呈，只称二三十名，哈拉库图营千总所禀，亦只称番贼十余人等语。青海各旗蒙古孱弱不能自振，一被番族抢劫即张大其词，将贼数以少报多，冀可多追赃物，此该蒙古等相沿陋习。至该处员弁遇有报抢之案，又多意存回护，惧干参处，以多报少，以施其化大为小之计。该督等不可狃于一偏之见，概以营员之言为信，任听番贼纠众肆掠，不加惩创。且即以该都司、千总所报而论，两案之贼已有五十余名。长龄等折内但称严饬所属上紧缉拿，并未追获赃贼，仍属纸上空谈。著长龄、秀宁即督饬文武员弁，将案内番贼认真查缉，追起真赃，审明按律惩办，不可疏纵。"

（仁宗朝卷三四八·页一一上～一二上）

○嘉庆二十四年（己卯）十二月癸丑（1820.2.9）

谕内阁："朱勋等奏派兵会哨，番目献贼交赃，蒙古地方宁谧一折。甘省循化、贵德两厅边外野番肆劫蒙古牲畜，抢掠行旅，怙恶不悛。本年经长龄等奏撤防河官兵，改复会哨章程。现据派出文武各员带领官兵、土兵追捕抢劫回巢番贼，歼毙八名，并带同熟番头目、番僧、通丁等追获活贼十一名，该野番头目畏惧，自将番贼缚献，交出原抢蒙古人口并牲畜四千余只，顶经设誓，不敢再出滋事。该省初次办理会哨事宜，尚属认真。加恩著照所请，将此次随往出力之五品翎顶番目尖木赞赏加四品顶带、番目什尕洛赏给六品顶带、番僧扎木洛硕根敦什加布俱赏给苏拉喇嘛职衔，通丁马进禄、沈木洒、苗进福俱赏给九品顶带。所用经费银两准其咨部核销。嗣后该督等于每年派兵会哨时，均饬令实力巡查，勿得日久生懈。"

（仁宗朝卷三六五·页三二下～三三下）

○道光元年（辛巳）十月辛丑（1821.11.18）

谕军机大臣等："长龄等奏驱逐河北番帐情形一折。循化、贵德所属野番常有抢掠蒙古之事，若任听在河北插帐居住，则相距密迩，该蒙古等势本孱弱，益难防范。本年夏间，该督等派令官兵赴口外沿河一带驱逐番帐，路遇番贼，竟敢拒捕接仗，幸官兵奋勇剿捕，毙贼十名，并将被掳蒙古及马匹、牛羊夺回。惟时助勒盖偷住之汪什代克等九族番子及盐池一带挖盐之番户均经具结，情愿俟冬令冰结搬移过河，已先退至恭额尔格及阿苏拜山根暂住。现在已交冬令，该督等当饬知该厅营，一俟冰坚可渡，即催令该番族等遵照前约迁移。其余散处插帐之番，次第设法驱逐。倘该番等狡黠延挨，届期背约，该督等察看情形，应如何押令搬徙之处，再行奏明办理。将此谕令知之。"

（宣宗朝卷二五·页一五上～下）

○道光元年（辛巳）十二月丁酉（1822.1.13）

又谕（军机大臣等）："朱勋奏：汪什代克等九族番子及盐池一带挖盐之番户，遵俟冰桥结冻后，饬令尽数渡河，惟今夏驱逐番帐之时，有蕴依、双勿二族闻风远窜，屡至沿边一带，并窜至大通县边界抢掠，觅踪追捕，剿毙多名，明岁春融再行设法驱逐，倘盐池等处各番狡黠延挨，必须多派官兵押令迁徙等语。循化、贵德所属野番插帐居住，亟应押令回巢。

其闻风远窜之蕴依、双勿两族沿边抢掠，尤当严行驱除。著该署督等饬知各厅营，一俟冰桥结冻，催令汪什代克等九族及盐池盘踞之番户，遵照前约迁移渡河。蕴依、双勿两族亦即次第设法驱逐。如该野番迟逾背约，著即察看情形，会同酌派官兵，如期押令搬徙。总当熟筹妥计，相机办理，勿使再来抢劫。固不可草率从事，有名无实，亦不可操之过急，激成事端。将此谕令知之。"

（宣宗朝卷二七·页三〇上～三一上）

○道光二年（壬午）正月辛未（1822.2.16）

谕军机大臣等："本日理藩院奏：据西藏年班堪布贡噶扎木巴等禀报喇嘛等进贡自藏起程，于上年九月二十六日行至西宁当噶尔地方，将自备牛只、骡、马赶赴草厂牧放，至当噶尔城外二十余里，被番贼二百余人抢去牛只、骡马、帐房等物，当经报明西宁办事大臣、陕甘总督各衙门在案，今差旋在迩，恳转行该处速行严缉等语。喇嘛进贡赴京，沿途被抢，既经报明，该督等自应即行查究，著朱勋、松廷严饬文武官弁迅速查缉。现届该喇嘛等差旋在迩，务须妥为筹办，俾得遄行无阻，用副朕轸恤远人之意。将此谕令知之。"

（宣宗朝卷二八·页二八上～二九上）

○道光二年（壬午）正月癸酉（1822.2.8）

又谕（军机大臣等）："据朱勋等奏河北插帐之循化等处九族野番及盐池一带挖盐番户均狡黠背约，抗不回巢。又蕴依、双勿两族勾结循、贵及四川野番盘踞抢掠等因。现已令松筠接署直隶总督，著长龄将印务暂交屠之申，即行驰驿回任，会同松廷，将如何设法驱逐之处相机办理。不可张皇其事，亦不可稍涉因循，总须熟筹妥计，速令迁移。朱勋另片所奏，添派卡防官兵及每日酌给银两之处，均照所请行。原折片著发给长龄阅看。将此谕知长龄，并谕朱勋、松廷知之。"

（宣宗朝卷二八·页三三上～下）

○道光二年（壬午）二月丁丑（1822.2.22）

协办大学士陕甘总督长龄奏："交卸直隶总督印务，驰回甘肃，会同松廷查办河北循化等处九族野番情形，并会同提督齐慎酌带官兵数千名前往。"

得旨："齐慎原系可靠之人，卿可督同妥速办理，慎勉为之。松廷初膺外任，于西宁办事是否相宜，留心察看。"

（宣宗朝卷二九·页一下～二上）

○道光二年（壬午）三月庚午（1822.4.16）

谕军机大臣等："长龄等奏筹办驱逐番帐，调派官兵，并酌给盐粮、驮折等项各等语。野番背约迁延，名为贪恋水草，实图便于抢掠，必当示以兵威，严加惩创。既据该督等调派督标及附近各提镇属官兵八千余名，紧顾东西北三面，分途并进，并咨会蒋攸铦，于路通蜀、藏处所预为防范，均著照所议办理。该督等惟当相机审度，筹及万全。如该野番等知难逃逸，迅速迁移河南，著即停止前调官兵，以节糜费。如敢恃众抗拒，即当督率官兵痛剿，俾番族咸知警惕，边圉悉臻静谧。至所调官兵需给口粮、柴薪，及经过州县应付骑载车马，该督按照各营道里远近，酌定齐集日期，自离营之日起，照出征例支领盐粮、驮折等项。按程行走，亦著照所议行。将此谕令知之。"

（宣宗朝卷三一·页三二下～三三下）

○道光二年（壬午）四月庚戌（1822.5.26）

谕军机大臣等："长龄等奏官兵剿捕番贼情形一折。所办好。刚咱等族番贼一闻官兵临近，皆向西南逃窜。现据长龄督率将弁驰赴托里地方截击袭剿，连获胜仗，歼毙番贼一百三十余名，活捉二十余名，夺获贼畜马牛羊无算。讯据番贼供称，该两族头目商量前往贡额尔盖一带会合别族野番，显有抗拒情形。长龄等派委各镇将带兵分途剿捕，惟当趁番贼逃窜主意未定之时相机策应，赶紧办理，以期迅速蒇事，勿任蔓延。至西宁口外寒瘴最大，粮运颇难，该督等奏请将打仗夺获牲畜一半分赏出力官兵，以一半抵支口粮，著即照所议办理，以示鼓励。将此由四百里谕令知之。"

（宣宗朝卷三三·页一一下～一二下）

○道光二年（壬午）四月辛酉（1822.6.6）

谕军机大臣等："长龄等奏官兵进剿番贼连获胜仗一折。各路将弁带兵进剿野番连获胜仗，歼擒番贼多名，夺获牛羊、马匹、器械甚多。该督等督兵自东北赶至青海西南，齐慎等带兵紧顾西北，向前进剿，该野番等抛弃锅、帐，分投逃窜，势已穷蹙，调度甚属妥协，朕心深为欣慰。著赏给长龄寿字松石翎管一个、四喜白玉搬指一个、黄辫大荷包一对、小荷包四个，以示嘉奖。发去洋瓷翎管十个、鲨鱼皮小刀五把、玉柄回子小刀五把，著长龄等分赏出力官弁。其各路已获牛羊，及嗣后续获牲畜，除犒赏出力官兵外，无庸抵支军粮，即传示各蒙古王、公、扎萨克、台吉等，查明报抢原案，将存剩牛羊均匀给领，俾资生计。各路伤亡弁兵，即著查明咨部照例议恤。长龄等务督饬各路官兵赶紧剿捕，克期蒇事，方为完善。将此由四百里谕令知之。"

（宣宗朝卷三四·页四下～五上）

○道光二年（壬午）四月辛未（1822.6.16）

谕军机大臣等："长龄等奏官兵歼毙番目，余贼穷蹙散窜，现仍赶紧搜捕一折。各路镇将带兵追剿野番，并力攻击，或夜袭贼营，或用炮轰击，连获胜仗，歼擒番贼数百人，夺获牛羊万余只，余贼俱向雪山一带逃匿。长龄等虑及余贼西窜，饬令副将丁永安等紧顾西北，知会提督齐慎移师南来，该提督探有番贼藏匿，连夜带兵进发。该匪等恃险抗拒，即分布将弁，亲督官兵，直冲山梁，复歼毙番贼二百数十人，夺获牛、马、羊只五千三百有奇，生擒噶布古等十六名。讯据供出刚咱族大头目乙旦木已被官兵歼毙，现将割联首级及所穿棉甲令喇嘛、蒙古等辨认属实。所办甚好，览奏实深嘉慰。提督齐慎著赏给松石寿字翎管一个、白玉搬指一个、大荷包一对、小荷包四个，以示嘉奖。外发去珐琅翎管五个、洋瓷鼻烟壶五个、文竹搬指套五个、玉柄回子小刀五把，著长龄等分赏出力官弁。所有带伤官弁四员、兵九名，阵亡兵三名，著即咨部照例恤赏。现在击散番贼俱向雪山一带窜匿，该处寒瘴最甚，断难久延。该督等当督率官兵，趁此天时暖热，赶将零匪搜捕净尽，迅速蒇事，用副委任。将此由四百里谕令知之。"

（宣宗朝卷三四·页二四下～二五下）

○道光二年（壬午）五月壬午（1822.6.27）

谕内阁："长龄等奏剿捕番贼已就肃清一折。青海口外野番抗不回巢，经该督等率领官兵奋力追剿，屡获胜仗。该野番分窜雪山，长龄督饬镇将不避艰险，入山搜捕，尽数歼除，迅速蒇功，甚为可嘉，览奏欣慰，允宜渥沛恩施。长龄著加恩赏戴双眼花翎，交部从优议叙，并亲书御制诗扇一柄赏赐，用昭优眷。"

以剿捕番贼功，予提督齐慎优叙。西宁办事大臣松廷、总兵官马腾龙、穆兰岱议叙。赏总兵官多隆武，道员杨翼武，副将德克登额，参将如柏、徐华清，游击存住，都司周佐胜、何斌伏、托克通阿，守备王国辅、米兆元花翎；都司刘秉均等蓝翎。馀加衔升擢有差。"

再贷剿捕番贼各官半年俸银并兵丁银。

（宣宗朝卷三五·页一〇下～一一下）

○道光二年（壬午）五月甲申（1822.6.29）

谕军机大臣等："昨据长龄等奏官兵捕搜野番，旬日均可肃清。已降恩旨分别奖赉矣。此次河北插帐野番狡黠背约，抗不回巢，希图盘踞抢掠，今经官兵大加剿戮，穷搜殆尽，黄河以北悉就肃清，俾蒙古边氓各安生业，该督等自已将善后事宜详筹妥议。第思青海蒙古素本怯懦，不能自固藩篱，以致该番族心生觊觎，肆其剽掠。屡经官兵代为擒捕，并加晓谕，该蒙古等总未能力图振作。著长龄等再行通谕青海蒙古王公扎萨克等以尔等部落列入版图以来，世受天朝渥恩，豢养生成，因尔等不能自振，每遇番族滋扰，辄调集官兵驱逐惩创，不惜重费帑金，为尔等曲加保护。现因刚咱等族野番盘踞抢掠，业经痛加剿除，并将所获牛羊牲畜交尔等分领，俾资生计。嗣后当知感知奋，勉思保卫，并当于属下之人优加体恤，使之各饶生计，严行管束，务令各守法律，永承恩泽。如仍不知奋励，再有番贼扰及之事，岂能调集官兵常为办理，尔等将何以自为捍卫耶？如此剀切晓谕，俾蒙古等渐知奋勉自强，边圉永臻安谧，方为妥善。将此谕令知之。"

（宣宗朝卷三五·页一四上～一五上）

○道光二年（壬午）五月己亥（1822.7.14）

又谕（军机大臣等）："长龄等奏番贼悉数歼除，青海全就肃清一折。长龄等此次剿办野番，甫经两月将蕴依等二十三族野番抗拒者尽数诚俘，不留遗孽；逼胁者咸从宽贳，押回原处。恩威并用，国法丕彰。现在黄河以北全境肃清，蒙古边氓悉皆安堵，办理妥善可嘉。览奏甚为欣慰。前已降旨令长龄等晓谕蒙古王公等勉思振励，自相保卫。此时须将善后事宜筹划周妥，该督等当计及久远，详慎定议，俾边圉永臻安谧，方为不负委任。将此由四百里谕令知之。"

（宣宗朝卷三六·页一九上～下）

○道光二年（壬午）六月己未（1822.8.3）

又谕（内阁）："长龄等奏青海地方全就肃清，移住蒙番防守一折。循化、贵德野番前此盘踞助勒盖、克克乌苏一带，原系蒙古贝勒特里巴勒珠尔等六旗游牧地方，现经大兵将野番剿除净尽。该督等谕令该贝勒等各归原牧，佥以移居青海已久，人少势孤，不愿复业。该游牧地方宽阔，若强令迁回，势不能固守藩篱。著照所议，助勒盖一带即令察罕诺们汗移居，克克乌苏一带饬回阿里克大百户住牧，均各给予执照，俾垂久远。每岁河冰结后，责令分段防河，并于冬春两季赏给该诺们汗及阿里克大百户置备口粮银各一千两，用示体恤。现在阿里克大百户欢布他拉已故，其子喇沁纳木扎尔尚未承袭，系欢布他拉之弟乙达木代管其事。乙达木著赏给六品顶带，及身而止，俟喇沁纳木扎尔袭职后，仍责成佐领，以资防守。其向年会哨之兵即行停止。至察罕诺们汗失察属下勾结野番屡次抢掠，本有应得之咎，姑念此次随营出力，又将该旗贼犯查拿送究，著加恩免议。"

协办大学士陕甘总督长龄奏："筹议青海善后章程八条：一、令蒙古体恤属下，以期庶富；一、正蒙古衣冠，以防诡混；一、严查蒙、番歇家，以清盗源；一、急筹蒙古生计，以免流离；一、严禁野番渡河，以靖边圉；一、选立野番头目，以资约束；一、令野番垦种田地，以裕生计；一、番地严禁硝磺，以重军火。"

得旨："允行。"

以剿办贵德、循化野番功，赏千总朱贵等蓝翎，馀升叙有差。予阵亡已革游击胡文秀赏恤如守备例。

（宣宗朝卷三七·页二八下～三〇下）

○道光二年（壬午）八月庚戌（1822.9.23）

谕军机大臣等："那清安等奏兵部当月司员付送新疆文移等项，于巴里坤黄布口袋内拆出匿名揭帖一纸，并未黏封，谨将原贴呈览一折。据揭贴内称，陕甘总督长龄等查办青海番贼一案，甫经凯撤官兵，旋有贼番复出，约有二千余人，分作四股肆行劫掠，该管大臣并不派兵堵剿等语。青海番贼滋事，前派令长龄、齐慎前往查办。旋据奏报，带兵剿除，黄河以北全就肃清，并移住富强蒙古、番子以资防守，筹议善后章程八条，俱照所请行在案。兹复有字识匿名揭帖，其所称贼番肆掠情形，有滋扰月日及经过地方，并抢劫马、牛、羊数目。如果属实，是长龄等前此奏报肃清尽为虚捏，殊出情理之外。但揭贴内究系一面之词，亦难遽信。那彦成接奉谕旨，著即驰驿前赴西宁，严密确查，据实具奏。此事关系边疆重务，不可稍有瞻徇隐饰。况营马抢去三百余匹之多，必不能掩人耳目。原揭贴一件发交那彦成阅看。并于该处营汛内查访字识系何人造写，一经访有端倪，即拿获到案，比对笔迹，务得确实，以凭根究。至陕西巡抚印务，著交唐仲冕暂行护理。其未经审结各案，交辛从益审办。卢坤现已补授广西巡抚，著即赴陕西署理巡抚印务，俟程国仁到任后，再行交卸起程来京请训。再，前据长龄等奏，助勒盖一带即令察罕诺们汗移居，克克乌苏一带饬回阿里克大百户住牧，均各给予执照，并于冬春两季赏给该诺们汗及阿里克大百户置备口粮银各一千两，已降旨依议行矣。朕近闻河北蒙古二十五旗内该察罕诺们汗较为富强，其在游牧处所往往首鼠两端，当大兵经临之时，即督率番族依附官兵；及大兵撤退之后，仍复勾结野番乘间抢劫，实属不安本分。那彦成于青海情形较为熟悉，著一并密行访查。该诺们汗旗下现在有无勾结滋事之处，查明设法妥为安置，务令安居游牧，边围静谧，方为妥善。将此谕令知之。"

（宣宗朝卷三九·页二二上～二四上）

○道光二年（壬午）八月己未（1822.10.2）

谕军机大臣等："长龄奏野番一千数百人复过河北，抢劫察罕诺们汗牲畜，并杀伤男妇十数人，现已前往赶办。并称察罕诺们汗不能抵御，亟须另筹防河事宜等语。青海野番滋事，前据长龄等奏报大加剿戮，黄河以北全就肃清，并筹议善后章程，赏给察罕诺们汗等银两，以资防守。彼时该督等所保人数过多，朕因其办理迅速，概予准行，并未斥驳一人，其所议章程亦俱准令照办。乃撤兵甫经两月，该番贼复过河北抢掠，可见前次办理不善，所奏该处地方全就肃清之言竟不可信。即此次具奏野番一千数百人杀伤男妇十数人，亦恐不止此数。前因该蒙古等不能固守藩篱，该督以察罕诺们汗移居助勒盖一带足资防守，每年赏给银两置备口粮，其向年会哨之兵即行停止。今又称察罕诺们汗不能抵御，另议防河。是长龄于此事毫无把握，致前后所奏自相矛盾。该督现已前赴西宁，著即会同松廷督兵妥速剿办，务期边围迅就肃清，俾番贼知所警惧，不敢再出滋扰，尚可稍赎前愆。倘仍办理不善，致番贼于撤兵后又复前来肆行抢劫，扰及内地，惟该督等是问，恐不能当此重咎也。将此谕令知之。"

又谕："前因兵部于文移内拆出匿名揭帖，声言青海番贼复出抢掠，特降旨令那彦成驰往查办，自已起程前往。今据该督奏，番贼复过河北，只有一千数百余人，抢劫察罕诺们汗。恐所奏番贼及杀伤人数均未确实。已降谕旨饬令长龄妥速剿办，稍赎前愆。著那彦成于到西宁后，遵照前旨，严密确查，将现在情形据实具奏，毋稍徇隐。其匿名揭帖之人，亦须细加查访，务期弋获，以凭究办。将此谕令知之。"

（宣宗朝卷四〇·页四下～六上）

○道光二年（壬午）八月庚午（1822.10.13）

谕军机大臣等："那彦成奏遵旨前赴西宁查办贼番复出肆掠一案，据称：察罕诺们汗即系白佛僧，亦即蒙古二十五旗之一，原牧在循化边外，后移居黄河之南，今又潜住河北，时与野番勾结为奸，移之则驱而为贼，留之则引贼作贼。所论甚是。那彦成于野番情形熟悉，著即交那彦成办理。必须筹画万全，妥为安置，勿使仍前窝贼分赃，方称至善。其匿名揭帖字识，务向各营汛访拿正犯到案。如比对笔迹确有可凭，虽该犯讦告得实，亦按律治以应得之罪。至所称现届九月，西宁地方正值大雪封山之时，未便议剿。惟严饬各提、镇查明各卡隘山口额定兵数，照例支给口粮柴薪，派令副、参等官带赴各卡隘分扎驻守，各提、镇来往会巡，严密稽查，使野番无由阑入内地，并盘查汉奸代为销赃，禁止商民私贩茶叶、火药，以防为剿等语，该野番本系乌合之众，纠聚抢掠只为谋食。果能实力防制，使之无以为生，日久渐形穷蹙，正可不剿自溃，著即照那彦成所奏办理。倘察看情形必须进剿，俟明岁春融时再厚集兵力痛加剿办，断不可存畏难苟安之见。惟青海蒙古王、公、台吉等臣服已久，迥非外夷可比，若如那彦成所奏，仅将各沿边卡伦移驻官兵防守，竟置该蒙古等于不问。该野番等或于秋冬间乘隙往彼抢掠，以致该蒙古不能自存，亦非安边抚驭之道。况青海一带为通藏要路，去年即有进贡堪布被劫之事。如该野番等故智复萌，道路稍有梗阻，殊属不成事体。那彦成亦不可不为筹及也。将此谕令知之。"

（宣宗朝卷四〇·页二〇上～二一下）

○道光二年（壬午）九月癸未（1822.10.26）

谕军机大臣等："长龄等奏酌拟西宁沿边各营汛移驻官兵，以资防剿等语。著那彦成悉心体察该处情形，是否系要隘地方，必须添设官兵防守，详细查明，据实具奏。又长龄另折奏请以刘印景升补镇海营副将，卢亨调补大通营游击，马进忠调补镇番营游击。镇海营界连蒙古、番地，必须谙练之员方克胜任。著那彦成到任后，秉公察看刘印景等是否人地相宜，据实奏闻，再降谕旨。长龄等折单一并抄给阅看。将此谕令知之。"

（宣宗朝卷四一·页一七下～一八上）

○道光二年（壬午）十月己酉（1822.11.21）

又谕（内阁）："前因青海野番滋事，特令长龄带兵前往督办，嗣据奏报黄河以北全就肃清，并筹议善后章程具奏，概予准行。迨甫经凯撤，野番仍复过河抢掠，当降旨交那彦成前往确查。兹据查明：长龄自凯撤后，又有野番十余族移向河北贡额尔盖及盐池一带插帐。至抢掠蒙古虽较前稍熄，然自夏徂秋尚未尽绝等语。长龄前在青海剿办野番，两次大获胜仗。朕因其办理迅速，加恩赏戴双眼花翎，保奏各员亦未经斥驳。乃凯旋甫经两月，番贼复过河抢掠，办理不善，咎无可辞。长龄著撤去双眼花翎，准戴用单眼花翎，仍交部议处。"

寻议："革职。"得旨："著加恩改为降四级留任。"

又谕："那彦成奏熟悉西宁情形之知府、参将，请调赴甘肃差委等语。直隶候补知府屠之申，著即调赴甘省，交那彦成差遣委用。如果奋勉出力，遇有相当知府缺出再行奏补。江西宁都参将邵能，著该督于甘肃参将中酌量一员奏明对调。"

谕军机大臣等："那彦成奏确查青海现在情形并酌安卡隘、严拿汉奸一折。据称长龄剿办野番屡获胜仗，所奏尚非虚捏，惟撤兵太早。且察罕诺们汗实系野番中祸种雉媒，长龄反为捍护，草率轻忽。已明降谕旨，将长龄撤去双眼花翎，准戴单眼花翎，仍交部议处矣。野番冥顽成性，蒙古虐其属下，其属下反投野番谋生，因导引抢掠其主。至内地歇家奸贩贪利潜往贸易，无事则教引野番渐扰边境，有兵则潜与报信。近年番势渐张，弊实在此。蒙古、回民、汉奸皆能为番子衣冠，始仅勾结向导，继或冒名肆掠。欲除外患，自应先绝内奸。其西宁之丹噶尔、哈拉库图及贵德、循化、巴燕戎格各属回、汉民人并熟番私贩茶叶、火药、口粮，潜往贸易者，悉属汉奸。至各属蒙古、番子歇家，择山僻处所私开小店，销变赃物，亦所不免。此等回民、熟番与内地奸民抢劫成风，甚属可虑。那彦成所奏，乃正本清源之道。然必须办理周妥，计出万全，以期一劳永逸，不可稍有疏失。其请分饬提镇查明毗连番地卡隘、通衢要路，酌增防兵，多不过百名，山僻小路增防兵二三十名，其路径丛杂，即挖断以防偷越，野马川一带暂驻备兵数百员名。俱照所议行。倘番贼仍前占踞，明岁春融即厚集兵力痛加驱剿。至屯田一节，俟河北肃清后，再行妥议具奏。其各旗户下相近察罕诺们汗居住及与野番杂处者，率皆从贼之人，不值复为庇护。所有蒙古口粮向准在青海大臣衙门起票换买，惟每票定限一年缴销。现据那彦成与松廷筹议，著照所请每票准用一次。所请用若干口粮，即注明粮数、人数及牲口数目，按程途远近定以期限缴销。至另折奏：'查办匿名揭帖控告各款，内惟蒙古贝子喇特纳什第属下被抢牛羊及察罕鄂博卖运米面驮子被抢属实，其所称西宁孳生马厂及凉属内地村庄被掠之处均属子虚。至番贼抢劫肃州孳生马厂并蒙古人等牛羊一节、肃州蒙古并无报案，该厂弁兵尚未提到，情节未能遽定。'著该督即提到该厂弁兵，严行确审，如果亏短马额，捏报被抢，即将该镇及牧弁等严参。至所控西宁马厂、凉州村庄二案，现虽查无其事，仍恐该管员弁匿报在先，狡不吐实，俟获犯再行严讯。至匿名揭帖之人于贼匪分股何由得知？其为甘凉一带随营未得好处之弁兵匿名讦告，已无疑义。著那彦成分饬严密查访务获，按律惩办。将此谕令知之。"

（宣宗朝卷四二·页一八上～二一下）

○道光二年（壬午）十一月丁丑（1822.12.19）

谕内阁："那彦成奏复审部驳之回民马噶奴一案，请仍照长龄等原奏问拟等语。此案马噶奴胆敢纠约庄邻番、回二十四人，置备口粮、杂货，持械潜运口外，向野番易换羊皮等物，通番济匪，大干法纪。除马如世一犯业经病故外，马噶奴著即处绞。嗣后有情节似此者，即照此定拟。若审有勾通煽惑重情，仍加以枭示，以儆奸宄。俟边疆静谧后，再照常例办理。该部知道。"

谕军机大臣等："那彦成等奏擒获抢掠扑卡之蒙古、番子审明正法并筹定各章程一折。所办均是。此次贼番百余人扑犯窝卜图卡，经那彦成督饬署游击丁玉柱率领官兵奋勇直前，伤毙贼番十余名，生擒二名，现据讯明正法。又守备爱隆阿因闻知贼番抢劫，赶至黑河东岸，枪伤十余名，淹毙无数。出力弁兵俱著该督等分别记名奖赏鼓励。至甘、凉、肃州所属边地请拨兵分安各要隘，其河南循化、贵德两厅请派兵严密巡防，又河州镇属二十四关添设卡兵，俱著照所请办理。惟沿边移驻官兵系一时权宜之计，日久恐滋糜费，务须于春融后剿捕肃清，即行裁撤。至西宁各城内向设官歇家容留蒙番，近复于山僻小路分开私歇家，销赃易粮，私买军火，自应严行查禁。嗣后城关歇家无论官私一律造具花名清册并循环印簿，由地方官详报备查。其各旗蒙古请票易粮，每粮一石配茶二封，著于粮票内注明。如买粮不买茶及无力粮茶并买，俱著由西宁办事大臣衙门酌给印票，填注数目。如有浮冒请领者，查明治罪。又，河南安分生野番族易买粮茶，即著各寺喇嘛并各族晓事番子报明户口计买，均照蒙古之票办理，就近在贵德、循化厅、营呈请。如番族中有作贼者，即不准代请。现在占据河北野番，俟归回河南方准请票易买粮茶。仍著该督等速筹章程，赶紧办理。所有西宁办事大臣额设通事日久滋弊，著即全行裁革，遇有案件由各衙门传唤应差，倘查有舞弊者即从严治罪。至察罕诺们汗窝贼分赃已久，断不可姑息容留。如能将属下贼犯按名擒献，迁回河南原牧，尚可贷其重罪,若稍涉抗违,明春即行剿办。所有长龄原请每年赏给察罕诺们汗及阿里克银二千两之处,即著停止。其占住河北野番亦多作贼之人,俟查有实在情形,即行具奏。又另片奏:据署永安营游击之都司周佐胜等擒获麻木沟一犯,已供认多案,著即穷究党羽,务尽根株。都司周佐胜等俟定案时奏请鼓励,出力兵丁酌予奖赏。至此案匿名揭帖人犯尚未得有确据,著严密查访,务将私拆口袋装入揭帖之人查出端倪,磨对笔迹,严行惩办,毋稍枉纵。将此谕令知之。"

（宣宗朝卷四四·页一三上～一六上）

○道光二年（壬午）十二月丁未（1823.1.18）

谕军机大臣等:"陕甘总督那彦成等奏察罕诺们汗率属悔罪,愿归河南原牧,现押令过河并妥为清厘安插一折。察罕诺们汗伙同野番、勾结汉奸作贼已久。此次经该督将粮茶断绝,立见穷蹙,愿归原牧,不劳兵力,不延岁月,易于反掌,办理认真,实属可嘉之至。该诺们汗既已悔罪投诚,自可宽其一线。其属下头目人等向不遵奉约束,自应加以严惩。经该督将同来之图萨拉克齐小完冲等重责锁禁斥革,并将该旗所管二十族分为左右两翼,照该旗蒙古旧例,每翼设员管束稽查,择诚实头目另行充补。其诺们汗献出之抢劫蒙古贼犯丹达勒等三名业经分别惩办,并委署副将刘印景等押令渡河。惟渡河以后,必须妥为安插,俾统束严明,互相钤制,令抢劫故智不敢复萌,方为经久善策,不可将就藏事,以致别滋事端。又,另折奏清厘河南番族并河北贼番情形。现在河南循、贵番贼尚知安分,自应趁其畏惧之时立法约束。该督现传到各番众,面加晓谕,如各族内有逃至河北勾结贼番者,即著擒献,毋许隐匿。其河北野番过河以后查系伊等族内之人,自行管束,如系汉奸,立即捆献。所有各番族头目准其按计户口,百户一人每管百户,至三百户,归一千户管理,百总一人每管五十户,两百总归一百户管理,十总一人每管十户,至五十户,归一百总管理。令其公举诚实公直之人充补。其千户等著照例给予顶带,俟三年无过,发给印照号纸,作为实缺。至易换粮茶章程,每年准买两次,由千户给呈,该厅营给予照票。如实系良番,方准发铺照买。所需布线等项亦于票内注明,一同换买。此时河北野番势成孤立,该督仍严查卡隘粮茶,赶筹肃清。至河北番族应趁其过河之时查明安插,均著照河南之例办理,俾不致疑惧。该督仍察看情形，再行妥议具奏。又另折奏审拟汉奸盘踞务尽根株，并筹定巡防会哨及稽查山内保甲章程。首犯麻木沟经该督等严讯，多在甘州之边境野马川一带结党盘踞。其中之野牛沟、八宝山等处产有金沙，奸民潜行偷挖。现据该督全行封禁，窑洞、窝铺概予填塞、拆毁。所办甚是。其麻木沟等犯供出伙党，除现获各犯归案办理外，即饬属迅速严拿务获，毋任漏网。所有沿边失察文武各员，现当缉拿吃紧之时，如能获要犯，尚可功过相抵；倘仍前疲玩，著即严参治罪。其所请提、镇、副、参带兵会哨，道、府、州、县编查保甲，俱著照所议行。至麻木沟等犯，著暂缓正法，俟续拿余党，逐案质审，再行办理。又另片奏汉奸私歇，例无明文。著照所请，嗣后西宁地方拿获私歇家，除审有不法重情实犯死罪外，其但在山僻小路经年累月开设私歇家者，将为首之犯照私通土苗例，拟发边远充军，为从之犯拟杖一百，徒三年。所有现获各犯即照此例严办。将此谕令知之。"

（宣宗朝卷四六·页九下～一二下）

○道光二年（壬午）十二月戊辰（1823.2.8）

谕军机大臣等："那彦成等奏审明装番肆劫之重犯即行正法一折。此案麻木沟等假装野番骑马持械，肆行抢劫，不法已极。那彦成等业将先后拿获各犯审明按律办理。各案逸犯赵牙信、韩百林、赵五等，著仍开列年貌、住址，严饬各该属严缉务获，毋致一名漏网。其黄魁添、蒋家娃二犯讯明均止迭次行窃，并未与麻木沟等伙抢，应分别拟军，著即照例咨部核办。至所称：二十四旗中惟郡王沙克都尔属下偷窃抢劫之案为多，甚至其台吉藏根等均犯抢劫。又贝勒尖巴礼属下抢窃亦多，拟俟查明，将该王、贝勒斥革，另议承袭，以示惩戒等语。蒙古等被汉奸勾引，窃劫犯案滋多，该郡王、贝勒不能严加约束，咎有应得。如果查明实有豢贼窝赃确据，则是该郡王等作奸犯科，不遵法律，自应从重惩治。若其咎止于失察，遽将该王、贝勒斥革，另议承袭，该督等虽为整饬边务起见，但似此办理未免过当，不足以服蒙古之心。著那彦成等详悉斟酌，该王、贝勒于所属窃劫之案，是否仅止失察，务须查明定例，奏明办理，不可稍有偏倚。将此谕令知之。"

（宣宗朝卷四七·页三〇下～三二上）

○道光三年（癸未）正月癸酉（1823.2.13）

谕军机大臣等："那彦成等奏河北野番及察罕诺们汗全数回巢并酌移河南四旗蒙古各一折。青海黄河以北屡经番族占据，察罕诺们汗一旗复勾结汉奸伙同抢掠，经那彦成等设卡防堵，断绝粮茶，并访获汉奸巨盗及偷挖金沙各犯分别惩治。现据察罕诺们汗稽颡乞命，所属蒙番全数押回河南贵德原牧。各族野番势已穷蹙，自可宽其一线。惟河北不可复留野番一人，使汉奸、蒙古无可假借，方为正本清源之道。所有偷住河北之贵德、循化各番族共一万七八千人，现已全数回巢。著该督等派委干员即将河南各族野番逐一编查，设立千户、百户等，分别管辖，仍各按户口与蒙古一律易买粮茶，由各族千户就近代为请票。如有为匪不法及偷渡河北之人，即不准请票易粮，并著于野番南渡时，查明本系何族，即交该族千、百户递管安插。各处渡口分派把守，倘有一人私渡，即将该千、百户一律治罪。该番族经此次惩创之后，管束既严，门户亦别，其势愈分，其力愈弱，自属一劳永逸之计。其请将该番族比照玉舒番子之例立定贡马章程，于约束之中仍寓羁縻之意，著即妥议章程具奏。至另折奏：河南四旗蒙古扎萨克郡王达什仲鼐等，较河北各旗稍为富强，因屡被野番贺尔族侵掠，不遑安居，请迁居河北助勒盖一带，酌给口食，并派循、贵营员沿途护送等语。该四旗蒙古游牧河南已久，此时若令移居河北，是先示番贼以弱。如移驻后，该蒙古不能自固藩篱，或番贼复行渡河抢掠，仍恐不能相安。此事务当筹画万全，不可轻议更张，致将来又滋流弊。其河北原住二十四旗蒙古，除台吉恩开巴雅尔一旗尚堪自卫外，余二十三旗扎萨克大半避入内地，并有散处边内插帐住牧及沿途乞食者，自应妥为安置。所有各旗蒙古散失户口，著该督即饬令各府、州、县于编查边内居民保甲时，查明该蒙古姓名旗分，分起押交各该旗王、公、台吉领回住牧。其实系穷苦无依者，如捐赏口食银两尚有不敷，即著奏明酌发赏需，以资接济。该督等务须妥为经理，使内地不得存留蒙古，亦不使蒙古界内私藏汉奸，俾各安生业，永靖边陲，方为不负委任。将此谕令知之。"

陕甘总督那彦成等奏："查西宁甘、凉、河、肃一带先后安设卡兵四千余名，现在野番全数回巢，自应撤回以节经费。惟刻下查拿汉奸及将来蒙古归牧，均须官兵弹压，所有河州、洮州、巴燕戎格各处卡兵自应全撤，其甘、凉、宁、肃一带，于岁底撤十分之五，二月再行全数撤回。"报闻。

（宣宗朝卷四八·页七下～一一上）

○道光三年（癸未）二月壬寅（1823.3.14）

谕军机大臣等："那彦成等奏据循、贵文武各委员将回巢之察罕诺们汗属下及野番各族逐细编查，已查出历年抢劫官马、赃物及熟番妇女。现将渡口交各番头目看守，并遵旨将河南四旗蒙古仍留原牧等语。回巢各番散处河滨，欲其不渡河北，全在地方文武员弁实力稽查，周详妥善，俾野番自然慑服，乃可历久相安。那彦成等此次督饬查办，河北实已肃清。其叩头悔罪看守渡口之番目等承充户总并未赏给顶带，亦未另予赏号，著俟一二年后，如果野番绝迹，再行奏请赏给顶带。并著嗣后责成西宁镇道于春秋二季轮往循、贵，点验门牌户口，如有一户逃亡，即向该管户总严追下落。倘系潜渡河北，询明住所，飞报西宁大臣总督衙门立往擒拿，严切究办。编查番族为边疆要务，那彦成等务当按照奏定章程，饬属奉行勿怠，不可日久视为具文，以致番族觊觎复行偷渡也。将此谕令知之。"

（宣宗朝卷四九·页三下～四下）

○道光三年（癸未）二月壬戌（1823.4.3）

谕军机大臣等："那彦成等奏各旗蒙古全数出口，仍严拿贼犯，并请赏口粮以示怀柔一折。青海野番伙劫，经那彦成等先将汉奸巨盗麻木沟、赵牙信等查拿净尽，察罕诺们汗亦皆驱逐过河。其蒙古贼犯除分别拟罪鞭责管束外，尚有未获各犯三十余名。著那彦成等分饬将弁前往各旗，将逸犯名字开单坐索，务令擒献，毋任一名漏网。其丹木扎等旗献出贼犯曲古等七名，著那彦成等照例办理。至郡王车凌端多布等二十四旗扎萨克，请借银数万两以为赈恤之用，仍在应领俸银内分年扣还，经那彦成等面加驳斥，所办甚是。惟作贼之蒙古，法所必惩，被害之蒙古，情尤可悯。甘肃沿边州、县仓贮青稞甚多，每石例价不过五钱，除出借籽种、口粮外，不能搭放兵粮，将来总归减价粜卖。著将青稞三万石，赏给贫苦蒙古。那彦成等即行文各旗扎萨克、王、公、台吉等，令将贫穷蒙古据实册报，委员复查，发给赈票。并酌量沿边附近州，县将仓贮青稞运至卡伦，设厂放领，运脚、厂费及陆续散放炒面，均著核实支销。其贫穷蒙古大口酌给青稞一石，小口酌给青稞五斗。著派道、将大员即在各卡伦监放，妥为经理。倘有赢余青稞，仍归仓存贮，事竣报部核销可也。将此谕令知之。"

（宣宗朝卷四九·页二八下～二九下）

○ 道光三年（癸未）三月庚午（1823.4.11）

谕军机大臣等："那彦成等奏请定商民与蒙古贸易章程，并封闭边外金厂。西宁、凉州等处，向来商民携带货物，由西宁办事大臣衙门给票出口，径赴蒙古游牧贸易，既不指定地方，去来亦无期限，以致汉奸混杂，并夹带违禁器物，于边陲大有关系。惟念蒙古以游牧为业，若将羊客禁绝，诚恐生计日艰。如漫无稽察，又复诸弊丛生。该督等请严立章程，明定地界，自应如此核实办理。嗣后毋论何州县羊客与河北蒙古及河南蒙古、番子交易，即以现定地界为限，不许径赴蒙、番游牧处所收买。至甘、凉、肃州羊客，准由野马川沿边一带行走，先行报明西宁办事大臣衙门，分别给发大票、小票，逐一注明，严定期限。由西宁府知会各提、镇，饬知守卡弁兵据实查验，无许浮冒。其蒙古羊只，每年定以四月至九月，按照指定处所售卖，事竣不准逗留，以杜弊端。至河南番族出售羊只，并饬循、贵两厅于贸易时照给票之例办理。此外甘州之野牛沟、肃州之赤金湖等处向有汉奸偷挖金砂，现经该督等严拿查禁。惟大通县属之札马图官金厂，该匪徒等难保不乘间潜往开采，著即严行封闭。所有应纳正撒课金二十八两零，即停其交纳。此项人夫纠聚已久，该督等务须妥为安插，无致流而为匪。倘经理不善，仍有匪徒混迹偷挖，致生事端，惟该督等是问，将此谕令知之。"

又谕："那彦成等奏堪布喇嘛并玉舒、德尔格等番族进口出口严查携带汉奸一折。西藏班禅额尔德尼及达赖喇嘛每年遣使堪布入都进贡，呈递丹书克，其商上人等所带货物、人数本有定额。近来奸徒夹带，并有蒙古、番子勾结滋事之弊。现当惩办汉奸、驱逐番帐，自不容听其混迹。嗣后堪布等进京，由驻藏大臣饬将正、余各包及货物照例造册，仍将同行喇嘛及跟役并商上人等先期咨会陕甘总督及西宁办事大臣，俟到丹噶尔时，该主簿具报该督等会同委员，按册查点，方准进口；回藏时亦饬令造册查点出口，不许逗留夹带。该堪布到藏，由驻藏大臣照册查点。如有汉奸朦混，即照无票出口例办理。该督等接奉此旨，即咨明驻藏大臣一体遵照。其玉舒、德尔格等番族贸易，将货物交官歇家售卖更易滋弊。该督等奏请嗣后番族到口，由丹噶尔主簿报明委员会同营弁，带领歇家查明人数，方许进口。仍令出具甘结。其出口时委员查点放行。奸民夹带除严办本犯外，歇家等一体治罪。俱著照所议行。将此谕令知之。"

（宣宗朝卷五〇·页一上~四上）

○道光三年（癸未）三月辛巳（1823.4.22）

谕内阁："那彦成等奏请赏给野番各族千户、百户、百总并防河蒙、番青稞一折。循化、贵德野番向系分族而居，本无统束，故易于偷渡河北，散漫无稽。现据那彦成等编查户口，分立千户、百户、百总，令其递相管辖。稽察各族番子，易买粮茶，由该千、百户等代为请票。遇有为匪不法者，责令擒献究办。兹该督等奏称野番之千、百户等现在均知管束番众，复献贡马，察其情词肫恳，洵为慑伏归诚，自当量予恩施。所有该番目等果能始终不懈，著每年千户一名赏给青稞十二石，百户一名赏给青稞八石，百总一名赏给青稞四石。至循、贵黄河渡口二十处，责令察罕诺们汗旗下图萨拉克齐等及野番千、百户等把守，亦当分别赏罚，以示劝惩。其最要渡口如果一年无偷渡之人，赏给青稞二十石，次要渡口赏给青稞十五石，又次要渡口赏给青稞十石。倘防守疏懈致有偷渡又匿不举报者，查出由何渡口偷渡，即将把守之图萨拉克齐及千、百户等斥革严办。该野番千、百户及防河图萨拉克齐等经此次特加优赉，生计有资，当知感知畏，认真效力，方得长邀恩赏也。懔之！"

以办理番案妥速，予陕甘总督那彦成议叙，馀升用、赏衔有差。

（宣宗朝卷五〇·页一八下~二一下）

○道光三年（癸未）四月癸丑（1823.5.24）

以甘肃番案事竣，命发往甘肃差遣之降调直隶布政使屠之申仍回直隶，以道府用。

（宣宗朝卷五一·页一六上~下）

○道光三年（癸未）十月庚子（1823.11.7）

　　陕甘总督那彦成奏："蒙、番、回众均极安谧，并将公呈译奏。"

　　得旨："蒙、番、回众果能长此畏威怀德，边徼无事，则是长龄同卿莫大之功也。嗣后仍当随时留意相机料理，以期永靖边陲，慎勉而行。"

　　以查办番案出力，赏苏拉喇嘛罗布藏达喇嘛职衔。

（宣宗朝卷六〇·页五下）

○道光三年（癸未）十二月丙午（1824.1.12）

　　又谕（内阁）："那彦成等奏审拟番子谋杀本管百户一折。此案塔绪格系百户洛藏端住本管熟番，辄敢挟仇蓄谋，将该百户用刀扎毙，实属胆大藐法。该督于审明后，即应恭请王命，明正典刑，俾番众咸知儆戒，可毋庸请旨定夺。塔绪格著即处斩枭示。"

（宣宗朝卷六二·页一三下～一四上）

○道光四年（甲申）闰七月辛丑（1824.9.3）

　　又谕（内阁）："那彦成等奏酌添边要塘汛一折，西宁镇属千户庄汛至贵德营相距遥远，自应添设塘汛，以重边防。著照所请，自千户庄至阿什贡，著添塘汛一处，拨南川营属兵丁十名防守，阿什贡至贵德官渡，著添塘汛三处，拨贵德营兵三十名巡缉。此次新添墩塘，现据那彦成等奏明由营捐修。嗣后岁修之需，仍照例归地方文员办理，以昭画一。该部知道。"

　　又谕："那彦成等奏蒙古喇嘛出口请酌定章程一折。青海地方，自上年驱逐野番后，恐有汉奸私贩粮茶，经该督等奏定章程，沿边各营卡严禁无票之人，不准出口。惟北口各部落蒙古喇嘛十人以下无票赴藏熬茶者甚多，若概令由原处请票，非所以示体恤。然现当立法严禁之时，亦未可令无票之人任意出入。著照所请，嗣后凡有北口各部落蒙古喇嘛赴藏熬茶十人以上者，仍留原处请票；十人以下无票出口者，由西宁何处营卡行走，即责令该卡官弁详细查验人畜包物数目，报明青海衙门，核给执照，一面移咨驻藏大臣查照，将票缴销。回时由驻藏大臣发给路票，在青海衙门查销，以免繁扰而昭慎密。"

（宣宗朝卷七一·页一四上～一五下）

○道光四年（甲申）十一月庚寅（1824.12.21）

谕内阁："那彦成等奏酌派总兵巡哨番地并派兵防河一折。河北蒙古游牧地方，水草茂盛，现值冰桥冻结之时，野番尤易偷渡，虽设有防河千、百户等，仍须官兵巡缉。据该督等奏除照上年防河章程派拨西宁、河州二镇属兵丁四百名，选派将弁数员分布河干防范外，并酌派西宁、河州二镇各带弁兵百名，亲赴番地，抽查保甲，游巡渡口，至冰桥融化后再行撤回。办理甚属周密。著该督等严饬该镇认真会哨，随时稽查，毋任该千、百户等稍有疏懈，以杜奸萌而靖偷渡。不可有名无实，日久视为具文也。"

（宣宗朝卷七五·页一上～二上）

○道光五年（乙酉）二月癸亥（1825.3.24）

又谕（内阁）："那彦成奏会哨事宜请专责成一折。甘肃沿边一带山多路杂，每年每季令提、镇大员等前往会哨，自应实力巡查。据该督奏称近来会哨各员往往惮于跋涉，即由平坦大道前行，诚恐日久偷安，渐致有名无实。著照所请，嗣后每年每季会哨时，于派定地方后，即责成甘州提督就近实力稽考。如有任意怠玩者，由该提督揭报，著该督随时指名参办。仍令不时派人密查，倘有前项情弊，提督不行揭报，即一并严参。统俟一年会哨完竣，再将有无潜匿汉奸、偷挖金砂之处，于次年春间，令该提督自行汇奏，以重边防。"

（宣宗朝卷七九·页八上～下）

○道光五年（乙酉）六月戊辰（1825.7.27）

又谕（内阁）："那彦成等奏边要地方请拨添弁兵，增设塘汛一折。甘肃西宁镇属之康家寨堡为汉、回、番民杂处之区，且山后插帐野番往往勾结熟番乘间出没，地方最为紧要。据该督等查明，该处旧设弁兵除分拨屯防守卡分巡外，该营堡存兵无多，不足以资防缉。著照所请，准其在该镇属标路各营抽拨经制外委一员、马步守兵五十名，连原设额外外委马步守兵共有一百一十五员名，于控制、缉防两有裨益。其巴燕戎格厅属之日兰木地方，为河北渡口要津，南岸野番尤宜加意防范。并著准其于该处添设塘汛一处，就近派拨巴燕戎格营外委一员、兵十名。随时更换稽查，务期周密，毋得日久生懈。馀著照所议办理。该部知道。"

（宣宗朝卷八三·页二一下～二二上）

○道光五年（乙酉）十二月癸丑（1826.1.8）

谕内阁："鄂山等奏：偷渡河北番贼歼擒殆尽。讯据活贼供称，偷渡番贼七八十人，屡被官兵追剿擒捕，现止剩十二人，分为两起奔窜等语。此时亦不值再劳兵力深入穷搜，著照所请，即令防河官兵以防代捕。将派出西宁、河州二镇兵四百名、官二十员，并察罕托洛亥等处防所例拨添拨兵四百名，交防所副将统领，分布驻扎，备御偷渡野番，即便巡缉逸贼。所有该总兵原带官兵即撤回归伍，以节糜费。防所千总郭逢泰著即褫革，在防所枷号两个月，以示惩儆。副将胡超著从宽免议。"

（宣宗朝卷九二·页一下～二上）

○道光六年（丙戌）三月壬寅（1826.4.27）

谕内阁："杨遇春等奏审办偷渡番贼一折。河北番贼自悉数驱逐后，仍有偷渡抢劫之案，均经随时拿获，于审明后立行正法。兹据该署督等奏称拿获偷渡番贼却什布加一名，请照历次成案办理。是否业经正法，未据声叙明晰。如该犯尚在羁禁，著该署督等即委员监视处决，仍枭首传示河南察罕诺们汗旗地方，以昭炯戒。该部知道。"

（宣宗朝卷九六·页二八下～二九上）

○道光六年（丙戌）六月乙卯（1826.7.9）

又谕（内阁）："杨遇春等奏筹议西宁口外防河巡哨经费章程一折。西宁口外地方辽阔，路径纷岐，前因野番甫经回巢，尚须稽察防范，每年六、七、八、九等月酌派防所官兵三四十员名在青海东南一带小游巡数次，夏冬二季于新设察罕托洛亥驻防兵内挑派三百余员名在青海南北一带大游巡二次。嗣将夏季游巡裁撤，其冬季仍复派巡。巡毕之后，把守冰桥渡口，仍于西宁、河州两镇派拨官兵四百余员名，分布河干防守，俟冰桥融化撤回。又每年四、七、十月派令循化、贵德二厅营出口前往河南番地编查保甲门牌，会哨稽巡。所有一切官兵口食、驮脚等项，将原设会哨经费银五千两留存支销。兹据该署督奏明，历年支销每形短绌，河南各族野番近来颇知敛迹，河北地方亦就肃清，筹议裁减章程。著照所请，将冬季大游巡一次即行停止，小游巡照旧按月派防外，其余八个月仍令防所弁兵每月游巡一次，前定驮载银两无庸删减。至冬令防河官兵，西宁、河州二镇著少派兵二百名，即在防所兵内多派二百名，以符定数。循化、贵德二厅出口稽巡前定每年各给银五百两，著减为四百两，统自道光六年为始，按照现定章程，每年以五千两为率，不准逾额，以示限制。其节年不敷之项，除筹捐外，惟道光三年分动支李世修货物变价报部充公银三百四十六两零，著准其开销。该部知道。"

（宣宗朝卷九九·页六上～七下）

○道光七年（丁亥）正月甲申（1827.2.3）

署陕甘总督鄂山等奏："野番乘隙偷渡黄河，抢劫青海蒙古牲畜，现在酌派官兵追捕驱逐。"报闻。

（宣宗朝卷一一三·页一一上）

○道光七年（丁亥）二月辛亥（1827.3.2）

谕军机大臣等："本日据理藩院奏：后藏年班堪布谢呼嘉木赞呈报，接据西宁栋廓尔地方留牧牲畜之喇嘛等信称，上年十月突有番贼无数，将喇嘛等牧放之毛牛、骡、马三千八百余头匹尽行抢去，并抢帐房等物，牧放牲畜之喇嘛、俗人等间被枪伤等情，喇嘛等年班事竣，差旋在迩，恳速行严缉等语。前据鄂山、穆兰岱奏，野番偷渡分股抢掠各蒙古牲畜，并劫夺进京堪布留该处牧放之牛只，业经添派总兵荣玉材等跟踪追剿，杀贼一百五十余名，夺回马、牛、羊、驼三万有奇，已逾原报所失赃数十分之六七。传令各事主均匀分领。该堪布此次呈报自系尚未得信，或未经全数追给，著鄂山、穆兰岱再行确查该喇嘛原报所失毛牛、骡、马三千八百余头匹并帐房等物是否全数追获给领。如尚未全获，即严饬员弁勒限追捕务获。该堪布等不日起程，务先期妥为筹办，俾得随到随行，毋许稍有延玩。倘搜捕不力，致令远人失所，必将鄂山等惩处不贷。将此各谕令知之。"

（宣宗朝卷一一四·页八上～九上）

○道光七年（丁亥）三月乙酉（1827.4.5）

署陕甘总督鄂山等奏："偷渡野番全数驱逐回巢，现在河北地方极其静谧。"报闻。

（宣宗朝卷一一五·页八下）

○道光七年（丁亥）五月癸巳（1827.6.12）

以甘肃西宁缉捕贼番出力，予永安营游击马鸣谦等加衔升叙。畏葸不前之左营守备任飞熊等革降有差。

（宣宗朝卷一一七·页二六下～二七上）

○道光八年（戊子）三月甲寅（1828.4.28）

又谕（内阁）："鄂山等奏查明防堵野番出力各员，请分别鼓励一折。青海蒙古地方每年派拨防兵巡查保护，即令防堵严密，野番不敢渡河肆劫，亦该员弁等循分尽职之事，非戮力疆场者可比，何得率请尽先升擢？姑念稽查究属认真，亦未便没其微劳，所有奏请升用加衔之游击马鸣谦、阿克敦保，署游击都司富森布，千总米兆禄、王永贵、赵玉俭，著与副将周佐胜、游击丁玉柱、都司杨福增、守备徐戊麟俱交部议叙。该督等仍当于每年派防时严行饬谕该弁兵，务须认真巡察，不得以照例防堵无可邀功，辄欲喜事见长，别滋衅端，尤不可因此视为具文，稍存疏懈，致虚边备。"

（宣宗朝卷一三四·页一四下～一五下）

○道光八年（戊子）十二月丁亥（1829.1.26）

以驻防西宁口外察罕托洛亥地方击捕野番出力，准游击马鸣谦以副将尽先升署。

（宣宗朝卷一四九·页一五下）

○道光十年（庚寅）四月辛酉（1830.4.25）

以防御野番出力，予陕西副将马鸣谦等议叙；赏加咱族千户什噶洛、千布录族千户完的花翎，刚查族千户完的塔尔蓝翎；馀加衔升补有差。

（宣宗朝卷一六七·页三上～下）

〇道光十一年（辛卯）三月庚申（1831.4.19）

谕军机大臣等："据恒敬奏：察罕托洛亥地方驻防蒙古官兵五百名，向系分作四班，按四季轮流更换，兹据右翼正盟长郡王棍楚克济克默特禀称，兵数太少，不敷分派，请将原派蒙古兵五百名分作两班，一班二百五十名，以五十名递送文报外，其余二百名随同官兵操练等语。此项官兵果能认真操练，将来技艺娴熟，该蒙古借资捍卫，足以自强，岂不大有裨益。现在恒敬业已前往察罕托洛亥地方，著察看情形，是否可期日久得力，会同杨遇春酌议具奏。将此谕令知之。"

以防御西宁野番出力，陕西副将马鸣谦等下部议叙。

（宣宗朝卷一八五·页一〇下～一一上）

〇道光十二年（壬辰）三月丙寅（1832.4.19）

谕内阁："杨遇春等奏查办黄河南北蒙、番事宜一折。据奏青海二十九旗内，扎萨克喇嘛察罕诺们汗一旗应查户口细数。缘该诺们汗身故，该图萨拉克齐年幼不能护理，将印信暂行收贮，所有该旗现存之户逃往各族，一时未能清查。著准其暂缓造册，饬令该旗将逃户收回，再行查办。"

又谕："杨遇春等奏酌议察罕托洛亥驻防官兵请按二年更换一折。此项换防官兵，前经该督等议请一年期满统归四月一班更换。兹据查明同时全换，其新到之兵，一切情形未能熟悉，自应酌为变通。著照所请，所有该处防兵一千名，仍分作两班，按二年更换。今岁四月更换之际，著即留一半，至十三年四月作为二年期满。其今岁四月到防弁兵，应计至十四年始到班满之期，俾资熟手。"

以甘肃防河镇静，予陕西副将马鸣谦等议叙。

（宣宗朝卷二〇八·页五下～六下）

〇道光十二年（壬辰）五月乙卯（1832.6.7）

陕甘总督杨遇春奏："野番投诚，请援照旧章酌给番目土夫旦百户顶带。并令该番拣选明白懂事之老民充补百总、什总，递加管束。"报闻。

（宣宗朝卷二一一·页一九下）

○道光十二年（壬辰）五月丙辰（1832.6.8）

谕军机大臣等："昨据杨遇春等奏：贵德卡外思昂拉千户所管八大族住牧循化卡外地面，内有杨弄、古弄、录弄、铁哇、合尔哇、东什当、水乃害各番聚集多人，骑马持械，各路强劫，当即饬委署循化同知州、判夏曰瑚等带领撒拉回民一千名，汉、土弁兵三百名前往弹压。该番等胆敢抗拒，枪毙撒拉回民二名。该署同知等督率汉、土官兵开枪轰击，打毙番贼六名，烧毁房屋数十间，番贼等逃窜入山，经撒拉回民就近搜捕，杀毙番贼十五名，带伤逃跑者十余名，经该文武各员派委土千总杨万士等，唤出该族总管千户观木却合，谕令献出积匪并拒敌番贼二十名，出具永不为匪抢劫甘结等语。朕闻撒拉回民赋性犷悍，时常械斗，素非安静之徒，向来卡外小有不靖，从未派令前往拒敌。诚以用其力而不稍示以恩，必生怨望，若遽加以奖励，而若辈自恃为国出力，其恣肆又有不可胜言者。且回性贪婪，恐未易满其觊觎之意。倘此端一开，将来该回、番等互相寻衅仇杀，尤不成事，流弊所滋，不可不防之于始。此案事属既往，姑勿深究。至此次派用撒拉回民是否系恒敬一人主见，抑曾与该督往返札商，著杨遇春确察情形，有无滋弊，及究系何人主见之处，据实明白复奏。将此谕令知之。"

（宣宗朝卷二一一·页二二上～二三下）

○道光十二年（壬辰）七月乙巳（1832.7.27）

又谕（军机大臣等）："前据杨遇春等奏贵德卡外思昂拉番族抢劫，派用撒拉回民弹压搜捕。朕思撒拉回民赋性犷悍，向来卡外小有不靖，从未派令前往拒敌。当降旨令杨遇春将此次派用撒拉回民究系何人主见，据实复奏。兹据奏，恒敬酌派兵、回前往后始行札知该督。是此次派用撒拉回民，自系恒敬一人主见，不知事体之轻重，实属冒昧，著传旨申饬。嗣后如有卡外抢劫等案，不得派用回民，仍令报官查办，以杜流弊。将此各谕令知之。"

（宣宗朝卷二一五·页三下～四上）

○道光十二年（壬辰）九月癸丑（1832.10.3）

又谕（内阁）："杨遇春等奏贼番偷渡抢劫，拒伤官兵，现设法查办一折。此次河南贼番加咱等四族胆敢于噶布古僻静河沿地方扎筏偷渡，将附近各旗牧放牲畜肆行抢掠。当经驻防都司宁显文带兵往捕，致被拒伤官兵。适统领防兵永安营游击冉贵带兵在卡巡查，遇贼接仗，杀毙数贼，夺获牛羊三千余只。现饬弁兵分路搜缉。游击冉贵系统领防兵之员，于贼番偷渡失于防范，未能先事觉察，都司宁显文带兵往捕，不知慎重，致伤官兵，均有应得之咎，著一并交部议处。该督等即饬署河州镇总兵副将马鸣谦带兵五百名，督同循化、贵德二厅营酌带马步兵三百名，亲赴防所，督饬追缉。并著落该管千、百户勒献正贼，将抢掠牲畜悉数呈缴。所有拒捕贼番务期按名弋获，尽法惩治，毋使漏网。冉贵、宁显文仍责令带兵上紧搜捕，俟完案后再同失察之该管千、百户及伤亡官兵另行分别办理。"

（宣宗朝卷二一九·页二七下～二八下）

○道光十四年（甲午）三月丁卯（1834.4.10）

谕内阁："杨遇春奏请减会哨次数以节糜费一折。甘肃沿边一带地方山多路杂，易于藏奸。向派甘州、凉州、西宁、肃州各提、镇并副、参、游击等员各带弁兵，按月前往各要隘处所分别会哨，统计每年会哨十二次。兹据该督查明沿边地方连年颇属乂安，其扼要之扁都口外又设有察汉俄卜营制，足资弹压巡防，所有每年会哨次数自应酌量裁减。著自道光十四年为始，每年春季三月提、镇会哨一次，夏季六月永安、洪水、镇番、镇夷甘标各营游击会哨一次，秋季九月镇海、永固、永昌、金塔、甘州城守各营副将、参将会哨一次，冬季十二月仍令永安、洪水、镇番、镇夷甘标各营游击会哨一次，统计每年会哨四次。其余八个月仍责令各该营，各于所管地方照旧派令妥干弁兵按月周历巡查。倘敢怠玩从事，致有奸匪潜匿境内者，立即严参惩办，毋稍宽贷。"

（宣宗朝卷二五○·页五下～六下）

○道光十六年（丙申）十一月丙午（1837.1.3）

谕军机大臣等："据瑚松额奏野番图抢厂马，聚集二百余人，骑马持械，直扑野马川。经署提标右营游击周进保率领弁兵奋力堵御，该贼番施放连枪，敢行抗拒，迨官兵开枪轰击，伤毙贼番多名，始各畏惧逃逸。厂马并未被抢，查点官兵亦有伤毙等语。野马川地方与大通河迤南边外野番插帐之区较近，防守不可不严。此次该贼番图抢厂马，胆敢聚众肆劫，迨经官兵擒捕，复敢放枪，伤毙兵丁，情殊可恶，必应惩办以儆凶顽。周悦胜现已调补甘肃提督，其应如何挑挖沟濠、侦缉正贼之处，著瑚松额于该提督赴任时详悉告知，会商妥办；并著严饬沿边各营，务将各要隘加意防范，勿任野番再行阑入，致有马厂被扰情事。所有伤亡兵丁陈九林等，著该督查明咨部照例办理。该署游击周进保、把总潘国祥被伤轻重情形，亦著查明据实具奏。将此谕令知之。"

（宣宗朝卷二九一·页四三下～四四上）

○道光十七年（丁酉）三月戊子（1837.4.15）

以缉捕番贼出力，赏扎萨克台吉集克默特旺舒克等花翎，蒙古兵丁阿立达尔等蓝翎，青海衙门金顶头目何士攸六品顶带。

（宣宗朝卷二九五·页一二下～一三上）

○道光十七年（丁酉）六月庚戌（1837.7.6）

又谕（内阁）："前因野马川地方与大通河迤南边外野番较近，防守宜严，降旨令瑚松额于周悦胜到任后会商妥办。兹据该督议将河北坡岸立栅把守，并于山崖量设墩卡，酌派兵弁，及将各营厂马归并，牧兵分半护群，均著照所议办理。其缉捕受伤之署游击周进保，著以应升之缺升用。把总潘国祥著以千总升补。该督仍当饬属设法侦缉正贼，务获究办，该部知道。"

（宣宗朝卷二九八·页五上～下）

○道光十八年（戊戌）九月丙寅（1838.11.14）

谕内阁："瑚松额奏贼番图抢马厂，戕毙弁兵一折。甘肃省卡外贼番胆敢白昼突至肃州镇界内，图抢厂马，拒伤弁兵，情殊凶恶。著该督即饬该镇选派弁兵驰往该处，协同厂员设法侦缉，正贼务获，严行惩办。布隆吉尔营把总马奉恩首先追捕，致被枪毙，殊堪悯惜。著加恩照例赐恤，以昭激劝。"

（宣宗朝卷三一四·页三五上～下）

○道光十九年（己亥）三月癸亥（1839.5.10）

青海大臣苏勒芳阿奏："遵旨将察罕诺们汗一旗移住河北。"报闻。

（宣宗朝卷三二二·页二〇下）

○道光十九年（己亥）七月甲寅（1839.8.29）

又谕（内阁）："讷尔经额奏番贼抢掠蒙古，盟长带兵攻击，并请将巡缉疏懈各员摘去顶带示惩等语。青海地方突有番贼抢去蒙古牲畜，经该盟长扎萨克郡王车凌端多布带兵追击，枪毙番贼五名，夺回牲畜，并夺获马匹，番贼逃遁。车凌端多布遇事奋勇，实属可嘉，著加恩赏用紫缰，仍交部从优议叙。至该处汉兵卡伦副将等官，职司巡缉，何至任贼番抢及卡伦伤毙兵丁，事后又不能捕获凶番，疏懈已极，不可不加以惩创。所有代理察汉城副将事都司穆精阿、候补都司李冲、孔元均著实降一级调用，并摘去顶带。其由西宁派往协缉之署贵德营游击都司马进禄，著摘去顶带，以观后效。馀著照所议办理。该部知道。"

（宣宗朝卷三二四·页二八上～下）

○道光二十一年（辛丑）七月乙卯（1841.8.19）

谕内阁："恩特亨额奏贼番图抢营马，经官兵捕逐出卡一折。此案卡外贼番胆敢于白昼突至香沟河图抢营马，迨经官兵堵御，复敢逞凶抗拒，伤毙官弁兵丁，凶恶已极。著恩特亨额、马腾龙赶紧选派得力弁兵，严缉正贼，务获惩办，不得借口贼已远遁，任意疏玩。并严饬沿边营汛加意巡防，毋再任令窜入滋扰。署察汉俄博营都司事南川营都司刘大庆、察汉俄博营把总马三元一闻贼匪窜入，驰往堵御，致被戕害，著该部照例议恤。其阵亡、受伤官兵，一并咨部照例办理。署永固协副将循化营参将赓音未能先事预防，著交部议处。"

（宣宗朝卷三五四·页二下～三上）

○道光二十二年（壬寅）十月癸未（1842.11.10）

谕军机大臣等："富呢扬阿奏贼番分股图抢，戕害弁兵，现经官兵捕逐出卡一折。此次贼番敢于白昼麇至，图抢马厂，劫掠居民，拒害弁兵，凶顽已极。现在果否遁归巢穴，抑仍在卡外附近潜匿，著富呢扬阿饬属严切根究，务得确情。并会同西宁办事大臣移行各提、镇及察罕托洛亥驻防副将，一体设法购线，严拿务获究办。并令沿边营汛及各营马厂经牧员弁加意防范，无任再有滋扰。此种野番犬羊成性，务令知所畏惧，不敢复出滋事，以安边境为要。将此谕令知之。"

（宣宗朝卷三八二·页一二下～一三上）

○道光二十二年（壬寅）十一月癸亥（1842.12.20）

谕内阁："富呢扬阿等奏野番窜至青海地面，设法搜捕一折。据奏：贼番二百余人在牛头俄博游奕，千总杨禄开枪轰击，殄毙贼番二十余人。追至哈拉哈兔山沟，复有贼番三四百人抄截官兵，杨禄因骑马中枪掀跌被害，副将马奉三带兵驰往应援，直压贼队，始各奔逸，其滋扰哈拉库图营贼匪亦经官兵放枪轰毙，余贼逸去等语。署西宁镇张锐查办松懈，捕逐失宜。且此次贼番沿边劫掠，该署镇及护副将马奉三不能先事预防，致贼深入，戕害兵弁，咎无可辞。张锐、马奉三均著交部议处。"

谕军机大臣等："富呢扬阿等奏野番窜入青海，设法搜捕一折，此次贼匪分股滋扰，戕害兵弁，实属异常凶狡，断不可任其得赃饱飏，以致番族效尤。该督现将张锐撤任，并饬令徐华清前往署理，统带弁兵，办理防堵事宜，所办尚妥。现届大雪封山，不值冒险深入。此等野番，抢劫是其惯技，若带兵将备怠玩从事，必致该番族等恃其凶狡，肆意滋扰。著明岁春融督饬徐华清体察情形，酌量多带精兵，设法剿捕，务将番贼、汉奸密为购线躏缉，毋任漏网。将此谕令知之。"

（宣宗朝卷三八五·页八下～一〇上）

○道光二十三年（癸卯）三月癸丑（1843.4.9）

谕军机大臣等："富呢扬阿等奏野番滋扰情形，现派提、镇捕逐，并亲往查办一折。据奏上年滋事野番，经官兵捕逐出卡后并未遁归巢穴，多在河北东信、群科、克克乌苏等处盘踞窥伺。该督等现派署总兵徐华清、站柱并提督周悦胜统带官兵三路并进，又令两翼蒙古及阿里克等族番各派蒙古、番兵作为乡导等情，布置尚为周妥，著即照议办理。倘贼闻调兵捕逐，遁归河南巢穴，该督拟令徐华清带兵在于河北游巡防堵，站柱移兵河南直压贼巢，勒令将积年滋事番贼逐名擒献，自可迅速蒇功。惟站柱移兵河南，徐华清在河北防堵，相离较远，声势不能联络，且站柱带兵直压贼巢，后路并无接应，亦属可虑。自应另派劲旅作为后路策应，以防抄袭窜突之虞。至以蒙古、番兵为乡导，尤应慎重，不可冒昧深入。该督请俟秋审事竣，借西路阅伍之便驰赴西宁，会同法丰阿、周悦胜妥为布置，亦著如所议行。另片奏：在甘肃藩库先行借动新疆备用款内存银十五万两，又借储备专款存银五万两，俟事竣后设法筹补。著准其先行借用，以应急需。即饬令兰州道唐树义等撙节动支，妥为筹办，毋任虚糜。将此谕令知之。"

（宣宗朝卷三九〇·页一〇上～一一上）

○道光二十三年（癸卯）四月乙酉（1843.5.11）

谕军机大臣等："富呢扬阿等奏西路官兵捕逐番贼连获胜仗情形一折。西宁野番窜至青海地面，分股肆扰，经该督前赴西宁会同法丰阿相机筹办，并派提督周悦胜等带兵剿办。副将庆和等于距红沟口三里许之大岔山地方追击贼匪，歼毙七十余人，复侦探另股贼匪，分兵驰往夹攻，枪毙二十余人，夺获鸟枪、马匹。现在该督酌带官兵，移驻察汉托洛亥防所，遥作声援，俾各提镇带兵前进，后路不至空虚，所办甚好。其甘、凉、肃等处扼要口隘著一律严密防范，如有贼番窜至，立即防堵截缉，毋稍疏虞。又，另片奏蒙古盟长及番子百户等挑补蒙古兵、番兵随同进剿。该蒙古等深明大义，踊跃急公，自当准其随营效力。惟卡外地险路遥，我兵不值穷追深入，务使该贼番畏惧兵威，不敢再至近边滋扰，并可酌量撤兵，即蒙古番兵亦可随时裁撤，办理方为妥善。又，另片奏代理永安营游击隆盛友将零股番贼三十余人歼毙净尽。著准其量予奖励。阿里克番目多锐带兵迎击，首先杀贼，著加恩赏给六品顶带，并赏戴蓝翎。所有此次进剿出力各员弁，著该督等于事竣后择其尤为出力者酌保数员，候朕施恩，毋许冒滥。将此谕令知之。"

（宣宗朝卷三九一·页一四上～一五下）

○道光二十三年（癸卯）五月甲寅（1843.6.9）

谕军机大臣等："富呢扬阿奏官兵捕逐野番情形一折。据奏：周悦胜两次胜仗之后，贼已闻风逃匿，聚集克克乌苏，拥众自固，拟即乘其乌合，一鼓歼除，会商周悦胜，分檄徐华清、站柱邀截夹击等语。览奏已悉。前有旨谕知该督等，卡外地险路遥，不值穷追深入，务使贼番畏惧兵威，不敢近边滋扰，即可酌量撤兵。现奏情形，自在未奉此旨以前。据称徐华清所带之兵月底准可接仗，其已未得手，此时当有确信。该督现驻将军台行营，该处为通番总路，足可联络声势，保护粮运。著就现办情形，通盘筹画，仍遵前旨，务令贼番畏威潜匿，不敢复扰边陲，即行撤兵蒇事。慎勿轻听将弁等贪功冒险之言，窃追深入，以致旷延时日，糜饷老师，是为至要。将此谕令知之。"

（宣宗朝卷三九二·页一二下～一三下）

○道光二十三年（癸卯）五月丙寅（1843.6.21）

谕内阁："富呢扬阿奏官兵剿捕贼番续获胜仗一折。贼番窜匿克克乌苏一带，经该督分饬提、镇各路搜捕，总兵徐华清、副将站柱带领官兵追击，在只黑底俄博地方接仗，先后歼毙贼番二百余人，堕落山涧跌毙者无算，余贼分投奔窜。所办甚好。徐华清、站柱先行交部从优议叙。所有此次出力各员，著该督查明酌量保奏，候朕施恩。其落涧伤亡之马兵邱必西，著该部照例议恤。"

（宣宗朝卷三九二·页一九上～下）

○道光二十三年（癸卯）六月戊寅（1843.7.3）

谕内阁："富呢扬阿奏官兵分剿番贼连获胜仗，河北地方渐就肃清一折。番贼自上次在只黑底俄博地方被官兵击散后，零股余匪在多滦沟、脑加木、麻里木等处山坳伏匿抗拒。经总兵徐华清等简带精兵，分路剿捕，前后歼毙贼番五百余人，堕崖落水者不计其数，余匪闻风逃匿。该督现驻四棵树地方，相度机宜，督饬各提镇在河北地方搜捕，以靖边隅。办理尚属妥速。所有在事出力各员弁，著富呢扬阿查明据实保奏，候朕施恩。凉州镇标中营经制外委何进宝首先抢上山梁，致被贼匪戕害，著该部照例赐恤，阵亡兵丁一名著一并议恤。"

谕军机大臣等："本日据富呢扬阿奏官兵分剿番贼连获胜仗，已明降谕旨，分别保奏议恤矣。又片奏玉舒拉布寺百长喇嘛、尼牙木错族百长化拉等派兵在边境防守，协同剿捕，又有德勒克族番则巴错洛愿带属番协同防捕自效等语。番族等闻野番窜至，自行防范，应准其协同剿捕。至则巴错洛久在曲玛瘴地方潜住，今闻大兵剿捕贼番，自带番兵，恳请效力，该督请即令该番追剿，以夷制夷，所奏不为无见。惟番性反复靡常，饥附饱飏是其惯技，将来或因剿捕立功别有恳求，亦未可定。该督惟当斟酌情形，固不可遽行拒绝，尤不可因借资番力，俾该番借口邀恩。现在野番逃赴玛庆雪山，道路险远，粮运维艰，我兵断不值穷追深入。该督仍当遵照节次所降谕旨，但令贼番畏慑兵威，更可酌量撤兵，以节军饷而辑边圉。将此谕知富呢扬阿、周悦胜，并传谕徐华清、站柱知之。"

（宣宗朝卷三九三·页六上～七下）

○ 道光二十三年（癸卯）七月辛酉（1843.8.15）

谕内阁："富呢扬阿奏河北近边肃清并河南番族畏法献贼，酌撤各路官兵一折。青海野番节次偷渡滋扰，上年捕逐出卡后多在河北一带盘踞窥伺。经该督奏明，会同提督周悦胜，派令署总兵徐华清等统带官兵分路痛剿，连获胜仗，贼番势穷逃散。该提督等督率弁兵在贡尔盖、乌兰水、公噶脑尔等处搜捕拿获匪匪多起，河北肃清。其窜匿玛庆雪山之贼经则巴错洛率众攻捕，又复窜回，适该镇徐华清等派兵继至，迎前奋击，把总萧进先、杨正才首先冲入贼队，该贼番腹背受敌，当经杀毙五十余人，生擒三人，贼始奔溃，复追杀二十余人，余俱落崖跌毙。即于歼毙各贼内认出著名贼首青木塔尔父子、头目奴科那啰、勒根增四人尸躯，夺获马、牛、羊只及帐房、器械各件。其生擒贼番三名，逐经讯明，抢劫多次，均系积年巨盗，即在军前枭示，以彰国法。至河南为番贼巢穴，经该督派员先往晓谕，复慑以兵威，各族番知感知惧，将逃回贼犯十名擒献，并结称嗣后再有窜归，随时送出等语。此次剿办野番布置妥协，迅速蒇功，朕心深为嘉悦。富呢扬阿著加恩赏戴花翎，周悦胜著赏加太子太保衔，徐华清著赏加提督衔，俱仍交部从优议叙。原派各路官兵现俱陆续撤回，其未撤之西河两镇官兵一千名，稽查余匪，俟大兵凯旋后，地方实在安静，再行就近归伍。"

又谕："富呢扬阿奏番族打仗出力恳请奖励一折。德勒克族番则巴错洛闻大兵剿捕贼番，带兵自效，追赶逃匪，在丹科地方接仗，与官兵两路夹攻，斩获甚众。现在大兵凯撤，该族番向义可嘉，则巴错洛著加恩赏给千户职衔，即令管束该处族番捍卫边境。该番族禀请内附，情词恳切，著即照王舒等族之例准其内附，归隶青海大臣管辖。所有应设百户分辖及岁纳马匹数目各事宜，并著富呢扬阿悉心妥议具奏。"

又谕（军机大臣等）："富呢扬阿奏官兵擒斩著名首贼，河南番族缚献逃匪，边境肃清一折，已明降谕旨加恩奖赏矣。此次河北贼匪经官兵擒斩多名，认出著名首犯，并由河南番族缚献逃匪，各番咸知儆畏，边境业已肃清。似此大加惩创，可望一劳永逸。惟番族出没无常，大兵凯撤之后，难保不伺我兵退复出滋扰。该督奏请将未撤兵一千名令站柱分领过河，徐华清仍驻忙多防范后路，稽查余匪。该处地方辽阔，徐华清、站柱所带兵勇是否足资防范，设遇番贼复出能否堵御击散，仍著该督体察情形，熟筹妥办，毋以此次剿办得手稍存怠玩。至一切善后章程，尤须斟酌尽善，务使番众怀德畏威，永杜边衅，方为不负委任。其争先冲突失足跌毙之外委刘运昌一员，及阵亡之则巴回子二名，并著该督查明应否赐恤，照例办理。另折奏德勒克族番禀请内附，此次既打仗出力，自应准其内附，已有旨如所请行矣。但内附之后，必须妥为抚辑，驾驭得宜，方可收守在四夷之效。著该督会同青海大臣悉心筹议，毋贻后患。将此谕令知之。"

寻奏："一、分设百户、百总、什总等番目，以资钤束；一、责成保护河北地方，用资绥靖；一、酌定贡马匹数，以肃体制；一、酌赏青稞，俾知鼓励；一、置买粮、茶，示以限制；一、清厘户口，以便稽考。"下军机大臣会部议。从之。

以剿办青海野番出力，赏甘肃道员唐树义，知府许乃安，知州邵煜，副将站柱，参将毛鸿鹏、吴珍，游击隆盛友、马麟、马进禄、朱成贵、韩仲档、李攀林，都司佈克慎、吉连、王集贤、周邦顺、陈桢，守备朱昞南、萧鸣章、赵玉俭、蔺呈莹、李友禄花翎，把总萧进先等蓝翎，馀加衔、升补有差。

（宣宗朝卷三九四·页二一上～二六上）

○道光二十三年（癸卯）七月癸亥（1843.8.17）

又谕（内阁）："富呢扬阿奏请将降调游击革职等语，所参甚是。马奉三前护察罕托洛亥驻防副将，因疏防贼番劫掠，奏经部议降调。兹据该督查明，该员人本平庸，办事疲软，上年禀报事件，查有掩饰、欺朦情弊，实属怯懦偾事。马奉三著革职，永不叙用。"

以剿捕青海野番出力，赏台吉武尔竟加布花翎，馀下部优叙。

（宣宗朝卷三九四·页二八下～二九上）

○道光二十三年（癸卯）九月壬午（1843.11.4）

谕军机大臣等："富呢扬阿奏：剿捕野番动用经费，除借领库银二十万两外，垫发银二千三百五十一两零，又将军台、会亭子设防筑堡等项另借库银二万两，请于总督藩司及各道、府、厅、州、县养廉内，无论正署，自本年九月起分作十年摊扣归款等语。著照所议办理。此项经费，免其造册报销。将此谕令知之。"

以剿办青海野番出力，赏甘肃守备李湖、千总续济花翎，把总王宗训等蓝翎，馀升叙有差。

（宣宗朝卷三九七·页一二下～一三上）

○道光二十四年（甲辰）三月庚午（1844.4.20）

谕军机大臣等："据德兴奏河北番贼偷渡分抢，当饬青海盟长派兵追捕。行至乌兔一带，遇贼十一人打仗，杀死五名，拿获六名。又于色尔开地方枪毙番贼二名，割获首级二颗。据擒获番贼供有千户完的他尔，所获首级认系灭什卡族贼首噶布藏等语。上年富呢扬阿等督兵剿办，声明河北近边肃清，河南番贼畏法献贼，将官兵陆续撤回，并留西、河两镇官兵一千名稽查余匪，何以此次复有番贼偷渡分抢之事？著富呢扬阿确切查明，据实具奏。将此谕令知之。"

以擒捕甘肃河北番贼，青海郡王车凌端多布等下部议叙；赏左翼副盟长贝勒罗布藏济木巴双眼花翎，台吉巴木巴勒达什隆都布、喇木棍策勒格扎勒、图萨拉克齐纳卷噶布藏、章京格窝花翎。

（宣宗朝卷四〇三·页四下～五下）

○道光二十四年（甲辰）五月己卯（1844.6.28）

谕内阁："前据德兴奏番贼偷渡分抢，经青海盟长派兵捕斩，当有旨谕知富呢扬阿确切查明具奏。兹据奏称：灭什卡族贼首噶布藏因与蒙古挟仇报复，偷渡行抢，至刚咱族千户完的他尔因被该管厅员责处，欲请移居河北，并非作贼偷渡等语。上年因各族番匪踞肆扰，经该督派兵驱逐回巢，均知敛迹。乃该贼首噶布藏于大兵撤回以后，辄挟蒙古引路之嫌，过河抢劫，实属悯不畏法。此时贼首就戮，伙贼败回，自不值复派官兵深入搜捕。著该督饬知该总兵站住，于稽查番族户口之便妥为查办。并严行晓谕，此次余众姑从宽宥，嗣后如有续犯，即当悉数剿除。仍饬防所官兵随时防范，实力巡查，毋得稍有疏懈。至该千户完的他尔并无抢劫情事，因蒙古官兵猝遇，误致歼毙。其原获跟随之坦木住古等六名，著该大臣就近讯明，酌核办理。"

（宣宗朝卷四○五·页一一上～一二上）

○道光二十四年（甲辰）六月癸丑（1844.8.1）

又谕（内阁）："富呢扬阿等奏筹议派拨青海蒙古、番子、官兵协同驻防，官兵按季会哨章程一折。览奏俱悉。海南适中之贡额尔盖地方有上中下三路，俱能分抵防城。该处乃通番要道、河北咽喉，著照议分班管带防兵并蒙古、番兵按季定期出巡，前赴贡额尔盖游巡会哨。此项官兵等所需经费，除照例筹给外，其蒙古、番子、官兵自应酌给犒赏银两，以示体恤。准其将闲款银二千三百两仍查旧章每年解交青海衙门，移归新定游巡章程项下核明饬发。其每岁收支款目，免其造册报销。经此次议定章程，该督等务当严饬各官弁认真会哨，实力巡防，毋得虚应故事。倘试办一二年后，体察情形，如有不能得力必须变通办理之处，著该督会同青海大臣随时酌核，据实具奏。"

（宣宗朝卷四○六·页一四上～一五上）

○道光二十四年（甲辰）七月癸未（1844.8.31）

谕内阁："富呢扬阿奏番贼抢掠马匹，戕毙官兵，现饬追捕兜缉一折。据称：甘肃青木沟地方被贼番抢去牧马一千余匹，经官兵追捕，守备千贵复被戕害，旋于西河台夺获贼马，拿获番贼一名，并于草达坂击毙贼匪，将马匹全数夺回，余贼星散，现仍哨探缉拿等情，并另片奏满洲营牧厂有贼番突来，图抢马匹，官兵追缉，致将马甲忠祥等戕毙等语。上年因番贼肆抢，经该督等带兵剿办，声明河北近边肃清，河南各番畏法献贼，将官兵陆续撤回，并于善后章程内，将提、镇会哨之期改于六月。该番经大创之后，自当畏威敛迹，何以撤兵未久，且该提、镇甫经会哨，即至有牧马被抢，弁兵伤亡之事，著富呢扬阿据实明白回奏。署永昌协副将贾文秀、凉州镇总兵长年于牧马处所失事，不能预为防范，且番贼止一百余人，既经跟踪追捕，仍复任贼窜逸，非寻常疏防可比。长年、贾文秀著交部严加议处。富呢扬阿、周悦胜未能先事督防，著一并交部严加议处。所有逃窜贼匪，著该督督同该提、镇等赶紧设法分投侦缉，务须兜捕悉获，不准一名漏网。至此项番贼究竟系何族类，系由何处潜至，并著富呢扬阿确切查明具奏。守备千贵及马甲忠祥等追贼被戕，情殊可悯，著交部照例分别议恤。"

（宣宗朝卷四〇七·页一五下～一七上）

○道光二十四年（甲辰）九月壬午（1844.10.29）

又谕（军机大臣等）："本日据富呢扬阿奏查明抢掠营马戕害弁兵之贼番种类、来踪等情一折。原奏既称此次滋事查系果洛克番贼率众行抢，又称，去岁捕逐野番时，果洛克并未出巢。其地在玛庆雪山之南，为四川所辖，山遥路僻，该番远出寻抢亦属不易。并有此时番地又值大雪封山，果洛克巢穴远在川境，未便深入穷追等语。究竟此次行抢是否实系果洛克番贼，其果洛克巢穴既远在川境，何以遽能远出肆抢，著德兴接奉此旨，即将前项情形确切查明，迅即由驿据实复奏，毋稍含混。将此谕令知之。"

（宣宗朝卷四〇九·页一五下～一六上）

○道光二十五年（乙巳）六月己未（1845.8.2）

又谕（军机大臣等）："德兴奏总兵循例出口会哨，途次突遇番贼，打仗被戕阵亡，现派将领前往缉捕一折。西宁口外察罕鄂博地方乃番贼往来之区，节经定有章程，由甘、凉、西、肃各提镇于每年六月酌带弁兵会哨一次。本年会哨届期，西宁镇署总兵庆和于六月初九日自西宁郡城启程出卡，乃于六月十二日行至离察罕鄂博三十余里之金羊岭地方，突见番贼多人。该署镇督兵奋勇追捕，至迤北靛沟，贼番愈多，官兵单弱，力难抵敌。该署镇身带重伤，即时殒命，所带官兵阵亡亦多。连年番匪屡抢沿边居民，今复聚众戕害总兵大员，杀伤弁兵，必应痛加剿办。德兴现因布哈河沙尔哈地方有番贼二千余人，若亲身带兵前赴北山，转恐势难兼顾，已选派营员带兵搜捕。著惠吉接奉此旨，即星驰前赴甘肃体察情形，相机妥办。惠吉未到任以前，即著邓廷桢酌调官兵交胡超带往剿办。并著胡超驰抵该处，详察贼势分路追捕，总期悉数歼擒，不致逃窜稽诛，是为至要。至西宁镇总兵站柱应行交卸来京，该处现乏带兵大员，著暂缓给咨，饬令回任，以便差委。署总兵庆和为国捐躯，情殊可悯，著交该部照总兵例议恤。所有阵亡官兵数目，并著该督等查明具奏。将此由四百里各谕令知之。"

（宣宗朝卷四一八·页二四上～二五下）

○道光二十五年（乙巳）七月庚申（1845.8.3）

谕军机大臣等："昨据德兴奏署总兵庆和出口会哨，突遇番贼打仗被戕一折。当有旨将该署总兵交部议恤，并令惠吉、邓廷桢、胡超等体察情形，酌量调兵剿办矣。惟念察罕鄂博一带地方辽阔，番贼性成犷悍，屡出滋扰，前经痛剿之后，自应群知慴服，何以正当会哨之时，胆敢纠众前来抢捕，伤及官兵并署镇庆和，殊出情理之外。其时贼匪究有若干，现在是否业已解散，著该大臣迅即派员侦探确情，严密防守。并熟察情形，应如何剿捕之处，即檄调弁兵以备胡超带往相机策应，俾番贼无可逃窜，边界日就肃清，是为至要。至所称布哈河地方有番贼二千多人，该大臣若前赴山北督捕，设群科一带有贼，势难兼顾等语。该处贼势现在若何，所派往官兵及协力会捕各备弁能否得力，尤当妥速筹商，不准稍存观望，坐失机宜。其西宁镇总兵站柱已令暂缓给咨来京，应即饬回本任，听候调遣。将此由四百里谕令知之。"

（宣宗朝卷四一九·页一下～二下）

○道光二十五年（乙巳）七月癸亥（1845.8.6）

谕军机大臣等："前据德兴奏署总兵庆和出口会哨，突遇番贼打仗被戕，当有旨谕知邓廷桢酌调官兵交胡超带往剿办，并著站柱回西宁镇本任，以资差委。本日据邓廷桢奏：接据西宁咨报，已飞咨胡超调兵驰往搜捕，并檄令站柱回任会剿等语。番贼当会哨之时，胆敢纠众滋扰，戕害总兵大员，必应痛剿以申国法。现在胡超业已带兵往剿，仍著该署督确加侦探，贼势果否披猖，胡超等搜捕能否得力，该署督应否亲往策应之处，酌量情形，妥为筹办。番族种类繁多，此次滋扰究系何处番贼，其在布哈河盘踞之贼现在曾否解散，该盟长等能否并力截拿妥速蒇事，并著一并确查具奏。将此谕令知之。"

（宣宗朝卷四一九·页三下～四上）

○道光二十五年（乙巳）七月庚午（1845.8.13）

谕内阁："邓廷桢等奏请将贻误边防之护游击等分别革职发遣等语。护永安营游击西宁镇标中营守备朱承恩于附近地面潜聚贼匪毫无觉察，迨本管总兵巡哨经过，又复漫无防护侦探，以致酿成戕官重案，实属蔑视边防，有乖职守，著即行革职，从重发往新疆效力赎罪。署大通营游击西宁镇标前营都司克慎于本营总兵经过时，既经探有贼踪，乃仅派马兵四十名护送，迨闻报带兵往援，又不能迅速策应，著一并革职，仍留营差遣，以观后效。"

谕军机大臣等："邓廷桢等奏探报贼番分窜窥伺，酌量剿堵情形一折。贼番纠众肆扰，拒捕戕官，并有直扑群科图抢蒙古游牧之势，必应分路追捕，痛加剿洗。该提督胡超久经行阵，谙悉机宜，现在亲督官兵出口，著即迅赴察罕鄂博地方。一面由站柱探明贼踪，各督官兵相机夹击，其要隘处所，即分饬各将弁严密防守。该提督等务须激励士气，一鼓歼除，毋得稍有疏纵，任令贼匪乘隙窜逃，以致空烦兵力。倘该弁兵中有观望迁延不能得力者，立即从严惩办。其西路贼番即经饬令张锐等加意巡防，并谆谕该盟长等各将游牧自行保护。仍著德兴斟酌缓急情形，如须亲往督办，务即随时策应，毋失机宜。至西宁郡城及甘州一带分别挑派提、镇各标官兵预备调遣之处，均照所议办理。该提、镇搜捕情形，该署督一俟报到，即行迅速具奏。将此各谕令知之。"

（宣宗朝卷四一九·页一一上～一二下）

○道光二十五年（乙巳）七月辛巳（1845.8.24）

谕军机大臣等："有人奏前岁西宁会剿番贼，总督富呢扬阿、提督周悦胜并未与贼接仗，惟将番僧邀至大营，优加赏赉，面结和约。至马厂被抢马匹，仅分派各营摊赔完结，并有捐赔马价之说。全充贪员私橐，缺额马匹仍然未补等语。前岁剿办番贼时，富呢扬阿等曾否督率将弁与贼接仗，有无邀番僧至营面结和约之事，该处地方员弁等自必共见共闻，断难掩人耳目。著惠吉到任后密行侦访，务将实在情形确切查明，断不可意存讳饰，代人受过。该督统辖两省文武，如果访查得实，立即奏明惩办，使属员咸知畏惧，此后办理地方公事更易得手。倘巧避嫌怨，不肯据实直陈，则软懦自甘，此后一切公事尚望属员畏服耶？至被抢马匹率派摊赔，缺额马匹并不买补，究竟马匹被抢若干，现在短缺若干，并著一并查明具奏。如敢蹈官官相护恶习，将来一经发觉，或经朕别有访闻，惟惠吉是问。该督接奉此旨，著即据实具奏，无庸会商。原折著抄给阅看。将此谕令知之。"

又谕："有人奏从前剿办青海野番甫报肃清，旋又有伤弁抢马之事，今复戕害总兵大员，总由疆臣阃帅姑息养痈等语。据称山内生番多由内地游民、回子及脱逃遣犯窜匿其中教诱生事。其损失马匹，但知分派各营摊赔完结，并有捐赔马价情事。又，前岁西宁会剿时，富呢扬阿与周悦胜并未见贼接仗，惟将番僧邀至大营，面结和约。该僧有包管十年无事之语，遂即张皇奏捷。师旋之日，已有贼众围困镇将、焚掠居民之事，并未奏闻。似此弥缝讳饰，以致兵制日非，马政日坏，何以绥靖边陲。德兴到任在前次会剿以后，无所用其回护，接奉此旨，著即逐条确切访查，究系如何铺张粉饰，马匹实在被抢若干，现在短缺若干，查明后即自行缮折具奏，毋庸会商。倘有不实不尽，将来别经发觉，惟该大臣是问。原折著抄给阅看。将此谕令知之。"

又谕："有人奏青海野番戕害总兵大员，总由疆臣阃帅姑息养痈等语。据称其损失马匹但分派各营摊赔完结，并有捐赔马价情事，又前岁西宁会剿时，富呢扬阿与周悦胜并未见贼接仗，张皇奏捷，似此弥缝讳饰，何以绥靖边陲。折内所指各情，皆系邓廷桢署总督以前之事，无所用其回护，接奉此旨，著即逐条确切访查，究系如何铺张粉饰，马匹实在被抢若干，现在短缺若干，查明后即自行缮折具奏，毋庸会商。倘有不实不尽，将来别经发觉，惟该署督是问。原折著抄给阅看。将此谕令知之。"

（宣宗朝卷四一九·页二四下~二七上）

○道光二十五年（乙巳）七月癸未（1845.8.26）

又谕（军机大臣等）："邓廷桢等奏官兵节次捕击番贼，现在提、镇分驻要隘会合剿办一折，览奏俱悉。贼番分股肆扰，经官兵等协力攻剿，先后歼毙多名，已将贼匪压退。惟番情叵测，聚散靡常，此次贼数不过二千余人，而忽分忽合，忽东忽西，为牵制官兵之计，必须侦探贼踪，出其不意，相机剿捕，勿任窜伏游奕。现在胡超带兵驰抵永固，距察罕鄂博仅止一百余里，与站柱声息相通。乘此官兵会合之时，务当一鼓作气，于贼番往来要隘堵截抄击，尤当设法断其后路，俾不至窜归巢穴，空劳兵力。至番贼窥伺群科，此时是否解散，著德兴驻扎丹噶尔督率官兵并蒙古等一并防范，毋得稍有疏虞。并责成胡超缉督卡内之贼，以清北路，站柱督缉卡外之贼，以清南路。其余防堵接应各事宜，俱著照所议办理。将此由四百里谕令知之。"

又谕："惠吉奏行抵潼关，趱程赴甘，筹办剿捕一折。据奏甘、凉、西、肃一带无业回民甚多，必有从中煽惑之事等语。回民勾结番众，滋扰边境，事所必有。该督务严饬守卡弁兵，禁止回民私行出入。倘访有从中纠约之徒，即行严加惩办，毋稍姑息。本日又据邓廷桢等奏官兵节次捕击贼番及现在提、镇分驻要隘会剿各情形，贼番经我兵捕击，歼毙多名，势必分头逃窜，窥伺各隘，以期牵制我兵。惠吉到任后，务与邓廷桢等熟商妥筹，相机剿办，尤当设法断其后路，俾不至窜归巢穴，空劳兵力，是为至要。邓廷桢等原折著抄给阅看。将此由四百里谕令知之。"

（宣宗朝卷四一九·页二八上~二九下）

○道光二十五年（乙巳）七月丁亥（1845.8.30）

谕军机大臣等："前据邓廷桢奏剿捕番贼情形，当谕知惠吉等妥筹设法，相机剿办，务须断其后路，不致空劳兵力。计该督等接奉后，自必转饬遵办。本日据邓廷桢奏：金羊岭一带前后共派官兵二千一百名由站柱统带进剿，胡超前后调带官兵共五千余员名，均经严檄催进等语。此次各路分拨官兵为数较多，足可痛加剿洗。惟贼番倏聚倏散，踪迹无常，总须处处严防，遏其奔突之路。转瞬即届深秋，该贼番见兵威既壮，又虑大雪封山，穷蹙之余势必窜归巢穴，胡超统领大兵是其专责，务与站柱声息相通，预拨重兵，截其归路，将滋事番贼悉数歼擒。倘令乘隙窜逃，空烦兵力，至贼番无所儆畏，春融以后故态复萌，朕惟胡超等是问。惠吉、邓廷桢督办此事，务当彼此熟商，妥饬办理，期于迅速蒇功，俾番贼群相震慑，不敢复萌异志，是为至要。至署总兵庆和在金羊岭打仗被围，随营把总张士秀竭力救护，扎毙数贼，因势孤卒被戕害，可嘉可悯。著该部即照千总例议恤，以昭激劝。其甘肃派捕番贼官兵所须口食、驮载等项，准其在藩库存贮减平节省款内先行借动银五万两，以济要需。事竣后，由该督综核确数，设法归款。将此谕令知之。"

（宣宗朝卷四一九·页三二下～三四上）

○道光二十五年（乙巳）八月庚寅（1845.9.2）

谕军机大臣等："据邓廷桢等奏官兵侦击贼番得获胜仗一折。此次贼番向硫磺沟脑冲突，经总兵站柱督率官兵占据山梁，歼毙甚众。贼番业已畏惧，四散奔逃，正当趁其穷蹙之时痛加剿洗。该贼番现虽逃遁，而卧牛河一带为向来贼匪出没之区，自应严饬防守，勿任窜越，并于附近地面悉力穷搜，务期净绝根株。此次打仗出力官兵，著惠吉查明保奏，候朕施恩，毋许冒滥。其阵亡外委一员及受伤兵丁，著与节次打仗伤亡弁兵咨部请恤。又，另片奏总兵站柱于硫磺沟附近各口搜查，见有贼番东窜，当即分兵兜截，击毙番匪十余人，夺获牲畜等件，该总兵现仍驻扎硫磺沟，防御贼番回巢要路等语。硫磺沟实为扼要之区，必应拣派得力员弁及勇往兵丁认真堵截，务使贼番归路断绝，无从逃回巢穴，以致空烦兵力。以上毙贼夺回牲畜各情节，责成惠吉秉公查询，据实复奏。如稍遮饰，是惠吉先蹈欺罔之罪，懔之又懔！又，另片奏已革守备朱承恩于被参后随同站柱追剿番贼，尚知愧奋，请暂缓发遣，仍革职留营差遣等语。该革弁是否实在出力，著惠吉到任后再行确切查明，据实具奏。将此谕令知之。"

（宣宗朝卷四二〇·页一上～二下）

○道光二十五年（乙巳）八月辛卯（1845.9.3）

谕军机大臣等："德兴奏筹办剿捕情形一折。据称番匪已从山北沿边得赃折回，贼数甚众，势亦披猖。现在加添官兵穷追搜捕等语。惠吉到任在即，务当相度机宜，乘此天气和暖，激励将士于要隘处所竭力堵截。并著严饬该蒙古、番子、官兵等侦探贼踪，绝其归路，聚而歼旃。至德兴所请将西北一带番匪悉数驱逐，折而南窜，路经海西，官兵迎头扑捕，使其穷蹙，或乘天气和暖，就势办理，或俟明春再行酌量驱逐等语。著与惠吉通盘筹画，相机妥办，固不可耽延时日，尤不可仍蹈从前恶习，将就了事，是为至要。将此谕令知之。"

（宣宗朝卷四二〇·页二下～三下）

○道光二十五年（乙巳）八月庚子（1845.9.12）

谕军机大臣等："邓廷桢奏遵旨复奏接仗情形及停止续调官兵一折，览奏均悉。此次贼番胆敢抢掠口粮，伤害兵丁，经官兵等分路剿捕，歼毙甚众。其硫磺沟等处贼番，亦均逃窜无踪。正当乘其穷蹙之时尽力掩捕，著胡超选带弁兵前赴二寺滩一带细加排搜，一面将居民妥为安抚，不准官兵等以搜拿番贼为名，致滋扰累。但不可稍存松懈，致贼匪乘间兔脱回巢，空劳兵力。现在各营官兵不下五千余员名，业已足敷调遣。所有续调之官兵二千三百余员名，自应概行停止。至贼番种类繁多，此次滋扰究系何处番贼，仍著随时查访具奏。其中必有回民、汉奸从中勾结滋事，务即设法严拿惩办。惠吉此时计已到任，一切剿捕情形著与胡超通盘筹画，悉心妥办，以期绥靖边陲，克副委任。将此各谕令知之。"

（宣宗朝卷四二〇·页九上～一〇上）

○道光二十五年（乙巳）八月丁巳（1845.9.29）

谕军机大臣等："惠吉奏贼番窜赴西路抢扰，派兵驰往剿捕一折。贼番经连次歼击之后，知甘、凉一带有备，复窜至西路乘间抢掠，伤害边氓。现经添遣官兵前后兜歼，而巴思洞一带有通透肃州边卡路径，尤为扼要之区。著惠吉飞饬带兵将弁，即由巴思洞一带取道跟踪掩捕，并著总兵恒安饬催原派将弁迅速进击，仍酌带官兵亲往策应，两路并力兜擒，庶免分奔逃窜。该督正当乘此天气和暖之时，督饬将弁前后夹攻，务期悉数歼除，毋致再令滋扰，是为至要。将此谕令知之。"

（宣宗朝卷四二〇·页一七上～下）

○道光二十五年（乙巳）九月乙丑（1845.10.7）

又谕（军机大臣等）："惠吉等奏征兵不遵派遣干犯号令一折。本日已明降谕旨，将胡超交部严加议处，并令查明管兵之将弁及为首哗噪之兵丁，分别严参惩办矣。惟念西宁卡外天气严寒，转瞬大雪封山，我兵既难深入，来岁春融后应如何预调官兵相机进剿之处，该督务当通盘筹画，悉心妥议具奏，总期痛加追剿，毋致再有滋扰，方为尽善。至另片所称胡超等撤兵归伍情形，该提、镇等现经搜缉之区虽称已无贼踪，第红崖高台营县地方尚据报有贼番抢掠牲畜、伤掳民人之案，自应责令署肃州镇总兵恒安、西宁镇总兵站柱督令官兵赶往前后夹剿。即或巴思洞一带山丛路歧，亦当另行取道设法兜捕。胡超现既撤出，应令即由口内大路就近赶往，一体会剿，俾臻捷速。其扎勒杭阿一员，现无派遣事宜，即令督饬弁兵实力巡防，毋稍疏懈。该督仍体察情形，严饬各该提、镇于追剿、严防两无贻误，是为至要。将此谕令知之。"

命西宁办事大臣德兴来京，以副都统衔达洪阿为西宁办事大臣。

（宣宗朝卷四二一·页六上～七上）

○道光二十五年（乙巳）九月庚午（1845.10.12）

谕内阁："前据惠吉等奏，胡超统带官兵出卡捕贼，乃肃州镇官兵胆敢同时哗噪，不肯入山，胡超不能约束，致使干犯号令，当交部严加议处。兹据该部照溺职例，议以革职，实属咎所应得。姑念该提督甫经到任，与久膺专阃不能整肃戎行者有间，胡超著加恩改为革职留任，八年无过，方准开复，以观后效。"

（宣宗朝卷四二一·页一〇下）

○道光二十五年（乙巳）九月庚辰（1845.10.22）

又谕（军机大臣等）："德兴奏遵查西宁镇营孳生马匹实数暨上年官兵剿捕番贼情形一折，览奏均悉。西宁办事大臣前已降旨著达洪阿补授。并著德兴来京当差。此次所请清查甘州等提、镇牧放马匹应否亲往之处，著德兴毋庸前往。将此谕令知之。"

（宣宗朝卷四二一·页一五上～下）

○道光二十五年（乙巳）九月乙酉（1845.10.27）

谕内阁："惠吉奏遵旨复奏已革守备朱承恩前于接仗时首冲贼队，实有斩擒，尚知愧奋。著暂缓发遣，仍革职留营差委，以观后效。"

谕军机大臣等："惠吉奏石灰关等处两次追捕番贼情形，并现在严催搜剿等语。此次贼番滋扰，倏聚倏分，官兵分路追捕，总未能大加痛剿。现既据报石灰关河口及噶噶麦打坂两次遇见番贼，著严饬该镇站柱等确探贼番踪迹，赶紧跟追，毋得稍有迁延，仍令远窜。转瞬大雪封山，官兵既难深入，且河冰冻结，更易偷渡滋扰。其沿边各卡隘口应如何分布弁兵严加防守，及春融以后应如何预为筹备以防乘隙肆扰之处，著惠吉通盘筹画，妥速布置，先行奏闻。至提督胡超统兵专办，既有应捕番贼，自应迅速搜剿，何以该督飞令赶赴西路，尚未具报起程，亦著惠吉查明据实具奏。将此谕令知之。"

寻奏："现饬站柱及沿边营汛逐处排搜，不遗余力。查西宁一带黄河已经冻结，应饬该镇酌撤弁兵，分守本境。一俟春融，即与达洪阿妥为筹备。胡超因染患瘴疠，尚须调治，并据站柱咨报，大股贼匪业经敛迹，是以未即起程。"报闻。

（宣宗朝卷四二一·页二〇上～二一上）

○道光二十五年（乙巳）九月戊子（1845.10.30）

谕军机大臣等："据惠吉等奏防堵官兵屡次击贼获赃情形，并酌留官兵防守要隘一折。此次番贼屡至卡外窥伺，虽经连次截缉，尚未大加惩创。如闻官兵撤回，定即乘隙奔突。现经该督等派兵仍驻哈拉库图地方，是否足资防堵，著仍遵前旨，将现在各卡隘口如何酌派官兵分布防守，及春融以后如何预为筹备，务将防剿全局悉心筹画，迅速奏闻，以慰廑注。

将此谕令知之。"

（宣宗朝卷四二一·页二三上～下）

○道光二十五年（乙巳）十月丁巳（1845.11.28）

谕军机大臣等："据惠吉奏现在防堵番贼并预筹来春剿办大概情形等语。现在大雪封山，派往官兵自难深入，而番贼路径久熟，转易偷渡河冰。且内地汉奸、回子甚多，恐亦潜伏近卡处所，伺隙抢掠。现在各卡隘口应如何加意防守，著惠吉、达洪阿设法巡防，毋稍疏懈。至春融以后作何筹备之处，仍著会同悉心筹画，妥议奏闻，以慰廑注。将此谕令知之。"

又谕："前据惠吉等奏，肃州镇官兵不遵调遣同时哗噪，已有旨交惠吉查明严办。兹据容照奏称：四川、甘肃兵丁最称勇健，两省兵将各不相下，无事时喧哗成习，有事时畛域各分。如川省人员作甘省提镇、将备，其原籍无业之人，或革伍之兵投奔任所，因循入伍，占本处额缺，每致滋生事端。此次肃州兵哗，恐因胡超为四川人，众心不服，请饬严密访查。如有别省人在标营入伍，即时开除，另行挑补等语。著惠吉于查办此案时，悉心访察胡超平日是否瞻徇乡情，哗噪之由果否因川人占额所致。其所请开除另补及该管官重与处分之处是否可行，著详悉筹议具奏。至所称胡超情性虐戾恣睢，不能和戢卒伍等情，果否属实，并著一并确查，据实具奏。将此谕令知之。"

（宣宗朝卷四二二·页三一上～三二上）

○道光二十五年（乙巳）十一月戊午（1845.11.29）

谕内阁："前据御史田润奏前岁西宁会剿番贼，富呢扬阿及周悦胜等种种讳饰不实等语，当交惠吉、邓廷桢、德兴确切密查，各自缮折具奏。兹据惠吉等逐款查明，先后据实复奏。如该御史原奏所称富呢扬阿将番僧邀至大营面结和约等情，据奏并无其事。惟当前曾有川番则巴错洛赴营投诚之事，或不免附会传讹，应毋庸议。其被抢马匹摊赔弥补各款，虽据查复数目情形互有不同，惟马匹被抢较多，挑变摊赔亦属弊窦多端，历任该管提、镇大员未能随时厘剔，均著交部先行分别议处。其余经牧员弁，亦著惠吉详查职名，一并分别参办。其短缺马匹应如何著落赔补，并著惠吉分晰拟议，另行具奏办理。至富呢扬阿前奏接仗情形，虽非尽属虚无，究不免于铺张粉饰。周悦胜以统兵大员并未接仗，辄行捏饰入奏，若使其身尚在，均当重治其罪。富呢扬阿、周悦胜现皆身故，所有饰终之典著一并撤销。周悦胜厥咎尤重，并著将前赏太子太保衔及赐予谥号概行追夺，以为欺罔冒功者戒。该部知道。"

（宣宗朝卷四二三·页一上～二下）

○道光二十五年（乙巳）十一月甲戌（1845.12.15）

谕内阁："前据惠吉等查复甘、凉等营马匹短缺甚多，挑变摊赔亦属弊窦多端，当将历任该管提、镇大员交部先行分别议处。兹据该部比例定拟，分别开单呈览。现任甘肃提督胡超于所辖营厂马匹被抢虽经如数拨补，惟当时未经呈报，经该部议以降三级调用，实属咎所应得。姑念到任未久，仍著加恩改为革职留任。前任甘肃提督马腾龙到任二年有余，于所辖营马被抢既未具报，又于厂马被抢虚报夺回，厥咎较重，著即照部议革职，仍注册降三级调用。前任凉州镇总兵现补头等侍卫长年本有革职留任处分，现又议以降三级，并降二级调用，著即革任，仍注册罚俸一年。前署肃州镇总兵现任江南徐州镇总兵顺保、现任肃州镇总兵珠克登均著降三级调用。顺保业经另案革职，现议处分，并著注册。前署西宁镇总兵续升福建提督徐华清部议降三级调用，惟另有亏缺马匹通融议赔一案，俟该督查明复奏到日，一并再行核办。现任西宁镇总兵站柱著降二级留任，不准抵销。"

（宣宗朝卷四二三·页一四下～一五下）

○道光二十五年（乙巳）十二月壬寅（1846.1.12）

谕军机大臣等："达洪阿等奏番贼麋至，掠抢牲畜，窥伺厂马，现在酌派官兵追捕，并会商筹备一折。此次该番贼以黄河冰桥结冻，故智复萌，乘间窜赴山北大通地方，扑抢居民牲畜，得赃后尤敢住扎该处分投寻抢，仍复窥伺孳生厂马。经该营署游击薛贵督率弁兵出城掩击，夺获赃畜五百余只，枪毙番贼甚多，该官兵仍竭力击剿，贼始退去。惟该番贼连年肆抢猖獗，虽屡经派兵缉捕，究未大加惩创。现在总兵站柱业已酌带弁兵驰往会剿，该大臣等仍一面催令督兵前进，并挑备官兵督带亲往，以为后路策应，总期痛加追剿，毋令乘隙逃窜，是为至要。所有此次阵亡弁兵，著即查明咨部请恤。其同被伤亡之薛瑞麟系该署游击薛贵嫡子，有无官职，并著查明具奏，候朕施恩。至所称枪毙番贼甚多，究竟约有若干名，著一并详查奏闻。将此谕令知之。"

又谕："据胡超片奏历看南山沿边情形，将筹计防堵九条开列呈览。著布彦泰于到任后体察情形，悉心妥议具奏。胡超由行伍出身，向在军营尚称勇敢，现任提督，有节制各镇之责，此次办理番案，何以遂致兵哗，是否平日不能约束。布彦泰甫将抵任，自无所用其回护，著留心访察。如该提督确有劣迹，即行据实参奏，毋稍徇隐。倘于该省一切事宜难资得力，即将现在将领大员，无论本省外省，择其才能出众、结实可靠、堪任是职者秉公保奏，候朕酌量调用。将此谕令知之。"

（宣宗朝卷四二四·页一〇上～一一下）

○道光二十五年（乙巳）十二月庚戌（1846.1.20）

谕军机大臣等："林则徐奏据报番贼情形，先饬镇将防堵马厂一折，览奏均悉。前此番贼只以抢劫为生，此次竟敢扑攻城垣，猖獗已极。现经该署督檄饬总兵站柱酌带弁兵亲往大通策应，并于各要隘处所添兵防护马厂，布置尚为周妥。著即督饬各将弁等严密巡防，即使番贼暂退，亦不准擅即回营。其派往防护各马厂之兵，务将各处官马保护齐全，毋使再有一匹遗失。倘有疏虞，即将看守之将弁、兵丁分别严办，并将该管提、镇一并参处。至需用大炮及抬炮、抬枪，拟仿照洋炮之法，推轮运放，著即设法制备应用。该署督务当实力整顿，信赏必罚，以壮士气而挽颓风。将此谕令知之。"

（宣宗朝卷四二四·页一九下～二〇上）

○道光二十五年（乙巳）十二月甲寅（1846.1.24）

西宁办事大臣达洪阿奏："挑选镇标五营精兵六百名，早晚操练，遇有番匪，即行带往击剿，免致临时贻误。并自行捐廉制造抬枪二十五杆、抬炮二十五尊，配带铅丸，以资应用，请免造册报销。"从之。

（宣宗朝卷四二四·页二三上～下）

○道光二十六年（丙午）正月甲戌（1846.2.13）

谕军机大臣等："林则徐奏核明东西路堵剿番贼情形，分别劝惩一折。此次东路番贼在老河沟脑等处寻抢牲畜，经该镇站柱跟追拦截，虽枪毙多贼，而余匪乘夜窜逃。著仍严饬该镇确探贼踪，赶紧追缉，毋得稍存大意。至西路甘、凉等属，经该署督晓谕绅民练勇保卫，所需军械准于各营内酌量借给，以济兵力。其三沟门所放孳马被贼抢夺至七百余匹之多，该营弁等疏懈已极。署永昌协都司事红水营守备惠奇、署千总事世袭云骑尉鞠兆祥均著革职，仍留署任，以观后效。护永昌协副将隆盛友著先行摘去顶带，责令杀贼立功。倘该将弁等仍前玩泄，即著从严参办。其义得渠口地方既有贼踪，防堵尤应严密，著即责成胡超就近督饬将备认真严防。该署督仍当随时查察，如有畏葸怠玩不能得力者，立即严惩示儆，以除痼疾而振军威。现在渐届春融，一切剿办机宜，著该署督妥速筹画，悉心布置，奏明办理。将此谕令知之。"

（宣宗朝卷四二五·页一二上～一三上）

○道光二十六年（丙午）正月乙酉（1846.2.24）

谕军机大臣等："达洪阿等奏查明上年击毙番贼确数一折，并另片奏现在筹办进剿情形等语。此次番贼复出肆抢，势甚猖獗，岁暮冬寒尚复潜匿边外乘间抢掠，一交春融必更出巢窥伺。况年来近边熟番亦间有勾结寻抢情事，值此天气和暖，亟应相机进剿，为一劳永逸之计。达洪阿惟当认真操练，修整器械，以便克期进剿，毋致临时不能得力。现在林则徐驻扎凉州查办一切，不日即抵西宁，著会同达洪阿将应办各事宜和衷商量，妥为筹办。将来布彦泰到任后，林则徐仍著暂留西宁，与布彦泰、达洪阿公同会办，期于集思广益，以靖边陲，是为至要。将此各谕令知之。"

（宣宗朝卷四二五·页一七上～一八上）

○道光二十六年（丙午）二月己亥（1846.3.10）

又谕（军机大臣等）："林则徐奏搜捕番贼情形，并设法添制炮弹一折。览奏俱悉。甘、凉等属沿山隘口，现在查无番贼踪迹，惟此次该番未受大创，难保不因春气渐融又思伺隙滋扰。该署督现已移驻西宁，著即与达洪阿详细熟商，将一切堵剿机宜通盘筹画，妥为布置。其甘、凉一带，著责成胡超等督饬弁兵以防为剿，毋得稍涉大意，致有疏虞。现获之番贼、番僧，务即严加究诘，洞悉贼情，庶可跟踪追缉。至大炮为该贼所惮，行军利器，自宜以此为先。该署督现铸炸弹试放得力，所办甚好。著即设法多制，以资应用。惟该营弁于旧存炮位从不演放，废弛已极，实堪痛恨。著该署督明定赏罚章程，严饬勤加练习，务令施放有准，以除痼疾而振军威。将此谕令知之。"

（宣宗朝卷四二六·页一三上～下）

○道光二十六年（丙午）二月己酉（1846.3.20）

谕军机大臣等："前据胡超奏筹计沿边防堵九条，当降旨交布彦泰妥议具奏，并令将胡超前办番案情形据实查奏。兹据奏称胡超于兵丁哗噪一节一味姑容，不能振作。其所陈九条，亦多自相矛盾等语。提督为全省统领，必须纪律严明，方能得力。著布彦泰于到任后，再行留心察看，将胡超是否胜任之处确切查明，并将所议九条体察情形，博采舆论，详晰核议，一并具奏。至邓廷桢所论番案说单，均已览悉。该督于入关时，即可沿途采访，体察情形。到任后应如何训练兵丁，将营伍力加整顿之处，逐件细心讲求，务期兵归有用，饷不虚縻，是为至要。林则徐已有旨留办番案矣。将此谕令知之。"

（宣宗朝卷四二六·页一七上～下）

○道光二十六年（丙午）三月戊辰（1846.4.8）

谕军机大臣等："林则徐等奏查明番贼勾结情形派兵出卡一折，览奏均悉。据称：此次滋事贼番查系玉舒所属之雍希叶布番族，勾结果洛克贼番屡在沿边抢掠滋扰，并拿获汉奸韩茂才，讯出各情，现在派委站柱等先往查拿，并密咨胡超出卡会剿等语。该番族等勾引抢劫，屡为边患，亟应趁果洛克未来之前速行查拿，庶剿办易于得手。惟站柱等孤军深入，必须预筹策应。著林则徐等悉心筹画，选派得力将弁带兵前往，作为后路接应，方免疏虞。至胡超所派游兵埋伏堵截之处，尤当饬令相机前进，会合兜擒，毋得有名无实，致令贼番窜往他处，是为至要。又，另片奏请将黄冕暂留西宁审办番案，著准其暂留差遣。将此由四百里各谕令知之。"

（宣宗朝卷四二七·页七上～八上）

○道光二十六年（丙午）三月戊寅（1846.4.18）

又谕（军机大臣等）："布彦泰奏请先赴西宁会筹番务，并展限勘办秋审一折。前有旨令林则徐暂留西宁与该督等公同会办番务。嗣据林则徐等奏拿获汉奸，讯出各情，已有旨令其悉心筹画，相机妥办矣。办理番案自必以访拿汉奸为首务，所有偷渡河北之各番匪党，亟应从现获汉奸供出各匪，按名责令献交。如顽梗不化，方可慑以兵威。至果洛克驻牧四川，如果远涉数千里之遥抢掠牲畜，亦必将引导之汉奸、勾通之熟番缉获净尽，自不至复为边患。该督即先行驰赴西宁接印，与林则徐、达洪阿等熟商妥办，总期净尽奸匪，永安边圉，是为至要。至该省秋审之期，著准其展限办理。将此谕令知之。"

（宣宗朝卷四二七·页一一下～一二下）

○道光二十六年（丙午）三月己卯（1846.4.19）

谕内阁："林则徐等奏请留熟悉番情将领，随时差遣等语。籍隶西宁告病之前任山东东昌营参将徐福、休致之云南景蒙营游击马进禄，著准其留于西宁差遣。如果始终得力，再行酌量请补。"

又谕："前据林则徐奏护永昌协副将隆盛友于挈马被抢疏于督防，当降旨摘去顶带。兹据奏称，该员被参后购觅眼线，深入穷搜，并亲督弁兵兜擒贼犯，悉已就获，尚知愧奋，隆盛友著加恩赏还顶带，仍令严缉余犯，俾无漏网。如果始终出力，酌量奏请鼓励。"

谕军机大臣等："林则徐等奏添兵前赴循化厅卡外剿办拒捕番贼，并迭获汉奸、番贼，请将要犯暂缓处决备质各一折。此次该副将扎勒罕布带领官兵一千余名查拿番贼，并不亲往，致有弁兵被贼拒伤之事，已明降谕旨，将该副将勒令休致矣。该署督现添派弁兵进剿，著即严饬该将弁等审度机宜，设法将应拿贼犯悉数擒获，不准一名漏网。倘有始终抗拒情事，即著奋力夹击，毋令稽诛。至现在拿获番贼、汉奸板什夹、王吉才二名，讯系连年抢戕官重犯，自应立正刑诛。惟续获之犯尚须质对，板什夹、王吉才二名著暂缓处决，留备质讯。其未获之犯二十余名，仍著严拿务获。布彦泰计此时已抵西宁，著即与林则徐等会商妥办。至林则徐另片奏旧疾复发，恳请给假等语。林则徐著准其暂行给假，即在西宁安心调理。遇有紧要事宜，仍与布彦泰、达洪阿筹商妥办。将此谕令知之。"

（宣宗朝卷四二七·页一二下～一四上）

○道光二十六年（丙午）三月乙酉（1846.4.25）

以三品顶带署陕甘总督林则徐为陕西巡抚，命筹办番务事竣再赴新任。以陕西布政使裕康署巡抚，按察使唐树义署布政使。

（宣宗朝卷四二七·页一八下～一九上）

○道光二十六年（丙午）四月甲午（1846.5.4）

谕内阁："布彦泰等奏请留熟悉营伍之降调总兵等语。前任肃州镇总兵珠克登因厂马案内查参，部议降调。现在番务差遣需人，著准其留于陕甘，即以所降之级补用，以观后效。俟补缺时照例送部引见。"

谕军机大臣等："布彦泰等奏会筹番务，拟先巡阅沿边要隘一折。番贼屡滋抢劫，踪迹靡常，必俟报有抢案，然后往追，势已无及。若待以重兵，则又虚糜粮饷。自须履勘要隘，体察实情，庶克整饬边防，杜贼窥伺。该督现拟亲往巡阅，著即俟进省办理秋审后，挑带官兵，亲历沿边卡隘，确勘情形，周详布置，务使声威壮盛，番贼慑服，庶可一劳永逸。至内地汉奸业经查拿得手，著趁此再加严紧，饬令实力缉拿，毋留余孽。林则徐著将西宁经手事务与达洪阿会同清厘后，亦即赴省与布彦泰商办一切。其筹议回疆事宜并哈密地亩安置民户一折，已有旨交萨迎阿等查照办理矣。将此谕令知之。"

（宣宗朝卷四二八·页七下～八下）

○道光二十六年（丙午）四月丁酉（1846.5.7）

谕军机大臣等："布彦泰等奏搜查雍希叶布番族实无贼踪，并酌拟约束章程开单呈览一折。据称：总兵站柱等带兵亲至雍希叶布插帐地方详细搜查，将献出各犯严加研讯，绝无为匪情形，现据该总兵等拟定章程，所称该番族等不甘身被贼名，情愿杀贼投效，并责成盟长、百户将户口认真稽查；又买易粮茶，严禁溢额，以杜接济等语，尚属妥协。其令该番等全行剃发一条，系为辨别释疑起见，亦属可行。惟此等番族究非内地民人可比，既经剃发，并愿立功，固当示之以诚，而番性叵测，亦不可遽加深信，防范稍疏。该督等总当嘉其向义之忱，仍复留心查察，俾不至借称归化，取信目前，久则故智复萌，又复勾留番众再生事端，是为至要。其贼匪旦曾奴勒布等仍须设法访缉，获案惩办，庶不至仍留余孽，致滋后患也。将此谕令知之。"

（宣宗朝卷四二八·页一〇上～一一上）

○道光二十六年（丙午）五月丙辰（1846.5.26）

又谕（军机大臣等）："布彦泰奏章嘉呼图克图请假前来西宁，拟令乘机劝导番众一折。据称章嘉呼图克图素为番众所敬信，此时拟令迎机化导，揆之事理，原无不可。惟此事若自出该督之意，随时嘱令该章嘉呼图克图为之讲论化导，庶于私情公事两无格碍。如必颁给敕谕，郑重分明，责以训迪，不特与体制未协，恐转多窒碍难行之处。将此谕令知之。"

（宣宗朝卷四二九·页五上～下）

○道光二十六年（丙午）闰五月戊子（1846.6.27）

谕军机大臣等："布彦泰等奏查拿要犯，黑错四沟番族胆敢纠众拒毙官、土兵多名，现复添派镇将、文员前往剿办等语。此案上年因凶贼束奴脱巴等在黑错寺地方藏匿，副将扎勒罕布带兵查拿不能得力，曾降旨令该督等添兵搜捕，期于悉数擒拿。兹据奏称，护副将张奉明等遣人执谕开导，虽有灭勿等五族自悟投诚，献出番贼科洛一名，而黑错四沟番族胆敢纠集马步队一千七八百人分股迎敌，先后拒毙官、土兵丁数十名，始终庇匿凶贼，不肯献出，凶顽已极。当经该督等派委总兵站柱等添带官兵前往剿办，并派知府庄俊元等偕往会办。旋经站柱等驰至该处，勒令迅速交贼。讵该寺僧先后交出贼犯六名，均非指名勒交之要犯。迨该镇等进剿至那沙庄、灭力叠上庄，该番众仍敢持械抗拒，似此凶顽不法，必应痛加剿捕。此时既已厚集兵力，该督等即应严饬镇将、文员攻其要害，殄厥渠魁。其主谋纠党之凶徒，总当悉数就擒，断不准因零匪交出，辄即将就了事。务令该番族等知威知惧，不至再贻后患，是为至要。将此谕令知之。"

（宣宗朝卷四三〇·页二上～三下）

○道光二十六年（丙午）六月丙寅（1846.8.4）

谕内阁："布彦泰等奏官兵剿毁番庄，匪族四散，酌量撤兵一折。所办可嘉之至。该处番族众多，素称犷悍，出巢肆抢历有年所。从前总督、提、镇等办理番案一味因循迁就，敷衍了事，以致该番族等习为故常，肆行无忌。此次黑错寺地方番族恃强抗拒，经该督等示以兵威，添调官兵，带领进剿，经过番庄随烧随进，毙贼多名。该匪等复有马队迎敌，复经分为两翼夹击，中路官兵用大炮击毙执红旗番贼。该匪奔窜逃命，连日逐一排搜，并无贼番踪迹。现经查拿余匪，缉捕汉奸，酌量撤兵，办理尚为迅速。布彦泰、林则徐调度有方，达洪阿身先士卒，不遗余力，均著交部从优议叙。在事员弁，著择其尤为出力者，据实保奏。伤亡兵丁著交部照例议恤。"

（宣宗朝卷四三一·页五上～六上）

○道光二十六年（丙午）六月癸未（1846.8.21）

又谕（内阁）："布彦泰等奏黑错寺败窜贼众聚匿果岔之险隘地方，复经官兵搜捕歼擒，大获胜仗一折。黑错寺番匪抗拒官兵，前经达洪阿带兵攻剿，焚庄毁寺，业已大振军威。讵该逃匪等仍敢窜匿果岔地方，希图有险可踞，复经达洪阿督带精兵穷追奋击，扫荡窝巢。计该处乌合数百之众，业已歼擒殆尽。现在拉布楞等寺僧众收合四沟散亡番族，带到营盘匍伏乞命。经达洪阿宣布皇仁，严立条约，准令悔过自新，官兵即日凯撤。所办可嘉之至。达洪阿著赏戴花翎。所有在事出力人员，著该员等择其劳绩尤著者酌量保奏，候朕施恩。护副将张奉明奋勇争先，以致头额被枪殒命，临阵捐躯，殊堪悯恻，加恩著照副将阵亡例赐恤。其阵亡及受伤兵丁，并著照例咨部分别恤赏。馀著照所议办理。该部知道。"

又谕："布彦泰奏请将剿番不力具禀告病之总兵交部严议一折，所参甚是。西宁镇总兵站柱前经该督派往黑错寺督剿番匪，该总兵并不认真攻剿，辄私遣人先往关说，并以千总杨正才等赴寺作质，换其头目来营一见，即当为悔惧投诚，办理已属颠顸。迨番族献贼寥寥，该总兵转置主谋纠党之凶徒于不问，仅将弱小之那沙、灭力迭二庄攻打，即请撤兵归伍，显蹈从前将就了事恶习，怯懦无能，可恨之至。现因达洪阿等剿焚庄寺，大振军威，该总兵辄行告病，希免参劾，实属辜恩溺职。站柱无庸交部严议，著即革职，发往乌噜木齐效力赎罪，以示惩儆。该部知道。"

（宣宗朝卷四三一·页一三上～一五上）

○ 道光二十六年（丙午）八月壬申（1846.10.9）

又谕（军机大臣等）："本日布彦泰奏巡边大概情形等语。番匪扰及边界，自应先固藩篱，以杜窥伺。现据该督相度西宁一带地势，或因河为固，或扼险设备，著即择要筹防，妥为布置。所有哈喇库图尔之南山根、南川营之青石坡等处应如何移建营堡，及黄河北岸之头岱、东信、忙多等处渡口应如何设卡严防，仍复旧制，均著于巡查甘、凉、肃州等处边卡完竣后综核全局，悉心妥议具奏。总期训练认真，卡防扼要，俾番族无从偷越，致有顾此失彼之虞，方为妥善。将此谕令知之。"

寻奏："贵德厅所属西番往往偷渡河北，从前设有防河官兵，河势纡亘，固不能周防，而有贼渡河，可以先得信息，即报察罕托洛亥等防城，互为防范。后虽屡次减撤，沿河尚有官兵。自道光二十三年富呢扬阿奏将防河之兵全数裁撤，添设将军台、会亭子二城，专恃防所堵御，遂令声息难通，于防堵并无裨益。自宜仍复防河旧章，请于察罕托洛亥等防城驻兵一千二百名内，拨出兵六百名，再于西宁、河州二镇添派兵四百名，分布沿河扼要之头岱、东信、忙多等渡口，派令守备、千、把等弁分带严密防守，仍归察罕托洛亥驻防副将统辖。又，西宁镇属哈喇库图尔营所管之南山根、南川营所管之青石坡两处山势峻拔，为野番必由总路，俱应安兵驻守，拟于南山根安兵一百名，亦由察罕托洛亥防兵内酌拨，并派千总一员、外委二员管带，轮替驻守。其青石坡安兵一百五十名，即由该管之南川营就近拨派。惟南川营额兵无多，拟先由西宁镇标照数派往，亦酌派千总、外委等员管带驻守。应请于南川营酌添兵二百四十六名，在甘肃腹地事简营汛抽拨，仍归南川营都司管辖，拨定以后，青石坡即作为该营汛卡，以归简易。新设之将军台、会亭子二城，应统归附近之察罕托洛亥防城管辖。西宁镇属大通、永安等营所管之都济、石打板、黑石头等九处，甘州提属永固协等营所管之扁都口等十一处，肃州镇属嘉峪关内红崖等营堡所管之石灰关等大卡十六处，凉州镇属永昌协等营所管之白石崖等十一处，均属沿边最要口隘，应派弁兵自三四十名至百余名不等，悉令照数派往，常川驻守。其甘州提属扁都口外之野马川，即责成扁都口一带营卡严密防范。此外沿边僻小口隘甚多，势难概派弁兵驻守。查有旧挑坑堑，以遏贼马奔突，仍饬令附近汛卡一体严防。"下军机大臣会同兵部议行。

以剿捕番匪出力，赏甘肃游击富尔格讷，都司王定堃、德祥，守备辛殿甲、曹中选，千总赵维杰、马雏、江信、韩继绅花翎，千总秦涌等蓝翎，馀升叙有差。

（宣宗朝卷四三三·页一一下～一四下）

○道光二十六年（丙午）十月丁巳（1846.11.23）

以甘肃官兵剿贼驻扎黑错四沟地方，免番民本年应纳官粮。

（宣宗朝卷四三五·页七上）

○道光二十六年（丙午）十二月壬子（1847.1.17）

免甘肃督标暨西宁、河州二镇派剿番匪兵丁借办行装银。

（宣宗朝卷四三七·页二上）

○道光二十六年（丙午）十二月癸酉（1847.2.7）

又谕（内阁）："布彦泰奏请将换防官兵酌减均摊等语，据称：'察罕托洛亥防兵专由西宁、河州二镇派往。该二镇向来应派口外防兵统归甘肃凉州、肃州、宁夏等营抵派。每届更换之年新兵到防，始将在防之兵撤回，往还将及一载。各本营空缺兵数不下数千，设遇调遣，未免缓不济急。'自系实在情形，嗣后甘肃凉州、肃州各提镇三营应派新疆换防官兵，著量减四成，由陕西提标、陕安、汉中、延绥及甘肃宁夏、乌噜木齐、巴里坤提镇各营按额均摊，以重营伍而肃边防。"

（宣宗朝卷四三七·页二六下～二七下）

○道光二十七年（丁未）八月甲戌（1847.10.6）

又谕（内阁）："布彦泰奏番贼攻扑汛卡，经官兵捕击远窜，请将玩误之汛官惩处一折。甘肃兼理红崖堡守备署高台营都司詹兆虎，于番贼在化林川等处附近抢掠窜扰并不立时追击，辄敢顿兵不进，避匿回堡，贼至不能夹攻，贼逸又不追捕，以致兵丁伤亡，复敢虚词捏饰，实属畏葸巧诈，贻误边防。詹兆虎著即革职，发往新疆效力赎罪，遗失军械责令赔补。阵亡兵丁著查明咨部照例议恤。"

又谕（军机大臣等）："哈勒吉那奏赔补蒙古被抢赃畜，护送起程，并缉拿续抢马匹，现在巡查情形，筹议酌办一折。前因库伦蒙古官员、喇嘛人等行抵青海被番贼抢去马匹、驼只，曾经降旨饬令严缉赃贼务获，被抢牲畜令该大臣照数赔补。兹据奏称，该蒙古复被番贼两次抢劫牲畜多只，实属目无法纪。该大臣亲带官兵巡查缉办，即据左翼盟长呈报，遇贼两次，枪毙番贼四名，夺获驼、马、骡、牛二十余匹。所有杀贼之蒙古噶勒著优加奖赏。并令该盟长等派兵同赴要隘堵御，俟该蒙古行过，再行撤回。该蒙古人等起程进藏，道路尚远，原派绿营兵四十名，颇形单弱，著即添派绿营、蒙古官兵一同照料护送。仍咨明驻藏大臣，派兵接护进藏。至明岁哲布尊丹巴呼图克图之呼毕勒罕自藏起程北上，应如何添派官兵前往迎护之处，著布彦泰等先事预防，毋得再有疏虞，有失怀柔之意，是为至要。至所称商酌调兵出口分投驱逐，勒献赃贼等语，著布彦泰等酌量情形再为办理。"

（宣宗朝卷四四六·页二七下～三一上）

○道光二十八年（戊申）十一月丁酉（1848.12.22）

谕内阁："布彦泰奏请将追捕番贼迟延之将领并疏防失事各员弁分别惩处一折。甘肃署凉州镇标中军游击陕安镇标游击牛凤山于番贼盘踞抢掠，戕害兵丁，并不立时派兵追捕，署右营游击张承宠奉委带兵，辄向无贼之处虚张声势，以致贼匪远扬，均属怯懦无能。牛凤山、张承宠均著交部严加议处。署永安营游击南川营都司连住遇贼被劫，督击不力，署白塔营都司肃州镇标右营守备张顺、署大通县知县崔旸疏于防范，均著交部分别议处。凉州镇总兵杨录之，据该督奏称不能振作，营务废弛，惟知沽名邀誉，著送部带领引见，仍交部议处。"

（宣宗朝卷四六一·页二二上～下）

○道光三十年（庚戌）四月癸酉（1850.5.22）

又谕（内阁）："琦善奏参疏防马匹被抢之游击一折。甘肃甘州城守营参将镇标左营游击汪存魁、大马营游击王玉汝疏防孳厂马匹，被贼番抢掠至二千余匹之多，均属庸懦无能，著一并革职。俟查明被抢实在情形及抢失确数，再行分别核办。提督罗应鳌未能督饬营员预为防范，亦有应得之咎，著交部照例议处。至被抢马匹，著即照议，著落提督暨疏防司牧各员弁分成赔缴。"

（文宗朝卷七·页一九下～二〇上）

○道光三十年（庚戌）八月甲申（1850.9.30）

谕军机大臣等："据哈勒吉那奏库伦四部落赴藏熬茶之蒙古喇嘛，于青海口外扎哈那林地方，被番贼抢去牧驼。该地方在青海迤北，道途遥远。应否派兵护送，如何不致抢劫，著琦善体察情形，悉心筹办。总期于事有济，而轻重不致失宜，方为妥善。原折著抄给阅看。将此谕令知之。"

（文宗朝卷一六·页八下）

○咸丰元年（辛亥）六月丁丑（1851.7.20）

又谕（军机大臣等）："据德兴等奏遵议裁撤察汉城驻防蒙古兵丁，及蒙古郡王恭木楚克集克默特恳请暂居永安城外住牧，未便率行议准一折。该郡王等暂居永安城外业已二年有余，前据萨迎阿奏，拟准再住一二年，由青海大臣察看，如生计充裕，即饬令回牧，原系从权办理。惟是一二年后，倘该郡王等生计仍然拮据，未能撤回原牧，又将如何办理？其驻防兵丁全数裁撤，则蒙古与汉兵声气不能相通，守望难以相助。倘被野番滋扰，该蒙古益觉进退维谷，亦恐未为尽善。著萨迎阿会同哈勒吉那通盘筹画，将如何防御野番、安插蒙古之处再行详细妥议具奏，勿贻后患。所有德兴会同理藩院议奏原折著抄给阅看。将此谕令知之。"

（文宗朝卷三六·页一七下～一八下）

○ 咸丰元年（辛亥）七月乙酉（1851.7.28）

谕内阁："萨迎阿奏甘省营务废弛，筹议责成提、镇实力整顿等语。昨据琦善奏番贼复出抢掠，已有旨令该署督严饬镇将跟踪剿捕，野番频年肆抢，官兵前往追捕未能得力，甚至退缩不前，总由该省营务废弛已久，历任总督粉饰消弭，以致养痈成患，实堪痛恨。番匪出没深山，兵少则抗拒，兵多则逃窜，设卡巡防，严密侦探最为要务。著即责成该提、镇平日严督将弁认真操练兵丁，饬令防守弁兵随时确探。如有野番出掠，飞速传报，该提督迅派将弁带兵赶捕，该镇即亲带弁兵驰往堵剿，必须立时加以惩创，使野番知畏，不敢轻出肆劫，并通饬地方文武，查拿内地奸民，毋令勾结接应，以净根株。萨迎阿现署总督，距裕泰到任为日尚遥，恐秋间贼番复出劫掠滋事，著会同提督索文严饬各镇随时认真防范，并将废弛积习实力整顿，不准再蹈从前欺饰故智，致干重谴。倘将弁仍前玩泄，奉行不力，即著严参惩办。"

（文宗朝卷三七·页一下～二下）

○ 咸丰元年（辛亥）七月丁未（1851.8.19）

又谕："萨迎阿奏野番抢掠，戕伤弁兵，请将专汛之都司革职一折。甘肃南川营都司焦士忠于野番入境之时，既未侦探禀报驰往缉捕，及至遇贼又不奋勇向前，实属怯懦无能，焦士忠著即革职。野番出没无常，全在该镇将等迅速掩捕，立时惩创，方可保卫边氓。著该署督严饬地方文武实力侦缉，并访查内地奸匪勾串，严行究办。倘缉捕不力，致贼犯远扬，抢劫牲畜不能追获，即将该管员弁从严参处，毋稍宽纵。"

（文宗朝卷三八·页一八下～一九上）

○ 咸丰元年（辛亥）八月乙丑（1851.9.6）

谕军机大臣等："王懿德奏士民呈控番贼扰害，请饬查办，并节录原禀呈览一折。本年五月以来，西宁一带野番时出抢劫，节经萨迎阿奏官兵追捕情形，并将遇贼怯懦之都司焦士忠奏参革职，先后降旨谕令该署督分饬各镇营实力操防，严守要隘。兹据王懿德奏称，西宁绅士、平番耆民等于金县途次具禀，并称曾在署总督处喊禀多次，不为查办。是否该署督前奏情形尚未详尽，抑或另有别情，现在贼番果否敛迹，地方文武如何办理，廪生李国栋等业由王懿德递交甘省，著萨迎阿确切讯明，妥为查办，据实复奏。番匪屡出抢劫，事关边防民瘼，必应严饬剿捕，大加惩创，方足以卫民生而肃边圉。谅萨迎阿自能懔遵节次谕旨，认真整饬，不因暂时署事稍形宽懈，亦断不以琦善因剿办番案获咎，遂任镇将等姑息偷安，转贻后患也。原折并呈禀二件均著抄给阅看。将此谕令知之。"

（文宗朝卷三九·页一五上～一六上）

○咸丰元年（辛亥）九月丙寅（1851.11.6）

谕军机大臣等："本日据理藩院奏：章嘉呼图克图之徒众扎萨克喇嘛嘉木磋等呈称，章嘉呼图克图呼毕勒罕现在居住卓扎巴噶地方，附近多有抢劫案件，恐被滋扰，吁恳救护等语。著舒兴阿、哈勒吉那派委妥员前往该呼毕勒罕居住地方慎为保护，尤当持以镇静，不可稍涉张皇，致生事端，是为至要。理藩院折并原呈均著抄给阅看。将此各谕令知之。"

（文宗朝卷四三·页二四上～下）

○咸丰元年（辛亥）十月己亥（1851.12.9）

谕军机大臣等："据哈勒吉那奏呼毕勒罕现在吹布藏寺住坐并派兵保护一折。章嘉呼图克图之呼毕勒罕现经吹布藏呼图克图暨章嘉呼图克图之徒弟依格凝等延请到寺，并经该大臣严饬就近之威远、白塔二营派兵保护，并派署总兵崇保酌派兵丁在于该处轮流巡缉，自可不致疏虞。哈勒吉那已前赴该处照料，现在既派员带兵保护呼毕勒罕，业经平安居住，该大臣即可回任，毋得稍涉张皇。舒兴阿到任后遇有应行会商之事，想必随时会同办理也。将此谕令舒兴阿、哈勒吉那知之。"

（文宗朝卷四六·页五下～六上）

○咸丰元年（辛亥）十月甲辰（1851.12.14）

谕军机大臣等："前据琦善奏剿办番、回酌保出力员弁，当降旨交萨迎阿查奏，嗣据奏称原保人数较多，何员尤为出力，未能查出确据，不敢滥保等语。琦善所剿番、回不止雍沙一处，如黑城子、黄喀洼等处，岂无一二出力之员堪膺保举者，著舒兴阿再行确切访查，据实具奏，候朕酌予恩施，毋稍冒滥。所有琦善、萨迎阿原奏折片清单，均著抄给阅看。其请撤察汉城蒙古防兵并右翼郡王暂居永安一节，事关边界防戍更易旧章，必应慎重筹议，以期日久相安。著舒兴阿仍遵前旨悉心体察，不可将就目前，致滋流弊。该督经朕特简边疆重任，谅能弹压抚绥悉臻周妥也。勉之。将此谕令知之。"

（文宗朝卷四六·页九下～一○下）

○咸丰二年（壬子）五月己卯（1852.7.16）

又谕（内阁）："舒兴阿奏番贼窜扰抢劫，现在严加防堵等语。本年三月间，番贼窜至永安城附近地方抢掠牲畜等物，经永安营游击吴仕珍带领弁兵追捕，据报歼毙贼匪二名，未曾割取首级，贼已远遁无踪，难保非借词掩饰。吴仕珍著交部议处。署经制外委马生福击贼受伤殒命，著该部照例议恤。番贼肆行抢劫，出没无常，全在汛卡员弁严密防守，认真巡缉，方可杜患于未萌。现在西宁虽拿获番贼才浪先木等讯办，而沙巴尔台等处番贼抢案迭出，实为地方之害。著舒兴阿督同提、镇严饬弁兵随时侦探。遇有番贼近卡窥伺，迅即捕拿，勿令远扬。并著西宁办事大臣一体严密巡防，以期绥靖边陲，毋稍疏懈。"

（文宗朝卷六二·页二五下～二六上）

○咸丰二年（壬子）七月己巳（1852.9.4）

又谕（内阁）："舒兴阿奏番贼滋扰，被剿远遁，现饬各营严防一折。据称：甘肃凉州永昌协所属口隘，突有番贼多人肆出抢夺牲畜，戕害弁兵，经提督索文、西宁镇总兵双锐、署凉州镇总兵崇保先后各派将弁带兵剿捕，迭次歼毙番贼数十人，余匪被追，远遁入山，现在逐细搜查，卡内均无贼迹等语。此次番贼出扰不过三四百人，适值该提、镇会哨之时，所带弁兵自敷派委。果能认真督率，实力堵击，何难悉数歼除。署总兵崇保是否耽延贻误，其禀复该督情节，与提督索文原报不符，有无捏饰，著舒兴阿确切查明据实具奏。仍严饬该提镇等督饬将弁随时侦探，加意严防。一遇番匪滋扰，即行截剿，务须贼赃并获，断不可听其出没自由，辄以追击远遁一禀了事也。"

（文宗朝卷六七·页二下～三下）

○咸丰二年（壬子）八月乙酉（1852.9.20）

又谕（内阁）："舒兴阿奏凉州镇属之镇羌卡外番贼复行窜入滋扰，现派官兵剿捕一折。甘肃近年以来，沿边番贼每伺官兵进退以为出没。前值提镇会哨之期，胆敢窜入永昌一带滋扰，甫经击退，复于七月间，由镇羌卡外窜入松山、宽沟等处肆行劫掠，甚至阻截道路，拒伤官兵。如果该营官平日侦探的确，严拿内地奸匪，杜绝勾引，何至任其纷窜抢掠毫无顾忌。现经该督派委署凉州镇总兵崇保、署督标中军副将双来、庄浪协副将松龄、署右营参将乐善等分带官兵，遏守要隘，在烟墩沟、炭窑沟等处两次击贼，歼毙甚多，并殪红衣番僧数名。该番等窜入黑茨沟藏匿，并有甘州兵在察汉俄博、金羊岭一带，西宁兵在永安、大通等处遏其归路。趁此番匪腹背受敌之时，亟应痛加剿洗，以儆凶顽而靖边卡。著即责成该镇、将等赶紧追捕，奋力夹攻，如卡外沿边尚有潜伏零股，即著随地歼除，并饬提督索文、西宁镇总兵双锐等一体侦探严防，总期有犯必获，毋得稍有疏纵。另片奏署沙州营参将忠泰借口兵单待援，并不及时亲往堵击，致贼饱飏，实属怯无能。安西协副将连英，经该镇派令带兵往援六日之久，尚未启程，显系有意迁延。均著舒兴阿确查，严行参办。伤亡弁兵查明照例请恤。"

（文宗朝卷六八·页二二上～二三下）

○咸丰二年（壬子）九月甲寅（1852.10.19）

又谕（内阁）："舒兴阿奏官兵兜剿番贼大获胜仗，全股歼除，并生擒首恶，现在撤兵归伍一折。甘肃凉州镇羌卡外番贼窜扰松山一带，纠合族番二千三百余人，分股抢掠沿边牲畜四万有奇，潜匿麻黄沟内。经官兵迭次追剿，提督索文督同总兵双锐、副将双来，并派护副将萧鸣章、参将乐善等，各带弁兵分路堵截，合力剿捕，先将大股番贼六百余人悉数歼除，又将分窜之贼歼毙百数十人。其首恶阿里克公住复经萧鸣章督兵用炮轰伤，即时生擒余匪逃窜者仅百余人。此股番贼纠结数千人，盘踞河北柯柯乌苏地方，肆出抢掠，从未大受惩创。此次官兵冒雪冲锋，两日之间四战四捷，生擒贼首枭示，并将盈千番贼歼剿殆尽。复迭次缉获汉奸多名，分别根究惩治。该督等督办有方，洵堪嘉尚。舒兴阿、索文均著交部议叙。所有镇将备弁及兵练人等，著择其尤为出力者酌量保奏，候朕施恩。其节次阵亡弁兵，一并查明请恤。惟番贼出没靡常，各属仍多零星抢劫之案，并贼目才旦朵尔吉等所带野番尚多逃匿，不得因此股番贼剿除殆尽，稍涉大意，致有疏虞。仍著该督严饬该提、镇等，于沿边一带要隘处所，随时严密搜捕，勿留余孽，以肃边境而靖闾阎。"

（文宗朝卷七一·页一二下～一四上）

○咸丰四年（甲寅）二月丁丑（1854.3.6）

谕军机大臣等："易棠奏番族饰词投诚，西宁办事大臣姑允所请，以致番族效尤偷渡，现在设法招抚一折。蒙古、番族游牧各有界限，历年以来野番潜住河北，屡滋事端，早应逐令回巢，以安边围。乃该办事大臣吴必湉辄听偷渡河北之拉安族番饰词投诚，借护送堪布之名欲在河北住坐。且有'不准投诚，照旧为匪'之语，情词桀骜，显系有挟而求。吴必湉毫无定见，辄允所请，实属谬妄糊涂。该督现已移咨吴必湉，饬令驻防副将及青海两翼盟长等，将偷渡河北番族相机逐令回巢，自应如此办理。至吴必湉所称非稍须兵力，不足以杜边衅等语，现在该番族并未滋事，何得率请用兵？著易棠即饬令该厅营督率千、百户，将偷渡之都受族等番子招集回巢，并晓谕各番绝其妄念，仍饬令驻防副将及该盟长等设法驱逐，务使消患未萌，毋任别生枝节。将此由五百里谕知易棠，并谕吴必湉知之。"

（文宗朝卷一二〇·页一四上～一五上）

○咸丰四年（甲寅）五月甲寅（1854.6.11）

谕内阁："易棠奏请招募猎户堵御番贼，并试采金砂以资口食一折。上年甘肃西宁一带番贼窥伺边卡，节经该督饬令各属招募猎户人等随时击退。提督索文于察汉俄博营所管之亦斯们沁地方，招募猎户一千名，并令淘挖金砂自济口食。现在边疆静谧，办理业有成效。复经该督派委镇、道会同该提督详细履勘，因察汉俄博营地处卡外，南山与甘凉边界中隔一山，仅于亦斯们沁安设猎户，各隘口尚难兼顾，拟请于迤西之野牛沟，迤东之沙金城两处，各招募一千名，与亦斯们沁互相堵御。并因该三处均素产金砂，令所募猎户一半淘试金砂，一半防御番匪，并筹议约束稽查及升科各章程等语。近年番贼入卡抢掠，虽经该提、镇等随时拨兵剿办，往往掩捕不及，致令远扬。既据该督与该提督等查明猎户人等熟悉路径，用以协助官兵，可资得力。著即照所请，于亦斯们沁、野牛沟、沙金城等处共安置猎户三千名，责成总管、练总人等实力稽核，毋令混冒，其开采金砂，发给猎户口粮外，并酌定课额年限，均著照所议办理。"

（文宗朝卷一三〇·页一七上～一八下）

○咸丰六年（丙辰）八月戊申（1856.9.22）

以甘肃追捕番匪不力，革守备窦林职，千总蓝积珍以外委降补。

（文宗朝卷二〇六·页二二下）

○咸丰六年（丙辰）九月壬午（1856.10.26）

谕内阁："易棠奏剿除番族贼匪，生擒首恶，并分捕余匪一折。甘肃拉安族黑番纠结四川果落克等番族，占踞青海蒙古游牧，并敢窜扰嘉峪关外，抢劫饷鞘折报，经该提督索文亲率兵勇，会同西宁办事大臣东纯驰往剿捕。八月初四日该提督带兵直抵番族插帐之雪山奋力攻击，自卯至酉，歼毙甚多。复分兵绕至山后，于初五日黎明直捣贼帐，生擒贼目达洛尖齐等二十三名。官兵大队四面环攻，共计毙贼一千余人，滚崖落涧者不计其数，搜获被抢原赃，并夺获帐房、鞍马、牲畜、军械无算，立将该族番贼剿洗净尽。此次该提督等剿捕番贼藏事妥速，索文、东纯均著交部议叙，出力官弁兵勇准其择尤保奏。所有动支经费既由该提督等筹捐还款，著免其造册报销。捐输各员并准其奏请奖叙。"

（文宗朝卷二〇八·页二九下～三〇下）

○咸丰七年（丁巳）五月癸亥（1857.6.4）

谕内阁："乐斌奏剿捕番匪获胜一折。上年甘肃嘉峪关外驿路时有山内果洛克贼番出伺行劫，经提督索文派兵入山搜捕，将潜匿祝鲁果贼番痛加剿除。本年四月间。探有贼番在素赖地方插帐，复派兵勇前往攻击，贼番抢占雪山抗拒，枪炮对轰，昼夜环击，兵勇复由间道绕至贼后，两面夹攻轰毙一百余名，斩获首级八十三颗，生擒番僧一名，番贼一名，跌落崖涧雪窖者不计其数，夺获牛、马、驴、羊六千余只。立将巢穴烧毁尽净。积年凶匪全股歼擒，办理尚属认真。所有在事出力官弁兵勇，著该督查明择尤保奏，候朕施恩。"

（文宗朝卷二二五·页一三上～下）

○咸丰七年（丁巳）八月壬子（1857.9.21）

以剿捕甘肃番匪出力，赏提督索文巴图鲁名号，游击郭相忠等花翎，游击卢殿标等蓝翎，馀升叙有差。

（文宗朝卷二三三·页七下）

○咸丰八年（戊午）五月丙子（1858.6.12）

又谕（军机大臣等）："乐斌奏缕陈番务情形，请饬西宁办事大臣等详查筹办一折。甘肃西宁口外野番为患，乐斌到任以后，派令署西宁府知府那逊阿古拉派兵剿捕，随有刚咱等族野番情愿投诚，求将河北地方赏给住牧，保护蒙古边民。各旗蒙古亦愿将青海迤南戈壁地方暂行借给住牧。似此权宜办理，原期相安无事。惟野番贪残成性，移至河北后或不免欺陵蒙古，滋生事端，更恐河南各番相率效尤，恳求迁徙，自宜慎之于始，以安蒙古生计。此事著乐斌督办，即不能亲身前往，务须派委明干大员，随同图伽布督饬西宁镇、道确切查明，通盘筹画。应如何定立界址，设法钤束，以杜侵越，及不准再有番族过河，以期日久相安之处，妥议章程具奏，不得迁就目前，致滋后患。将此谕令知之。"

（文宗朝卷二五三·页四上～下）

○咸丰九年（己未）六月己亥（1859.6.30）

西宁办事大臣福济奏筹办投诚野番大概情形。得旨："此时只好羁縻，将来蒙、番能否相安，惟在随时妥办。若仍借端滋事，更可驱逐有辞，著晓谕蒙古不可自弛武备，赖他人之势以自立。若蒙古能强，堪以敌番，任其自行驱逐亦无不可。"

（文宗朝卷二八五·页五下～六上）

○咸丰九年（己未）九月丁卯（1859.9.26）

谕内阁："福济奏番族投诚，地方肃清，并安插户口，善后章程开单呈览一折。甘肃野番连年滋事，经该大臣亲督员弁出口查勘，开诚布公，歼厥渠魁，宽其胁从，随处核定界址，编查户口，妥为安插。统计八族共一千七百四十七户，男妇大小一万八千四百二十名口。该番族感激欢呼，交出认赔牲畜及被抢牛、马、羊各物，呈出承保十事及分守要隘各甘结，地方得以肃清，办理尚属妥速。所有善后事宜，即照奏定章程十条妥为办理。嗣后每年巡查，禁通事之勾引，防歇家之容留，赏罚必明，奉行必力，均责成该管厅、营妥为经理，以期日久相安。此次调拨兵勇所需经费，俱系在事官绅捐办，著免其造册报销。除捐资人员照例请奖外，其出力各员，著福济择尤酌保数员，毋许冒滥。"

（文宗朝卷二九三·页一上～二上）

○咸丰十年（庚申）正月癸未（1860.2.9）

以甘肃剿办野番出力，赏道员肖浚兰、文麟、琫武，知府斌越、章桂文，同知葛以简，都司丁炳魁、柴旦，守备窦林等花翎；把总刘士贞等蓝翎，馀升补加衔有差。

（文宗朝卷三〇六·页五上～下）

○咸丰十一年（辛酉）十一月癸丑（1861.12.30）

又谕（内阁）："据乐斌、多慧奏：筹议善后章程，拟酌设营制、招练番兵、改定边缺、申明旧章四条以为善后事宜；又查西宁为极边要区，羌戎错杂，汉民之外则有蒙古、野番、熟番、汉回、撒回、喇嘛土民，种类既繁，抚循治理稍有失当，枝节丛生，西宁道、府二缺，初任人员难期熟练，请均改为调补之缺，至该二缺专用满洲、蒙古人员，此后但期人地相宜，无论满汉人员均准酌调升补，惟同时道、府二缺内必须有满洲、蒙古一人，不得皆用汉员各等语。麟魁屡次出差，曾经涉历该省。沈兆霖曾任陕甘学政，一切风土人情平日想能深悉。该督等所陈四条是否为现在善后要务，抑或此中另有窒碍难行之处，西宁道、府二缺均系请旨简放，现在改为调缺及满汉人员均准升补是否可行，著麟魁、沈兆霖体察情形，会同商酌，妥议具奏。……原折片单五件均著抄给阅看。将此谕令知之。"

以青海蒙古、番族随同剿匪出力，赏副盟长辅国公察哈巴克双眼花翎，馀奖叙有差。

（穆宗朝卷一一·页五四上～五五上）

查办果洛克劫夺滋扰

○嘉庆十三年（戊辰）八月壬子（1808.10.8）

又谕（内阁）："文孚奏官兵护送堪布喇嘛，途遇果罗克贼番行劫一折。现已降旨令勒保派员查拿示惩矣。护送回藏堪布喇嘛，向来西宁派兵四百名，前经文孚因近年来途中并未有贼匪抢劫之事，遽请酌减二百名。此次贼番或因侦知拨护官兵较少，乘间劫掠，亦未可定。皆由文孚办理冒昧所致，其自请交议之处，咎有应得。文孚著交部议处。至都司于文瑶所带兵丁仅止二百名，沿途护送，适遇贼番聚众千余人，该都司督率擒拿，当毙贼匪五名，并将包裹夺回大半，尚为出力，功过足以相抵。于文瑶著免其议处。"

谕军机大臣等："回藏堪布喇嘛每年常川进京，西宁系必由之路，往往行至该处，辄被贼匪劫掠。迨经降旨饬拿，川省则以贼在西宁界内潜匿不为认真查办，西宁则以贼由川省潜来不能越境查拿，彼此互相推诿，日久竟置不问，以致贼匪愈无畏忌，恣意劫掠，成何事体？勒保不应如此推卸。此次据文孚查明，实系果罗克达巴、阿尔群、结昂、余什达克、窝隆等五处番子，并无别处贼番。其为四川番贼越境滋扰，已无疑义，川省更无可推托。若不根究明确，认真查办，恐堪布等以天朝禁令不严意存轻视，殊有关系。勒保接奉此旨，即转饬丰绅挑带劲兵数百名及能事将官前往压境，令其将为首滋事之贼指名缚献，将前所劫包裹等件悉数呈出。若贼番畏服遵依则已，倘有违抗，竟当整顿兵威大加剿办，如近日办理峨眉之事，使其畏惧慴服，方能永远宁帖，不可稍有姑息。将此传谕知之。"

（仁宗朝卷二〇〇·页一九上～二一上）

○嘉庆十三年（戊辰）十月甲寅（1808.12.9）

谕军机大臣等："勒保奏现调汉、土官兵查办果罗克贼番一折。本日方积到京陛见，朕详加询问，据称该处程途遥远，道路难行，从内地调兵前往需费繁多，现在大雪封山，兵力更无从施展等语。勒保现饬调汉、土官兵交丰绅前往查办，如已将滋事为首之贼擒获数人，固属甚善。若尚未能进兵，此时冰雪载途，官兵等不值在彼久住虚糜粮饷。昨已有旨谕知长龄，令特依顺保将所带官兵撤回。勒保应即咨会丰绅暂行撤兵，俟明春雪化后，再行筹办。现据折内称，所调松潘兵六百名，于关外道路恐不能熟悉。明春进兵，勒保即无庸再调汉兵，惟将附近之土兵酌量调派，于查缉较为得力。至堪布回藏携带货物，昨据长龄查明内有包揽客商驮载，影射朦混。将来勒保查办时，如伊等失去之物果系赏件及堪布自带货物，自当认真查追。若系客货，伊等本因图利违例包揽，官兵岂能代为查寻？惟当专拿贼犯，严行惩办可也。将此谕令知之。"

（仁宗朝卷二〇二·页二一上～二二下）

○嘉庆十三年（戊辰）十月己未（1808.12.14）

谕内阁："长龄、文孚奏审明因病逗留捏报之都司定拟治罪一折。此案都司于文瑶奉派护送回藏堪布，因患病不能乘骑，在于途中暂住调养。现经查看，尚未痊愈，彼时自非捏饰逗留。但堪布等被劫一事，该革员既未随同护送，辄敢捏称在彼带同官兵打仗夺包，希图冒功卸罪，实属胆大。该督等仅拟将该革员发往伊犁，所办尚轻，不足以示惩儆。于文瑶著先在西宁地方枷号两个月示众，俟满日再发往伊犁效力赎罪。"

（仁宗朝卷二〇二·页二九上～下）

○嘉庆十三年（戊辰）十二月癸丑（1809.2.6）

四川总督勒保奏报剿擒果罗克贼番竣事。提督丰绅及出力官弁下部议叙。

（仁宗朝卷二〇五·页九下）

○嘉庆十四年（己巳）二月甲午（1809.3.19）

以围捕四川果罗克贼番出力，赏绰斯甲头人安奔等职衔有差。

（仁宗朝卷二〇七·页七下）

○嘉庆十九年（甲戌）八月辛酉（1814.9.16）

谕军机大臣等："据福克精阿奏本年年班堪布进贡包物自藏进京，照例调拨蒙古兵五十名、玉舒番兵五十名前往迎接护送。兹于七月十四日据通丁等禀报，该番兵等驰赴尼牙木错住古地方，尚未接著堪布，突遇四川果罗克及格尔次等，该番贼三百余名放枪劫夺，将马匹、口粮、行李等物尽行抢去，并枪伤番兵七名，杀毙番伯长及番兵各一名，余被冲散。现在福克精阿约计堪布贡物等件中秋后可到丹噶尔边口，恐内地派兵接护迟缓，已饬令班禅额尔德尼商上堪布拨伊佃户兵丁，并续派蒙古兵一百名，就近驰往前途迎护等语。果罗克等处贼番沿途劫掠，屡经查办，总未敛戢。此次青海派兵迎接堪布，该番贼等胆敢聚集三百余人放枪肆劫，并杀毙番目等二人，枪伤七名，凶横已极。试思兵丁等所带行李无多尚遭劫掠，堪布等赍押贡物并随带货包及由京领回赏件，往来皆必由青海草地行走，该番贼等生心觊觎，若再至中途劫攘，成何事体。此次不可不大加惩创，著赛冲阿、多隆武二人内酌量一人，遴带弁兵四五百名，迅速前往被掠地方，查明此次劫夺滋事贼番巢穴，慑以兵威，令将放枪抢掠之三百余人全行缚献，审明何人为首，何人伤毙官兵，严行惩办，并令将劫去之行李、马匹等件悉数缴出。若稍有抗违，即当痛加剿戮。务使知所畏惧，不敢再出滋扰，庶道途安静，可期一劳永逸。该将军等酌定带兵起程日期先令由驿迅速复奏。将此谕令知之。"

（仁宗朝卷二九四·页六下～八上）

○嘉庆二十年（乙亥）二月辛巳（1815.4.4）

成都将军赛冲阿奏查办果罗克贼番出力土目，赏土目旦借土百户世职。

（仁宗朝卷三〇三·页二〇下）

○嘉庆二十三年（戊寅）四月癸未（1818.5.20）

以捕获四川果洛克贼番，赏给中果洛克土目索朗丹巴土千户印信，从总督蒋攸铦请也。

（仁宗朝卷三四一·页二五上～下）

○道光元年（辛巳）五月戊午（1821.6.8）

又谕（军机大臣等）："素纳奏：据玉舒番子鄂纳车楞等呈报，该番子等去夏贸易回牧，行至玉舒呼喇地方，被四川所管格尔族番贼古萨尔旺扎勒父子合果洛克番贼瓦喇木滚蕴端等十余人为首纠约千余人，抢去元宝三百六十七锭、驮牛四千五百七十只、马二十三匹以及茶、布各物，并伤毙番人十二名，伊等逃避回牧后探明贼首，呈请办理等语。玉舒番族每年前来甘省交纳贡银，即在边境贸易。今被川省格尔族、果洛克番贼聚众抢劫，伤毙番人十二名，劫去赃银一万数千两，实属目无法纪。著蒋攸铦迅即派委干员前往该处，将伤毙番人之贼犯按名查拿，并将抢去银两、牛、马原赃逐一查起，审明按律办理。如格尔族等有抗拒情事，即派大员带兵前往弹压，务获赃贼，以儆凶顽而安行旅。将此谕令知之。"

（宣宗朝卷一八·页九下～一〇下）

○道光元年（辛巳）九月甲寅（1821.10.2）

谕军机大臣等："据素纳奏：由藏旋京之中书英灵并进京之巴雅尔堪布等于七月十八日过通天河，刚进山口，突有果洛克贼番三百余人将奏书、贡物及骑驮牛马、口粮、帐房等物全行劫去，该堪布罗卜藏棍楚克因惊坠马患病，开具失单，请饬查办等语。果洛克贼番屡经抢劫玉舒番子，前已降旨饬拿。此次复将该堪布等逞递奏书、贡物及随从行装全行劫掠，实属目无法纪。著蒋攸铦派委干员前往该处，将首从各犯查拿务获，并将抢去贡物等件逐一查起，严行审讯，按律惩办，以儆凶顽。所开失单并著发交阅看。将此谕知蒋攸铦并谕素纳知之。"

（宣宗朝卷二三·页一二上～下）

○道光元年（辛巳）十月己卯（1821.10.27）

谕军机大臣等："据呢玛善等奏熟筹查办果洛克贼番一折。果洛克贼番屡次抢劫，目无法纪，自当严办示惩，现经呢玛善等派委松潘镇总兵带兵前往缉办。如该土目等震慑兵威，立将正贼、真赃全行获解，即可就事完案。若稍涉迁延，转瞬即届严冬，该处山深雪大，以内地官兵久顿穷边之地，设急切不能了事，亦属非宜，呢玛善等拟令该镇将等确探道里路径，暂行撤兵回营，扬言明岁秋晴再行前往，使之无备，俟探明冰融雪化，出其不意再行剿洗。所筹亦不为无见。此事惟在该将军等酌量情形，相机办理。总使贼番知所畏惧，不敢频出滋扰，以靖边疆而安行旅。其迟速缓急之间，朕亦不为遥制也。将此谕令知之。"

（宣宗朝卷二四·页四上～五上）

○道光二年（壬午）二月丙申（1822.3.13）

谕军机大臣等："呢玛善等奏查办果洛克番贼抢案已获贼赃，分别审办，并请暂行撤兵，俟冰融雪化后再行相机办理一折。果洛克贼番抢劫玉舒番族一案业已赃贼并获，其西藏堪布被劫一案，亦据该镇将等前往搜捕查获原赃。惟该番贼前已闻拿远遁，尚未就获一名，必须悉数捕诛，方足以靖边圉而安行旅。彼时因该处雪积尺余，草枯水涸，自不得不暂时撤兵。该将军等当饬属于冰融雪化后随时察探，一俟关外道路可以遄行，即须调集汉、土官兵前往剿捕。何君佐现已调任湖北提督，届时当令新任提督桂涵督兵往办，务将该番贼痛加惩治，以儆将来。其升任懋功协副将德印熟谙该处情形，著照所请，仍回漳腊营参将原任，俟查办此案夷务事竣再行饬赴新任可也。将此谕令知之。"

（宣宗朝卷三○·页七上～八上）

○道光二年（壬午）七月甲申（1822.8.28）

又谕（军机大臣）："呢玛善等奏遵旨调集官兵筹办果洛克番贼一折。果洛克番贼抢劫西藏堪布，前经查获原赃，系达凹等寨所为。自应就案办理，大加惩创。现据该将军等查明该处道路可以遄行，札调汉、土官兵前往查办。著桂涵饬令德印，先行驰赴该处，传唤索朗丹巴，密谕安分之各番寨，毋使惊惶，并密探达凹等寨番贼踪迹，严行围捕。桂涵仍带兵在相距三十里地方暂为驻扎。如该番贼震慑兵威，将此案正贼悉行缚献，即就地讯明惩办，取结完案。倘负隅观望，著即统率官兵设法剿捕，分路搜拿，务期悉数捕诛，肃清边境。将此谕知呢玛善、蒋攸铦，并谕桂涵知之。"

（宣宗朝卷三八·页一五下～一六上）

○道光二年（壬午）九月乙亥（1822.10.18）

成都将军呢玛善等奏提督桂涵带兵剿办果洛克番贼连获胜仗情形。得旨："奖赉。予伤亡兵丁赏恤如例。"

（宣宗朝卷四一·页九上）

○道光二年（壬午）九月乙酉（1822.10.28）

以剿办四川果洛克番贼事竣，提督桂涵下部优叙，赏副将德印总兵衔。

（宣宗朝卷四一·页二二下）

○道光二年（壬午）十月甲子（1822.12.6）

又谕（内阁）："呢玛善等奏果洛克唐凹等寨番贼素称强悍，近年纠抢分赃之案甚多。经呢玛善等调集汉、土官兵，迭次擒获土目父子及著名凶贼，悉行就地正法，各路土目、番众咸知畏惧。现在拣择妥实安分之人承充果洛克土目，边境肃清，官兵凯撤，办理迅速，甚属可嘉。除桂涵前已降旨交部从优议叙外，呢玛善、蒋攸铦办理此案调度得宜，均著加恩交部议叙。"

（宣宗朝卷四三·页一〇下）

○道光二年（壬午）十一月己卯（1822.12.21）

以剿办果洛克番贼功，赏四川知府陈崇礼道衔，同知王钟钫等蓝翎，馀升叙有差。

（宣宗朝卷四四·页一九下～二〇上）

○道光八年（戊子）八月壬申（1828.9.13）

谕内阁："穆兰岱奏玉舒番族因被抢劫逃奔青海西南色尔克地方，请暂令住牧等语。西宁管辖之玉舒百户原牧地方，被四川果洛克贼番抢劫穷困。该族番人带领四十余户逃奔青海，情形实为可悯。著照所请，准其令该百户即在色尔克地方暂行住牧。一俟明岁春融后，即将该百户并其属下番户一并逐回原牧，毋任日久逗留。"

谕军机大臣等："穆兰岱奏：本年六月间据青海右翼正盟长郡王棍楚克济克默特呈报，有四川所属果洛克贼番二百余人前来抢劫南柴达木地方住牧之扎萨克台吉布彦达赖旗下羊二百余只、牛七十余只，贝子喇特纳什第等旗蒙古驮盐牛二百四十余只，阿里克番子马、牛一百数十只，蒙古、番子聚集多人追赶不及，贼已逃逸各等情；又另片奏前因出口途次察罕托洛亥地方，接见归隶西宁管辖之玉舒雍希叶布族百户多尔济旺吉尔，回称本年二月内被四川果洛克贼番前来抢劫牲畜，并伤毙属下百长噶布藏纳木加立等三命，以致该属番人不能住守原牧，遂带领四十余户于三月间逃奔青海西南色尔克地方住扎等情，现俱移咨川省查办等语。南柴达木及玉舒地方相距青海俱远，与四川、西藏所属果洛克族番毗连，该处住牧蒙古屡有被果洛克贼番抢劫之案。兹据穆兰岱查明扎萨克台吉布彦达赖等旗被抢牛羊共有数百余只之多。甚至玉舒番族被抢毙命，穷困逃奔。该贼番等胆敢聚众越境肆行抢夺，实属目无法纪，必应严拿惩办，俾该蒙古、番子各安游牧。著瑚松额等严饬该管文武，认真勒缉此二案赃贼务获，审明按律定拟，勿使一名漏网。将此谕令知之。"

（宣宗朝卷一四〇·页六下～八下）

○道光八年（戊子）十一月丁酉（1828.12.7）

又谕（军机大臣等）："杨遇春等奏：接据前藏安木加达仓寺贸易番目纳木云达克等呈称，伊等随同西藏贡使赴归化城等处贸易之前藏差人古竹巴即罗桑沃色尔等于七月间行至通天河竹古拉山东沟地方，被四川果洛克番贼五六百人，将所有货包、牲畜、锅、帐、口粮尽数强劫无遗，又枪毙回京之白塔寺喀尔沁喇嘛呼毕尔罕一名、贸易番人一名、雇工三名，除照达赖喇嘛执照将古竹巴噶尔本货包、衣物、口粮、牲畜等项全行索还外，其余贸易番目纳木云达克等货物二千三百九十五包，衣物、口粮八百零六包，马、骡、牛二千一百七十三头尽被抢去；又据随同行走之甘肃循化厅属宗喀寺喇嘛他卜克报称，同日被果洛克番贼强劫衣物、经卷、佛像共二十驮，马、骡五匹，银一百五十两等语。四川果洛克等处番贼屡经抢劫玉舒番族，本年青海柴达木地方蒙古、阿里克番子又被果洛克贼番劫掠，饬令该将军等查办，总未缉获赃贼惩治。此次复致纠众抢劫西藏贸易番人货物、牲畜，计赃至盈千累万之多，实属目无法纪。若不大加惩创，尚复成何事体！业经杨遇春等开具失单，咨会该将军等查办，著瑚松额等即遴派妥干大员迅速严缉勒拿，务获赃贼，从严惩办。所有被劫番子等，即照杨遇春等所请，选派弁兵由甘肃、陕西一路押送四川省城，就近听候认领原赃，以示体恤。将此谕知瑚松额、戴三锡、桂涵，并谕杨遇春、穆兰岱知之。"

（宣宗朝卷一四六·页二下～四上）

○道光八年（戊子）十一月戊申（1828.12.18）

谕军机大臣等："瑚松额等奏：遵旨派员查办果洛克贼番越境肆抢之案，该委员等自漳腊营由黄胜关出口，至果洛克边界尚有二千余里，现值冬令严寒不能前进，请缓至来春雪化方可查办等语。四川果洛克贼番屡经越境肆行抢劫，本月初间，又据杨遇春等奏西藏贸易番人于七月间行至通天河竹古拉山东沟地方，被果洛克贼番强劫货物、牲畜，计赃甚多。亦已降旨交瑚松额等派员迅速严缉赃贼务获。此时口外大雪封山，该委员等不能前进。著准其俟来春天暖雪消，乘向例派兵出口游巡之时，添委熟悉夷情明白干练之员，调集各该管土司，令其将所抢西宁属扎萨克台吉布彦达赖等旗并玉舒番族及西藏贸易番人等案正贼、正赃分头侦缉，俾夷犯迅速就获，按律从严惩办，以儆凶顽。将此谕令知之。"

（宣宗朝卷一四六·页三二下～三三上）

○道光八年（戊子）十二月丁亥（1829.1.26）

又谕（内阁）："穆兰岱奏前此被番贼抢劫续行逃回青海之玉舒番子请暂行住牧一折。西宁玉舒番族前被四川果洛克贼番抢劫穷困，不能住守原牧，带领番族四十余户逃奔前来，准其暂行住牧。兹复有前此散失番子勒噶等二十五户奔回青海，呈明被抢牲畜物件。业经穆兰岱移咨四川将军等，一并严缉赃贼务获惩办外，著照所请，准其与该百户多尔济旺吉尔同在色尔克地方暂时住牧。一俟明岁春融，即将前后逃奔各户一并逐回原牧，毋任观望迁延。"

（宣宗朝卷一四九·页一四下～一五下）

○道光十年（庚寅）三月戊戌（1830.4.2）

又谕（内阁）："升寅等奏拿获抢夺西藏商人等货物之贼番一折。前藏贸易番目纳木云达克等被四川果洛克贼番抢夺货物、牛马，枪毙人命，前经降旨令该将军等派员缉拿赃贼。兹据升寅等奏，已将首犯桑珠蚌等躧拿。该犯于被拿时辄敢纠众拒捕，当经官兵将抗拒之桑珠蚌等当时格杀。其现获之亦当笑等于审明后业已分别斩枭，各按罪名定拟。所有搜获原赃，著照向例饬司委估变价解交西宁，饬令番商承领。"

（宣宗朝卷一六六·页一二下～一三上）

○道光十四年（甲午）三月丙戌（1834.4.29）

谕内阁："鄂山奏前后藏堪布进京，在途屡被抢劫，遵旨酌议行走章程一折。据称西藏喇嘛遣使堪布入都进贡向不由川省地方经过，其失事之区每在西宁所辖通天河一带。行劫之贼往往系川省果洛克贼番所为，亦有甘肃西宁不安住牧之番众出而肆抢。历经按起饬获赃贼，奏明惩办。果洛克无业番民每因打牲远出游奕，该堪布等贪图便捷，揽带客货由小路行走，以致屡有抢失之事。若由川省遣派官兵长途探护，不特虚縻帑饷，且恐徒费周章。著即责成三果洛克之该管土、千、百户，多派土目按户严行管束，实力稽查，不准各番民借打牲为名远离巢穴，并严饬该管镇将转饬该管土、千、百户严束番众。倘有抗违远出，准令该土司指拿送究，尽法惩治。倘土司徇庇纵容，即由该镇将禀请参办。仍于每年责成该管参将，选拔勤能妥弁严密稽缉，俾各番夷愈知儆畏。其川省阜和协属之挖树色尔塔、格尔次等处距通天河较果洛克稍近，著该督严饬阜和协副将一体稽查钤束办理。并著驻藏大臣、西宁大臣、陕甘总督审量地方情形如何，责令该堪布不得额外揽带货物及照例由大道行走。作何照科防范，悉心核议具奏。至该堪布等此次被抢包驮，前据呈报系被果洛克贼番所抢，并称盗首系阿崇旗等番人。现据该督奏称，饬查川省并无前项番夷部落，是否西宁所辖纠结伙抢，著即饬催该镇将派委熟悉夷务员弁，缉追正贼、真赃务获，严审究办。"

（宣宗朝卷二五〇·页二四下～二六下）

○道光十四年（甲午）四月壬戌（1834.6.4）

谕内阁："杨遇春等奏酌议护送前后藏贡使章程一折。据称夷使堪布往返向由西宁口外草地行走，历年派兵在通天河附近地方接送。惟果洛克等族番窥伺抢劫习为常技，堪布等人少驮多，行走未能迅速，一遇抢劫又不能抵御，自应妥为照料防护，以便妥速过境。嗣后堪布往返行走，著派察罕托洛亥防所官兵一百员名护送至扎素拉青海界外，以防抢劫，并著驻藏大臣预期密会，以便派兵在通天河等候接送。并谕知该堪布等不准额外揽带货包，以免逗留。"

（宣宗朝卷二五一·页四〇下～四一上）

○道光十四年（甲午）十二月丙午（1835.1.14）

谕军机大臣等："杨遇春等奏本年西藏进贡堪布人等被四川果洛克番贼纠众抢劫飞咨缉办一折。该堪布等赍载贡包于十一月内自西宁起程赴京，已降旨饬令杨遇春等咨行经过各省一体照料，妥为护送前进矣。此次该堪布等于本年七月行至前藏扎噶布山地方被四川果洛克番贼纠众将包驮五起抢去，并杀伤番人；续于九月初十间行至塞若松多地方，复被果洛克贼番三千多人将贡包并众番货包、牛只、马匹全行抢去，杀毙藏番七名，行至贡额尔盖地方，复被贼番抢去货包。经杨遇春等飞咨四川省在于被抢各该处赶紧查拿严办，并严饬该驻防副将带领官兵分投侦缉。贡额尔盖地方复行抢夺货包，究系何处贼番，迅速弋获究办。此项番贼肆行无忌，胆敢纠众数千抢劫贡物，实属胆大恶极。若不从严究办，必至西藏道路不通。著瑚松额等赶紧派委将弁在于扎噶布山及塞若松多地方将抢劫贡物之果洛克番贼悉数查拿，务获究办，并将正余贡包、贸易货包及牛只、马匹等项全数追出，将该番贼等从严惩办，以儆将来。将此谕令知之。"

（宣宗朝卷二六一·页二五下～二七上）

○道光十七年（丁酉）三月戊子（1837.4.15）

谕军机大臣等："瑚松额等奏：上年西藏贡使堪布等行至通天河岐米加纳并托逊诺尔地方，被四川所属格尔次暨果洛克番贼两次抢劫。本年二月初八日，经派出之扎萨克等于通天河脑曲麻尔地方探明踪迹，歼毙番贼数十人，捉获活贼六名，割获首级二颗、耳记二十五片，番妇、小孩六名口，起获堪布原赃已启未启皮包三十个、牛一百六十五只、羊一千六百七十四只、马二匹、枪十杆，并投出掳去西藏番民尼莫一户男妇大小十四名口，余贼尽皆远窜无踪等语。通天河岐米加纳并托逊诺尔系堪布入贡往来必经之路，四川所属格尔次暨果洛克番贼胆敢抢劫包物，经瑚松额等派扎萨克等严加惩创，自可敛迹。惟野番愚顽性成，此拿彼窜，著凯音布、鄂山严饬所属协力缉拿。如有窜逸番贼，立即查办，俾闻风生畏，道路肃清，以柔远人而安行旅，是为至要。将此各谕令知之。"

（宣宗朝卷二九五·页一一下～一二下）

○道光十八年（戊戌）二月辛酉（1838.3.14）

谕军机大臣等："德楞额奏玉舒熟番避住青海一折。青海衙门管辖玉舒熟番内雍希叶布、蒙古尔津、尼牙木错、卡爱尔等四族，因被果洛克番子屡行抢劫，奔赴青海地方投生，现据盟长棍楚克济克默特等情愿让地住牧。著照所请办理。惟番族、蒙古各有疆界，现经盟长等让出空闲地方令该番等住牧，是否日久相安，必应明定界址，令其切实具结，毋得侵占，致有欺凌蒙古情事。著德楞额悉心筹议一切章程，俟苏勒芳阿到任时详细告知，妥议具奏。将此谕令知之。"

寻奏："查询各蒙古，佥称与该番相处数年，尚属相安，并未多事。"报闻。

（宣宗朝卷三〇六·页一八下～一九上）

○道光二十一年（辛丑）七月丁丑（1841.9.10）

又谕（内阁）："恩特亨额等奏贼番抢劫牲畜，经该管盟长击散一折。此次果洛克等贼番窜至青海地面，抢劫蒙古番族牲畜等物，经该盟长郡王棍楚克济克默特带兵前往擒剿，胆敢开枪抗拒。复经该盟长督同剿捕，歼毙贼番多名，夺获被抢牲畜，洵属奋勉可嘉。棍楚克济克默特著赏给大缎四匹，仍交部从优议叙。其沿边要隘，仍著该督饬令各营汛严加守御，无稍疏懈。"

（宣宗朝卷三五四·页二四上~下）

○咸丰六年（丙辰）六月丁酉（1856.7.13）

又谕（军机大臣等）："胜保奏西宁、宁夏等处兵丁因请饷滋闹，兰州省城复有兵众围绕总督衙署，打碎藩司段大章、知府刘仲晦肩舆之事，并汉、回匪党于关内外抢劫，或假冒野番，或勾结番匪，行旅为之裹足，甚至饷银、奏折均被抢掠，请饬整顿等语。甘肃省地处边陲，凡约束兵丁，防范番匪，在在均关紧要。……至番贼抢劫饷银、奏折，虽经易棠具奏，惟是否汉、回匪徒假冒野番，抑系勾结番贼入卡抢掠，必当严行查办，以靖地方，断不可养痈贻患，自干咎戾。著易棠据实复奏。将此谕令知之。"

寻奏："……至春间玉门县地方疏失饷鞘、折包之案，经提臣索文拿获随贼番子，讯明实系四川松潘厅之果洛克土番勾结肃州熟番行劫，当即移咨提臣带兵赴西宁会同办事大臣协力剿捕。"报闻。

（伊犁领队大臣胜保）又奏："甘肃官兵滋事，汉、回勾结野番于关内外抢劫。"

批："此奏甚是，不似正折空言塞责。"

（文宗朝卷二〇一·页二上~六上）

○咸丰七年（丁巳）五月癸亥（1857.6.4）

谕内阁："乐斌奏剿捕番匪获胜一折。上年甘肃嘉峪关外驿路时有山内果洛克贼番出伺行劫，经提督索文派兵入山搜捕，将潜匿祝鲁果贼番痛加剿除。本年四月间探有贼番在素赖地方插帐，复派兵勇前往攻击，贼番抢占雪山抗拒，枪炮对轰，昼夜环击，兵勇复由间道绕至贼后，两面夹攻轰毙一百余名，斩获首级八十三颗，生擒番僧一名，番贼一名，跌落崖涧雪窖者不计其数，夺获牛、马、驴、羊六千余只，立将巢穴烧毁尽净，积年凶匪全股歼擒，办理尚属认真。所有在事出力官弁兵勇，著该督查明择尤保奏，候朕施恩。"

（文宗朝卷二二五·页一三上～下）

查办门隅达旺寺喇嘛互斗、抗断事件

○咸丰元年（辛亥）十二月戊戌（1852.2.6）

又谕（军机大臣等）："穆腾额奏藏属边界寺院喇嘛互斗，抗断不遵一折。唐古忒东南错拉营官所属之打旺寺内喇嘛翁则对与四朗欧柱向系同寺居住，偶因钱债小忿，纠约多人互相争斗。经派往戴琫查办，复拣派番目前往开导，何以尚敢恃强聚众不遵传审，是否另有别情，现据该大臣已与诺们罕饬令前派番目秉公查办。倘仍前抗违，即著另拣汉番各员陈禾生等前往会同妥筹办理。该喇嘛等性本愚顽，且地连边界，自当持以镇静，不可轻启兵端。著该大臣等相机妥速酌办，总期两造心服，各释旧憾，以靖边界。将此谕令知之。"

（文宗朝卷五〇・页八下～九上）

○咸丰二年（壬子）十一月甲寅（1852.12.18）

又谕（内阁）："穆腾额奏委员查办打旺寺喇嘛互斗一案完结一折。此案办理乖谬。酿成巨案之班垫曲丕著革去商卓特巴并仔仲，交诺们罕惩办。仍著查拿在逃之协饶札巴务获，照例治罪。"

（文宗朝卷七五・页一五下～一六上）

○咸丰三年（癸丑）三月癸酉（1853.5.6）

又谕（内阁）："穆腾额奏查办打旺寺喇嘛互斗夷务事竣一折。协饶扎巴及霍尔冲逃至披楞、布鲁克巴等处，已据该头人出具切结，或称代为永远监禁，或称情愿代捕交出。现在边方静谧，照常相安。著即照所议完结。其查办各员弁著有微劳，自应量加鼓励。著该大臣择其尤为出力者酌保数员，候朕施恩，毋许冒滥。"

（文宗朝卷八九・页三八下～三九上）

七世班禅圆寂，谕令驻藏大臣前往祭奠及察看代办藏事的扎萨克喇嘛

○咸丰三年（癸丑）四月乙亥（1853.5.8）

命驻藏帮办大臣谆龄往奠故后藏班禅额尔德尼茶酒，赏银五千两治丧。

（文宗朝卷九〇·页二上）

○咸丰三年（癸丑）四月丙子（1853.5.9）

谕军机大臣等："前据穆腾额奏班禅额尔德尼涅槃，已降旨照例赏赉，并加赏物件，由驿发去，派谆龄前往赐奠，其后藏事务，暂令扎萨克喇嘛朗结曲丕代办矣。该扎萨克喇嘛平日办事能否妥协，番夷人等是否信服，藏务紧要，必须素孚众望者，方能办理得宜。著穆腾额等详细访察，谆龄现在派往赐奠，并可就近察看。该喇嘛朗结曲丕如果办理一切妥善，能惬众论，该大臣等即一面奏闻，一面传旨该喇嘛，即令其妥为代办，仍查照例案，奏请给与敕谕。现在班禅额尔德尼系在后藏涅槃，与前辈班禅额尔德尼在京涅槃者不同，著穆腾额等即将向来班禅额尔德尼在藏涅槃后，所有派人代办，及所奉恩旨并敕谕各事宜，查明成案，详晰开单，迅速具奏，毋稍疏漏。将此由四百里各谕令知之。"

寻奏："扎什伦布案卷因乾隆年间廓尔喀劫掠时遗失，据扎萨克喇嘛朗结曲丕禀称，历辈经部所载派人代办，未经奉有恩旨并敕谕各事。"报闻。

（文宗朝卷九〇·页四下～六上）

查处七世第穆呼图克图不守僧规及假冒第穆之喇嘛

○咸丰三年（癸丑）十一月庚申（1853.12.19）

又谕（内阁）："穆腾额、谆龄奏第穆呼图克图不守僧规一折。第穆呼图克图近来行事不守清规，劣迹昭著，既据咡征阿齐图呼图克图及噶布伦等查明确实，先行拿禁，禀请参奏，自应严切讯究惩办。第穆呼图克图阿旺罗布藏吉克美嘉木参及属下管事扎萨克喇嘛工噶嘉木白所得名号，均著先行一并撤退。仍饬咡征阿齐图呼图克图等按款讯明，取具确供，详报该大臣等亲提秉公研讯，据实具奏。"

（文宗朝卷一一二·页三七上～下）

○咸丰三年（癸丑）十二月癸未（1854.1.11）

又谕（内阁）："穆腾额、谆龄奏审明呼图克图等供词，分别定拟一折。前因第穆呼图克图阿旺罗布藏吉克美嘉木参不守清规，经咡征阿齐图呼图克图查明拿禀，当降旨交穆腾额等亲提研讯。兹据该大臣等审讯明确，分别定拟，录供呈览。该呼图克图任性妄为，有玷黄教，其管事扎萨克喇嘛工噶嘉木白隐匿不报，均属罪有应得。除所得呼图克图及扎萨克名号前经降旨撤退外，著照所拟即将阿旺罗布藏吉克美嘉木参发往宗喀地方，并将工噶嘉木白发往琼结地方，均交该营官永远管束，不准出外滋事。至前辈第穆呼图克图著有劳绩，既据达赖喇嘛代为吁恳，俟现在第穆身故后准其转世，著加恩即允所请，以顺众情。"

又谕（军机大臣等）："穆腾额等奏审拟呼图克图罪名一折，已明降谕旨，均照所拟办理矣。惟该呼图克图既经发遣，其所有寺院财物及所属地土、人民，自应慎选妥实可靠之人代为经管，以免别滋事端。该大臣等所称责成晓事头目究属何等职分，能否约束经理，其平日是否为番民僧俗所信服，务期认真体察，不可稍存大意。至所称攒招期近，喇嘛云集，恐有奸匪勾结等语，是否即指该呼图克图所辖之人，务宜剀切晓谕，妥为弹压，使僧俗人等皆知该呼图克图罪状，自能众心安帖，不至生事。总以妥慎筹办为要。将此谕令知之。"

（文宗朝卷一一五·页一〇上～一四下）

○咸丰四年（甲寅）五月庚子（1854.5.28）

谕内阁："谆龄奏遵旨查明承办第穆寺事务，达赖喇嘛请旨赏给名号一折。承办第穆寺事务喇嘛济克美当木垂人诚实明白，徒众心服，办理寺中事务妥协。著照谆龄所奏，济克美当木垂著赏给管理事务扎萨克喇嘛名号，以服众心而资管束。"

（文宗朝卷一二九·页三上）

○咸丰七年（丁巳）四月庚戌（1857.5.22）

又谕（军机大臣等）："寄谕驻藏大臣赫特贺等，昨据曾望颜奏西藏喇嘛由陕赴京，讯取通事供词呈览。据称该喇嘛系前藏第穆寺光兴黄教阿齐图呼图克图，情愿助饷，募勇平贼。因无前路公文，现在截留陕省等语。当将该喇嘛所递番字呈词交理藩院译出，内称曾得诺们罕呼图克图名号，今被沙扎噶布伦夺去，欺灭黄教，欲求瞻仰天颜，现为西安府截留，心中委屈，如令平贼，必有功效等语。是其进京，实为控告噶布伦起见，所称助饷平贼系属耸听之词。从前第穆呼图克图阿旺罗布藏吉克美嘉木参因不守清规，经穆腾额等奏明，发往宗喀。嗣经谆龄等奏该喇嘛于四年十二月二十日不服水土，在桑喀病故，当将尸身焚化。现在该喇嘛自称未死，是否捏名冒充，虚实均应根究。已谕曾望颜将该喇嘛解至四川，由四川递回西藏，并将所递金佛、哈达一并发还。著该大臣等俟递解到日，即行确切查明。如有假冒情弊，从严惩办；倘从前谆龄等所奏不实，亦无所用其回护。即将查办情形据实具奏。将此谕令知之。"

（文宗朝卷二二四·页二四下～二五下）

○ 咸丰八年（戊午）五月己丑（1858.6.25）

谕内阁："满庆奏审明由川解藏之夷犯喇嘛，取供定拟，并查实上年参办之第穆喇嘛先后情形一折。所有假冒第穆之喇嘛既经在川出痘身故，应毋庸议。其由藏同行之喇嘛箕噶、诺从二名即照所拟递至打箭炉，发交原牧土司、第巴等具结收领，永不许出外滋事。嗣后如有假冒第穆名号之番僧，一经发觉即著就地从重惩办，以警愚蒙。至前辈第穆呼图克图著有劳绩，现在第穆已在萨喀地方病故，仍遵前旨，准其转世，以顺众情。"

（文宗朝卷二五四·页一二上～下）

廓尔喀借端起衅，侵入后藏，藏军反击，西藏地方政府和廓尔喀签订议和条件

○ 咸丰三年（癸丑）十二月丁酉（1854.1.25）

军机大臣会同理藩院奏："议复驻藏大臣穆腾额等奏查廓尔喀与唐古忒分界章程，以漳木铁索桥为界，其小路附近扎木曲河之外有记尔巴及甲玉两处，归唐古忒管理，此次所争边界即系此地。现拟将此二处地方嗣后归廓尔喀管理，以息争端。所有小路各立石墙作为鄂博，并令各具甘结。查办尚为周密，应如所奏办理。"从之。

（文宗朝卷一一六·页三二下~三三上）

○ 咸丰四年（甲寅）十二月丁巳（1855.2.9）

又谕（内阁）："前任驻藏大臣谆龄于廓尔喀国王正月内递到表文，迟至三月内始行代奏；迨接奉谕旨，又复因病延搁，并不迅速檄谕。办理实属迟延。谆龄著交部议处。"

又谕（军机大臣等）："谆龄奏接据廓尔喀国王来禀分别拟办，并抄录禀稿檄文呈览，及自请议处各一折。该大臣前接该国王呈递各表文并不迅速代进，办理迟误，咎有应得，已明降谕旨将谆龄交部议处。惟详阅该国王来禀，牵涉唐古忒所属营官不遵旧章征收税课，及欺负抢劫、伤毙该国民人等事。自应秉公查办，照旧贸易，不准例外浮收，任意欺压。被抢案件亦宜彻底根究，毋得偏袒，致该国有所借口。上年察木多番商与巴勒布番民在藏斗殴，既有卷宗可稽，何以有人在该国王处唆弄是非，致令疑惑，是否唐古忒番官实有办理不公之事，不难依案查究，以服该国王之心。至该国王因帮兵经费无出，要唐古忒代赔一节，尤属居心叵测。该国欲派兵助剿，本与唐古忒无干，况尚未有旨允准，何得借口兵费！从前廓

尔喀欲与披伦打仗，曾经具禀求赏银两，经驻藏大臣孟保等正言拒绝，旋亦相安无事。该国与披伦用兵，中国可置之不问。唐古忒系我朝藏属地方，岂容该国借端起衅！该大臣当据理开导，不可说明奏奉谕旨，即作为该大臣之意，方为妥善。所拟未行檄谕底稿，即照拟发去，务使各释猜疑，免生他变。至所请援照嘉庆二十一年旧案预备军械等语，未免已涉张皇，转恐动其疑贰之心。谆龄只可不动声色，暗地设防，毋得稍露防备之意，致多窒碍。将此谕令知之。"

（文宗朝卷一五五·页六上～八下）

○ 咸丰五年（乙卯）二月己酉（1855.4.2）

谕军机大臣等："谆龄奏廓番举动情形一折。廓尔喀国前欲唐古忒认出帮兵使费，已属有意寻衅。现复私给干布康松汪堆顶翎，到济咙传集村民，欲接管营官事务。巴勒布旧头人热玛松达尔又欲进藏呈递表章，亦与由塘转递例案不符。该夷居心叵测，一切举动甚属谬妄。惟先后呈递该大臣禀内并无违悖之词，此次差人赴藏呈递表章禀信，亦似尚知名分。此时办理机宜总当不动声色，严密设防。该大臣现派噶布伦汪曲结布及粮务张祺等先后驰往后藏定日一带，借查办案件为名暗为布置。如该夷呈递表文，即飞递该大臣等照例译阅。如有悖谬干求之语，一面据理驳斥，一面迅速具奏。万勿示之以弱，启该夷窥伺之心。所有藏属要隘密加防范之处，仍当处以镇静，不得过事矜张。将此谕令知之。"

（文宗朝卷一五九·页一五下～一六上）

○ 咸丰五年（乙卯）三月丙寅（1855.4.19）

谕军机大臣等："寄谕驻藏大臣赫特贺等，谆龄奏接据廓番来禀拟先行檄谕一折，览奏均悉。在该夷之意不过欲与唐古忒寻衅，借口被其欺陵，以为争闹地步。是否为此二案尚难凭信。惟该夷既经以此为词，即不必别寻枝节，预将悖逆之意道破，但当就案论案，将此二事妥为勘断。如果实系唐古忒人理屈，亦不宜意存袒护，恐致该夷借端纠缠。谆龄此次所拟檄谕，一面令其撤回番兵，一面札拿行凶人犯。倘该夷遵谕静候，即赶紧为之断结。总以彻底根究秉公讯办为要。即或该夷再有渎禀，亦止能就事剖断，以期消患未萌。姑俟断结之后，察看该夷有何举动，再行斟酌办理。至前次所奏，已派噶布伦及粮员等先赴定日一带暗为布置，亦宜加意严密，勿为该夷窥破，转致授之以柄。勘办情形仍著随时速奏。将此谕令知之。"

（文宗朝卷一六一·页一六下～一七下）

○ 咸丰五年（乙卯）三月乙酉（1855.5.8）

谕军机大臣等："寄谕驻藏大臣赫特贺等，谆龄奏接据廓尔喀国王先后来禀，呈递表章及边界情形一折，并抄录表底、檄谕稿底等件，详细披览。总由该国前此欲助兵剿贼，该大臣不及早阻止，并多收税米、阻挡商民各案未能赶紧秉公查办，以致该国借口与唐古忒寻衅滋事。其所递表文尚未显露悖逆之状，惟济咙、聂拉木两处边界各有廓兵四五百名驻扎，要唐古忒照噶热窝扎数目算给银两，方能说和，或照噶热窝扎银两之数算给地方亦可。是该国此次动兵，不过要求唐古忒给与银两，亦未明言与中国抗拒。该大臣所拟檄谕逐层指驳，自应如此办理。但措词必须得体，如'违悖天朝，要将疆土让尔'等语一经说破，恐该夷转无顾忌。唐古忒、廓尔喀均隶我屏藩，自来一视同仁，毫无偏袒。如果唐古忒实有欺陵廓夷之事，必应迅速查办，使两造平允，该夷自不能借端起衅。该大臣现在催调各路土兵赶到边界，但当暗地设防，不可稍露声色。定日地方向设官兵稽查，断无另行远驻之理。仍一面密查该夷如何举动，一面将所禀各案妥为查办，以折服该夷之心。总不得妄动兵力，致生枝节。该国所递表文毋庸给予敕书，该大臣即按此次谕旨大意，檄谕该国，令将所派之兵赶紧撤回。其唐古忒欺陵各节，允其查办。天朝抚驭外夷至大至公，遇有两国争竞，总以事理为断，固不袒护唐古忒，亦不偏助廓尔喀。该国久隶臣藩，必能深明大义也。……将此谕令知之。"

（文宗朝卷一六三·页六下～八上）

○ 咸丰五年（乙卯）四月辛丑（1855.5.24）

谕军机大臣等："赫特贺、谆龄奏廓尔喀侵占唐古忒地方，并赫特贺拟亲往后藏边界，请暂留谆龄办理前藏事务各一折。廓尔喀国自上年十月屡次与唐古忒寻衅，现复拥兵数千占踞济咙，并夺去聂拉木地方，狂悖之迹渐已显露。惟详阅该国王禀底，有唐古忒人将该国草厂民人等肆行杀戮并抢去牛只之语，复求将汉兵撤回，不敢侵犯。是该国专欲与唐古忒打仗，并未声言抗拒官兵。虽夷情诡谲未可深信，而该国既谓唐古忒欺陵，即当依案查办，妥速了结，使彼无所借口。赫特贺现借巡阅为名，赴后藏边界查看情形，著即照所请办理。倘该国实有屈抑，即令派噶箕前来妥速剖断，使与唐古忒之人共释嫌怨。该国与唐古忒均臣服中国，素称恭顺，我朝抚驭外夷俱系一视同仁，断不肯稍有偏袒。倘妄动兵戈，侵占中国边界，亦断难姑容。赫特贺到彼，即剀切宣示，晓以大义，使得济咙、聂拉木两处之兵速行撤回，听候秉公查办。镇抚外夷之法总以信义为主。如能办理平允，该国具有人心，冀其感悔。所调乍丫等各路土兵数虽盈万，但是否健勇可恃？现在只可一面防堵，一面与之理论，勿轻议征剿。并著知照达赖喇嘛、色呼本诺们罕朗结丕等善为设法开导，以期息事安人。全在该大臣随时体察情形，相机办理。前此谆龄于廓夷助兵一事辗转迟延，致彼得以借端起衅，办理不善，责有攸归。今赫特贺甫经到任，正可恩威并用，折服其心也。济咙营官四朗格勒于廓兵到时辄退至宗喀，实属怯懦无能，著即革职，仍留于该处差遣，以观后效。谆龄著准其暂留办理前藏事务，俟满庆到任后再行交卸。将此谕令知之。"

又谕："寄谕成都将军乐斌等，据赫特贺奏廓番寻衅兴兵，占踞唐古忒地界一折。上年廓尔喀国王因内地贼匪不靖禀请助剿，当谕令谆龄等谕以天朝剿匪无需该国兵力。该夷因助兵不遂，借口唐古忒所属营官不遵旧章多征税课及欺负抢劫、伤毙人民等事，欲行构衅。意在威挟唐古忒赔出练兵银两，尚无别项逆迹。惟现在噶箕藏格巴都尔已于二月初六、十九日发兵直越边界，济咙、聂拉木两处地方守御兵单，已被占踞。现有阳布之喇嘛为该国说和。已据赫特贺奏，暂留谆龄办理藏务。该大臣亲往后藏边境，借巡阅为名察看动静。本日已谕赫特贺等以理晓谕，令其撤兵，并不露声色暗地设防，所有该夷与唐古忒起衅各案妥为审理。该夷能否感悔，尚未可知。川境虽毗连藏界，然终觉鞭长莫及。现在亦并未议及征兵调饷之事，惟廓夷情形狙狯，该将军等不可不知，著随时侦探具奏，仍不得稍涉张皇。将此谕令知之。"

（文宗朝卷一六四·页二二上～二五上）

○咸丰五年（乙卯）五月丁丑（1855.6.29）

谕军机大臣等："前因赫特贺奏，廓尔喀寻衅，占踞济咙、聂拉木两处地方，川境毗连藏界，谕令乐斌等侦探夷情，不得稍涉张皇。本日据赫特贺奏，该大臣由前藏行次曲水、白地，知廓夷复于三月十四日攻占宗喀，所调乍丫、察木多、类乌齐各处土兵尚未齐集，请饬调川省五屯官兵备剿等语。藏属额设番兵并催调各土兵计数已有七八千名，惟隘口甚多，自应厚集兵力，以备调遣。著乐斌、黄宗汉于该省屯兵内酌拨三千名，由乐斌管带赴前藏，察看情形，再定进止。至绿营兵是否相宜，著该将军等酌量凑拨，不必拘定尽调屯兵。乐斌出省，所有成都将军印务即著副都统伊瑃额暂行署理。至廓番虽侵占边地，其构衅根由起于唐古忒营官多征税课及欺负抢劫等事。现在赫特贺已赴后藏，廓夷有派噶箕藏格巴都尔约于四月中旬来宗喀听候剖断之语，已谕令赫特贺妥为开导。若该番能知感悟，退出所踞之地，兵端尚可止息。乐斌到前藏时，探知该夷情形，是否遵断，相机办理。将此由六百里谕令知之。"

又谕："赫特贺奏接据禀报宗喀失守并廓番遵派噶箕至边界听候剖断一折。廓尔喀国前次拥兵数千占踞济咙，并夺去聂拉木地方，狂悖之迹渐已显露。现又攻陷宗喀，其势益张。经该大臣檄谕之后，虽据该夷拣派噶箕藏格巴都尔至宗喀听候剖断，但其桀骜诡诈之情，恐未能理谕。俟该噶箕到协噶尔，该大臣即将该国王上年及此次所禀被唐古忒欺陵各案逐件秉公查办，并查明该夷与唐古忒因何起衅根由。务当准情酌理，折服其心，并晓以大义，使赶紧退出宗喀、济咙等处地方。设该国仍要唐古忒算给银两，让给地方，该大臣务当据实驳斥。至此次情愿备兵助剿尚未有旨允准，何得云使费一切已致无著，显系借端要挟。该大臣亦当与彼剖析明言，使该夷不致再存妄想。仍知照达赖喇嘛、色呼本诺们罕朗结曲丕等妥为开导。倘恃众抗违，不知悛悔，亦不能不慑以兵威。该大臣驰抵协噶尔后，与该噶箕会晤，如该国感悔撤兵，自毋庸轻议征剿。倘肆行狷獗，即一面奏闻，一面知照乐斌相机前进。该大臣务当体察情形，妥为办理。满庆当已到藏，著即留住前藏调度一切。另片奏札调土兵屡催罔应，殊属不成事体。现调川兵为数无多，仍须藏属兵丁会剿。著该大臣查明所调各兵如果有意抗延，即行分别惩办。将此各谕令知之。"

（文宗朝卷一六八·页一上～四上）

○咸丰五年（乙卯）六月甲寅（1855.8.5）

又谕（军机大臣等）："前因廓尔喀占踞济咙、聂拉木后复攻陷宗喀，谕令黄宗汉酌拨屯兵三千名，或于绿营兵内凑拨，由乐斌带往前藏。迄今未据该将军等将调派兵数并出省日期具奏。本日赫特贺奏驰抵协噶尔，据报补仁、绒辖两处营寨又被该番占夺一折。夷情狡谲，前次具禀该大臣等虽有遵檄止兵，并派噶箕赴藏听断之语，现又连踞两处地面，是兵端能否遽息尚未可知。据赫特贺严词驳诘，该噶箕兴哈毕热邦折等以该处领兵头人尚未接到止兵知会为词，有外委辜建勋一到宗喀，该大噶箕藏格巴都尔即将各路夷兵减撤大半，现在只求将案情公断，不敢妄动等语。及赫特贺将多收税米、阻挡商民及杀伤抢劫各款提证集质，并查照夷例，令唐古忒将浮征税米及牛价等银赔缴，该噶箕亦称所断公允，毫无争辩。惟给予断牌后，未经遵具图记，并称请派汉官同见藏格巴都尔，方可定议。现经该大臣派都司戴廷超等往与该国管事噶箕见面，令其遵奉退兵。但既占去边地五处之多，如果遵领断牌，退出占地，原无事轻劳兵力。惟该国禀内有求断给土地之语，若仍借端要挟，则前藏一带亦宜先事预防，现已谕令满庆等暗为防备，著黄宗汉即将谕调之兵照数拨交乐斌带往。如所拨官兵已经出省，乐斌亦已由省赴藏，即将行抵前藏日期，及察看廓夷实在情形，并如何商酌进止之处迅速复奏，借慰廑念。将此谕令知之。"

又谕："赫特贺奏廓番占踞补仁、绒辖，现调到该国噶箕谕令撤兵一折，并抄录该国王禀底及檄谕等件。前此廓尔喀拥兵占踞宗喀等处，该国王有遵檄止兵之语，乃不候审断，复占踞补仁、绒辖两处营寨，番土官兵伤亡甚多，猖獗已极。该噶箕所称领兵头人尚未接到止兵知会并将各路之兵减撤大半等语，殊难凭信。该夷借口与唐古忒寻衅，先后占踞五处，并恳求断给地土，是其恃众要求，贪得无厌，已可概见。屡次所禀，貌若恭顺，而中藏叵测。所遣噶箕兴哈毕热邦折等三名前来，亦恐系探我虚实。狡诈伎俩，尤不可堕其术中。赫特贺驰抵协噶尔后，已将多收税米、阻挡商民及杀伤抢劫各案，从公断令唐古忒赔缴银一万五千余两。该噶箕既称所断极公，何以不肯出具遵断图记，种种反复无常，殊出情理之外。该夷恳派汉员同赴边界，赫特贺将断牌交都司戴廷超等前往，与该国管事噶箕见面。如遵照所断办理，并将济咙、宗喀、聂拉木、补仁、绒辖五处廓兵迅速撤回，退出地方，自可无烦兵力。倘仍肆意要求，自不能不慑以兵威。惟川兵路远，势难多调。藏属济咙等处兵丁遇寇即逃，甚不足恃。赫特贺前奏札调土兵现在是否到齐，务须挑选得力之兵，方足以资攻剿。其有意抗延及临阵退缩者，著即从严惩办，以肃军律。本日已谕令乐斌迅速带兵驰赴前藏，相机前进。并著满庆、谆龄侦探后藏情形缓急，密为防范。赫特贺俟戴廷超等与该噶箕藏格巴都尔会晤后，将该国是否遵照断牌，并各处夷兵曾否撤退，一面奏闻，一面知照满庆、谆龄并乐斌等妥为布置。倘该夷不遵断牌，而川兵未到，藏属尚无准备，仍著赫特贺示以羁縻，不得任其肆意猖獗。将此各谕令知之。"

（文宗朝卷一七〇·页一五上～一八下）

○ 咸丰五年（乙卯）七月戊辰（1855.8.19）

谕军机大臣等："寄谕成都将军乐斌等，前因廓尔喀寻衅，占踞济咙等五处边隘，该处汉、番官兵为数无多，赫特贺所调土兵又迟延不能得力，是以谕令乐斌带兵三千名驰赴前藏。原恐该夷始终抗违，则后藏需兵甚急，内地征调一时不能应手，不得不先事预筹，为缓急可恃之计。今据该将军等奏称：已遵旨预备屯兵一千名、营兵二千名。惟本省兵力不敷，饷需不继，沿途支应亦有掣肘，藏地寒冷，进剿非时。所奏自系实在情形。现在赫特贺自抵协噶尔后，派都司戴廷超等与该噶箕藏格巴都尔见面，令其退出占地，嗣后未据将该夷能否遵断情形奏报。该将军既谆嘱满庆，于到藏后确查函复，著准其暂缓启程，俟接到满庆确信后，再定行止。如果该夷必欲占地索银，此项川兵即不能足三千之数，可酌派屯兵一千名、营兵一千名，由该将军带往，以壮声威。至所称官兵启程时行装、裹带等项，现在各路军营均已核减支发，所有行装等项亦著酌量核减办理。此时内地军务方殷，原无暇顾及边陲，所恐藏属兵丁多不足恃，或令该夷深入藏地，将来驱逐为难，实不得已而出此。该将军、总督既熟察情形，悉心计议，自宜通筹大局，暂缓进兵。满庆函复后，情形若何，仍著迅速具奏。将此由五百里谕令知之。"

（文宗朝卷一七一·页一四下～一六上）

○咸丰五年（乙卯）九月丙戌（1855.11.5）

又谕（军机大臣等）："赫特贺奏廓番妄事要求请饬四川官兵进剿一折。前因廓尔喀占踞济咙等五处地方，谕令乐斌带兵驰赴前藏防剿。嗣据乐斌、黄宗汉奏称，预备屯兵一千名，营兵二千名，惟该省兵力不敷，饷需不继，且藏地寒冷，进剿非时。复谕令该将军暂缓启程。现在都司戴廷超从阳布转回，并该国噶箕呈递夷禀，情词愈加狂悖，自应示以兵威，杜其要挟。但四川与楚北接壤，办理防剿正在紧要之际，若复派兵前往后藏，诚恐转饷维艰，诸多窒碍。且节近冬令，天气严寒，我兵断难深入。藏属番土各兵既有万余，挑选精壮堪用者，扼要防堵。不可擅启兵端，亦不可不预为防范。该大臣仍当据理檄谕该夷，一切示以镇静，不必遽烦兵力，使该夷转得有所借口。其扼要地方，即就现有之兵暗地设防，毋任肆行窜扰。仍随时察看情形，奏明办理。将此谕令知之。"

（文宗朝卷一七八·页二五上～二六上）

○咸丰五年（乙卯）九月丁亥（1855.11.6）

谕军机大臣等："前因廓尔喀借端滋扰，占踞地方，当饬黄宗汉酌调川兵三千名，令乐斌统带赴藏，以备攻剿。昨据赫特贺奏：该夷所递禀词肆意要求，情词愈加狂悖，请速饬川兵前往攻剿。惟前因湖北需兵，曾谕该督调拨，又渐届严寒，揆之天时人事，尚难遽议兴兵。是以仍谕赫特贺严加防备，俟该夷奉到第二次檄谕后，情形如何，再行具奏。倘该夷仍肆无厌之求，甚至深入藏地，所有藏属番土各兵能否堵御，川省与藏地毗连，平时多交涉事件，乐斌、黄宗汉亦须预筹布置。乐斌曾至西藏，于该处情形较为熟悉，且川省必有素谙夷务之员堪资探访，著该将军等悉心筹议。除需拨川兵前往攻剿，此外有无他策足以控制廓夷，迅速具奏。赫特贺折片并檄谕稿底及廓夷原禀，均著抄给阅看。将此由五百里谕令知之。"

（文宗朝卷一七八·页二六下～二七上）

○咸丰五年（乙卯）十月乙巳（1855.11.24）

驻藏办事大臣满庆等奏商办廓番夷务并饬查土兵潜逃情形。得旨："土兵原不可靠，既有为首起意者，固应惩办，余可免其究办，以安夷心。"

（文宗朝卷一八〇·页一三下～一四上）

○咸丰五年（乙卯）十一月辛未（1855.12.20）

谕军机大臣等："赫特贺奏：廓夷情词愈肆狂悖，并闻增派夷兵，意图扑我营盘，经噶布伦督兵进剿，于九月二十四日接仗，杀毙番贼数百名，立将帕嘉岭贼巢平毁，现拟进攻聂拉木等语。廓尔喀狡诈桀骜，既不将所占地方退出，复迭次违断不遵，情同悖逆。此次声罪致讨，实有不得不然之势。惟藏地窎远，山川险阻，进兵不易，终须剿抚兼施。本日已谕赫特贺，如该夷畏威退地，毋得深入贪功，致劳兵力。至前令川省预备屯营各兵三千名，既据该将军等奏称，兵力不敷，饷需甚巨，且藏地寒冷，征剿非时，难以征调，原系实在情形。但帕嘉岭既经接仗，乘胜进师，此时兵难中止。又恐力弱难支，著黄宗汉迅速筹拨银五六万两解往后藏，交该大臣作为犒赏之需。俾藏属番土各兵，鼓舞奋兴，咸知用命，或可即仗本地兵力，以御外寇，无烦内地征调。并著乐斌等于川省文武官弁中择其熟悉番务明白晓事者管解前往，即留与赫特贺差委。再九月二十七日因赫特贺奏番夷肆意要求，谕令乐斌、黄宗汉预筹布置，并因乐斌曾至西藏，当悉夷情，令其悉心筹议、广加采访。应如何办理之法，迄今日久未据该将军、总督将筹议情形入奏。十月十一日复因湖北汉川失守，四川续拨赴荆兵勇究有若干，乐斌、万福二员何人可往，谕令黄宗汉筹度速奏，迄今一月亦未据奏报。此皆军务紧要事件，何以乐斌、黄宗汉置若罔闻，并不即行复奏？著即懔遵谕旨，赶紧筹办，毋再迁延，自干咎戾。将此由五百里谕令知之。"

又谕："前因廓番妄事要求，四川官兵又因道远天寒一时不能派往后藏，谕令赫特贺就现有兵力扼要防堵。本日据该大臣奏称：廓番逾限禀复，抗断不遵，情词愈加狂悖。防堵聂拉木一带之噶布伦闻廓兵陆续增添，并有乘间扑营之信，官兵各怀义愤，分路进攻，前后夹击，歼擒多名，立将帕嘉岭贼营平毁，现拟进攻聂拉木贼巢等语。廓番占踞济咙等五处地方，妄事要求，经该大臣屡次檄谕，仍复抗断不遵。此次因我兵义愤，奋勇进剿，诚属不得已之举。惟兵力单弱，虽获胜仗，未可深恃，惟有激励该处番土各兵实力堵御，本日谕令乐斌、黄宗汉拨银数万两解赴后藏，并谕拣派熟悉藏务之员随同前往，并留藏差委。此项银两解到后藏，并谕拣派熟悉藏务之员随同前往，并留藏差委。此项银两解到后，该大臣即择打仗出力弁兵优加赏赉，以资鼓励。藏属可用之兵数尚不少，若能鼓舞众心，皆知用命，即可仗本地兵力以御外寇，无烦内地征调，更为妥善。至帕嘉岭贼营为我兵平毁，现在当已进兵聂拉木。如果得手，不可深入，致堕该夷奸计。倘能连次获胜，该夷受此惩创，自知悔罪，退出占踞地方，仍当示以宽大，设法怀柔，以省兵力。若仍恃众抗拒我兵，惟有扼要严防，相机进剿。惟不可因有胜仗，稍存大意。将此谕令知之。"

（文宗朝卷一八三·页三上～六上）

○ **咸丰五年（乙卯）十一月己卯（1855.12.28）**

又谕（军机大臣等）："前因赫特贺奏官兵将帕嘉岭番营平毁，拟进攻聂拉木贼巢，当经谕知该大臣，如果进兵得手，不可深入，致堕该夷奸计。本日据奏称，攻剿续获胜仗，克复聂拉木贼巢，并围攻宗喀情形，剿办甚合机宜。此股夷匪盘踞聂拉木地方，该噶布伦等旬日之间痛加剿洗，将所失营寨次第克复，足见弁兵等俱能踊跃用命。该大臣当遵前次谕旨，俟川省解到银两后，即择其打仗出力者优加赏赉，以资鼓励。现在我兵将宗喀外城攻破，分兵三路择要驻扎，以防阳布应援之兵，布置亦尚严密。惟夷情诡谲，仍当相机进攻，不可因叠次获胜，稍涉大意。倘该夷将占踞地方尽行退出，即当示以怀柔，毋须穷兵深入。另片奏移营后藏等语，定结地方为扎什伦布紧要门户，既有廓兵窥伺，自应严加防范，毋令乘间突入。该大臣现拟移扎后藏，居中调度，即著妥为布置。挑选得力之兵，与前派戴琫等管带番土兵丁联络声势，体察情形，相机办理，以免疏虞。将此谕令知之。"

（文宗朝卷一八三·页二一下～二二下）

○ **咸丰五年（乙卯）十一月己丑（1856.1.7）**

驻藏大臣赫特贺奏报驰抵后藏，委员查看定结，并筹防御廓尔喀夷情形。得旨："定结防堵不可稍疏。现虽无举动，或如汝所言，乘间而发，或另有诡谋，俱不可不预为之备。惟汝此次折内并无围攻宗喀克复消息，岂并未发探，抑不甚得手，故作两次奏报耶？"

（文宗朝卷一八四·页一六上）

○咸丰五年（乙卯）十二月甲午（1856.1.12）

又谕（军机大臣等）："前因廓尔喀借端滋扰，占踞地方，谕令乐斌、黄宗汉于川省素谙夷务之员悉心采访，除拨兵攻剿外，有无他策足以控制廓夷。兹据该将军等奏：遵议控制情形，并酌拟六条开单呈览。廓夷与唐古忒构衅，经赫特贺屡次檄谕，乃抗不遵断，肆意要求，占踞地方。此时业已用兵克复聂拉木，攻破宗喀外城，其势不能中止。惟办理外夷总宜剿抚兼施，恩威并济。该将军等奏责成喇嘛、噶布伦一条，据称：达赖喇嘛、班禅额尔德尼总理藏务，其下额设噶布伦四名，管理营官。此次廓夷因营官溢征税银及抢劫毙命，宜责成喇嘛及噶布伦等实力设法办理等语。西藏群夷向背全借喇嘛宣讲经典，以结亲睦，前曾谕令知照达赖喇嘛、色咯本诺们罕朗结曲丕等妥为开导。现在川兵既不能骤调，设来岁春融该夷复出，我兵不免单弱。著即谕令该喇嘛等自相联络，密为防备，以助兵力之不及。至所请派令已革之诺们罕阿旺札木巴勒楚勒齐木赴藏一节，断难准行。其噶布伦中之碧喜、巳住、策墩、萨尔琼四人，既称为众夷所称仰，著该大臣等查明如果可用，即令协同办理夷务。其前藏至后藏中间江孜地方，后藏至定日汛马布加地方，均属中道要害。著赫特贺与满庆体察情形，添调番兵，以资扼守。一面严饬攻剿宗喀之噶布伦等相机筹办，不可贪功轻进，致有贻误。至该将军等所称：将生擒夷人，择其素为该夷所重者，留于营中羁縻为质，其余人等遣令回国，示以不杀之恩，启其悔罪之念，即令遣回之人往来修好，仍将前断唐古忒溢征银两再予秉公断给等语，实为办理此事要著。著该大臣等遵照妥办，务使该夷知感知畏，不致久劳兵力。乐斌等所奏六条著抄给阅看。将此谕令知之。"

（文宗朝卷一八五·页九上～一一上）

○咸丰五年（乙卯）十二月辛丑（1856.1.19）

又谕（军机大臣等）："前据乐斌、黄宗汉奏遵拟控制廓夷情形，并单开六条。当经谕知赫特贺、满庆体察，妥为办理。本日复据赫特贺奏：噶布伦策墩带兵往攻绒辖尔，突有廓番七八千人由约木卡拉逾崖直扑聂拉木，藏属番、土各兵寡不敌众，致聂拉木营寨复被廓夷夺踞，绒辖尔虽经克复，而防兵过单，亟须援应，拟请添调打箭炉以外之德尔格特、章谷、玛斯、孔萨、毕日各土司兵，以资协剿等语。外夷固宜剿抚兼施，而既已进兵，势难中止，自应量为添调。惟此项土兵能否得力，该处虽距藏较近，所需军装、口粮等项谅亦不少，较之川兵究能节省若干，著乐斌、黄宗汉审度情形。倘事属可行，即著一面饬各土司将所属土兵挑选齐备，派员管带，飞咨赫特贺等候调，一面由驿奏闻。将此由五百里谕令知之。"

又谕："前据乐斌、黄宗汉奏遵旨酌议控制廓夷六条，当经抄给赫特贺、满庆阅看，并谕令查照所议，妥为办理。本日据赫特贺奏：噶布伦策垫分兵往攻绒辖尔，以致聂拉木复被廓番夺踞，请催调四川官兵及打箭炉外各土司兵丁，并已飞咨满庆调前藏兵二千名赴策垫军营，协力防堵等语。廓尔喀前次占踞聂拉木等地方，经该噶布伦带兵克复后，方谓该夷自应畏惧悔祸，乃敢聚众数万将聂拉木复行侵占，是拨兵剿办势不得已。所有前藏挑备僧俗土兵，著照赫特贺所请，调派二千名，前赴通拉山策垫军营，借资防剿。应需口粮、铅药，即著满庆速为筹备，俾得克日启程。惟该夷情形极为猖獗，聂拉木一路既须进兵，宗喀等处复须分投防守。恐赫特贺照顾难周，满庆较为熟悉西藏情形，如前藏事务尚有妥员可以派令代拆、代行，不致贻误，著满庆即将调往兵丁亲自统带，前赴后藏，与赫特贺会商一切，妥为筹办。赫特贺所请调四川土司兵丁，现已谕令乐斌等商酌。如该土兵果能得力，即派员带领，一面奏闻，一面候调。至四川兵勇，现因湖北、贵州两省纷纷调拨，酉阳、秀山逼近贼氛，应筹防堵，越巂苗匪复行滋事，亟须剿办，势不能再行分拨赴藏。该大臣等惟当就现有之兵分拨布置，以资防剿。现当中原贼匪未平，兵饷两缺，此次藏属用兵，诚出于万不得已，而控驭外夷之道总宜恩威并济，剿抚兼施。前乐斌等所奏六条内，如责成喇嘛设法开导，及将生擒夷人羁縻为质等语，颇中窾要。此时虽业已用兵，是否尚有善策使该夷悔悟罢兵之处，著赫特贺、满庆悉心筹议。如有所见，即行驰奏。噶布伦策垫贪功妄举，咎无可辞，著即行革职，仍责令带兵自赎，以观后效。将此谕令知之。"

（文宗朝卷一八六·页六下～九下）

○咸丰六年（丙辰）正月癸未（1856.3.1）

谕军机大臣等："前据赫特贺奏聂拉木官军失利，当经谕令满庆，挑派土兵驰赴后藏，并亲自前往，与赫特贺会筹剿办，此时谅已启程前进。本日据赫特贺奏，廓番投递夷禀，译出呈进。在该夷或以天气严寒，借作缓兵之计，或借探我军虚实，均未可知。惟阅夷禀内于兴兵打仗均以唐古忒为辞，不敢谓与天朝抗拒，并有恳求格外施恩之语，或因宗喀等处官兵屡胜，心存畏惧，亦未可定。赫特贺现已拣派番目前往夷营，查探情形。满庆到后，即著与赫特贺悉心筹酌。如该夷果知悔罪，即可乘机开导，谕以各卡均为我地，不当占踞。如果悔悟息兵，天朝亦必令唐古忒撤兵，不相侵犯，一面分派兵丁扼守要隘。倘该夷按兵不动，切勿先行攻击。仍声言内地调兵甚众，即日可到，以震慑其心。若肯退出占地，并遵赫特贺前次剖断，即可相机办理，以息兵端。满庆奏前藏汉、土官兵已准咨调派二千余名，其四川省土司兵丁当亦拣派候调。该大臣于藏地情形素为熟悉，廓番虽桀骜不驯，应如何驾驭使就范围，即著与赫特贺妥筹办法，以副委任。至内地调兵赴藏，劳费难支，该大臣等谅必深悉也。此次侦探情形，即著迅速驰奏，以慰厪怀。将此各谕令知之。"

驻藏帮办大臣满庆奏："卫藏兵单，督饬汉民办理团练。"

得旨："所办甚好。著严行督饬操练，不可废弛。"

（文宗朝卷一八九·页二一上～二二下）

○咸丰六年（丙辰）二月丙辰（1856.4.3）

谕军机大臣等："满庆奏遵查廓番情形，请暂缓统师前进一折。前因廓番投递夷禀，情似悔罪，曾谕令赫特贺、满庆查探确情，妥为驾驭。兹据满庆奏称：廓番因天朝命将出师，中怀恐惧，有罢兵求和之意，所调前藏土兵已经赫特贺饬令截留，未便愈张声势，转启该夷疑虑，且前藏值达赖喇嘛圆寂，事务较繁，亦未能遽置前往等语。自系实在情形，满庆著准其暂缓驰赴后藏。惟夷情反复无常，仍著赫特贺确加侦探。如该夷果知畏惧，愿将占踞各地方悉行退出，并遵前次剖断，自应相机办理，以息兵端。倘该夷前递禀函不过为缓兵之计，春融以后复肆猖獗，则仍应慑以声威，使知震栗，以期就我范围。一切操纵机宜，并著赫特贺与满庆函商斟酌，熟筹妥办，毋得稍涉疏率。满庆另折奏藏台防兵请就地招募等语，藏台防兵募补章程，著准照所拟各条暂行变通办理。俟军务告竣后，或作为定例，或仍照旧章之处，由驻藏大臣具奏请旨。将此各谕令知之。"

（文宗朝卷一九一·页二九上～三〇上）

○ 咸丰六年（丙辰）三月庚申（1856.4.7）

谕军机大臣等："前据满庆奏廓番有求和之意，谕令赫特贺等速筹妥办。兹据该大臣奏称噶布伦等查明该夷实系畏罪乞和，其中并无虚伪，先行缮给檄谕等语。廓尔喀与唐古忒等寻衅滋事已逾一载，辄敢占踞地方，肆意要求。经该大臣派兵前往堵剿，宗喀等处屡次获胜。该夷震慑兵威，特差番目乞和，将所控多收税课、杀伤人命各款遵照断牌办理，以完前案。此次所禀既系实心乞和，即可乘其悔悟之机妥为筹办，以示羁縻。至廓尔喀短收税课阿乃银钱一万元，唐古忒按年补缴一节，据噶布伦查明此项银两为该夷应收之数，每年愿由商上交给承领。此项银两虽出自商上，不致有伤国体，所恐该夷因此一事，以后更肆要求。著赫特贺等谕知该夷，告以此事不敢陈奏，如尔国实心恭顺，将所占地土退还清楚，本大臣自必详加核算，谕令唐古忒遵依，使尔国得有裨益。如此办法将来该夷不敢再生枝节，方为妥善。赫特贺此次檄谕于缴银一节并不提及，颇为得体，可俟噶布伦等禀复情形再行酌办。驾驭外夷固不可示之以弱，亦不可过事拘泥。现在该夷乞和，虽难保其实系诚心，仍当暗中防备，然亦不可稍涉张皇，致该夷心怀疑虑，务在因势利导，以期日久相安为要。川省毗连藏地，屡次谕令乐斌等筹办。现在该夷既悔罪乞和，计日当可藏事，前调土兵自可暂缓派往矣。将此由五百里各谕令知之。"

（文宗朝卷一九二·页四下～六上）

○ 咸丰六年（丙辰）七月癸酉（1856.8.18）

谕军机大臣等："赫特贺、满庆奏：'廓夷议立合同，现据前后藏僧俗人众恳准照议和息，并抄呈檄谕禀底各件。'廓夷与唐古忒寻衅，经我兵剿办，屡次获胜。遣人乞和，自应遵照檄谕，拣派头目至边界同委员妥议章程，俾得永远遵行。乃逆酋藏格巴都尔竟敢拟含混合同，迫令宜玛顿柱等在彼了结，似此居心诡谲，难保日后不别启衅端。惟既据前藏呼征阿齐图呼图克图、后藏色（哷）本诺们罕并僧俗番目、百姓等公同呈恳，准照所议合同完结。自应俯顺舆情，从权办理，以期息事安人。赫特贺缮给檄谕，以此次从权允准，系该大臣委曲成全，万不敢据情陈奏，所办尚为得体。廓夷顽梗异常，必须令其循照旧例，呈递表文方与和好，未可听其桀骜不驯，毫无忌惮。至息事之后所调各兵即可裁撤，一切善后事宜著该大臣等详细妥办。将此谕令知之。"

（文宗朝卷二〇四·页八上～九上）

○ 咸丰六年（丙辰）十二月丙戌（1856.12.29）

谕内阁："赫特贺、满庆奏廓夷进表输诚，边界一律肃清一折。此案廓尔喀夷人因挟税米、买盐细故，辄称唐古忒有意侵陵，称兵犯界，占踞聂拉木等处边隘，肆意要求。朕念该国久列藩服，向来恭顺，此次与唐古忒构衅，不过边徼蠢愚罔知大体，特命赫特贺驰赴后藏协噶尔地方剿抚兼施，晓以利害，并谕满庆于前藏一带妥为布置，仍密授机宜，随时指示。该大臣等均能仰承朕意，威德并行。自聂拉木等处官兵迭胜以后，该夷悔罪畏威，撤退各口番兵，求与唐古忒和好。兹复据赫特贺奏报，该国王奉表输诚，恳求赦罪。察其情词，尚为肫切，自应与以自新，宽其既往。著赫特贺等传谕该国王，嗣后但当谨守藩封，与唐古忒永敦和好，毋以小嫌微隙再起争端，以仰体朕柔远推恩一视同仁之意。赫特贺办理此案，调度尚合机宜，著加恩赏加都统衔，并赏戴花翎，满庆虚衷商办，持以镇静，著加恩赏戴花翎，并交部议叙。所有一切善后事宜，仍著该大臣等妥筹办理，以靖边圉。"

又谕："赫特贺等转奏呼征阿齐图呼图克图、色呼木诺们罕等因廓尔喀、唐古忒边界一律肃清，呈请特遣巴雅尔堪布进京纳贡一折。呼征阿齐图呼图克图阿旺伊什楚称嘉木咱、色呼木诺们罕等因廓尔喀、唐古忒边界被扰，经大兵剿除平净，边界一律肃清，呈请特遣巴雅尔堪布进京纳贡，洵属诚悃，朕甚嘉尚。惟西藏距京都较远，往返未免跋涉，著赫特贺等晓谕阿旺伊什楚称嘉木咱、朗结曲丕毋庸遣巴雅尔堪布进京，以示朕轸恤喇嘛之至意。"

驻藏大臣赫特贺等奏报廓夷悔罪输诚。得旨："览奏实深欣慰。办理此案赫特贺调度合宜，用彰我武，满庆虚衷商办，持以镇静。虽事事遵循朕旨，实赖尔等公正果断，不致兵连祸结。此次用兵固不同乾隆年事，然较彼时帑饷支绌，势有万难者也。"

又批："廓尔喀边徼藩封向来恭顺，虽称兵于前，不过因小衅而昧大体。今既悔罪奉表，足征该国王尚能仰体朕一视同仁之至意，朕心甚为嘉悦。继自今永保藩封，与唐古忒万年和好，即为有福能承朕恩也。著赫特贺将此朱谕传谕该国王知之。"

以办理廓夷边案出力，赏知县张祺，都司童星魁、扎什伦布商卓特巴宜玛顿柱、噶厦卓尼尔朗结夺结，后藏戴琫工布彭错花翎；知县陈塎等蓝翎，掌教诺们罕靖远禅师名号，馀升叙有差。

（文宗朝卷二一四·页七上～一二上）

○咸丰六年（丙辰）十二月壬寅（1857.1.14）

又谕（内阁）："廓尔喀自咸丰二年进贡后，现又将届例贡之期。惟念该国与唐古忒构衅甫经息兵，若即令其赍进方物，远道前来，非所以示体恤。所有咸丰七年廓尔喀例贡，著免其呈进一次，以示朕怀柔远人之至意。"

（文宗朝卷二一五·页一九上）

○咸丰七年（丁巳）闰五月丙申（1857.7.7）

谕军机大臣等："赫特贺、满庆奏廓尔喀呈递谢恩表文，恭赍呈览一折。前因廓尔喀甫经息兵，降旨将本年例贡免其进呈一次，以示体恤。所赏敕谕，已由理藩院颁发。谅该大臣等此时当可接奉转发该国王祇领矣。览此次所进表文，情词恭顺，具见向化之诚，自应加以褒奖。著赫特贺、满庆檄谕该国王以此次表文业经呈览，大皇帝鉴其悃忱，深为嘉悦，嗣后但当谨守藩封，自能长邀庇佑也。表文及抄录各件均留览。将此谕令知之。"

（文宗朝卷二二八·页一下～二上）

○咸丰七年（丁巳）十一月甲午（1858.1.1）

谕内阁："廓尔喀久列藩封，向来恭顺。前与唐古忒因小衅构兵，旋即悔罪奉表。业经传旨嘉奖，并免贡一次，以昭优眷。兹念该国王前有助兵之请，忱悃可嘉，近复奉表输诚，永敦和好，允宜再沛恩施极加赏赉。廓尔喀额尔德尼王苏热达热毕噶尔玛萨哈著赏给貂皮马褂一件、蟒袍一件、五色锦缎五匹、青摹本缎二匹、各色大缎八匹、荷包二对、玛瑙烟壶一个、白玉搬指一个；总管噶箕藏格巴都尔著赏给貂腿马褂一件、蓝蟒缎一匹、青摹本缎二匹、各色大缎六匹、荷包二对、玛瑙烟壶一个；办事大小头目人著赏给各色大缎二十匹、红线绉一匹、绿线绉一匹、荷包四对、小刀四把。即著满庆派员颁发，交该国王等祗领，用示朕抚绥藩服恩礼有加之至意。"

谕军机大臣等："满庆奏请加恩奖赏廓番，并需用赏物业已捐廉制备，开单呈览一折。上年廓尔喀进表助兵，嗣与唐古忒构衅，旋自悔罪和息。均经前任驻藏大臣谆龄等许以奖励。现经该番总噶箕令驻藏噶南投递夷禀，冀邀恩赏。据满庆查明嘉庆七年间成案，请将该国王及噶箕头目人等量予赏赉，系属援案办理，并将应用赏件捐廉制备。所筹尚属周妥。本日已明降谕旨，将该番恭顺情形嘉奖，并叙明赏件。著满庆于奉到后，即恭录谕旨宣示，并将赏件颁发，俾该国王人等咸知感戴，以绥边圉。至满庆所请将该国总噶箕藏格巴都尔赏加清字名号之处，著无庸议。该大臣捐备赏件，已有旨交部议叙矣。将此谕令知之。"

（文宗朝卷二四〇·页一下～三下）

赫特贺等奏准变通唐古忒额设番兵章程六条及奏请更正

○咸丰七年（丁巳）五月甲戌（1857.6.15）

先是，驻藏大臣赫特贺等奏："整饬番兵营制，酌拟章程六条：一、唐古忒番兵每遇缺出随时挑补，该管番员不得任意停压；一、藏营番兵为数无多，请于番民挑选余丁二千一百六十五名充额；一、额设番兵应遵乾隆年间旧章，仍使汉、番互相稽查；一、唐古忒番兵所需鸟枪、刀矛不敷应用，拟令噶布伦等官及前后藏世家捐资筹办，酌予议叙；一、前藏地方辽阔，奸宄易于潜踪，兼之廓番往来通衢，稽查尤关紧要，请于驻藏大臣巡阅之外，酌委将备巡查；一、将备慎重操防，噶布伦等应约束番众，无事不得与廓番往来，免致别生事端。"命军机大臣会同兵部、理藩院议，至是奏："均应如所拟办理。"从之。

（文宗朝卷二二六·页一一上～一二上）

○咸丰七年（丁巳）十二月庚午（1858.2.6）

先是，驻藏大臣赫特贺、满庆奏前议变通唐古忒额设番兵章程六条已奉议行。准招募番兵，令商上筹办口粮、制造器械，令世家捐备资费，以及更改旧章、添设巡哨等事，据前后藏僧俗大小番目等恐增苦累，恳请免行，复奏请更正。命原议大臣复议，至是奏："应如所请，将以上三条准其免行。赫特贺、满庆办事粗率，请交部议处。"从之。

（文宗朝卷二四二·页一九下～二〇上）

十一世达赖圆寂，十二世达赖的签掣认定、坐床

○ 咸丰六年（丙辰）二月壬辰（1856.3.10）

谕军机大臣等："满庆奏达赖喇嘛圆寂，将商上事务暂交呼图克图掌管一折。据称呼征阿齐图呼图克图人尚稳妥，从前曾代办商上事务数年，均无舛错，现因达赖喇嘛圆寂，该大臣已将一切事宜令该呼图克图暂行代管。惟以后商上事务该呼图克图掌办能否胜任，著满庆悉心察看，再行具奏。至唐古忒僧俗人等现在是否照常安静，并著该大臣妥为弹压，毋令滋事。将此谕令知之。"

（文宗朝卷一九〇·页六上～下）

○ 咸丰七年（丁巳）十一月甲午（1858.1.1）

又谕（内阁）："满庆奏请达赖喇嘛之呼毕勒罕灵异幼童三名一折。自达赖喇嘛涅槃已及二年，兹据满庆奏称，其颖悟异常显著瑞灵幼童三名，实属祥瑞之事，朕心悦慕。著照所请，即遵成例将此三幼童之名入瓶，敬谨掣定呼毕勒罕，由驿奏闻。"

（文宗朝卷二四〇·页二下）

○ 咸丰八年（丁巳）三月丁丑（1858.4.14）

又谕（内阁）："满庆奏查验达赖喇嘛之呼毕勒罕出世之幼子掣定奏闻一折。本年正月十三日，驻藏大臣会同呼征阿齐图呼图克图、堪布喇嘛率同众喇嘛唪经，由金瓶将番民朋错测旺之子明珠尔丹测加木错之名掣出。定呼毕勒罕之时，因班禅额尔德呢之呼毕勒罕尚未及岁不能命名，是以呼征阿齐图呼图克图按佛道伊师达赖喇嘛之呼毕勒罕，即以阿旺罗布藏丹贝加木灿琛呼加木错命名。甚属吉祥，朕心不胜欣悦。惟该呼毕勒罕年

甫三岁，现住布达拉山附近寺内，著呼征阿齐图呼图克图留心善事。俟及岁后应坐床之一切事务，著满庆妥为办理，照例具奏。"

又谕："满庆奏唐古忒番民苦累据情代奏一折。唐古忒因重修布达拉山上楼房工程，并办理达赖喇嘛呼毕勒罕事宜，情形甚属苦累。著加恩即在备存察木多、拉里、西藏三台盈余生息银内赏给银一万两，毋庸按年归还，以示体恤。其余著照所请，由粮库支给，仍按年扣还归款。"

（文宗朝卷二四七·页三上～四上）

○咸丰九年（己未）十月己亥（1859.10.28）

谕内阁："达赖喇嘛呼毕勒罕于明年七月初三日坐床，著派满庆、恩庆前往看视。所有颁给敕书、赏赉等件，著理藩院拣派司员二人驰驿赍往。其沿途经过直隶、山西、陕西、四川等处地方，著各该督抚派委道、府、副、参大员妥为护送。并著有凤于司库提银一万两，俟该司员到省时交给带往，一并赏给达赖喇嘛。至打箭炉以西，著该督知会前途，照例预备马匹，勿致迟误。"

（文宗朝卷二九六·页一〇下～一一上）

○咸丰十年（庚申）闰三月戊午（1860.5.14）

谕内阁："曾望颜奏赍送敕书赴藏，司员不克前进，请旨遵行一折。达赖喇嘛系七月初三日坐床，兹据曾望颜奏称：理藩院司员英符等于三月内甫经到川，计由打箭炉至前藏七千余里，夏令山水不时涨发，道路间有梗阻，诚恐有误坐床，援案通融办理。著照所请。即将敕书封固，先行驿递交驻藏大臣颁发。其赏项银物暂存四川藩库，俟道路疏通，即著该署督派员赶紧解送，以昭慎重。理藩院司员英符等即饬令回京。"

（文宗朝卷三一四·页一三上～下）

八世班禅的签掣认定、坐床

○咸丰六年（丙辰）九月乙卯（1856.9.29）

谕内阁："赫特贺等奏，班禅额尔德尼呼毕勒罕现访得灵秀二童等语。呼毕勒罕涅槃将及四载，今据赫特贺等奏称访得知觉异常灵妙二童，实属祥瑞，朕心快悦。著照所奏，即照定例将此二童之名入于金瓶内，唪经敬谨掣签，以定呼毕勒罕。俟掣定后由驿驰奏。"

（文宗朝卷二〇七·页一上～下）

○咸丰六年（丙辰）十二月壬寅（1857.1.14）

又谕（内阁）："赫特贺等奏详查班禅额尔德尼呼毕勒罕所遗幼子等签掣定拟奏闻一折。本年十一月二十三日驻藏大臣等亲往布达拉山会同呼征阿齐图呼图克图、色咡本诺们罕率僧俗人等唪经。由金瓶内掣出番民丹择旺结之子拉木结旺堆嘉木参之名签，拟定为呼毕勒罕。是日天气清和，诸事祥瑞，阖藏僧俗人等皆大欢喜。呼征阿齐图呼图克图等按经理称为罗布藏班第衍垂济扎克巴丹贝旺序，实为祥瑞之事，朕心实深嘉悦。著赏给该呼毕勒罕大哈达一幅，珊瑚数珠一串、玉如意一柄，呼征阿齐图呼图克图哈达一幅，嵌玉如意一柄，色咡本诺们罕哈达一幅，嵌玉如意一柄。交该大臣等转行晓谕该呼征阿齐图呼图克图等及阖藏喇嘛，著该呼毕勒罕妥为护持，以副朕广兴黄教之至意。"

（文宗朝卷二一五·页一九上～二〇上）

○咸丰十年（庚申）二月丁巳（1860.3.14）

谕内阁："班禅额尔德尼呼毕勒罕于本年十月初二日坐床，著派恩庆会同色咡本诺们罕前往看视。所有颁给敕书、赏赉等件，著理藩院拣派司员二人驰驿赍往。其沿途经过直隶、山西、陕西、四川等处地方，著各该督、抚派委道、府、副、参大员妥为护送。并著曾望颜于司库提银一万两，俟该司员到省时交给带往，一并赏给班禅额尔德尼。至打箭炉以西，著该督知会前途，照例预备马匹，勿致迟误。"

（文宗朝卷三〇八·页二一上～下）

○ 咸丰十年（庚申）三月乙丑（1860.3.22）

又谕（内阁）："满庆等奏班禅额尔德尼坐床、受戒请派照料一折。班禅额尔德尼呼毕勒罕现届坐床，又值受戒之期，达赖喇嘛尚属年幼，未能前往。前班禅额尔德尼披剃更取法名时，经呼征阿齐图呼图克图前往办理，甚属吉祥。仍著派令前赴扎什伦布照料坐床、受戒，以示朕振兴黄教至意。"

（文宗朝卷三〇九·页二上～下）

○ 咸丰十年（庚申）七月甲辰（1860.8.28）

谕内阁："曾望颜奏赍送敕书赴藏，司员不克即时前进，请旨遵行一折。班禅额尔德尼呼毕勒罕于十月初二日坐床，兹据曾望颜奏称：理藩院司员庆征等于六月初三日甫经抵川，现在赴藏之路尚未一律肃清，一时不克前进，且查打箭炉距后藏路程弯远，即非道路阻梗，按日计程亦恐有误坐床之期，请援案通融办理等语。著照所请。即将敕书封固，先行驿递交驻藏大臣颁发。其赏项银两暂存四川藩库，俟道路疏通，即著东纯派员赶紧解送，以昭慎重。理藩院司员庆征等即饬令回京。"

（文宗朝卷三二五·页三上～下）

查办里塘喇嘛争充副堪布，挟仇互劫，撤站阻路

○咸丰八年（戊午）七月庚寅（1858.8.25）

又谕（军机大臣等）："恩庆奏里塘夷匪滋事，土司喇嘛挟愤撤站，现筹安抚一折。里塘喇嘛因争充副堪布一缺，纠约夷众抢掠，本与台站无涉，该土司喇嘛何得遽行撤站，以至道途梗阻。现经王庆云迭次派员前往开导，自当令其迅速安站，以弭衅端。惟该处距川较远，王庆云所派委员仍当听候恩庆调度。先宜剀切晓谕，总以疏通道路，无误行程为要。该土司喇嘛如敢抗拒不遵，再行调拨官兵以资弹压，未可遽示兵威，以致激成事变。将此由五百里各谕令知之。"

（文宗朝卷二五九·页五下～六上）

○咸丰九年（己未）三月庚辰（1859.4.12）

又谕（内阁）："恩庆奏查办里塘夷匪仇劫各案，审断完结一折。此案格桑喇嘛彭错、扎巴洛珠二名，因查碟头人耻本格喜谋争副堪布缺，挟仇互劫，辄敢屡次撤站，借端挟制，实属刁狡。著照所请，拨往前藏，交地方官严加管束。查碟头人乍鲁祥秋等以争缺微嫌竟至纠众滋事，仇劫数年，亦属法无可贷。姑念其悔罪输诚，已将凶夷缚献，著从宽免其究处。夷目邓珠拒伤土官，登时殒命，著即行正法，以儆凶顽。"

以查办四川里塘夷务出力，赏同知宣维礼，守备钟淮、孙廷槐、马仁杰等花翎；通判庄裕崧等蓝翎，馀升叙有差。

（文宗朝卷二七八·页二〇下～二二上）

○咸丰九年（己未）十二月壬寅（1859.12.30）

又谕（内阁）："恩庆奏里塘善后事件办理完竣，并请续设土司，奖

励喇嘛一折。里塘地方办理招抚野番事宜，经该委员宣维礼等妥为开导，均已率众归附，令该堪布及土司等就地安插，办理尚属妥协。其会同出力之土守备衔仁臻工布既称夷众遵服，著准其作为续设五品土司，协同正、副土司妥为抚驭。即著该部发给该土司号纸、执照。热水塘焚修喇嘛称勒达结准其戴用黄桃儿帽，穿黄大褂，以示奖励。委员试用通判庄裕崧现在办理善后事竣，仍著该部照例改指省分，以符定制。其格桑彭错、扎巴洛珠二名，著解交前藏饬交地方官严加管束。"

（文宗朝卷三〇二·页二六下～二七下）

镇慑察木多与工布旺曲逞兵仇杀

○咸丰十年（庚申）三月辛巳（1860.4.7）

又谕（内阁）："满庆等奏察木多两造逞兵仇杀，委员带兵弹压息事并现办情形一折。工布汪曲与察木多因案控讦，结连博番，抗不赴传，复与察木多互相仇杀，兵联不息。经满庆等派令委员候补知县李玉圃前往丹达，带同噶布伦宜玛仑珠亲赴两造营盘开导。该番目阳奉阴违，仍于附近居夷处所焚抢。博窝境内之宿木宗、宇茹棍、噶朗三处第巴，复添派番兵至巴里郎地方，助工布汪曲滋事。经该委员檄调硕板多、工布江达等处土兵分布要隘，扎营控制。随与噶布伦带兵赴巴里郎，面谕博番头目退兵。该番目仍肆鸱张，经该委员与噶布伦等派兵设伏，于该番目来营要挟时，将各番目立时捆缚，并砍毙从番五人，余众及被捆缚番目始悔罪乞命，聚众扑营之番众亦经伏兵截回。其噶朗等三处各第巴亦经该委员等预派弁兵，赍带赏件，檄谕撤兵。该第巴等旋即遵檄，令巴里郎番目撤兵出境，各归牧所。察木多两造番众现已震慑兵威情愿退兵，归案听审。办理尚属妥协。所有全案人证。著即派兵押赴藏中，秉公审断，以昭慎重。"

（文宗朝卷三一○·页二五下～二七上）

○咸丰十年（庚申）十一月壬辰（1860.12.14）

驻藏帮办大臣满庆等奏结察木多与工布旺曲互相仇杀一案。得旨："著照所议完结，永不准各相争执，再肇衅端。"

以办理察木多夷案出力，赏噶布伦拉旺工布二等台吉，承袭一次，扎萨克顿柱宇结头等台吉，朗结策忍、噶厦卓尼尔宜喜三柱等花翎，外委秦玉贵等蓝翎，馀升叙有差。

（文宗朝卷三三五·页三下～四下）

驻藏大臣及其他驻藏官员的任免、奖惩

○嘉庆四年（己未）正月戊辰（1799.2.13）

命……驻藏大臣松筠为户部尚书。

（仁宗朝卷三七·页三〇下）

○嘉庆四年（己未）正月庚辰（1799.2.25）

命户部尚书驻藏大臣松筠来京供职，以兵部侍郎英善为驻藏大臣。

（仁宗朝卷三八·页一九上）

○嘉庆五年（庚申）二月丁未（1800.3.19）

英善著革去吏部侍郎，加恩赏四品顶带，随同和宁仍在西藏办事。

（仁宗朝卷六〇·页一九上）

○嘉庆五年（庚申）五月丙午（1800.7.16）

又谕（内阁）："刑部遵旨将从前获罪官犯子嗣不准应考出仕，及原案并无不准应考出仕官犯子嗣，分别开单具奏，朕详加披阅。……巴忠办理廓尔喀军务贻误，子孙二三代内不准居官。……"

（仁宗朝卷六八·页二〇下～二一下）

○嘉庆五年（庚申）十月癸亥（1800.11.30）

以……驻藏大臣和宁为镶白旗蒙古副都统。

（仁宗朝卷七五·页一八上）

○嘉庆六年（辛酉）二月丙寅（1801.4.2）

谕内阁："和宁等奏……蒲顺遂拔取小刀及菜刀、木器、柴斧等先后砍打，致将段贵毙命，核其情节，该犯先既婪索番民，又复逞凶泄忿，一死一伤，情节甚重。审明后自应一面奏闻，一面即恭请王命，在于该处正法，方足以肃营伍而靖边防。乃和宁等将该犯蒲顺拟斩，仍复请旨正法，实属拘泥。且据另片奏称察木多至前藏计程三十二站，山路陡险，营汛稀少，恐有疏虞，请即于该处正法等语。此等要犯焉有解回正法之理，何用复行奏请耶！蒲顺著即在该处正法。至和宁等自请处分一节，和宁、英善虽失察于前，既经查获审办，尚无不合，本可免其交议。惟拘泥请旨，转有应得之咎，和宁、英善均著交部察议。游击何得方风闻蒲顺有需索情事，即访查究办，著从宽免其议处。"

（仁宗朝卷七九·页一六下～一七下）

○嘉庆六年（辛酉）四月癸亥（1801.5.29）

以驻藏大臣职任紧要，升三等侍卫福宁为头等侍卫。

（仁宗朝卷八二·页二七下～二八上）

○嘉庆六年（辛酉）十一月壬辰（1801.12.24）

又谕（军机大臣等）："英善、福宁奏川省应拨前后藏饷银未经解到，现向前藏达赖喇嘛等、后藏班禅借银支发等语。所办殊不成事。前后藏应支兵饷银两由川省拨解，系属经费，岂容稍有迟误。如果逾期不到，驻藏大臣等即当上紧咨催。倘再催而不应，即应据实参奏。岂有任听迟延，转私向喇嘛、班禅等借用，甚至向其再借即有难色，尚复成何事体乎？此事在和宁起身以后，福宁未到之前，系英善任内之事，办理实属错误。现在军需支用虽多，无不源源接济，何至缺此数万例饷。川省督藩等办理不善，实难辞咎。已有旨申饬勒保、杨揆，并令其上紧拨解矣。此项银两解到后，所有英善向前藏达赖等所借银一万四千两，向后藏班禅所借银六千两，俱即如数拨还。并当谕知伊等，以此次解藏饷银，前因途路遥远，雨雪难行，偶尔迟误，今已解到，立即拨还。令其一体知道。将此谕令知之。"

（仁宗朝卷九一·页六下～七下）

○嘉庆七年（壬戌）十二月癸丑（1803.1.9）

以三省邪匪悉平论功行赏，谕内阁："……福宁前在楚境督剿贼匪，曾加赏官衔，因在军营节次获罪，罢职遣戍，旋经释宥，以侍卫前往西藏办事，兹著加恩赏给副都统职衔。英善前以侍郎署四川总督，亦有劳绩，嗣缘事镌秩，命在西藏办事，亦著加恩赏给头等侍卫。……以示朕覃敷惠闾，嘉赏成功至意。通谕中外，咸使闻知。"

（仁宗朝卷一〇六·页八下～一六上）

○嘉庆八年（癸亥）十一月辛丑（1803.12.23）

以……驻藏帮办大臣福宁为办事大臣，蓝翎侍卫成林为帮办大臣。

（仁宗朝卷一二三·页一五上）

○嘉庆九年（甲子）十月甲戌（1804.11.20）

命……驻藏大臣福宁……来京。以……熊岳副都统策拔克为驻藏大臣。

（仁宗朝卷一三五·页一八下）

○嘉庆十年（乙丑）九月丁巳（1805.10.29）

谕军机大臣等："据成林奏称：济咙呼图克图差噶布伦等呈送匿名夷字一张，当经译看，系代阿旺索巴等三人抱怨前案办理不公，并言策拔克因奏保敏珠尔、索诺木班珠尔升补噶布伦，又坚巴多布丹均有馈送金银之事等语。西藏番情近日颇形刁健，前因投递匿名揭帖一案，甫经策拔克、成林查办惩治，今又即以前案审办不公并策拔克得受馈送各情，向成林处投递匿名字帖，实属可恨。且阅译出原帖内有'若汉番办事不妥之时，就要投廓尔喀'之语，竟系悖逆，尤应彻底究办。著成都副都统文弼接奉此旨，由驿驰赴西藏，会同成林办理。如成林业将写递字帖之犯访获，即可详细根讯；若尚未访得，仍当上紧查拿，期于必获。但文弼、成林亦不可预存策拔克断无受贿营私之成见，稍涉瞻徇。如获犯后讯明所控属实，策拔克果有得受敏珠尔等馈送情事，赃据确凿，即应将策拔克参奏，革职严审。所有驻藏大臣印务，即著文弼暂行接署。倘实系虚诬，或讯有挟嫌倾陷情节，即当将该犯问拟绞决，严办示惩。总在文弼等秉公确讯、定拟具奏，使番民咸知畏服，庶告讦之风可渐就帖息也。将此谕令知之。"

（仁宗朝卷一五〇·页九上～一〇下）

○嘉庆十年（乙丑）十月甲申（1805.11.25）

以成都副都统文弼为驻藏帮办大臣。

（仁宗朝卷一五一·页三下）

○嘉庆十年（乙丑）十月壬辰（1805.12.3）

谕军机大臣等："本年九月内先据成林奏称：济咙呼图克图差人呈送匿名夷字一张，系控告策拔克办案不公，收受馈送等事。当经降旨专派副都统文弼前往西藏，会同成林审办。嗣据成林奏称策拔克因受污不平，辄自行妄拿多人，纷纷审讯，伊屡次劝阻不从等语。朕以策拔克系被控之人，并不静候查办，殊属躁妄，是以将策拔克交部严议，即令来京候旨。另派文弼驻藏，乃与成林会审此案。乃本日又据策拔克奏到密陈实在情形一折，内称访查匿名夷帖确系前此获咎之营官丹巴策楞差人潜贴。经伊严加根究，据丹巴策楞之跟役仁增哈增业已供认，系丹巴策楞交付与布冲二人潜贴属实。并据折内奏称：成林与伊素有嫌隙，于此事心存成见，总期所控属实，以为报复之计等语。西藏番情近日颇为刁健，此案匿名夷帖不可不严查办理。策拔克之咎在不知避嫌，妄拿躁急。但如伊折内所云成林挟有夙嫌，有心不办，亦属大谬。看来伊二人彼此不睦，各有私心，难交办理。现已有旨饬令成林赴新疆换班，另派玉宁前往驻藏。玉宁接奉谕旨，著将西宁办事大臣印篆及现办事务交与贡楚克扎布接收办理，伊即迅速起程赴藏，于到彼后即饬令成林起身。其匿名夷字一案，查明成林如尚未审结，即会同文弼秉公查办。如成林审办已结，玉宁等仍当确切详查成林办理是否公当。伊既与策拔克有隙，若策拔克所拿之人情事本系确实，而成林心怀报复，转欲坐诬，以实其前奏，则须另行审办。总须一秉至公，不可稍有成见。至策拔克奏：成林于应扣官项并不扣存，仍行满领，又三月间曾借库银七百两，八月节前支借一百两，于八月底全行还库，又官祭各庙理应亲往拈香，成林于秋季均各委员行礼，朔望亦未亲去等语。

成林于应扣房价何以仍行满领？于库贮银两何以忽借忽还，取携自便？其还库之项成林又于何处挪移？有无别项情弊？其拜庙拈香竟不亲自前往之处是否属实？并策拔克在藏办事何如？均著玉宁等秉公查奏，不可稍存回护迁就。又，策拔克折内据称伊与成林并济咙呼图克图公同商议，嗣后禁止番妇，不许任意入庙及定期瞻礼，以肃清规；又，凡有私贩货物，不准布达拉给票；其驮运货物牲畜均自行雇觅等四条，本系意见相同，及策拔克阅兵去后，济咙呼图克图又告知成林碍难遵办，成林即附和中止等语。此四条是否应行，抑有碍难办理之处，玉宁等应体察情形，酌量办理，据实具奏。现在济泷呼图克图办事较软，一味沽名邀誉。玉宁等当传到训谕以此时达赖喇嘛呼毕勒罕尚未出世，所有藏内事务皆责成伊一人经理，伊当竭力尽心，勉为振作，方足以帖服番众，不可稍有废弛为要。将此传谕玉宁，并谕贡楚克扎布知之。"

以驻藏大臣成林为伊犁领队大臣，西宁办事大臣玉宁为驻藏大臣。

（仁宗朝卷一五一·页九上～一二上）

○嘉庆十一年（丙寅）四月辛丑（1806.6.10）

谕内阁："玉宁、文弼奏查明策拔克、成林互相参讦各款，分别定拟一折。前因西藏贴有匿名夷字，控告策拔克在藏审案时有得受扎萨克喇嘛及丹津班珠尔父子金银之事，经策拔克访系上次呈递匿名奏书之阿旺索巴等商同使人潜贴，查拘多人，自行审讯，恐有别项情弊，屡次谕令玉宁等秉公查讯。兹据奏称：策拔克现在察木多地方患病，不能来藏，随提同通事、噶布伦等研讯策拔克受贿一事，毫无影响，此次匿名夷帖实系阿旺索巴使人潜贴等语。是策拔克尚无婪贿营私及妄拿无辜情事。惟于被控之案不知引嫌静候查办，率行拘人勘讯，实属躁妄任性。此次玉宁等奉旨传讯，策拔克在途患病，经玉宁等迭次札催，并未前往听质，竟在察木多住至四十余日之久，尤为任意耽延。且策拔克所参成林挪借库项一款，现据玉宁等奏称：查询粮员知历任驻藏大臣多有借支之案，从前福宁在彼即曾借银二千八百两。上年六月间该粮员曾与成林借款，一并回过策拔克等语。策拔克既经清查库项，何以于该粮员禀报时并不将借银二千八百两之福宁一体列劾，只将借银八百两之成林一人参奏？明系挟嫌指讦，亦属非是。策拔克著革职发往伊犁效力赎罪。至挪借库项虽非始自成林,但伊身为驻藏大臣有稽察库贮之责,乃不知慎重,辄行违例动支,究属不合。且又向喇嘛、客民借贷还款,有玷官箴。但成林较之策拔克之罪尚觉稍轻,亦著革职施恩发往乌噜木齐效力赎罪。至福宁前在驻藏大臣任内借支库项二千八百两,据称于四川藩库交纳归款。现经玉宁查询粮员,至今尚未解到,殊属延玩。著该旗都统等传到福宁,将伊在藏时因何挪借库项至二千八百两之多,何以日久尚未解还归款,伊究竟曾否向四川藩库交纳之处,询问明确,据实具奏。又,英善与福宁同时驻藏,福宁挪借库项,英善岂得诿为不知?何以并未阻止又不参奏?并著英善明白回奏。"

(仁宗朝卷一五九·页二七下～二九下)

○嘉庆十一年(丙寅)四月乙巳(1806.6.14)

谕内阁:"昨据英善复奏,福宁在藏时实有向粮员预借库银之事,未经阻止、参劾,咎实难辞,恳请从重治罪。本日复据德瑛等奏称:传询福宁,据伊呈称,从前到藏之初因修理房屋、器具向粮员预支数月养廉,回京时又因缺少盘费复向粮员借支,共未完银二千八百两,上年六月抵成都后,随即折变银两,交明藩库,搭解回藏,存有藩司印文及收银执照等语。帑项至重,岂容任意挪移!福宁即因用度不敷欲行借支,亦应奏明请旨。乃并未具奏,辄私用印文向粮员预支养廉,虽已于路过成都时交清藩库,而其擅行挪借之罪实不能逭。伊现系休致之员,亦不必再交部议,即著革去三品顶带示儆。英善前在军营获戾,降为四品顶带,派令赴藏,原系弃瑕录用之员,嗣因其驻藏数年,洊加恩擢,用至左都御史兼管旗务。乃伊自到京后,不过旅进旅退,无一建白,竟系年老苍猾。现在查出伊从前在藏之时于福宁擅借库项一事知而不奏,实属有心徇隐,著交部严加议处。至此次福宁私借库银,并非例应在四川呈缴之款,既据福宁于路过成都时呈出此项,勒保自应一面收明解藏,一面据实参奏,何以该督亦未奏及,殊属非是。勒保著传旨申饬。究竟此项银两福宁系于何日呈交四川藩库,四川省于何时搭解赴藏,及藏内曾否收到归款,著勒保督同藩司董教增详晰查明,据实具奏。"

寻议:"英善降三级调用。"从之。

(仁宗朝卷一五九·页三三上～三四下)

○嘉庆十一年（丙寅）十一月壬戌（1806.12.28）

以……前任驻藏大臣英善为太常寺卿。

（仁宗朝卷一七一·页九上）

○嘉庆十二年（丁卯）正月乙丑（1807.3.1）

（前略）以驻藏帮办大臣文弼为镶黄旗蒙古副都统。

（仁宗朝卷一七三·页一七上）

○嘉庆十二年（丁卯）五月己未（1807.6.23）

（前略）赏遣戍伊犁已革驻藏大臣策拔克蓝翎侍卫，为巴里坤领队大臣。

（仁宗朝卷一八〇·页八下）

○嘉庆十三年（戊辰）十月乙巳（1808.11.30）

命驻藏大臣玉宁回京。以帮办大臣文弼为驻藏大臣，镶黄旗蒙古副都统隆福为帮办大臣。

（仁宗朝卷二〇二·页一〇上）

○嘉庆十四年（己巳）四月癸巳（1809.5.17）

谕内阁："昨日有人呈递匿名揭帖，系控告庆惠家人苗八、丁二跟随赴藏，沿途得受站规情事。当派禄康托津传提苗八、丁二，隔别研讯。据供间有得受驿站银两，并所带轿夫沿途曾得饭食钱文等语。庆惠奉差赴藏，理应管束家人安静行走，奉公守法。今伊家人苗八等得收驿站银两，业据供认属实，已有失察之咎，而沿途坐轿尤属非是。庆惠系御前侍卫，年齿尚轻，并未衰老，又无残疾，且隆福亦系副都统乾清门侍卫，年逾六旬，尚然长途乘马，乃庆惠性耽安逸，沿途坐轿行走，实属胆大狂妄。庆惠著交部严加议处，并先革去顶翎，逐出御前侍卫，在家听候部议。至伊家人苗八、丁二，现派军机大臣会同刑部审讯。其经过地方有无勒索情弊，及庆惠有无需索入己之处，已另饬各督、抚确切查明，俟具奏到日再行核办。"

（仁宗朝卷二〇九·页三下～四下）

○嘉庆十四年（己巳）四月甲寅（1809.6.7）

谕内阁："前因庆惠出差西藏，伊家人有得受沿途站规之事，降旨令该督、抚等详细确查，据实具奏。兹据方维甸奏称：上年庆惠同满珠巴咱尔、隆福赴藏时，自潼关入境，至宁羌出境，沿途各厅、州、县之办差家人等因庆惠家人丁二、苗八过站时称沿途辛苦，欲为帮补，俱禀明本官各给予使费银十二两至二十两不等，轿夫饭钱自五千文至八九千文不等；至满珠巴咱尔家人并未得受银两，轿夫亦得饭钱；隆福则本无轿夫，亦无家人需索使费情弊等语。外省吏治废弛，各州、县专以逢迎为事，其卑鄙恶习总不悛改，实深痛恨。本年广兴、英纶两案先后破露，豫东两省官员均有馈送交接。而现在查出庆惠出差过陕之时，其家人长随等又有得受使费之事。钦差大臣过境，地方官或畏其声势，恐被陵辱，因而曲意迎合，已属卑污。至于钦差之家人长随等不过廝隶贱役，更有何声势足畏？乃一闻其需索帮补，即纷纷送给使费，加给饭钱，惟恐稍拂其意，其卑鄙成风，恬不为怪，一至于此。必应严行惩办，用湔积习。……至隆福年逾六旬，长途骑马行走，不耽安逸，兼能约束家人，并无需索情弊，甚为可嘉，著施恩赏给都统衔，以示奖励。其满珠巴咱尔家人等虽查明未得使费，但伊正在壮年，本不应坐轿，又任令轿夫沿途得受饭钱，殊属不合。前已降旨饬询，至今尚未奏到，著俟行查复奏到时另降谕旨。"

（仁宗朝卷二一〇·页一七下～二〇上）

○嘉庆十四年（己巳）四月丁巳（1809.6.10）

谕内阁："成宁奏查明庆惠出差西藏路过山西，其家人得受沿途站规银两一折。据称：上年庆惠自平定州入境，至永济县出境，沿途各州、县内有榆次、介休、太平、曲沃、徐沟、祁县、灵石、洪洞、临汾、闻喜、安邑、临晋等十二县各给伊家人银十二两至十六两不等，其余平定等七州、县俱未给银；其满珠巴咱尔、隆福家人，各州、县委未送银；又，庆惠、满珠巴咱尔各带轿夫，内孟县、寿阳、榆次、徐沟、祁县、介休、灵石、霍州、赵城、洪洞、临汾、太平、典沃、闻喜、安邑、临晋等十六州、县均给过饭钱三千六百至七千四百文不等，并声明因庆惠赍带赏件，恐途次遗失，均有干系，是以送给该家人等茶资，欲其照料，非由该家人倚势勒索等语。实属胡说！总缘家人贪利，长随借本官之资财滥行应付，慷他人之慨，转得图利，恶习实在可恨。此次庆惠出差西藏，系与满珠巴咱尔、隆福三人同行，所有赍去赏件何独需庆惠家人沿途照料？地方官私行给与茶资，自由该家人有倚势勒索情事。该州、县畏其声势，是以给与。……总由外省积习，每遇钦差过境相率逢迎，甚至家人、轿夫向其勒索，亦皆曲意周旋，殊为卑鄙。所有山西省私给站规并给饭钱之榆次等十二县，均著查明咨部革职。其但出饭钱未给站规之盂县、寿阳、霍州、赵城四州、县，著查明咨部严加议处。各驿站办差家人均著枷示两月，责打释放，驱逐出境。至该抚虽未私送银两，但庆惠及满珠巴咱尔回京时，曾各送车骡二头，亦属不合。又失察所属私出站规饭钱，著与臬司并护送过境之道、府等各职名一并咨部议处。"

（仁宗朝卷二一〇·页二三下～二六上）

○嘉庆十四年（己巳）五月乙丑（1809.6.18）

谕内阁："勒保奏查复庆惠等出差赴藏时其家人有得受站规等情一折。所奏甚属含混。据称：上年庆惠到川时，闻其随从人多，管束不甚严紧。虽无格外骚扰情弊，但沿途收过使费或十余两、二十余两不等。其轿夫饭食亦系沿途给发；满珠巴咱尔家人亦曾给与使费，其数减于庆惠；而隆福家人或给或不给，为数更属无几。沿途州、县皆为贴补从人饭食，并托其照料马匹起见，系外省恶习，嗣后惟有力为查禁，以肃邮传等语。勒保既知庆惠随从人多，管束不能严紧，上年即应参奏，何以代为容隐？明系伊与庆惠谊属亲戚，听其所为，不复过问，以致其家人等任意妄为。至沿途州、县于钦差过境时，私给其家人等使费、饭钱，曲意逢迎，岂可不加惩处？乃勒保并不参办，亦并不自请议处，折内轻描淡写，竟视为寻常惯有之事，无足深究。惟请嗣后力为查禁，一片虚词搪塞，岂遂能了此一案耶？勒保本有失察之咎，又送给庆惠、满珠巴咱尔皮统、玉玩、马匹等件，均属不合，著交部议处。藩司姚令仪虽曾为保宁属员，从前与庆惠认识，亦不应私送藏香，并著交部议处。其经过州、县内，著勒保再行详细确查。除内有未给使费、饭钱各员无庸议外，其余著照陕西、山西二省沿途州、县之例一律惩办，将给过使费、饭钱者，无论所出多寡，均咨部革职。其但给饭钱未出使费者，咨部严加议处。并将各驿站办差家人枷示两月，责打释放，驱逐出境。其失察沿途州、县出给使费、饭钱之大员，并著咨部议处，再行据实奏结。至庆惠虽讯无知情授意情事，但沿途多带家人、轿夫，全不留心管束，任令私得使费、饭钱，又年轻之人性耽安逸，坐轿行走，胆大谬妄，甚属可恶。庆惠前已革职，著发往盛京充当苦差，交该将军严行管束。并著留心察看，如尚不知悛改，在彼滋事，即行随时参奏，从重治罪；如果愧悔知改，安静奋勉，著于三年后据实奏闻请旨。至满珠巴咱尔亦系年轻之人，平日又素善骑马，乃上年亦复坐轿，贪图安逸，已属不合。现在勒保折内亦查其家人有得受使费之事，而本日伊自行复奏之折尚一片虚词搪塞，并不自请议处，咎实难辞。本应革黜，姑念其究系蒙古藩王，著从宽交理藩院议处具奏。至隆福家人虽亦不免得受使费，但为数无几，且伊以年老之人尚能骑马远行，不耽安逸，殊为可嘉。前经加恩赏加都统衔，并著免其议处。至此案庆惠家人苗八业已监毙，其丁幅等，著即按律定拟具奏。"

（仁宗朝卷二一一·页一〇上～一二下）

○嘉庆十四年（己巳）六月甲午（1809.7.17）

以驻藏帮办大臣隆福为宁夏将军。赏和阗办事大臣阳春二等侍卫，为驻藏帮办大臣。

（仁宗朝卷二一三·页五下～六上）

○嘉庆十五年（庚午）四月癸卯（1810.5.22）

又谕（内阁）："文弼等奏请预支粮库银两采办驻藏官兵食米一折。据称：向来驻藏官兵所食之米，俱系先将米价银两交商上噶布伦，由帕克哩、错拉二处营官采办。秋、冬二季兵米随时采买支放，其米价即由各兵盐折银内扣除，惟春、夏米价昂贵，须于每年秋成后预为购买存贮，以备支放，约需用银一千八百余两。该营向无公项可动，皆借用粮库银两通融办理等语。驻藏官兵食米动借粮库银两采买，始自乾隆五十九年，相沿已久，究系私自挪用。兹既据文弼等奏，实因官兵办米需用，著照所请。嗣后采买驻藏官兵春、夏两季食米，准其由粮库预发银一千八百两，交该营守备承领，转交商上采办米石运贮。该守备衙门俟按月支放后，仍将各兵盐折银两扣存归款，以清库项而裕兵食。"

又谕："文弼等奏审明西藏粮员盗用库项一折。蒋作梅专司口外军饷，理应洁己奉公，胆敢私挪库项，交商生息，已属藐法。甚至将恩赏喇嘛银两及后藏兵饷易换低潮捴发，侵渔肥己。而于喇嘛与汉人口角争衅又不秉公听断，意存袒护。事关边情，设或激成衅端，尤属不成事体。蒋作梅著照所拟即于西藏正法，以昭炯戒。所有该员原籍资产，前已降旨与任所资财一并查封，著即查抄入官。至文弼等于此案虽失察于前，但既经查出审办，所有自请严议之处，著加恩改为议处。"

（仁宗朝卷二二八·页一五下～一七上）

○ 嘉庆十六年（辛未）二月癸未（1811.2.26）

又谕（内阁）："兵部奏议处文弼一折。文弼系西藏办事大臣，缺分紧要。前此不过令其换班回京，与特旨调往他处，谕令即速起程者迥乎不同。新疆定例，即如伊犁等处领队大臣等员数较多，遇有换班之时并不乏人署理，然总须新任到彼，方能交代。从未有一经奉旨，即置本任事务于不顾，先行来京者。文弼在西藏居首办事，阳春又到彼未久，诸未谙习，伊自应俟庆惠到后，详细交待，或多住数日方是。乃一得换班之信，辄将印篆交付阳春，匆遽就道。现在查伊家内并无老亲，明系系念妻孥，徇私情而忘公事。文弼著照部议降三级调用。不准抵销。"

（仁宗朝卷二三九·页六下～七下）

○ 嘉庆十六年（辛未）三月戊辰（1811.4.12）

驻藏大臣阳春奏："察木多、拉里、前藏三处粮库拨存银两，除一年应用外每多赢余，致有粮员侵挪之事。请于前藏管理夷情司员衙署内建造备贮银库数间，每年三处赢余银两俱解交收存，由驻藏大臣查复，以杜弊端。"从之。

（仁宗朝卷二四〇·页二五上～下）

○嘉庆十六年（辛未）十月乙亥（1811.12.15）

调阿克苏办事大臣瑚图礼为驻藏大臣。

（仁宗朝卷二四九·页二八下）

○嘉庆十六年（辛未）十一月甲辰（1812.1.13）

是月，驻藏大臣瑚图礼奏报赴任。得旨："西藏为极边要地，二大喇嘛住锡之所。汝才非肆应，切勿任意更张，惟谨守成宪，以俭持躬，以严御下，兵宜练习，民宜抚恤，勿滥赏刑，恩威并济。勉之。"

（仁宗朝卷二五〇·页三一上）

○嘉庆十六年（辛未）十二月己未（1812.1.28）

谕内阁："阳春、庆惠奏：嘉庆十三年内布鲁克巴部长喇嘛曲扎恳恩赏赐王爵宝石顶、花翎、敕书、印信等件，彼时经文弼驳饬不准，嗣十五年内喇嘛曲勒接管部长事务，改请赏给诺们汗名号，又经文弼、阳春咨驳，两次驳饬之时均未入奏，兹据实查明奏闻等语。布鲁克巴部落自雍正年间投诚时赏赐额尔德尼第巴名号，嗣后接充部长，俱仍前号，并无更易。今该部长曲扎、曲勒僭越妄求，该大臣等自当一面驳饬，一面奏明请旨，何得仅以咨复了事，匿不奏闻，甚属舛误。文弼始终未经具奏，著交部加等严加议处，即回京候议。阳春具奏已迟，且此时必系因庆惠到彼查出，始行联名入奏。著照所请交部严加议处。庆惠虽经查出具奏，伊到任已经数月，其自请交部议处之处，著改为察议。"

寻议："文弼革职，阳春降三级调用，庆惠罚俸一年。"从之。

（仁宗朝卷二五一·页一六下～一七下）

○嘉庆十七年（壬申）三月辛卯（1812.4.29）

赏成都将军丰绅都统衔，为驻藏帮办大臣。

（仁宗朝卷二五五·页二一下）

○嘉庆十七年（壬申）四月丙辰（1812.5.24）

以驻藏帮办大臣丰绅亲老，命回成都将军任。赏新授成都将军祥保都统衔，为驻藏帮办大臣。

（仁宗朝卷二五六·页一三上～下）

○嘉庆十七年（壬申）七月丁亥（1812.8.23）

赏已革驻藏大臣阳春员外郎，庆惠蓝翎侍卫。

（仁宗朝卷二五九·页二一上）

○嘉庆十八年（癸酉）三月甲戌（1813.4.7）

以驻藏大臣瑚图礼为正白旗蒙古副都统。

（仁宗朝卷二六七·页一三下）

○嘉庆十八年（癸酉）八月壬子（1813.9.12）

（前略）转理藩院右侍郎普恭为左侍郎，以驻藏大臣瑚图礼为理藩院右侍郎。

（仁宗朝卷二七二·页二九上）

○嘉庆十九年（甲戌）二月癸丑（1814.3.12）

以副都统衔喜明为驻藏大臣。

（仁宗朝卷二八五·页一三上）

○嘉庆十九年（甲戌）闰二月戊辰（1814.3.27）

（前略）以驻藏大臣祥保为西安将军，驻藏帮办大臣喜明为驻藏大臣。赏太仆寺卿珂什克副都统衔，为驻藏帮办大臣。

（仁宗朝卷二八六·页六上）

○嘉庆二十年（乙亥）八月庚申（1815.9.10）

谕内阁："喜明等奏请将管理前藏粮务同知贡布赏给知府职衔一折。管理前藏粮务成都理事同知贡布，前经瑚图礼等奏留，俟三年后送部引见，原降谕旨甚明。该员引见时，朕察其才具，或以知府升用，或仍以同知用，自有权衡，非臣下所能预定。即该员在藏编查保甲，稽查认真，亦系分内应办之事。喜明等率行保奏，请赏给知府职衔，是预拟以知府升用，实属冒昧。喜明、珂什克俱著交部议处。贡布不准加知府衔，俟期满后，仍遵照前旨送部引见，候旨定夺。"

（仁宗朝卷三〇九·页八下～九下）

〇嘉庆二十二年（丁丑）五月辛酉（1817.7.2）

以驻藏大臣喜明为乌里雅苏台将军。调叶尔羌办事大臣玉麟为驻藏大臣。

（仁宗朝卷三三〇·页一七下）

〇嘉庆二十四年（己卯）二月辛未（1819.3.4）

以……驻藏帮办大臣珂什克为镶白旗蒙古副都统。

（仁宗朝卷三五四·页一一下）

〇嘉庆二十四年（己卯）九月壬申（1819.10.31）

（前略）以……驻藏大臣玉麟为镶白旗汉军副都统。

（仁宗朝卷三六二·页一三下）

〇嘉庆二十四年（己卯）十一月丙寅（1819.12.24）

命驻藏帮办大臣珂什克回京。赏内阁侍读学士灵海二等侍卫，为驻藏帮办大臣。

（仁宗朝卷三六四·页一〇上）

〇嘉庆二十五年（庚辰）十月戊子（1820.11.10）

命驻藏办事大臣玉麟、库伦办事大臣布彦图回京。赏已革河南巡抚文干副都统衔，为驻藏办事大臣，已革山东布政使广庆二等侍卫，为库伦办事大臣。

（宣宗朝卷六·页七下）

〇道光元年（辛巳）八月庚辰（1821.8.29）

以……驻藏办事大臣文干兼镶黄旗汉军副都统，镶白旗汉军副都统玉麟为京营右翼总兵。

（宣宗朝卷二二·页五上）

○道光元年（辛巳）十月甲申（1821.11.1）

命驻藏帮办大臣灵海来京。赏鸿胪寺卿那丹珠副都统衔，为驻藏帮办大臣。

（宣宗朝卷二四·页一〇下）

○道光元年（辛巳）十月乙酉（1821.11.2）

命新授驻藏帮办大臣那丹珠仍留原任……赏内阁侍读学士保昌头等侍卫，为驻藏帮办大臣。

（宣宗朝卷二四·页一一下）

○道光二年（壬午）闰三月癸巳（1822.5.9）

谕内阁："文干等奏后藏粮员向派佐杂微员管理，多有侵亏情弊，请与前藏及各台粮员一律派委州、县丞倅等语。著照所请。后藏粮员员缺，该督即于州、县丞倅内速行拣派，饬赴后藏接管粮务。嗣后均著照此拣派。"

（宣宗朝卷三二·页二四上～下）

○道光三年（癸未）七月壬午（1823.8.21）

又谕（内阁）："文干所出驻藏大臣员缺，著松廷调补，即由西宁驰驿前赴新任。穆兰岱著补放镶黄旗汉军副都统，授为西宁办事大臣。所遗西宁镇总兵员缺紧要，著那彦成于陕甘两省总兵内拣员奏请调补。如拣选无人，即秉公保奏一员，候朕简用。西宁镇总兵未经简放以前，仍著穆兰岱兼署。"

（宣宗朝卷五五·页一下～二上）

○道光五年（乙酉）十月甲戌（1825.11.30）

命驻藏帮办大臣保昌……来京。以头等侍卫敦良为驻藏帮办大臣。

（宣宗朝卷九〇·页三一下）

○道光五年（乙酉）十二月丙子（1826.1.31）

新授驻藏帮办大臣敦良中途车覆伤足，命回京调理。赏前任库伦办事大臣广庆三等侍卫，为驻藏帮办大臣。

（宣宗朝卷九三·页一七上～下）

○道光六年（丙戌）十月甲寅（1826.11.5）

以头等侍卫前任驻藏大臣保昌署大理寺卿。

（宣宗朝卷一〇七·页二五下）

○道光七年（丁亥）正月癸卯（1827.2.22）

（前略）以兵部右侍郎武忠额为泰宁镇总兵官，兼总管内务府大臣，内阁学士驻藏办事大臣松廷为兵部右侍郎。

（宣宗朝卷一一三·页三三下）

○道光七年（丁亥）三月癸卯（1827.4.23）

以都察院左副都御史惠显为驻藏办事大臣，光禄寺卿保昌署都察院左副都御史。

（宣宗朝卷一一五·页三八下）

○道光七年（丁亥）五月戊戌（1827.6.17）

命病痊驻藏帮办大臣敦良以四品京堂候补。

（宣宗朝卷一一七·页三一上）

○道光八年（戊子）十月壬午（1828.11.22）

（前略）驻藏帮办大臣广庆来京。赏……候补三品京堂盛泰头等侍卫，为驻藏帮办大臣。

（宣宗朝卷一四五·页二下）

○道光九年（己丑）八月辛未（1829.9.7）

以驻藏大臣惠显为理藩院左侍郎，仍留任。内阁学士容照署理藩院左侍郎。

（宣宗朝卷一五九·页一四上）

○道光十年（庚寅）七月丁丑（1830.9.8）

以驻藏办事大臣理藩院左侍郎惠显为盛京刑部侍郎。未到任前，命盛京礼部侍郎凯音布兼署。

（宣宗朝卷一七一·页二九上）

○道光十年（庚寅）十月癸卯（1830.12.3）

赏驻藏帮办大臣兴科副都统衔，为办事大臣；以内阁学士隆文为帮办大臣。

（宣宗朝卷一七七·页三七上～下）

○道光十年（庚寅）十一月丙寅（1830.12.26）

以查办西藏番案出力，予知县郑金榜等升补有差。

（宣宗朝卷一七九·页四二上）

○道光十一年（辛卯）八月丙申（1831.9.22）

（前略）以内阁学士驻藏大臣隆文为镶红旗汉军副都统。

（宣宗朝卷一九五·页三下～四上）

○道光十一年（辛卯）三月壬戌（1831.4.21）

以捐修察木多台汛城垣、兵房，赏通判翟长清同知衔。

（宣宗朝卷一八五·页一五上）

○道光十三年（癸巳）正月己卯（1833.2.26）

命西藏办事大臣兴科来京。以驻藏帮办大臣隆文为西藏办事大臣。

（宣宗朝卷二二九·页一八下）

○道光十三年（癸巳）二月癸卯（1833.3.22）

调山海关副都统张仙保为福州副都统，以驻藏办事大臣兴科为山海关副都统。

（宣宗朝卷二三一·页四下）

○道光十四年（甲午）四月壬戌（1834.6.4）

又谕（军机大臣等）："据隆文等奏驻防千总捏词控告，请饬审办。此案驻防前藏千总闵应魁经四川总督派令伴送廓尔喀夷使赴藏，接驻防缺。据该大臣等奏称，该弁忽于正月十四日令其跟丁民人王荣，托徐锟衙门值差兵丁李仁荣向徐锟管门家人孙成言说，愿送银两，恳求不调防缺等情。正在查办间，该弁复又呈递诉禀，内称伊前次曾禀驻藏守备张英滥销钱粮、署千总田溥冒领截旷、浮折番兵等事，均经具结了案。伊接防后，又被委员前任拉里徐粮务改换案结，伊无奈画押。又孙游击有言辞退游击，有稿房把总田溥议拟将伊作为候补守备。又听闻田把总代夏粮务求保同知职衔，曾给田把总使费银五百五十两，现又田把总经保辞退游击一缺。伊亦欲托田把总求得实缺，免作候补，交给陈荣使费银两，嘱令送交田把总转送。不料陈荣将银误送，徐大人窥见嗔怒，行札追究。伊本交给陈荣有银，请将此银如数退还，照求保职衔之夏粮务一律惩办等情。经该大臣等派员按款讯诘，据王荣即陈荣供称，闵千总令其托人恳求不调防缺，许送银子是实，并未交给银两，李仁荣供亦相同，游击孙如藻、前管前藏粮员夏梦鲤俱询无告退营谋保举各情事。惟该弁原呈所控南溪县知县徐逊、把总田溥俱已回省，未便纷纷传质，请交四川总督就近审办等语。案关职官列款讦诉，以财行求，并牵控本管大臣，若不逐款根究，彻底讯明，不足以折服其心。著鄂山俟该弁等解到时，即亲提全案人证秉公严审，务将该弁所控各款逐加细鞫，并将兵丁李仁荣、民人王荣即陈荣严行追究，闵应魁行贿银两交付何人。如果徐锟家人孙成实有听嘱代禀情事，即将孙成一并提案究讯，务期水落石出，不准稍有含混。将此谕令知之。"

寻奏："闵应魁捏造赃私，诬告人罪，且许给李仁荣银两，嘱谋升缺，污蔑本管大臣，集讯明确，复敢抗不服罪，请从重发往新疆充当苦差。陈荣、李仁荣听从行求，事虽未成，均照不应重律，拟以杖枷。"下部议，从之。

（宣宗朝卷二五一·页四三下～四六上）

○道光十四年（甲午）八月癸丑（1834.9.23）

（前略）转理藩院右侍郎奕泽为左侍郎，以驻藏大臣隆文为理藩院右侍郎。

（宣宗朝卷二五五·页二四上）

○道光十四年（甲午）八月甲寅（1834.9.24）

赏都察院左副都御史文蔚副都统衔，为驻藏办事大臣。命驻藏帮办大臣徐锟来京。赏鸿胪寺卿嵩濂头等侍卫，为驻藏帮办大臣。

（宣宗朝卷二五五·页二五上）

○道光十四年（甲午）八月乙卯（1834.9.25）

谕军机大臣等："昨派文蔚、嵩濂赴藏办事。惟西藏极边地方，甚属紧要，若一时二人俱行更换，似不相宜。将此寄知隆文、徐锟，俟文蔚等到任后，徐锟先行起程回京当差；隆文仍驻一二月，将彼处诸事情形明白详细告知文蔚、嵩濂，使文蔚等于任内诸事略为熟悉，隆文再行回京当差。"

（宣宗朝卷二五五·页二五下～二六上）

○道光十四年（甲午）十月丁酉（1834.11.6）

调驻藏帮办大臣那当阿为哈密帮办大臣；赏陕西潼商道庆禄副都统衔，为驻藏帮办大臣。

（宣宗朝卷二五八·页一三上～下）

○道光十五年（乙未）六月乙巳（1835.7.12）

谕军机大臣等："本日据步军统领衙门奏四川三台县民妇陈杨氏控称，道光九年间本县吉姓被窃，射洪县役朱明儿等诬赖伊子陈玉先行窃，将伊子殴死，掷弃尸身。控经县府，不为究办。历控总督，批委射洪县，赖伊系有疯疾，看押四载始行释放，案悬未结等情。已明降谕旨，派隆文前赴四川，会同鄂山，督同臬司苏廷玉审讯矣。隆文现由西藏来京供职，如此时尚未行抵四川，接奉此旨，著即驰赴该省，倘已过四川省城，无论行抵何处，即行折回该处会同审办。……"

（宣宗朝卷二六七·页一五上～下）

○道光十五年（乙未）十月庚辰（1835.12.14）

以驻藏大臣文蔚为镶蓝旗蒙古副都统。

（宣宗朝卷二七三·页一九上）

○道光十五年（乙未）十二月乙亥（1836.2.7）

谕内阁："国家设立营制，修明武备，原为折冲御侮之用，全在平日实力整饬，勤加训练。从前立定章程，分年分省每遇轮应查阅之期，或专派大臣前往，或即令本省督、抚查阅，期于戎政实有裨益，营伍不致废弛。总督统辖戎政，巡抚职兼提督，简稽军实，具有责成，均属分内应办之事，必须不时考核，方有实效。各省营伍，经朕特派查阅之大臣，即无异亲临阅视。其有派该省督、抚查阅者，原所以示体恤，免该省供应之烦。各督、抚等稍有天良，当知实心任事，岂可漫无查察，怠忽因循，陋习相沿，罔思设兵卫民之意。其阅兵大臣特派前往，即当以公事为重，与派往各省审案事同一律，均应破除情面，一秉大公，甄核严明，不避嫌怨。若一味颟顸搪塞，草率了事，是简派大臣全不足信，所谓实心任事者安在？今山西营伍如此废弛，前降旨将哈哴阿、祥康、鄂顺安交部严加议处，兹据各该部分别降调、革职、严议具奏，均属允当。……鄂顺安著降为蓝翎侍卫，作为驻藏帮办大臣，到京后不准请训，以示惩儆。"

（宣宗朝卷二七六·页一〇下～一二上）

○道光十六年（丙申）四月丙辰（1836.5.18）

以驻藏办事大臣庆禄为正黄旗蒙古副都统。

（宣宗朝卷二八一·页四下）

○道光十六年（丙申）八月丙辰（1836.9.15）

以驻藏大臣正黄旗蒙古副都统庆禄为贵州布政使，太仆寺卿关圣保为驻藏大臣，兼正黄旗蒙古副都统。

（宣宗朝卷二八七·页六上）

○道光十六年（丙申）十二月庚午（1837.1.27）

谕军机大臣等："据鄂顺安奏：廓尔喀国人呈递表章，译系该国王因哲孟雄部落侵占该国疆界请示办理；又夷人热拉杂阿帮里表章内称，该国王听信谗言，将伊祖官职革去，伊父无辜被杀，求照伊祖官职赏伊承充，并将该国王苦累百姓，现有头目人等私议将地土交与披楞掌管等语。抚驭外夷之道惟在慎守边防，持以镇静。即偶有夷人控诉之案，只可晓谕以天朝法度，尔外国之事从不过问，遣人送出卡外。况既无该国王印记，正好驳斥。乃辄称该夷人以平民擅递封章，妄希官职，本应抄录原禀，札饬该国王治以应得之罪，又恐该国王斥其赴诉，再加凌虐等语。是鄂顺安欲以内地例文科断外夷，太不晓事，著交部严加议处。关圣保接奉此旨，无论行抵何处，迅即兼程前进，亲赴边界体察情形，并随时派人密加探听。倘该夷人等蛮触相争，该大臣等惟当严饬所属汉番官兵慎守卡伦，严密防范，不准一人擅出边界，致酿事端，是为至要。将此谕令知之。"

寻吏部奏："鄂顺安照例降调。"

得旨："著照部议降四级调用，带所降之级仍留该处效力，暂停开缺。"

（宣宗朝卷二九二·页二八下～二九下）

○道光十七年（丁酉）五月庚寅（1837.6.16）

命前任驻藏帮办大臣徐锟以二品顶带休致。

（宣宗朝卷二九七·页一六下～一七上）

○道光十七年（丁酉）五月丙午（1837.7.2）

赏休致前任驻藏帮办大臣徐锟二品全俸。

（宣宗朝卷二九七·页三〇下）

○道光十七年（丁酉）七月辛卯（1837.8.16）

又谕（内阁）："关圣保等奏请将疏防盗犯办理不善之守备革职一折。乍丫汛守备徐自发身为营员，弭盗安良是其专责，乃不能先事预防，致把总彭友泉等中途被劫，已有应得之咎。及前往查拿时，复不能约束番民，以致互相杀伤。迨番目仓储巴等解送阿陇等到案，仍不察虚实，辄信为案内正贼，率行禀报，种种错谬，实属有乖职守。徐自发著即行革职，以示惩儆。守备龙启骧当徐自发查拿之时并未同往，及闻仓储巴等拿获正贼，不行查明，冒昧禀报，亦有不合，著交部议处。其殴劫把总彭友泉案内正贼，著该大臣等饬令接任之员严密访缉，务获究办。"

（宣宗朝卷二九九·页二一上～二二上）

○道光十七年（丁酉）九月戊戌（1837.10.22）

又谕（内阁）："前因讷尔经额于逆匪蓝正樽日久稽诛，迨予限查拿，又不能迅速缉获，明正典刑，乃以被殴致毙，支饰完案。……当降旨交部分别严议议处，兹据该部奏，请将讷尔经额照溺职例革职，……均属咎所应得。惟讷尔经额年力正强，若竟予罢斥，转得置身安闲。著赏给三等侍卫，作为驻藏帮办大臣，换回鄂顺安。讷尔经额接奉此旨，即由驿启程前往，不准来京。……"

（宣宗朝卷三〇一·页三二下～三三上）

○道光十八年（戊戌）十月壬申（1838.11.20）

命湖北按察使程铨留京，以四品京堂候补；以驻藏帮办大臣鄂顺安为湖北按察使。

（宣宗朝卷三一五·页四上）

○道光十八年（戊戌）十月庚寅（1838.12.8）

赏驻藏帮办大臣讷尔经额头等侍卫，为西宁办事大臣，以正红旗蒙古副都统孟保为驻藏帮办大臣。

（宣宗朝卷三一五·页二〇下）

○道光十八年（戊戌）十月甲午（1838.12.12）

又谕（内阁）："关圣保等奏遵旨交还廓尔喀贡物，具奏疏漏，自请议处一折。上年廓尔喀国王例外呈进贡物，当降旨令该大臣等留俟该噶箕等回国时交其带回。嗣因该大臣等奏报该国贡使旋藏回国日期折内并未提及，复降旨著明白回奏。兹据奏称，所有存贮例外贡物业已遵旨发还，前次未经入奏，实属疏漏。关圣保、讷尔经额均著交部议处。"

（宣宗朝卷三一五·页二八下～二九上）

○道光十九年（己亥）十月辛卯（1839.12.4）

命……驻藏大臣关圣保……来京。

以……镶驻藏帮办大臣孟保为驻藏大臣，正白旗汉军副都统海朴为驻藏帮办大臣。

（宣宗朝卷三二七·页三七下～三八上）

○道光二十二年（壬寅）十一月丁未（1842.12.4）

命……驻藏大臣孟保……来京。

以正红旗蒙古副都统乐斌为乌里雅苏台参赞大臣，驻藏帮办大臣海朴为驻藏大臣。赏通政使司通政使讷勒亨额副都统衔，为驻藏帮办大臣。

（宣宗朝卷三八四·页三上）

○道光二十二年（壬寅）十一月辛亥（1842.12.8）

（前略）以驻藏帮办大臣讷勒亨额为盛京刑部侍郎，正红旗汉军副都统钟方为驻藏帮办大臣。

（宣宗朝卷三八四·页一八上）

○道光二十三年（癸卯）三月丙寅（1843.4.22）

命驻藏大臣海朴来京。以前任驻藏大臣孟保为驻藏大臣。

（宣宗朝卷三九〇·页二八下）

○道光二十三年（癸卯）十月庚戌（1843.12.2）

命驻藏大臣孟保回京。赏已革热河都统琦善二等侍卫，为驻藏大臣。

（宣宗朝卷三九八·页一一上～下）

○道光二十四年（甲辰）五月庚寅（1844.7.9）

赏哈密办事大臣瑞元二等侍卫，为驻藏帮办大臣；以驻藏帮办大臣钟方为哈密办事大臣。

（宣宗朝卷四〇五·页一九上～下）

○道光二十四年（甲辰）八月癸卯（1844.9.20）

又谕（内阁）："前任驻藏大臣孟保于诺们汗请给外番印照住牧，并不详查案据奏明办理，辄以均属合宜咨复，任听发给印照住牧，实属错谬。孟保著革去副都统，赏给三等侍卫，在大门上行走。"

（宣宗朝卷四〇八·页八下）

○道光二十四年（甲辰）八月甲寅（1844.10.1）

谕内阁："宝兴奏已革知县亏用公项，请解回藏审办一折。已革四川遂宁县知县唐金鉴前管察木多粮务，带解藏饷，胆敢亏用银六千余两之多。迨经回川，节次催追，仅据缴银一千七百两。此项台费银两关系兵饷，必应严追究办。著该督即将该革员解交驻藏大臣琦善、瑞元，提同人证、案卷彻底查讯明确，照例拟办。"

（宣宗朝卷四〇八·页一九下～二〇上）

○道光二十四年（甲辰）八月丙辰（1844.10.3）

谕内阁："琦善等奏前藏应存火药、铅子等项因滥行借支不敷操演一折。西藏为极边要地，操防最关紧要。每年前后藏应用火药向由四川制造运解，统交前藏分拨，自应妥为收贮，以期有备无患。兹据琦善等查明前驻藏大臣文蔚等各任内，并未奏明请旨，辄敢私行借给诺们汗火药、火绳、铅子、炮子等项，仅据收还一次，尽系灰渣，不堪应用。此外尚欠未还火药四千一百六十斤、火绳一千六百盘、铅子三万三千粒、炮子二百颗，总未催饬交还，以致营中不敷操演。总缘历任驻藏大臣不肯实心任事，以致诸务如此弊坏，天良何在！著工部即查明历欠药斤等项，照数估计价值银两，饬令前驻藏大臣文蔚、庆禄、关圣保、鄂顺安、孟保、海朴将应赔银两统于四个月内如数解交工部。仍均著交部议处。倘限满不完，著该部严参具奏。其现在不敷操演之火药、铅子等项，著宝兴速饬照数制造，委员解交前藏应用，以实军储而重武备。"

（宣宗朝卷四〇八·页二一上～二二上）

○道光二十四年（甲辰）九月戊辰（1844.10.15）

谕内阁："前因驻藏大臣将应存火药等项滥行借支，以致不敷操演，当将历任驻藏大臣交部议处。兹据该部遵议具奏，三等侍卫孟保著即革职，前任兵部右侍郎关圣保现已告病开缺，著革去顶带，并另案革职之文蔚、海朴现议革职之处，均著照例注册。河南巡抚鄂顺安本应革职，惟现在督办大工，若遽予罢斥，转得置身事外，著暂行革职留任。所办大工能否妥善，届时再降谕旨。"

（宣宗朝卷四〇九·页四上～下）

○道光二十五年（乙巳）二月丙申（1845.3.12）

又谕（军机大臣等）："已革驻藏大臣孟保、理藩院员外郎嵩禄现有应行审办之件，恩桂、端华、倭什讷著即刻前赴步军统领衙门，同阅此旨后，恩桂、倭什讷先将孟保、嵩禄传旨锁拿，押交刑部，并分赴该二处宅内严密查抄。端华著亲赴海朴住宅，将伊家产财物先行查封，一并具奏。将此密谕知之。"

（宣宗朝卷四一四·页二下）

○道光二十五年（乙巳）二月甲辰（1845.3.20）

命都察院左都御史文庆驰赴四川，会同总督宝兴，审办已革驻藏大臣孟保等滥提官物一案。

（宣宗朝卷四一四·页一〇上）

○道光二十五年（乙巳）二月丙午（1845.3.22）

谕内阁："已革前任驻藏大臣孟保、海朴现有被参交审之案，孟保系敬征保送副都统，海朴系仁寿保送副都统，仁寿、敬征均著交该衙门照例议处。"

（宣宗朝卷四一四·页一〇下）

○道光二十五年（乙巳）二月丁未（1845.3.23）

谕军机大臣等："据琦善奏参孟保等滥提官物一案，已明降谕旨，将孟保、海朴、嵩禄解赴四川，派文庆驰驿前往，会同宝兴审讯矣。所有前任驻藏帮办大臣钟方，如经过四川境内，或业已过境，著宝兴传旨沿途截留，饬回四川归案质讯。将此谕令知之。"

（宣宗朝卷四一四·页一一上）

○道光二十六年（丙午）四月庚戌（1846.5.20）

赏驻藏帮办大臣瑞元头等侍卫，为科布多参赞大臣；理藩院郎中文康头等侍卫，为驻藏帮办大臣。

（宣宗朝卷四二八·页二一上～下）

○道光二十六年（丙午）六月甲子（1846.8.2）

驻藏帮办大臣文康因病解任，赏户部郎中穆腾额头等侍卫，为驻藏帮办大臣。

（宣宗朝卷四三一·页五上）

○道光二十六年（丙午）十二月庚午（1847.2.4）

（前略）赏驻藏办事大臣琦善二品顶带，为四川总督。
以刑部右侍郎斌良为驻藏办事大臣。

（宣宗朝卷四三七·页二四上～下）

○道光二十八年（戊申）正月己丑（1848.2.18）

（前略）赏驻藏帮办大臣穆腾额副都统衔，为驻藏大臣，已革山东巡抚崇恩蓝翎侍卫，为驻藏帮办大臣。
予故驻藏大臣斌良祭葬如都统例。

（宣宗朝卷四五一·页一○上）

○道光二十八年（戊申）十二月乙丑（1849.1.19）

赏已革河南巡抚鄂顺安蓝翎侍卫，为驻藏帮办大臣。

（宣宗朝卷四六二·页二六上）

○道光二十九年（己酉）四月甲寅（1849.5.8）

以副都统衔驻藏大臣穆腾额为镶蓝旗蒙古副都统。

（宣宗朝卷四六六·页一二下）

○咸丰元年（辛亥）三月己丑（1851.4.3）

驻藏帮办大臣鄂顺安因病解任。调科布多帮办大臣额勒亨额为驻藏帮办大臣。

（文宗朝卷二九·页二上）

○咸丰元年（辛亥）十一月癸亥（1852.1.2）

赏已革盛京刑部侍郎讷勒亨额二等侍卫，为库伦办事大臣，已革驻藏办事大臣孟保三等侍卫，为巴里坤领队大臣。

（文宗朝卷四七·页一七下）

○咸丰二年（壬子）二月丙午（1852.4.14）

赏已革刑部左侍郎宝清三等侍卫，为驻藏帮办大臣。

（文宗朝卷五四·页一六下）

○咸丰二年（壬子）六月壬寅（1852.8.8）

驻藏办事大臣穆腾额因病解任。赏科布多帮办大臣海枚二等侍卫，为驻藏办事大臣。

（文宗朝卷六四·页一一下～一二上）

○咸丰二年（壬子）九月癸丑（1852.10.18）

赏正黄旗满洲参领谆龄副都统衔，为驻藏帮办大臣。

（文宗朝卷七一·页一二下）

○咸丰三年（癸丑）正月乙丑（1853.2.27）

予故驻藏帮办大臣宝清祭葬，并赏银三百两治丧。

（文宗朝卷八二·页四二下）

○咸丰三年（癸丑）三月丁卯（1853.4.30）

调哈密办事大臣文蔚为驻藏办事大臣，赏已革蓝翎侍卫崇恩三等侍卫，为哈密办事大臣。

（文宗朝卷八九·页一六下）

○咸丰三年（癸丑）五月戊午（1853.6.20）

以驻藏办事大臣文蔚为奉天府府尹。……调库车办事大臣赫特贺为驻藏办事大臣。

（文宗朝卷九四·页二六下～二七上）

○咸丰四年（甲寅）五月庚子（1854.5.28）

以西藏办案出力，赏粮员杨尚炳花翎，馀奖叙有差。

（文宗朝卷一二九·页四下）

○咸丰四年（甲寅）九月乙酉（1854.11.9）

驻藏帮办大臣谆龄因病解任。赏大理寺卿毓检副都统衔，为驻藏帮办大臣。

（文宗朝卷一四五·页二八上～下）

○咸丰四年（甲寅）十月丙辰（1854.12.10）

（前略）以户部右侍郎熙麟兼镶黄旗汉军副都统，驻藏办事大臣赫特贺为镶白旗蒙古副都统。

（文宗朝卷一四九·页三下）

○咸丰五年（乙卯）正月乙亥（1855.2.27）

赏巴里坤领队大臣满庆副都统衔，为驻藏帮办大臣。

（文宗朝卷一五六·页一〇下～一一上）

○咸丰七年（丁巳）二月甲午（1857.3.7）

调镶白旗汉军副都统文清为正白旗满洲副都统，以驻藏帮办大臣满庆为镶白旗汉军副都统。

（文宗朝卷二一九·页二六下）

○咸丰七年（丁巳）闰五月乙未（1857.7.6）

驻藏大臣赫特贺因病解任，以驻藏帮办大臣满庆为驻藏大臣；赏前任英吉沙尔领队大臣安诚副都统衔，为驻藏帮办大臣。

（文宗朝卷二二七·页三二上～下）

○咸丰七年（丁巳）闰五月丁未（1857.7.18）

以办理西藏番案出力，予知县张嗣成以知州用。

（文宗朝卷二二八·页二八上）

○咸丰七年（丁巳）七月乙未（1857.9.4）

驻藏帮办大臣安成因病解任，赏古城领队大臣恩庆副都统衔，为驻藏帮办大臣。

（文宗朝卷二三二·页一下）

○咸丰八年（戊午）三月丙戌（1858.4.23）

予故驻藏大臣赫特贺祭葬，如都统例。

（文宗朝卷二四七·页三一下）

○咸丰八年（戊午）十二月戊午（1859.1.20）

以讯办西藏番案出力，赏游击沐恩花翎，以副将升用。

（文宗朝卷二七二·页六下）

○咸丰九年（己未）四月癸亥（1859.5.25）

谕内阁："满庆奏粮员驻藏期满，循例保奏，并请留办粮务一折。同知衔四川丹棱县知县陈堉自接管前藏粮务以来，办理悉臻妥协。该员驻藏三年期满，自应量予奖叙，陈堉著以四川同知直隶州升用，并准留驻一班，接管察木多粮台事务，以资熟手。其所遗前藏事务，即著以同知衔候补知县李玉圃调管，毋庸由四川拣员赴藏。"

（文宗朝卷二八一·页二一上～下）

○咸丰十年（庚申）正月丁卯（1860.1.24）

以驻藏办事大臣崇实为镶黄旗汉军副都统。

（文宗朝卷三〇五·页六上～下）

○咸丰十年（庚申）七月丁未（1860.8.31）

以驻藏大臣崇实署四川总督。

（文宗朝卷三二五·页一九上）

○咸丰十一年（辛酉）七月丙午（1861.8.25）

以驻藏大臣崇实为成都将军，并接办川陕交界防堵事宜。

（穆宗朝卷一·页二一上）

○咸丰十一年（辛酉）七月戊申（1861.8.27）

调乌里雅苏台蒙古参赞大臣阿尔塔什达为库伦办事大臣，库车办事大臣景纹为驻藏办事大臣。

（穆宗朝卷一·页二六上）

藏族僧俗官员的封授、罢黜

西藏僧俗贵族

○ 嘉庆八年（癸亥）六月己丑（1803.8.13）

又谕（军机大臣等）："英善等奏拉布丹纳木扎勒患病身故，并驳回达赖喇嘛来咨，不准承袭公爵等语。拉布丹纳木扎勒所袭公爵，原系高宗纯皇帝逾格殊恩。前经理藩院奏准，俟伊出缺后将公爵削去，不得再请承袭。今拉布丹纳木扎勒业已病故，并无兄弟子嗣，达赖喇嘛率以伊姨表弟索诺布达尔结恳请承袭，尤属不合。英善等接到来咨，即备文将所出公爵例不准袭之处咨复，所驳甚是。至从前伊父索诺木达西在库伦病故，曾经赏给银五百两。今拉布丹纳木扎勒在藏身故，著赏银二百两，交与达赖喇嘛，俾作好事，以示恩赉。……"

（仁宗朝卷一一五·页一七下～一八上）

○ 嘉庆十五年（庚午）十月丙午（1810.11.21）

以西藏扎嘛尔族百长工错克那木结子丹增彭错袭职。

（仁宗朝卷二三五·页二七上）

○ 嘉庆十七年（壬申）七月壬申（1812.8.8）

又谕（内阁）："据拉旺多尔济转奏，哲布尊丹巴呼图克图恳请赏给伊师喇嘛罗布桑恭楚克名号等语。罗布桑恭楚克教授哲布尊丹巴呼图克图多年，著加恩赏给罗布桑恭楚克'绰尔济'名号，仍照呼图克图所请，罗布桑恭楚克著给假一年。此次往藏呈递丹书克，即著伊领首前往外，朕所赏哲布尊丹巴呼图克图黄哈达，著发给蕴端多尔济等转行赏给。"

（仁宗朝卷二五九·页二上～下）

○嘉庆二十年（乙亥）三月辛丑（1815.4.24）

赏故达赖喇嘛呼毕勒罕银、币。以第穆呼图克图领办达赖喇嘛事务。

（仁宗朝卷三〇四·页一三上）

○嘉庆二十一年（丙子）十一月辛亥（1816.2.24）

以故唐古忒辅国公琳沁朋楚克子策旺珠美袭爵。

（仁宗朝卷三二四·页五下）

○嘉庆二十一年（丙子）十一月乙丑（1817.1.7）

以……西藏琼布色尔查族百户彭楚旺结弟彭错汪扎、噶鲁族百户索诺木扎克巴纳木扎尔子任尽纳结各袭职。

（仁宗朝卷三二四·页一七下～一八上）

○嘉庆二十五年（庚辰）十一月甲戌（1820.12.26）

以故西藏达格鲁克族百户诺尔布扬批子琼噶袭职。

（宣宗朝卷九·页九上～下）

○道光元年（辛巳）十二月辛丑（1822.1.17）

又谕（内阁）："文干等转奏噶勒丹锡呼图萨玛第巴克什所管商上事繁，可否赏给喇嘛讲巴伊什印信帮办事务请旨一折。噶勒丹锡呼图萨玛第巴克什所管商上事繁，一人办理恐不能周，即著照所请，讲巴伊什著赏给扎萨克喇嘛职衔，令其帮办事务。所有应得印信，著理藩院查照旧例办理。"

（宣宗朝卷二七·页三五上～下）

○道光元年（辛巳）十二月乙巳（1822.1.21）

又谕（内阁）："理藩院转奏扎萨克喇嘛罗卜桑噶勒藏因所辖喇嘛门徒众多，呈请可否赏给印信请旨一折。扎萨克喇嘛罗卜桑噶勒藏所辖喇嘛门徒等七百余名，若给予印信，则于管束有益，即照该院所奏，扎萨克喇嘛罗卜桑噶勒藏著赏给印信办理事务。"

（宣宗朝卷二七·页四四上）

○道光二年（壬午）五月乙酉（1822.6.30）

又谕："文干等奏请派达赖喇嘛呼毕勒罕之师傅一折。著照所请，准其以噶勒丹锡呼图萨玛第巴克什作为达赖喇嘛呼毕勒罕之正师傅，以噶勒丹旧池巴阿旺念札及荣增班第达嘉木巴勒伊什丹贝嘉木磋二人作为副师傅，俾令传习经典。"

（宣宗朝卷三五·页一七下）

○道光二年（壬午）六月丙寅（1822.8.10）

谕内阁："文干等奏达赖喇嘛之父罗布藏年扎可否赏给爵衔顶带之处请旨一折。达赖喇嘛之父罗布藏年扎既随呼毕勒罕处奉养，著加恩赏给头品顶带。"

（宣宗朝卷三七·页三五上～下）

○道光二年（壬午）八月戊辰（1822.10.11）

又谕（军机大臣等）："文干等奏罗布藏年扎纳木结因前藏水土不服，请给假回籍调养，应否仍用头品顶带等语。罗布藏年扎纳木结因自请留藏随侍达赖喇嘛，是以特恩赏给头品顶带。今以不服水土乞假回籍，著给假五年回籍调养，至所用头品顶带，伊既不住藏，自不应在籍戴用。俟将来假满来藏时，仍准戴用头品顶带可也。将此谕令知之。"

（宣宗朝卷四〇·页一七上～下）

○道光二年（壬午）九月戊子（1822.10.31）

又谕（内阁）："文干等奏班禅额尔德尼吁恳赏给达赖喇嘛正师傅名号敕印一折。从前噶勒丹锡呼图萨玛第巴克什阿旺楚勒提穆曾经奉命在藏掌印，办理商上事务，并蒙恩赏额尔德尼诺们汗及噶勒丹锡呼图萨玛第巴克什名号敕书印信，嗣该萨玛第巴克什之呼毕勒罕阿旺札木巴勒粗勒齐木复奉命办理商上事务，得领额尔德蒙额诺们汗名号敕印。兹据班禅额尔德尼称，此项印信系将来应入商上办事交代之件，非阿旺楚勒提穆所得萨玛第巴克什名号印信可比，现在阿旺札木巴勒粗勒齐木办事公正，为西方僧俗所推重，兹又兼充达赖喇嘛正师傅，吁恳将萨玛第巴克什旧号作为本身名号，并将前此所缴名号旧印仍行赏还，颁给敕书，于达赖喇嘛授经及办理商上事宜倍加勤奋等语。经文干等查明与衙门册档记载相符。加恩著照所请，将噶勒丹锡哷图萨玛第巴克什作为阿旺札木巴勒粗勒齐木本身之号。其从前所缴萨玛第巴克什名号旧印仍行赏给，并颁发敕书，以示鼓励。该衙门知道。"

（宣宗朝卷四一·页二六上～二七下）

○道光二年（壬午）十一月辛巳（1822.12.23）

又谕（内阁）："文干奏查明后藏定琫私顶冒充情弊，请将该管戴琫及兼管营弁分别降补议处等语。前后藏设立如琫、甲琫、定琫各弁，遇有缺出向由驻藏大臣考验补放。兹查明该管定琫私顶执照冒充，除将顶冒之定琫追缴执照责革示惩外，所有该管戴琫普布策忍汪甲俱著降补甲琫，以示惩儆；兼管之驻防后藏四川泸州营都司周履鉴、升任游击前驻防后藏都司卢全孝漫无觉察，俱著交兵部议处。其戴琫二缺著文干等拣选合例番弁奏请补放。"

（宣宗朝卷四四·页二二上～下）

○道光四年（甲申）三月戊子（1824.4.23）

以西藏故上冈噶噜族百户扎什达尔吉子策令结袭职。

（宣宗朝卷六六·页三二下）

○道光四年（甲申）三月癸巳（1824.4.28）

以西藏噶布伦敏珠尔索诺木班珠尔在喀喇乌苏等处查拿夹坝不避艰险，赏花翎。

（宣宗朝卷六六·页三九下）

○道光四年（甲申）十一月壬子（1825.1.12）

赏达赖喇嘛故父头品顶带罗布藏年扎银五百两，以其次子噶勒桑彭磋袭头品顶带。

（宣宗朝卷七五·页三一上～下）

○道光五年（乙酉）二月辛巳（1825.4.11）

又谕（内阁）："松廷等奏西藏扎什伦布寺内办事人等向来并未设有业尔仓巴等缺名目。现在班禅额尔德尼咨请赏给该业尔仓巴敦珠批结与小商卓特巴尼邓二名四品顶带，管马达瑃敦珠策忍五品顶带执照各一张。查明该处寺院僧众事务颇繁，仅止该商卓特巴一名管理恐有不周。自系实在情形，著加恩准其将业尔仓巴敦珠批结等分别给与顶带，发给执照。松廷等即饬令班禅额尔德尼嗣后即照此次所请作为定额，不得再有增添。该番目等出缺时，仍照前定章程拣选补放，不准私行挑补，以杜弊端。"

（宣宗朝卷七九·页二七上～下）

○道光六年（丙戌）正月丁未（1826.3.3）

又谕（内阁）："松廷等奏吁恳赏给达赖喇嘛副师傅名号一折。达赖喇嘛副师傅嘉木巴勒伊什丹贝嘉木磋自道光二年传授达赖喇嘛经典以来，已经三年有余，勤慎教习，著有成效。著加恩赏给诺们汗名号。其敕书印信，此时且毋庸赏给。"

又谕（军机大臣等）："松廷等奏噶勒丹锡呼图萨玛第巴克什从前藏中俗称为呼图克图，近因裁去，各外番及各寺院喇嘛等未免心存轻慢，请赏给呼图克图虚衔，以资弹压等语。萨玛第巴克什从前既未加赏呼图克图字样，一切奏牍及咨报驻藏大臣文内即不应率行书写。至于各外番及各寺院喇嘛等向既有此称谓，自可随俗从宜，不必禁止，此时亦无庸赏给虚衔也。将此谕令知之。"

（宣宗朝卷九四·页三○上～三二上）

○道光六年（丙戌）三月乙未（1826.4.20）

以故琼布噶鲁族百户昂里子工桑袭职。

（宣宗朝卷九六·页一六上～下）

○道光九年（己丑）正月丁巳（1829.2.25）

赏迎护回藏堪布番目敦珠策旺花翎。

（宣宗朝卷一五○·页二一下）

○道光九年（己丑）八月庚午（1829.9.6）

谕内阁："理藩院核议，惠显等奏请将萨玛第巴克什定为札多尔呼图克图。查该萨玛第巴克什前曾派充达赖喇嘛正师傅并赏给印敕，是已迭沛恩施，今复吁恳赏加呼图克图名号，实属过当。且呼图克图名号向无奏请赏加之事，著照理藩院所议，惠显等奏请赏加名号之处不准行。"

（宣宗朝卷一五九·页一〇下）

○道光十年（庚寅）十月癸丑（1830.12.13）

以抚恤西藏番民妥协，赏四品番目仔琫补许巴三品顶带。

（宣宗朝卷一七八·页三三上）

○道光十一年（辛卯）三月甲戌（1831.5.3）

以查办西藏商上地亩赋税出力，赏二品顶带噶布伦敦珠布多尔济二等台吉，四品仔琫索诺木结布三品顶带，曲琫堪布洛桑称勒朗结达尔汉堪布名号。

（宣宗朝卷一八六·页一五上）

○道光十二年（壬辰）闰九月壬寅（1832.11.21）

以查拿西藏番贼并招抚流民出力，赏……噶布伦策垫夺结二品顶带、花翎。

（宣宗朝卷二二二·页三四上）

○道光十三年（癸巳）七月己丑（1833.9.4）

又谕（内阁）："多尔济喇布坦等奏现由西藏迎接哲布尊丹巴呼图克图，其跟随教经之喇嘛罗布桑扎木延等可否照前赏给名号鼓励请旨一折。哲布尊丹巴呼图克图之教经师傅喇嘛罗布桑扎木延引导该呼图克图指教经艺，甚属勤奋，伊叔喇嘛伊什格勒克照料呼图克图亦属尽心。罗布桑扎木延著加恩赏给诺们汗名号，伊什格勒克著加恩赏给绰尔济名号，以示鼓励。"

（宣宗朝卷二四一·页一一上～下）

○道光十四年（甲午）六月壬戌（1834.8.3）

谕内阁："前据隆文等奏请鼓励达赖喇嘛正、副师傅一折，当交理藩院议奏。兹据查明该达赖喇嘛正师傅萨玛第巴克什前已得有衍宗禅师名号，著再加恩于原得衍宗禅师名号内赏加'翊教'二字；副师傅嘉木巴勒伊什丹贝嘉木磋著加恩赏给诺们汗敕书印信；其副师傅噶勒丹旧池巴阿旺念扎著加恩赏给班第达，以示鼓励。至嘉木巴勒伊什丹贝嘉木磋之商卓特巴依什因布，据称代为约束属下，甚属安静，系属分内之事。该大臣等请将该商卓特巴依什因布赏给达喇嘛职衔之处未免过优，且与定例不符，著该大臣等自行量予鼓励。"

（宣宗朝卷二五三·页四五上～下）

○道光十六年（丙申）七月丙戌（1836.8.16）

以剿办博窝军务出力，赏噶布伦索诺木结布等花翎……馀升赏、选补、承袭有差。

（宣宗朝卷二八五·页九下～一〇上）

○道光十七年（丁酉）三月甲辰（1837.5.1）

又谕（内阁）："前因班禅额尔德尼来使堪布罗布桑嘉勒灿在朕前呈递控词，当交军机大臣会同理藩院审办。兹据讯明该使因在托逊诺尔地方被番贼抢劫，既经理藩院行知各该处严行查拿，该使并不听候办理，辄以贼赃未获，令人代写呈词于请安时呈递，实属胆大糊涂。请照冲突仪仗妄行奏诉例发近边充军，本属罪所应得。惟念前后藏分年纳贡，呈进丹书克，悃款笃诚，朕心甚为喜悦。此次呈递控词之堪布罗布桑嘉勒灿系属无知，念其为班禅额尔德尼来使，加恩著免其按律惩处，即交班禅额尔德尼严加管束，以示朕恩施格外之至意。"

（宣宗朝卷二九五·页三〇上～下）

○道光十七年（丁酉）六月丙辰（1837.7.12）

以噶勒丹锡呼图萨玛第巴克什总理藏内事务，赏赉如例。

（宣宗朝卷二九八·页一四下）

○道光十八年（戊戌）十二月庚辰（1839.1.27）

谕内阁："关圣保等奏请将督办军务无误之达赖喇嘛正师傅等量加鼓励等语。此次剿办博窝番贼，调派番土征防各兵、催运粮饷、拨派乌拉、运送军火等项，俱系该达赖喇嘛正师傅噶勒丹锡呼图萨玛第巴克什一手督办，毫无贻误，除将禅师旧号准其作为本身名号外，著加恩于原得衍宗翊教禅师名号内赏加'靖远'二字，并赏给蟒缎二匹、大缎一匹。乍丫大呼图克图图布丹济木吹济加木参调派土兵，捐助军需，亦属急公出力，加恩赏给敕书，以示鼓励。"

以剿办博窝番贼出力，赏……商卓特巴萨尔冲巴、仔琫夺卡尔娃花翎，馀升赏、承袭有差。

（宣宗朝卷三一七·页一九上～下）

○道光二十年（庚子）十一月甲寅（1840.12.21）

又谕（内阁）："孟保等奏请将委办夷务自行转回之噶布伦、达尔汉堪布等摘革顶翎、名号一折。噶布伦丹珍策旺等系二品番目办事之人，禀报两呼图克图滋事，并不等候批示，辄即私行转回，实属有乖体制。其达尔汉堪布罗桑称勒朗结随同该噶布伦转回，亦有不合。所有噶布伦丹珍策旺顶带、花翎著先行摘去，罗桑称勒朗结之达尔汉堪布名号亦著一并革去。仍令迅办完结，由该大臣查明是否奋勉，抑仍疲玩，分别请旨办理。"

（宣宗朝卷三四一·页三六下～三七上）

○道光二十一年（辛丑）八月丁未（1841.10.10）

赏达赖喇嘛父策旺敦珠布公爵。

（宣宗朝卷三五六·页二七下）

○道光二十二年（壬寅）四月戊申（1842.6.8）

以剿办番夷捐资助赏，加班禅额尔德尼"宣化绥疆"封号，萨玛第巴克什"懋功"封号。

（宣宗朝卷三七一·页四四下）

○道光二十三年（癸卯）二月癸巳（1843.3.20）

谕内阁："孟保等奏请开复噶布伦等顶翎、名号。噶布伦丹珍策旺、达尔汉堪布罗桑称勒朗结前因委办夷务不候批示，辄行转回，降旨摘去顶翎，革去名号。兹据该大臣等奏称，该噶布伦等自被参后，随同委员办理一切，尚知奋勉，丹珍策旺著加恩赏还顶带花翎，罗桑称勒朗结著加恩赏还达尔汉堪布名号。"

（宣宗朝卷三八九·页二七上）

○道光二十七年（丁未）正月戊申（1847.3.14）

以因病告替西藏辅国公策旺珠美子扎喜热布丹袭爵。

（宣宗朝卷四三八·页二一下）

○道光二十七年（丁未）十月壬申（1847.12.3）

谕内阁："廉敬等奏乍丫大小喇嘛震慑天威退还侵占地方，情愿当差，出具永不翻悔甘结，地方平静，驿路疏通，并分别革黜治罪结案一折。此案乍丫大小喇嘛挟嫌残杀，争控不休，甚至阻滞官兵，梗塞道路。经廉敬、琦善等遵旨专派番目等前往该处，按照敕书、经典严行查讯。该大小喇嘛等咸知省悟，情愿痛改前非，出具甘结，当将占据地土退还，各头目分别定罪，俾各恭顺当差，不至仍前抗违。所办妥协，可嘉之至……至另片奏，派往查办此案奋勉出力之噶布伦汪曲结布前已赏戴花翎，给予二等台吉，著再准承袭一次；德尔格特二品顶带土司达木齐夺尔结策凌拉木结著赏戴花翎；其大头人江卡格勒著赏给五品顶带、花翎；商卓特巴噶桑曲敦著赏给达尔汉堪布虚衔，荣及其身；唐古特二等台吉坚参欧柱、硕第巴觉尔结、六品江达营官策垫伦珠、六品作岗营官江巴克珠均著以应升之缺尽先升用，以昭激劝。"

（宣宗朝卷四四八·页三一上～三二下）

○道光二十八年（戊申）七月丙子（1848.8.3）

谕内阁："穆腾额奏查明上年办理番务朦蔽，请将汉、番员弁分别惩处一折。前因哲孟雄部长及布鲁克巴夷目在藏境互斗，经派往各员弁等开导安静，业已量予恩施。兹据该大臣奏称：本年哲孟雄部长复来帕克哩原旧避暑之春批地方，禀求事件，查系该营官等于上年曾出具图结，俟本年夏间禀催上司派员查办等语。此案戴琫朗结顿柱于委办外番事宜，辄敢主使营官出具图结，致哲孟雄部长得以借词妄请，实属冒昧自专。噶布伦衔戴琫朗结顿柱著即褫革，交噶布伦等严加管束；听从不禀之帕克哩营官策旺班觉尔、策忍汪札均著降二级调用……前赏三品衔之扎什伦布四品顶带小商卓特巴宜玛顿柱著革去三品衔，仍戴用四品顶带，以示惩儆。所有该大臣自请议处之处，著加恩宽免。该处事务著穆腾额等小心妥办，力杜欺朦。其各隘口应遴派妥实营官前往，不得稍涉颟顸，有误边务。"

（宣宗朝卷四五七·页四下～五下）

○道光二十八年（戊申）八月乙巳（1848.9.1）

赏达赖喇嘛父公爵策旺顿柱宝石顶带、双眼花翎。

（宣宗朝卷四五八·页九下）

○道光二十九年（己酉）闰四月丁亥（1849.6.10）

赏哲布尊丹巴呼图克图之父绥纳木五品顶带、花翎。

（宣宗朝卷四六七·页八下）

○咸丰元年（辛亥）十二月丁未（1852.2.15）

又谕（内阁）："穆腾额奏噶布伦辞退出缺，请旨补放一折，并抄录诺们罕原禀呈览。噶布伦顿柱多布结年老辞退，所遗之缺，据该诺们罕等禀称乏员拣拟，请以病痊之前任戴琫策垫升补，本属与例不符。惟念该番目于前次噶布伦出缺时曾经拟陪，且屡次效力戎行，得有三品顶带，衔缺相当，既据达赖喇嘛称其办事可靠，明年随往各处瞻礼布施，可期得力。策垫著加恩免补原缺，即以噶布伦升补。"

（文宗朝卷五〇·页二四下～二五上）

○咸丰三年（癸丑）五月甲子（1853.6.26）

谕内阁："理藩院奏遵议诺们罕等名号一折。此次查办番务出力之掌办达赖喇嘛商上事务阿齐图诺们罕，遵奉达赖喇嘛谕饬，拨调土兵，将邻境不法番民认真查办，俾地方悉臻静谧。著加恩作为呼征阿齐图呼图克图，并著准其转世。察木多帕克巴拉呼图克图额尔德尼诺们罕之呼毕勒罕虽在幼龄，即能督饬属下拿获凶犯多名，著赏加柷远禅师名号，以示优异。"

（文宗朝卷九四·页五七上～下）

○ 咸丰三年（癸丑）七月丁巳（1853.8.18）

以查办西藏夷务出力，赏四品顶带前藏戴琫夺结顿柱五品顶带，错纳营官期美夺结花翎，知县陈禾生等蓝翎，馀升叙有差。

（文宗朝卷一〇〇·页一六下～一七上）

○ 咸丰三年（癸丑）八月壬辰（1853.9.22）

又谕（内阁）："穆腾额等代奏，达赖喇嘛因贼匪扰害，数省军民不能安生，情愿各率呼图克图、喇嘛等唪经祈祷，俾贼及早歼除，迅奏肤功，实出伊等诚悃，朕甚嘉之。加恩著赏给达赖喇嘛哈达一方、捻珠一串，著交驻藏大臣转赏达赖喇嘛。"

又谕："扎萨克喇嘛朗结曲丕为人老成，经理通达，平日徒众倾服。现在班禅额尔德尼涅槃，其呼毕勒罕降凡后，所有后藏徒众皆交该喇嘛管束。加恩著赏加朗结曲丕色勒本诺们罕名号，一切应办印信、敕书等项，著交理藩院查例议奏给予。"

（文宗朝卷一〇三·页五六下～五七下）

○ 咸丰三年（癸丑）十一月庚申（1853.12.19）

谕内阁："穆腾额、谆龄奏请援案颁给呼图克图敕书、印信并赏给管事喇嘛名号等语。阿齐图诺们罕前因查办番务出力，加恩赏给呼征阿齐图呼图克图名号，所有应得广衍黄法阿齐图呼图克图敕书、印信，著准其照案颁给。其原领之诺们罕印信，即著遇便缴回。至该呼图克图属下管事达喇嘛噶勒藏热布觉尔，并著加恩赏给扎萨克喇嘛名号，以示优异。"

（文宗朝卷一一二·页三六下～三七上）

○咸丰三年（癸丑）十一月庚申（1853.12.19）

又谕："穆腾额、谆龄奏第穆呼图克图不守僧规一折。第穆呼图克图近来行事不守清规，劣迹昭著，既据哷征阿齐图呼图克图及噶布伦等查明确实，先行拿禁，禀请参奏，自应严切讯究惩办。第穆呼图克图阿旺罗布藏吉克美嘉木参及属下管事扎萨克喇嘛工噶嘉木白所得名号，均著先行一并撤退。仍饬哷征阿齐图呼图克图等按款讯明，取具确供，详报该大臣等亲提秉公研讯，据实具奏。"

（文宗朝卷一一二·页三七上～下）

○咸丰四年（甲寅）五月庚子（1854.5.28）

谕内阁："谆龄奏遵旨查明承办第穆寺事务，达赖喇嘛请旨赏给名号一折。承办第穆寺事务喇嘛济克美当木垂人诚实明白，徒众心服，办理寺中事务妥协。著照谆龄所奏，济克美当木垂著赏给管理事务扎萨克喇嘛名号，以服众心而资管束。"

又谕："谆龄代奏：察木多帕克巴拉呼图克图之呼毕勒罕、西瓦拉呼图克图因贼匪扰害各处，呈请祝祷颂经以祈速灭贼匪等语。帕克巴拉呼图克图等因贼匪扰害各处，情愿带领众呼图克图、喇嘛在察木多地方所有庙内专心念经，祝祷速将贼匪歼除，实属出于至诚，朕甚嘉悦。著加恩赏给帕克巴拉呼图克图、西瓦拉呼图克图哈达各一块，交驻藏帮办大臣转行赏给帕克巴拉呼图克图等。"

（文宗朝卷一二九·页三上～下）

○咸丰四年（甲寅）闰七月辛卯（1854.9.16）

又谕（内阁）："谆龄奏达赖喇嘛吁请选派传经正副师傅，祈为代奏请旨一折。著照所请。噶尔丹赤巴罗卜藏清饶旺曲著为达赖喇嘛正师傅；温结色呼图克图阿旺罗卜桑托克迈丹泽恩嘉木错著为达赖喇嘛副师傅。"

（文宗朝卷一四〇·页一〇上～下）

○咸丰六年（丙辰）二月壬辰（1856.3.10）

谕军机大臣等："满庆奏达赖喇嘛圆寂，将商上事务暂交呼图克图掌管一折。据称呼征阿齐图呼图克图人尚稳妥，从前曾代办商上事务数年，均无舛错，现因达赖喇嘛圆寂，该大臣已将一切事宜令该呼图克图暂行代管。惟以后商上事务该呼图克图掌办能否胜任，著满庆悉心察看，再行具奏。至唐古忒僧俗人等现在是否照常安静，并著该大臣妥为弹压，毋令滋事。将此谕令知之。"

（文宗朝卷一九〇·页六上～下）

○ 咸丰六年（丙辰）十二月丙戌（1856.12.29）

以办理廓夷边案出力，赏知县张祺、都司童星魁、扎什伦布商卓特巴宜玛顿柱、噶厦卓尼尔朗结夺结、后藏戴琫工布彭错花翎，知县陈堉等蓝翎，掌教诺们罕靖远禅师名号，馀升叙有差。

（文宗朝卷二一四·页一二上）

○ 咸丰八年（戊午）三月丁丑（1858.4.14）

又谕（内阁）："满庆奏扎萨克喇嘛因病告休呈请转奏一折。扎什伦布之扎萨克喇嘛朗结曲丕，前因班禅额尔德呢之呼毕勒罕尚未出世，赏给色呼本诺们罕名号，并颁给印敕，使管理地方公事，多资裨益。今因病请休，著即照所请，仍留色呼本诺们罕名号，以终其身，其印敕俟伊故后再行缴销。所遗扎什伦布之扎萨克喇嘛缺，著拟正之四品曲琫堪布罗布藏郎结补授。所放扎萨克喇嘛，亦著加恩赏给印敕，以昭信守。其应赏印敕，著该衙门照例办理。"

（文宗朝卷二四七·页二下～三上）

○ 咸丰八年（戊午）九月辛巳（1858.10.15）

谕内阁："满庆奏查明呼征阿齐图呼图克图堪以办理商上事务一折。前世达赖喇嘛涅槃后，呼征阿齐图呼图克图办理商上事务甚属妥协，著照所请，商上事务著呼征阿齐图呼图克图敬谨办理。现在达赖喇嘛之呼毕勒罕尚未及岁，著该呼图克图留心照管。"

（文宗朝卷二六三·页三〇上～下）

○咸丰十年（庚申）十一月壬辰（1860.12.14）

以办理察木多夷案出力，赏噶布伦拉旺工布二等台吉，承袭一次，扎萨克顿柱宇结头等台吉，朗结策忍、噶厦卓尼尔宜喜三柱等花翎，外委秦玉贵等蓝翎，馀升叙有差。

（文宗朝卷三三五·页四下）

○咸丰十一年（辛酉）十二月庚午（1862.1.16）

又谕（内阁）："满庆等奏选择班禅额尔德尼教经师傅拟定正陪请简一折。著照所拟，列名第一之噶青罗布藏丹巴坚参著作为班禅额尔德尼之巴喀什喇嘛，并赏给诺们罕名号，留心教习经典。"

（穆宗朝卷一三·页三六上）

四川、甘肃等地喇嘛和土司头人

○嘉庆元年（丙辰）十二月辛巳（1797.1.7）

赏明正土司头目班珠尔、明楚克花翎，以德尔格番子造言妄控班珠尔等，能往慰导也。

（仁宗朝卷一二·页六下）

○嘉庆元年（丙辰）十二月丁酉（1797.1.23）

以遣土兵助平逆苗，加瓦寺土司索诺木雍忠宣抚司衔，赏党坝土司更噶思丹增甲木楚花翎，土兵一月盐粮。

（仁宗朝卷一二·页一五下～一六上）

○嘉庆六年（辛酉）三月辛丑（1801.5.7）

（前略）以故四川土百户安中子贞亚那木扎勒袭职。

（仁宗朝卷八一·页一〇下）

○嘉庆六年（辛酉）十月乙巳（1801.11.7）

以故四川建昌道属巴底宣慰司阿多子工噶乌金袭职。

（仁宗朝卷八八·页四下）

○嘉庆六年（辛酉）十月丙寅（1801.11.28）

以故四川松茂道属阿思洞寨土千户阿双子桑乍孝、丢骨寨土千户郎仲布子屈吉布各袭职。

（仁宗朝卷八九·页一六下～一七上）

○嘉庆七年（壬戌）十二月丁巳（1803.1.13）

铸给甘肃西宁县土司指挥同知印。从总督惠龄请也。

（仁宗朝卷一〇六·页二六下）

○嘉庆八年（癸亥）闰二月甲戌（1803.3.31）

以故四川建昌道属巴旺宣慰司雍中结弟罗卜藏纳木扎尔……各袭职。

（仁宗朝卷一〇九·页四下）

○嘉庆九年（甲子）二月甲子（1804.3.15）

以军营出力，赏加渴瓦寺土司索诺木荣宗宣慰司职。

（仁宗朝卷一二六·页六下）

○嘉庆十年（乙丑）十一月甲戌（1806.1.14）

以故四川松茂道属云昌寺土千户色浪子亦西拆他……各袭职。

（仁宗朝卷一五三·页一四下）

○嘉庆十二年（丁卯）十一月己亥（1807.11.30）

四川总督勒保等奏查办竹吗策登仇杀里塘正土司一案奋勇出力各员。加土都司巴勒珠尔彭楚克土游击衔，赏土守备汪成业花翎。

（仁宗朝卷一八七·页二上～下）

○嘉庆十二年（丁卯）十一月丁卯（1807.12.28）

以故四川下赡对安抚司巴尔衮孙工布桑朱、阿招土百户业坐弟黑坐、绰司甲布宣抚司雍中瓦尔甲子诺尔布斯丹臻各袭职。

（仁宗朝卷一八八·页二一上～下）

○嘉庆十二年（丁卯）十二月丙戌（1808.1.16）

以故四川建昌道属白桑土百户葱旺子泽旺诺布……各袭职。

（仁宗朝卷一九〇·页一四下）

○嘉庆十四年（己巳）二月甲午（1809.3.19）

以围捕四川果罗克贼番出力，赏绰斯甲头人安奔等职衔有差。

（仁宗朝卷二〇七·页七下）

○嘉庆十四年（己巳）九月甲申（1809.11.4）

赏四川明正宣慰司甲木参沙克嘉花翎。

（仁宗朝卷二一八·页三二下）

○嘉庆十五年（庚午）八月癸未（1810.8.30）

以故四川上纳夺安抚司噶尔吗策登汪结子乌金工却登津……各袭职。

（仁宗朝卷二三三·页一上～下）

○嘉庆十六年（辛未）十二月甲子（1812.2.2）

以故四川松潘厅属巴细蛇任霸寨土百户踏爱子林噶亚、建昌道属白路土百户申祖子光先、松茂道属藏咱寨土目由仲绊孙见住盖、羊峒中岔寨土百户丹柘笑孙吉借各袭职。

（仁宗朝卷二五二·页一四上～下）

○嘉庆十九年（甲戌）闰二月丙戌（1814.4.14）

以……甘肃西宁称多族百户洛智策旺子旺多尔特里各袭职。

（仁宗朝卷二八六·页二九上～下）

○嘉庆二十年（乙亥）二月辛巳（1815.4.4）

成都将军赛冲阿奏查办果罗克贼番出力土目，赏土目旦借土百户世职。

（仁宗朝卷三〇三·页二〇下）

○嘉庆二十年（乙亥）七月甲午（1815.8.15）

以剿办四川逆番事竣……赏屯守备郎尔结、屯千总阿思甲巴图鲁名号……及德尔格忒宣慰土司策旺多尔济二品顶带、花翎；馀升叙有差。

（仁宗朝卷三〇八·页一一下～一二上）

○嘉庆二十三年（戊寅）四月癸未（1818.5.20）

以捕获四川果洛克贼番，赏给中果洛克土目索朗丹巴土千户印信，从总督蒋攸铦请也。

（仁宗朝卷三四一·页二五上～下）

○嘉庆二十三年（戊寅）六月壬申（1818.7.8）

以故四川松茂道属卓克基长官司色郎纳木尔吉妻雍恕纳木……各袭职。

（仁宗朝卷三四三·页九下～一〇上）

○嘉庆二十三年（戊寅）六月戊子（1818.7.24）

四川松茂道属松冈长官司土妇索郎各色尔满以病告替，以其养子苍旺郎扣袭职。

（仁宗朝卷三四三·页二一下）

○道光元年（辛巳）二月癸卯（1821.3.25）

以故四川建昌道属瓦述余科安抚使俄木桑珠子噶尔藏却札袭职。

（宣宗朝卷一三·页三三下～三四上）

○道光元年（辛巳）五月戊午（1821.6.8）

又谕（内阁）："素纳奏果隆寺图观呼图克图之呼毕勒罕呈请赴藏学习经艺一折。著照素纳所请，图观呼图克图之呼毕勒罕，著照例给与路引，遣往藏去。"

（宣宗朝卷一八·页八下）

○道光三年（癸未）十月庚子（1823.11.7）

　　以查办番案出力，赏苏拉喇嘛罗布藏达喇嘛职衔。

（宣宗朝卷六〇·页五下）

○道光四年（甲申）二月己亥（1824.3.5）

　　以故四川鲁密祖卜柏哈土百户七立错末孙吹忠策凌袭职。

（宣宗朝卷六五·页一一上）

○道光四年（甲申）二月癸丑（1824.3.19）

　　四川上果洛克车木塘寨土百户泽楞查什缘事伏法，以番民读浪袭职。

（宣宗朝卷六五·页三一下）

○道光四年（甲申）闰七月丙午（1824.9.8）

　　以故四川成绵龙茂道属瓦寺宣慰使索诺木荣宗子索诺木衍傅、琼布色尔查族百户彭错汪札弟索朗札巴各袭职。

（宣宗朝卷七一·页二一上）

○道光四年（甲申）闰七月丙辰（1824.9.18）

　　以故四川建昌道属瓦述崇喜长官司汪甲子丁津旺须袭职。

（宣宗朝卷七一·页三四下）

○道光五年（乙酉）正月辛亥（1825.3.12）

　　又谕（内阁）："那彦成等奏喇嘛庇贼惑众，请革去职衔发遣一折。喇嘛伊什多尔济前因随同办理番案微劳，曾经赏给扎萨克职衔。乃该喇嘛志意骄纵，种种不法，胆敢于缉捕时勒索银钱，呵斥厅营，并私通信字，受贿包庇抢劫青盐贼犯，恣肆妄为，情殊可恶。伊什多尔济著革去扎萨克职衔，剥取黄衣，发往两广极边充军，以示惩儆。"

（宣宗朝卷七八·页二一上～下）

○道光五年（乙酉）三月丁酉（1825.4.27）

以被贼失散西宁玉舒族土百户诺尔布加木错兄吉默特袭职。

（宣宗朝卷八〇·页八下）

○道光五年（乙酉）五月辛亥（1825.7.10）

以缉捕出力，赏甘肃贵德番子札细从九品顶带。

（宣宗朝卷八二·页二五上）

○道光六年（丙戌）二月甲戌（1826.3.30）

以故四川龙茂道属鄂克什安抚使苍旺杨玛尔甲子苍旺讷尔结……各袭职。

（宣宗朝卷九五·页三四下）

○道光六年（丙戌）五月乙酉（1826.6.9）

以故四川峨眉喜寨土千户索朗子存多格勒袭职。

（宣宗朝卷九八·页九下）

○道光七年（丁亥）二月癸酉（1827.3.24）

谕军机大臣等："本日据理藩院奏甘肃洮州厅生员杨宗贤控告伊堂弟土司杨宗基教串架捏，不准伊子番僧杨昂望宗柱充当僧纲一案，已明降谕旨交鄂山审办矣。此案据该生员控称，杨宗基以番僧还俗，欲袭土司，屡经涉讼。杨宗基竟于巩、秦、阶道衙门约费数万金，公行贿赂，护理土司。迨僧纲出缺，又不遵断案各守各业，另行举充，唆串僧人、书吏暂行兼摄。虽系该生员一面之词，事关贿通书吏，恃强霸业，必应彻底严究，以成信谳。著鄂山亲提人证、卷宗，秉公讯断。如官吏受贿听嘱属实，无论前任、现任，即当严参惩办，断不准瞻徇讳饬。将此谕令知之。"

寻奏："杨宗贤先与杨宗基争嗣有隙，现又因杨宗基不准伊子充当僧纲，心愈忿恨，遂捏称杨宗基贿嘱舞弊，现已讯明，全属诬控。杨宗贤依律拟军，照土番初犯例枷责，免其迁徙。杨宗基因伊嫂罗氏另行择继，多方阻止，居心奸诈，照律降三级调用，土官照例降一级留任，按其品计俸罚米。"下部议，从之。

（宣宗朝卷一一四·页四一上～四二上）

○道光八年（戊子）三月乙卯（1828.4.29）

以故四川建昌道属瓦述曲登长官司工布罗布弟工布彭错……大通县属土千户才他尔加布弟端住布巷加尔各袭职。

（宣宗朝卷一三四·页二〇下）

○道光九年（己丑）六月乙亥（1829.7.13）

以故四川绰斯甲土司诺尔布斯丹臻子工噶旺尔结袭职。

（宣宗朝卷一五七·页一四上）

○道光十年（庚寅）四月辛酉（1830.4.25）

以防御野番出力，予陕西副将马鸣谦等议叙；赏加咱族千户什噶洛、千布录族千户完的花翎，刚查族千户完的塔尔蓝翎；馀加衔升补有差。

（宣宗朝卷一六七·页三上～下）

○道光十一年（辛卯）十二月戊戌（1832.1.22）

以故甘肃西宁道属碾伯县土司赵斑贵子基、下扎武族百户扎希却达尔子却什郡加木参各袭职。

（宣宗朝卷二〇三·页一一下）

○道光十二年（壬辰）九月己酉（1832.9.29）

以故四川建昌道属巴旺宣慰司罗卜藏那木扎尔子衮却策丹……各袭职。

（宣宗朝卷二一九·页一八上～下）

○道光十二年（壬辰）十一月癸巳（1833.1.11）

以告退四川建昌道属革布什咱安抚司阿葱诺尔布子那木扎尔丹怎袭职。

（宣宗朝卷二二六·页九下）

○道光十三年（癸巳）七月丙子（1833.8.22）

以……甘肃西宁府洞巴族百长卓特巴色布腾子扎希敦住布、故洞巴族百长噶尔楚克子却什群纳木加立、噶尔麻纳木札尔子恭布旺加尔、苏鲁克族百户索诺木春比尔子彭错克拉布坦各袭职。

（宣宗朝卷二四〇·页一七下～一八上）

○道光十三年（癸巳）十一月辛未（1833.12.15）

铸给四川穆坪分管鱼通长官司钤记，从总督鄂山请也。

（宣宗朝卷二四五·页五上）

○道光十三年（癸巳）十二月庚戌（1834.1.23）

以剿办四川清溪夷匪出力，赏……土游击包良琮、多结饶丁，土都司四郎泽登、星星、格宗罗布，土守备江错登舟，土千总阿达窝日，长官司甲木参彭错，故宣慰土司甲木参多结子甲木参龄花翎，……馀升补、议叙有差。

（宣宗朝卷二四六·页二二下～二三上）

○道光十四年（甲午）四月戊申（1834.5.21）

谕内阁："察罕喇嘛绰尔济系由国初投效来京，且在西藏军前效力。现在之察罕喇嘛驻京有年，既在喇嘛印学习行走，著撤销绰尔济，赏给呼图克图职衔。至该察罕喇嘛转世之后，并准其作为呼图克图，此系念其从前著有军功，从优赏给，其他不得援以为例。"

（宣宗朝卷二五一·页一八下～一九上）

○道光二十二年（壬寅）十二月辛巳（1843.1.7）

谕内阁："兵部奏：阵亡之瓦寺土守备哈克里一员，据四川总督宝兴咨称，实系空衔，并未管理屯务，请将议给世职之处注销等语。自系照例办理，惟念该弁虽系空衔，其临阵捐躯忠勇之忱，与实缺者同堪悯恻。哈克里著仍照实缺例给予世职，以示朕破格施恩激励将士之意。所有多给恤赏银一百两，亦著毋庸扣减。其造册错误各员，并著免其查取职名议处。"

（宣宗朝卷三八六·页八下～九上）

○道光二十四年（甲辰）六月戊申（1844.7.27）

以故四川成绵龙茂道属阿思洞寨土千户桑扎孝本子达那笑袭职。

（宣宗朝卷四〇六·页一〇下）

○道光二十四年（甲辰）十一月壬辰（1844.1.7）

以截拿番匪，青海副盟长罗布藏济木巴等下部优叙，赏阿里克族番目多锐五品顶带。

（宣宗朝卷四一一·页二六上）

○道光二十五年（乙巳）三月甲申（1845.4.29）

以……四川成绵龙茂道属毛革阿按寨土千户立窝亚子桑吉畔各袭职。

（宣宗朝卷四一五·页一四上）

○道光二十六年（丙午）十一月己酉（1847.1.14）

以故四川成绵龙茂道属党坝长官司斯丹增讷尔布子更噶勒尔晤袭职。

（宣宗朝卷四三六·页二五下）

○道光二十八年（戊申）五月丁丑（1848.6.5）

以故西宁固察族百户冬麻牙答尔子化木角尔达尔吉、多伦托克列玉族百长多尔吉才夫坦子彭错克散住布、玉舒族百户成里达尔吉子索诺木才都布、牙木错族百户丹巴旺侄成里札什各袭职。

（宣宗朝卷四五五·页四上）

○道光二十八年（戊申）六月己酉（1848.7.7）

以故四川成绵龙茂道属水草坪巡检土司苏国珖弟国荣袭职。

（宣宗朝卷四五六·页九下）

○咸丰十年（庚申）九月丁未（1860.10.30）

以随营出力，赏青海刚咱族番日拉麻拉夫坦四品顶带、花翎。

（文宗朝卷三三一·页五上）

朝贡与封赐

八世达赖

○ **嘉庆元年（丙辰）正月戊辰（1796.2.29）**

又敕谕达赖喇嘛曰："朕统御万邦，抚临方夏，惟期率土群生共享升平之乐。尔喇嘛能体朕意，振兴黄教，宣扬经典，佛法攸赖，朕甚嘉焉。今尔喇嘛特遣来使，于年班之外又贺朕在位六十年大庆，呈递丹书克，览奏具见恂忱。朕仰蒙上天庇佑，福履安和，尔喇嘛讲肄精虔，体候想亦佳善也。近因藏中事务噶布伦等措置乖方，以致廓尔喀滋衅，朕命大将军福康安率即征讨，旋准吁罪输忱，复命尚书和琳整饬章程，一切革其旧习，派松筠等在彼驻扎办事，务期利济僧俗，藏地永远安宁。尔喇嘛乃黄教大众皈依之大喇嘛，嗣后益宜感戴朕恩，一切事务咸遵钦差大臣指示而行。至朕于本年传位嗣皇帝，改元嘉庆元年，惟训嗣皇帝听政精勤，亶承家法。尔其仰体朕与嗣皇帝护持佛法、普诸吉祥、利益众生之盛典。钦哉勿替。兹以尔使回藏，用赐敕存问，并优加锡赉，交来使堪布衮楚克多布丹等赍还。特谕。"

（高宗朝卷一四九四·页三〇上～三一上）

○ **嘉庆元年（丙辰）正月辛未（1796.3.3）**

敕谕："据松筠奏达赖喇嘛、班禅额尔德尼、济咙呼图克图等因朕传位嗣皇帝，请嗣后加倍呈递丹书克并佛像等语，具见伊等诚恂，朕嘉悦览之。但卫藏距京遥远，伊等如年班遣堪布喇嘛等加倍呈递丹书克不无糜费。且朕与嗣皇帝本无区别，照进一分，亦尽足以抒其庆赞之诚。著松筠传谕达赖喇嘛、班禅额尔德尼等，遵照向例仍进一分，毋庸加倍，示朕体恤至意。"

（高宗朝卷一四九四·页四三下～四四上）

七世班禅

○ 嘉庆元年（丙辰）正月戊辰（1796.2.29）

又敕谕班禅额尔德尼之呼毕勒罕曰："朕抚临寰宇，惟期率土群生共享升平，宏敷教化。尔呼毕勒罕前世班禅额尔德尼能体朕护持黄教、惠爱遐方至意，皈心佛典，阐扬经谛，深可嘉尚。今尔呼毕勒罕特遣巴雅尔堪布罗布藏扎什前来，贺朕在位六十年大庆，呈递丹书克，览奏欣悦。朕仰蒙上天福佑，身甚康疆，尔呼毕勒罕体候想亦佳善也。前因藏内事务噶布伦等措置乖方，致廓尔喀陆梁滋衅，朕特命大将军福康安率师平定，廓尔喀等倾心向化。复命尚书和琳革除积习，酌定章程，一切井然有绪。又命松筠等驻彼，循守成规，办理诸事务期利济众生，俾藏地永臻宁谧。尔呼毕勒罕年齿加长，正当肄习经典之时，尚不必萦心公务，其恪遵朕旨，潜心佛法，追踪前世班禅额尔德尼，以冀长承慧业。本年朕传位嗣皇帝，改元嘉庆元年，然犹训政维勤，孜孜不倦。尔其仰体朕与嗣皇帝抚安全藏、爱育群生至意，用期永受恩施，钦哉勿替。今以尔使回藏特赐敕存问，并优加锡赉，交巴雅尔堪布罗布藏扎什赍还。特谕。"

（高宗朝卷一四九四·页二八下～三〇上）

○ 嘉庆元年（丙辰）正月辛未（1796.3.3）

敕谕："据松筠奏达赖喇嘛、班禅额尔德尼、济咙呼图克图等，因朕传位嗣皇帝，请嗣后加倍呈递丹书克并佛像等语，具见伊等诚悃，朕嘉悦览之。但卫藏距京遥远，伊等如年班遣堪布喇嘛等加倍呈递丹书克不无糜费。且朕与嗣皇帝本无区别，照进一分，亦尽足以抒其庆赞之诚。著松筠传谕达赖喇嘛、班禅额尔德尼等，遵照向例仍进一分，毋庸加倍，示朕体恤至意。"

（高宗朝卷一四九四·页四三下～四四上）

○ 嘉庆十五年（庚午）十二月壬寅（1811.1.16）

上幸瀛台，阅冰技。……班禅额尔德尼来使堪布敦蕴曲木丕尔于西苑门外瞻觐。

（仁宗朝卷二三七·页二七下～二八上）

○ 嘉庆二十三年（戊寅）十一月乙未（1818.11.28）

谕内阁："长龄等奏后藏堪布多带包物一折。本年后藏班禅额尔德呢遣使进贡，例外多带物件一百余包，本应照例扣留。该堪布吁请自雇脚力，随后行走，不敢烦劳驿站。念其远来朝贡，姑如所请，赏给路票，令其由内地行走，以免盘诘。至该堪布例外多带包物由藏启行时，该驻藏大臣不先行查禁，听其违例多带，著查明交部议处。嗣后西藏堪布进贡来京，务令遵照定例，除正贡包物外，如有例外多带货物，听其自备夫马，所过驿站概不准应付，以肃邮传。"

（仁宗朝卷三四九·页一上～二上）

○ 嘉庆二十五年（庚辰）十一月甲子（1820.12.16）

谕军机大臣等："玉麟等奏班禅额尔德尼闻皇考仁宗睿皇帝大故，恭请朕安，呈进佛、哈达，并齐集各庙喇嘛至诚念经一折。班禅额尔德尼仰蒙皇考之恩，今闻升遐，即发至诚，齐集众喇嘛念经，仍欲遣堪布恭请朕安，甚属可嘉。赍赏班禅额尔德尼珊瑚小朝珠一盘、椰子念珠一盘、大荷包一对、小荷包四个，济咙呼图克图之呼毕勒罕催生石小朝珠一盘、大荷包一对、小荷包四个，达赖喇嘛之师荣增班第达之呼毕勒罕金珀小朝珠一盘、大荷包一对、小荷包四个。朕仰蒙皇考付托重恩，乂安天下，必以国事为要，节哀养身，喇嘛等毋庸挂念。著玉麟等转行晓谕班禅额尔德尼等祇领赏项。"

（宣宗朝卷八·页二二下～二三下）

○ 道光元年（辛巳）二月辛卯（1821.3.13）

班禅额尔德尼遣使呈进贡物。赐敕褒奖，赏赍如例。

（宣宗朝卷一三·页一五下）

○道光元年（辛巳）五月戊寅（1821.6.28）

又谕（军机大臣等）："文干等奏班禅额尔德尼等呈请恭进贡物一折。前后藏年班堪布进京呈递丹书克，乾隆年间曾有恭进皇太后贡物。此次尊上恭慈皇太后徽号，颁布恩诏到藏，班禅额尔德尼等援照前例咨请代奏。著准其恭备贡物，交年班堪布一并带京恭进。一切均照乾隆年间成例办理可也。将此谕令知之。"

（宣宗朝卷一八·页四〇下～四一上）

○道光元年（辛巳）十二月丁亥（1822.1.3）

谕内阁："理藩院奏班禅额尔德尼等所遣巴雅尔堪布业已到京，或俟噶勒丹锡呼图萨玛第巴克什所遣巴雅尔堪布来时一同遣往恭谒昌陵，或先遣往之处请旨一折。班禅额尔德尼等因仁宗睿皇帝大故既特遣使来献贡物，著即派尚书穆克登布、侍郎博启图、敏珠勒呼图克图等，俟噶勒丹锡呼图萨玛第巴克什所遣之使堪布等到京时，照料一同遣往恭谒昌陵。来使等所赍供物，届期仍交原来照料之候补知府忠禄等妥为照料送往。所带恭请朕安进献之贡，俟来使等由陵寝回时，再著呈递。"

（宣宗朝卷二七·页一三上～一四上）

○道光二年（壬午）二月甲辰（1822.3.21）

诏谕班禅额尔德尼："尔前闻皇考仁宗睿皇帝升遐，即聚集各庙喇嘛等念经拜忏，并遣堪布具表呈进佛尊、哈达、香枝等物，又恭请朕安，复进佛尊、哈达、数珠等物，朕甚嘉纳。尔阖藏之人久沐皇考重恩，兹闻升遐，竭诚念经，并遣使叩谒，朕甚嘉慰。尔使到京时，梓宫业已永远奉安山陵。朕特命大臣，率尔使恭赍贡物，诚敬供献。惟皇考在天之灵必鉴尔悃诚，锡以福祉。尔乃黄教仰望之大喇嘛，久沐皇考深恩，嗣后惟当感戴皇考之恩，阐兴黄教，勤学经卷，俾群生各安生业，以副朕优待黄教之至意。懔遵毋怠。今来使回藏之便，特问尔好，颁给诏书，并赐尔三十两重银茶桶一件、壶一件、盅子一个、各色大缎二十匹、大小哈达各十方外，并缮写赏尔暨扎萨克喇嘛济忠格里叶嘉木磋等赏件清单，交尔使堪布罗布藏呢玛带回，到时祗领。特谕。"

（宣宗朝卷三〇·页二〇上～二一下）

○道光二年（壬午）闰三月己卯（1822.4.25）

　　诏谕班禅额尔德尼："前因达赖喇嘛未出呼毕勒罕，降旨命尔加意访寻。兹据驻藏大臣等，奏班禅额尔德尼访得察木多等处幼孩三人，此内里塘之七岁幼孩名噶勒桑建灿者，容貌端重，举止大方，能识前代达赖喇嘛供用佛尊什物，尔甚尊服，诚心念经祷祝，会同驻藏大臣，在布达拉庙内供奉高宗纯皇帝圣容前行礼毕，由金奔巴瓶内将伊名掣出等语。此事甚属吉祥，朕深欣悦。降旨将噶勒桑建灿作为达赖喇嘛之呼毕勒罕。今尔奏请于八月初八日令噶勒桑建灿在布达拉庙内坐床，所办甚是。特派驻藏大臣文干、成都副都统苏冲阿、章嘉呼图克图等颁给达赖喇嘛之呼毕勒罕诏书及赏赐物件外，尔能仰体朕意，将呼毕勒罕寻得，可嘉之至。今特问尔好，颁给诏书，并赐蟒缎二端、闪缎一端、片金缎一端、八丝缎六端、大哈达五方、小哈达十方，到时祇领。特谕。"

　　　　　　　　　　　　　　　　　　　　（宣宗朝卷三二·页六上～七上）

○道光三年（癸未）二月庚戌（1823.3.22）

　　班禅额尔德尼遣使呈进贡物。赐敕褒奖，赏赉如例。

　　　　　　　　　　　　　　　　　　　　（宣宗朝卷四九·页九上）

○道光五年（乙酉）二月辛未（1825.4.1）

　　班禅额尔德尼遣使呈进贡物。赐敕褒奖，赏赉如例。

　　　　　　　　　　　　　　　　　　　　（宣宗朝卷七九·页一六下）

○道光七年（丁亥）二月丁巳（1827.3.8）

　　班禅额尔德尼遣使呈进贡物。赐敕褒奖，赏赉如例。

　　　　　　　　　　　　　　　　　　　　（宣宗朝卷一一四·页一八上）

○道光八年（戊子）正月丙寅（1828.3.11）

　　命库伦办事大臣伦布多尔济、驻藏大臣惠显等颁赏哲布尊丹巴呼图克图、达赖喇嘛、班禅额尔德尼黄哈达，并宣示红旗捷奏。

　　以首逆张格尔生擒，予阿拉善王玛哈巴拉、贝子伦布多尔济、扎萨克图汗、赛因诺颜两部落之汗、王、贝勒、贝子、公、扎萨克、台吉、杜尔伯特汗齐旺巴勒楚克等、土尔扈特王三达克多尔济等、和硕特扎萨克台吉布彦克什克等议叙，赏额尔德尼班第达呼图克图喇嘛等缎匹有差。

（宣宗朝卷一三二·页三二下～三三下）

○道光九年（己丑）二月戊寅（1829.3.18）

　　班禅额尔德尼遣使请安，呈进贡物及丹书克。赐诏褒奖，赏赉如例，并颁达赖喇嘛等赏件。

（宣宗朝卷一五一·页三五下）

○道光十年（庚寅）九月丁卯（1830.10.28）

　　谕内阁："惠显奏，达赖喇嘛、班禅额尔德尼、噶勒丹锡呼图萨玛第巴克什等呈请明年恭遣巴雅尔堪布呈递丹书克，为朕五旬万寿大庆祝嘏。朕心实深嘉悦。著照所请，交惠显照例办理，于明年七月间起程，仍由四川行走。"

（宣宗朝卷一七四·页三下）

○道光十一年（辛卯）二月丁酉（1831.3.27）

　　班禅额尔德尼遣使呈进贡物，赐敕褒奖，赏赉如例。

（宣宗朝卷一八四·页二二下～二三上）

○道光十一年（辛卯）三月壬戌（1831.4.21）

　　谕内阁："惠显等奏、达赖喇嘛等遣巴雅尔堪布进佛，恭祝万寿，业经由藏起程等语。达赖喇嘛、班禅额尔德尼、噶勒丹锡呼图禅师等因朕五旬万寿庆辰遣巴雅尔堪布进佛，系出伊等诚悃，朕深嘉悦。惟由藏至京程途遥远，未免劳费。惠显等自应前期具奏请旨，乃不预先奏闻，殊属非是。惠显、兴科著传旨申饬。现在巴雅尔堪布业经由藏起程，著即妥为照料来京。俟届朕六旬万寿之年，达赖喇嘛等若仍如此恳请，该大臣等务于年前具奏请旨。"

（宣宗朝卷一八五·页一四下～一五上）

○道光十一年（辛卯）九月丙子（1831.11.1）

达赖喇嘛之呼毕勒罕、班禅额尔德尼、噶勒丹锡呼图萨玛第巴克什阿旺嘉木巴勒粗勒齐木、察木多帕克巴拉呼图克图遣使表贺万寿。赐敕褒奖，赏赉如例。

（宣宗朝卷一九七·页一三下～一四上）

○道光十三年（癸巳）五月丁丑（1833.6.24）

谕内阁："理藩院奏大行皇后大事，照例请旨派员颁给达赖喇嘛、班禅额尔德尼诏书，令其唪经一折。著照上届办理。即派道庆、倭什讷前往。其司员二员、领催二名著理藩院出派。喇嘛等著毋庸派往。所有颁给达赖喇嘛、班禅额尔德尼诏书及所赏物件，著各该处办理。所赏银两，准其在于藏库动支。"

（宣宗朝卷二三七·页七上～下）

○道光十四年（甲午）七月甲子（1834.8.5）

以达赖喇嘛、班禅额尔德尼呈进佛尊、哈达，降旨奖赉。

（宣宗朝卷二五四·页一下）

○道光十五年（乙未）二月壬子（1835.3.21）

谕内阁："上年后藏班禅额尔德尼遣使堪布噶沁罗桑班第彦来京呈递贡物。该堪布途遇果洛克生番被劫受伤。现于本月初五日到京，腿疾尚未痊愈。著俟其医治痊愈后再行示期令其呈递丹书克，其贡物即以现有物件呈递，毋庸另行备办。至应给例折等赏，仍照向例赏给。"

谕军机大臣等："寄谕驻藏办事大臣文蔚，上年班禅额尔德尼等呈进丹书克，遣使堪布经过穆噜乌苏等处，被果洛克番子劫夺受伤。据西宁办事大臣舒通阿具奏，当经降旨即交四川总督鄂山等严缉正贼，照数追出赃物。兹该来使堪布于本年二月初五日业经到京，其伤痕尚不甚重，现在赶紧医治，俟平复呈进丹书克后再行照例遣回。惟该来使等回藏日期较迟，达赖喇嘛、班禅额尔德尼等不无悬念，文蔚等接奉此旨，即晓谕达赖喇嘛、班禅额尔德尼等知之。将此谕令知之。"

（宣宗朝卷二六三·页一六下～一七下）

○道光十五年（乙未）闰六月庚申（1835.7.27）

又谕（内阁）："文蔚等奏查明达赖喇嘛、班禅额尔德尼请换金册一折。前因理藩院修办喇嘛事例奏请饬查呼图克图印信册敕事宜，兹据该大臣等奏称，达赖喇嘛现已及岁，受戒坐床，与早经受戒坐床之班禅额尔德尼均只有金印，未经赏给金册。达赖喇嘛、班禅额尔德尼俱著赏给金册，该衙门照例颁给。"

（宣宗朝卷二六八·页三上）

○道光十六年（丙申）二月乙丑（1836.3.28）

达赖喇嘛、班禅额尔德尼、帕克巴拉呼图克图遣使呈进贡物。赐敕褒奖，赏赉如例。

（宣宗朝卷二七八·页二五上）

○道光十七年（丁酉）二月壬戌（1837.3.20）

班禅额尔德尼呈进丹书克，赐敕褒奖，赏赉如例。

（宣宗朝卷二九四·页一五下）

○道光十七年（丁酉）四月丙辰（1837.5.13）

又谕（内阁）："嗣后颁赏达赖喇嘛、班禅额尔德尼金册，著仍照旧制办理。其道光十四年新纂则例内，定于旧册后添錾第几辈字样一条，著即销除。所有改纂新例未经查明旧制之理藩院堂司各员，均著交部查取职名，照例议处。"

（宣宗朝卷二九六·页一三下～一四上）

○道光二十年（庚子）正月丙辰（1840.2.27）

谕内阁："理藩院奏大行皇后事宜请照例派员颁给班禅额尔德尼、代理达赖喇嘛事务之噶勒丹锡呼图萨玛第巴克什恩诏，俾在各庙布施啤经等因请旨一折。此次大行皇后事宜应行颁给班禅额尔德尼、代理达赖喇嘛之噶勒丹锡呼图萨玛第巴克什恩诏，及颁赏物件之侍卫、部院章京、喇嘛等，均著毋庸派往，即交回藏之来使堪布等赍往。其布达拉等四大庙及在各庙布施唪经等事，著交驻藏大臣等办理。所有一切应用银两、茶叶，著四川总督照例拨给。"

（宣宗朝卷三三〇·页二四下～二五下）

○道光二十年（庚子）二月壬午（1840.3.24）

谕内阁："前后藏堪布入都进贡，每年于新正呈递丹书克，预于上年腊月抵都。此次据理藩院奏称，前藏堪布罗桑敬迈等于正月十五日到京，已令于三月初一日呈递丹书克矣。因念该处距京万里之遥，自因山川阻隔，雨雪载途，以致行程不能预定，若仍令其每年轮班入贡，恐届时急于趱程，跋涉间关，更增劳勚，殊非优体喇嘛之意。所有前藏堪布业已来京，其后藏著于道光二十二年入贡，轮至二十五年前藏再行入贡。此后每间二年入贡一次，以次递推，用示恩施格外体恤优加至意。该衙门即遵谕行。"

（宣宗朝卷三三一·页一六下～一七上）

○道光二十一年（辛丑）二月庚午（1841.3.7）

又谕（内阁）："孟保等奏班禅额尔德尼等呈进贡物，可否交年班堪布带京等语。此次班禅额尔德尼及代办达赖喇嘛事务之噶勒丹锡呼图萨玛第巴克什呈进贡物，著即交二十二年后藏年班堪布带京呈进。"

（宣宗朝卷三四六·页三一上）

○道光二十一年（辛丑）八月辛丑（1841.10.4）

班禅额尔德尼六十生辰，赏御书福寿字并珍玩、文绮。

（宣宗朝卷三五六·页一二下～一三上）

○道光二十二年（壬寅）正月甲戌（1842.3.6）

班禅额尔德尼遣使呈进贡物。赐敕褒奖如例。

（宣宗朝卷三六六·页一八上）

○道光二十二年（壬寅）十二月壬辰（1843.1.18）

又谕："朕因班禅额尔德尼六旬生辰，上年章嘉呼图克图赴藏，特命赍赏什物。今章嘉呼图克图旋回，班禅额尔德尼感戴朕恩，又备进吉祥丹书克等物，具见诚悃，洵属可嘉。其所进之丹书克等件，著派章嘉呼图克图以庆贺元旦礼于正月初二日代为恭递。并著驻藏大臣传谕班禅额尔德尼，惟愿嗣后班禅额尔德尼寿算益增，永承朕恩。"

（宣宗朝卷三八七·页五下～六上）

○道光二十五年（乙巳）二月丁酉（1845.3.13）

谕内阁："理藩院奏请换赏班禅额尔德尼金册一折。所有班禅额尔德尼应换金册，著各该衙门于本年三月内赶办完竣，即交该堪布等敬谨赍回，由驻藏大臣转交祗领。至应换金印，著琦善等传知班禅额尔德尼，于下届后藏年班堪布进京时，将现用金印交该堪布赍京，以便照式铸造，仍发给该堪布等领回转给开用。"

（宣宗朝卷四一四·页三上）

○道光二十七年（丁未）正月己丑（1847.2.23）

谕军机大臣等："前据琦善奏达赖喇嘛、班禅额尔德尼差人赴附京地方办买哈达、缎匹等物，酌拟人马骑驮数目一折。当交该部议奏。兹据奏称详核该大臣所拟，系体察该处实在情形，均著照该大臣原拟办理。惟所带人马骑驮既经酌定数目，以后应令永远遵守，不得漫无限制。并著西宁办事大臣届期详查，奏定章程，逐一稽查。倘日后擅自增添，即著据实参奏。至原奏所称专人前往附京地方购备物件之处，究系在何处购买，并著该大臣指实地方确切奏明，概不准以附京地方一语含糊入奏。将此谕令知之。"

（宣宗朝卷四三八·页八下～九上）

○道光二十八年（戊申）正月己巳（1848.3.29）

达赖喇嘛、班禅额尔德尼遣使表进贡物。赐敕褒奖，赏赉如例。

（宣宗朝卷四五二·页二九上～下）

○道光二十九年（己酉）十二月己丑（1850.2.7）

谕内阁："理藩院奏大行皇太后升遐事宜，例应颁给达赖喇嘛、班禅额尔德尼诏书，令于各庙摆忏唪经，请旨可否派员前往等语。此次大行皇太后升遐事宜，颁给达赖喇嘛、班禅额尔德尼诏书以及赏赐物件，著兵部由驿递交四川总督转赍至藏。其布达拉四大庙及各庙摆忏唪经事宜，著驻藏大臣等办理。应用银、茶等项，著四川总督照例拨给。"

（宣宗朝卷四七五·页三一下～三二上）

○咸丰元年（辛亥）六月丁丑（1851.7.20）

谕内阁："据理藩院奏达赖喇嘛遣巴雅尔堪布到京，可否令候班禅额尔德尼差来之巴雅尔堪布同谒慕陵并谒昌陵行礼之处请旨一折。达赖喇嘛等因孝和睿皇后、宣宗成皇帝大事，遣使呈献供品。著准其等候班禅额尔德尼差来之堪布会同恭谒昌陵、慕陵行礼。该来使等赍来供品，届期仍著原护送来京之同知全佑等妥为护送。"

（文宗朝卷三六·页一四上～下）

○咸丰元年（辛亥）八月丙辰（1851.8.28）

班禅额尔德尼七十生辰，赏御书福寿字并珍玩、文绮。

（文宗朝卷三九·页四上）

○咸丰二年（壬子）十一月戊辰（1853.1.1）

谕内阁："穆腾额奏班禅额尔德尼七旬生辰接受赏件，呈请谢恩并呈进吉祥丹书克，乞为转奏一折。班禅额尔德尼历居后藏有年，深通经术，推演黄教，且其照顾喇嘛、黑人为年更久，兹又请进丹书克，其诚悫之忱，朕心尤为欢悦。著照所请，准其交明年年班进京之堪布代为呈进。"

（文宗朝卷七七·页七下～八上）

○咸丰三年（癸丑）十二月癸未（1854.1.11）

又谕："穆腾额等奏班禅额尔德尼涅槃后，修理金塔寺工程将及完竣等语。班禅额尔德尼系后藏呼图克图喇嘛之总师长喇嘛，深通经艺，兴扬黄教。今伊徒众将金塔寺修理妥协，于十一月二十五日将舍利奉入于金塔，实为吉祥之事，朕心甚为快悦。著赏给白哈达一幅、念珠一串，以副朕怀想有功之至意。"

（文宗朝卷一一五·页一一上～下）

○咸丰五年（乙卯）七月辛未（1855.8.22）

又谕（内阁）："大行皇太后大事，除轮应年班来京之蒙古王、公、台吉等遣员进贡及唪经呼图克图喇嘛仍著照例来京外，本年应行来京之后藏呈进丹书克堪布业经由藏启程，著仍行来京。其余年班之堪布……均过二十七月，各按应来年分按班来京。"

（文宗朝卷一七一·页二五下～二六上）

九世达赖

○嘉庆十七年（壬申）十二月戊午（1813.1.21）

谕内阁："那彦成奏请将护送喇嘛由外省委员逐程接护，毋庸专派京员一折。前后藏喇嘛年班进京，理藩院派委司员押送，原以资其弹压。近年喇嘛等行走俱各安静，而派出司员，如现在办理奇福等一案，转有借差骚扰驿站、包揽货物从中牟利者。况沿途例派文武官员按程接护，足敷照料，实毋须再派京员，徒滋流弊。嗣后喇嘛年班进京，著照新疆伯克年班之例，令经过各省遴派道府大员，会同武职护送弹压，出境交替，至京交该管衙门照例办理。其出京之日，该管衙门亦只须派员送交直隶接递。所有专派京员护送往还之例，著即停止，以节糜费而肃邮政。"

（仁宗朝卷二六四·页一九下～二〇下）

○嘉庆二十年（乙亥）三月辛丑（1815.4.24）

赏故达赖喇嘛呼毕勒罕银、币。以第穆呼图克图领办达赖喇嘛事务。

（仁宗朝卷三〇四·页一三上）

十世达赖

○道光二年（壬午）四月辛亥（1822.5.27）

又谕（军机大臣等）："文干等奏达赖喇嘛之呼毕勒罕等恭递奏书、贡物，并于坐床后专差巴雅尔堪布赴京各一折。此次达赖喇嘛之呼毕勒罕受持小戒，诸事甚为吉祥。除由噶勒丹锡哷图萨玛第巴克什代办贡物，与班禅额尔德尼等贡品业经呈递外，尚有例进贡物，著准其于坐床后再交巴雅尔堪布赍送来京。至巴雅尔堪布若俟与年班堪布一同赴京为期太远，并准其照上届成案，由川就道，以利遄行。将此谕令知之。"

（宣宗朝卷三三·页一四上～下）

○道光三年（癸未）二月丙寅（1823.4.7）

达赖喇嘛之呼毕勒罕遣使呈进贡物。赐敕褒奖，赏赉如例。

（宣宗朝卷四九·页三六上）

○道光六年（丙戌）二月甲子（1826.3.20）

达赖喇嘛之呼毕勒罕遣使呈进贡物。赐敕褒奖，赏赉如例。

（宣宗朝卷九五·页一八上）

○道光八年（戊子）正月丙寅（1828.3.11）

命库伦办事大臣伦布多尔济、驻藏大臣惠显等颁赏哲布尊丹巴呼图克图、达赖喇嘛、班禅额尔德尼黄哈达，并宣示红旗捷奏。

以首逆张格尔生擒，予阿拉善王玛哈巴拉、贝子伦布多尔济、扎萨克图汗、赛因诺颜两部落之汗、王、贝勒、贝子、公、扎萨克、台吉、杜尔伯特汗齐旺巴勒楚克等、土尔扈特王三达克多尔济等、和硕特扎萨克台吉布彦克什克等议叙，赏额尔德尼班第达呼图克图喇嘛等缎匹有差。

（宣宗朝卷一三二·页三二下～三三下）

○道光八年（戊子）二月癸未（1828.3.28）

达赖喇嘛之呼毕勒罕遣使呈进贡物及丹书克，赐敕褒奖，赏赉如例，并颁班禅额尔德尼、噶勒丹锡哷图萨玛第巴克什等赏件。

（宣宗朝卷一三三·页二二下）

○道光九年（己丑）二月戊寅（1829.3.18）

班禅额尔德尼遣使请安，呈进贡物及丹书克。赐诏褒奖，赏赉如例，并颁达赖喇嘛等赏件。

（宣宗朝卷一五一·页三五下）

○道光十年（庚寅）二月壬申（1830.3.7）

达赖喇嘛之呼毕勒罕遣使呈进贡物。赐敕褒奖，赏赉如例。

（宣宗朝卷一六五·页一六下）

○道光十年（庚寅）九月丁卯（1830.10.28）

谕内阁："惠显奏，达赖喇嘛、班禅额尔德尼、噶勒丹锡呼图萨玛第巴克什等呈请明年恭遣巴雅尔堪布呈递丹书克，为朕五旬万寿大庆祝嘏。朕心实深嘉悦。著照所请，交惠显照例办理，于明年七月间起程，仍由四川行走。"

（宣宗朝卷一七四·页三下）

○道光十一年（辛卯）三月壬戌（1831.4.21）

谕内阁："惠显等奏达赖喇嘛等遣巴雅尔堪布进佛，恭祝万寿，业经由藏起程等语。达赖喇嘛、班禅额尔德尼、噶勒丹锡呼图禅师等因朕五旬万寿庆辰遣巴雅尔堪布进佛，系出伊等诚悃，朕深嘉悦。惟由藏至京程途遥远，未免劳费。惠显等自应前期具奏请旨，乃不预先奏闻，殊属非是。惠显、兴科著传旨申饬。现在巴雅尔堪布业经由藏起程，著即妥为照料来京。俟届朕六旬万寿之年，达赖喇嘛等若仍如此恳请，该大臣等务于年前具奏请旨。"

（宣宗朝卷一八五·页一四下～一五上）

○道光十一年（辛卯）九月丙子（1831.11.1）

达赖喇嘛之呼毕勒罕、班禅额尔德尼、噶勒丹锡呼图萨玛第巴克什阿旺嘉木巴勒粗勒齐木、察木多帕克巴拉呼图克图遣使表贺万寿。赐敕褒奖，赏赉如例。

（宣宗朝卷一九七·页一三下～一四上）

○道光十三年（癸巳）五月丁丑（1833.6.24）

谕内阁："理藩院奏大行皇后大事，照例请旨派员颁给达赖喇嘛、班禅额尔德尼诏书，令其唪经一折。著照上届办理。即派道庆、倭什讷前往。其司员二员、领催二名著理藩院出派。喇嘛等著毋庸派往。所有颁给达赖喇嘛、班禅额尔德尼诏书及所赏物件，著各该处办理。所赏银两，准其在于藏库动支。"

（宣宗朝卷二三七·页七上～下）

○道光十四年（甲午）二月己酉（1834.3.23）

达赖喇嘛之呼毕勒罕遣使呈进贡物，赐敕褒奖，赏赉如例。

（宣宗朝卷二四九·页二三下～二四上）

○道光十五年（乙未）十月庚申（1835.11.24）

驻藏大臣文蔚奏："本年皇太后六旬万寿圣节，达赖喇嘛等请在大昭寺传集喇嘛唪经祝嘏。"

得旨："嘉奖，并赏银二百两。"

（宣宗朝卷二七二·页一一上～下）

○道光十六年（丙申）正月壬子（1836.3.15）

达赖喇嘛遣使谢恩，呈进贡物。赐敕褒奖。

（宣宗朝卷二七七·页二九下）

○道光十六年（丙申）二月乙丑（1836.3.28）

达赖喇嘛、班禅额尔德尼、帕克巴拉呼图克图遣使呈进贡物。赐敕褒奖，赏赉如例。

（宣宗朝卷二七八·页二五上）

○道光十七年（丁酉）四月丙辰（1837.5.13）

又谕（内阁）："嗣后颁赏达赖喇嘛、班禅额尔德尼金册，著仍照旧制办理。其道光十四年新纂则例内，定于旧册后添錾第几辈字样一条，著即销除。所有改纂新例未经查明旧制之理藩院堂司各员，均著交部查取职名，照例议处。"

（宣宗朝卷二九六·页一三下～一四上）

十一世达赖

○道光二十年（庚子）正月癸丑（1840.2.24）

达赖喇嘛遣使呈进贡物。赐敕褒奖，赏赉如例。

（宣宗朝卷三三〇·页二三上）

○道光二十年（庚子）二月壬午（1840.3.24）

谕内阁："前后藏堪布入都进贡，每年于新正呈递丹书克，预于上年腊月抵都。此次据理藩院奏称，前藏堪布罗桑敬迈等于正月十五日到京，已令于三月初一日呈递丹书克矣。因念该处距京万里之遥，自因山川阻隔，雨雪载途，以致行程不能预定，若仍令其每年轮班入贡，恐届时急于趱程，跋涉间关，更增劳勚，殊非优体喇嘛之意。所有前藏堪布业已来京，其后藏著于道光二十二年入贡，轮至二十五年前藏再行入贡。此后每间二年入贡一次，以次递推，用示恩施格外体恤优加至意。该衙门即遵谕行。"

（宣宗朝卷三三一·页一六下～一七上）

○道光二十二年（壬寅）正月壬申（1842.3.4）

又谕："孟保等奏达赖喇嘛例应呈递丹书克、贡物等语。达赖喇嘛之呼毕勒罕祇领金册并坐床后，均例应呈递丹书克、贡物。惟该处距京遥远，跋涉维艰，所有应递两次丹书克、贡物，著俟道光二十五年前藏轮应入贡之期一并呈递，以示体恤。至该堪布进京时，仍照向来年贡道路行走。"

（宣宗朝卷三六六·页一一下）

○道光二十二年（壬寅）五月丙辰（1842.6.16）

谕内阁："孟保等奏达赖喇嘛等恳请呈进贡物一折。据称：达赖喇嘛祇领金册，及噶勒丹锡图萨玛第巴克什例应另备谢恩贡物，又班禅额尔德尼因六十赏寿谢恩谨备贡物，一并据情代奏等语。达赖喇嘛等诚悃可嘉，均著准其呈进，并著毋庸多备，以示体恤。所有贡物，著交章嘉呼图克图带京呈递。"

（宣宗朝卷三七二·页一七上～下）

○道光二十七年（丁未）正月己丑（1847.2.23）

谕军机大臣等："前据琦善奏达赖喇嘛、班禅额尔德尼差人赴附京地方办买哈达、缎匹等物，酌拟人马骑驮数目一折。当交该部议奏。兹据奏称详核该大臣所拟，系体察该处实在情形，均著照该大臣原拟办理。惟所带人马骑驮既经酌定数目，以后应令永远遵守，不得漫无限制。并著西宁办事大臣届期详查，奏定章程，逐一稽查。倘日后擅自增添，即著据实参奏。至原奏所称专人前往附京地方购备物件之处，究系在何处购买，并著该大臣指实地方确切奏明，概不准以附京地方一语含糊入奏。将此谕令知之。"

（宣宗朝卷四三八·页八下～九上）

○道光二十八年（戊申）正月己巳（1848.3.29）

达赖喇嘛、班禅额尔德尼遣使表进贡物。赐敕褒奖，赏赉如例。

（宣宗朝卷四五二·页二九上～下）

○道光二十九年（己酉）十二月己丑（1850.2.7）

谕内阁："理藩院奏大行皇太后升遐事宜，例应颁给达赖喇嘛、班禅额尔德尼诏书，令于各庙摆忏唪经，请旨可否派员前往等语。此次大行皇太后升遐事宜，颁给达赖喇嘛、班禅额尔德尼诏书以及赏赐物件，著兵部由驿递交四川总督转赍至藏。其布达拉四大庙及各庙摆忏唪经事宜，著驻藏大臣等办理。应用银、茶等项，著四川总督照例拨给。"

（宣宗朝卷四七五·页三一下～三二上）

○道光三十年（庚戌）三月甲寅（1850.5.3）

谕军机大臣等："穆腾额等奏达赖喇嘛、呼征阿齐图诺们罕闻大行皇太后慈驭升遐不胜哀泣，叩请圣安，呈进佛尊、哈达，并率集各喇嘛尽心讽经修造善事一折。正月十四日当皇考大行皇帝大故，朕曾降旨，谕令应行来京呈进丹书克之使臣堪布等，均俟二十七月后再行来京。兹达赖喇嘛、呼征阿齐图诺们罕闻皇祖妣大行皇太后大故，即出至诚，率集众喇嘛等于讽经毕会同班禅额尔德尼差派使臣堪布等恭请圣安，殊属可嘉。惟思皇考大行皇帝大故之信，此时计可抵藏，该达赖喇嘛闻之，自必出于至诚，差派使臣堪布等恭请圣安，呈进丹书克。著穆腾额等转行晓谕达赖喇嘛等，即将皇祖妣大行皇太后大故及皇考大行皇帝大故，遣派堪布一分来京，且将朕体恤达赖喇嘛之意转行晓谕。并著赏给达赖喇嘛珊瑚念珠一串、椰子念珠一串、大荷包一对、小荷包四个，赏给呼征阿齐图诺们罕水晶念珠一串、大荷包一对、小荷包四个，均著于抵藏之时转行赏给。"

（文宗朝卷六·页八上～九下）

○ **咸丰元年（辛亥）六月丁丑（1851.7.20）**

谕内阁："据理藩院奏达赖喇嘛遣巴雅尔堪布到京，可否令候班禅额尔德尼差来之巴雅尔堪布同谒慕陵并谒昌陵行礼之处请旨一折。达赖喇嘛等因孝和睿皇后、宣宗成皇帝大事，遣使呈献供品。著准其等候班禅额尔德尼差来之堪布会同恭谒昌陵、慕陵行礼。该来使等赍来供品，届期仍著原护送来京之同知全佑等妥为护送。"

（文宗朝卷三六·页一四上～下）

○ **咸丰元年（辛亥）闰八月乙酉（1851.9.26）**

谕军机大臣等："据载荃、庆锡奏遵查前后藏喇嘛呈进贡物从前办理情形一折。此次前后藏达赖喇嘛等恭进佛座画像，著永康等暂于永福寺供奉，俟孝和睿皇后、宣宗成皇帝梓宫奉安时再行酌定供奉处所。所有呈进贡物除奏书、哈达业经焚化外，其余藏香、红花、氆氇等贡物著于月祭时分别敬谨焚化。将此谕令知之。"

（文宗朝卷四一·页四上～下）

○ **咸丰元年（辛亥）闰八月壬寅（1851.10.13）**

驻藏大臣穆腾额奏："达赖喇嘛采买缎匹逾限，恳准赶行采办。"

得旨："著加恩准行，嗣后不得援以为例。"

（文宗朝卷四二·页六下）

○ **咸丰二年（壬子）七月丁丑（1852.9.12）**

又谕（内阁）："兆那苏图奏遵旨审明护送堪布之四川委员在途失于

约束，请交部议处一折。前因四川靖远营游击占住，川北镇游击张延庆护送前后藏喇嘛进京，经过山西介休县，据该县禀有携眷骚扰驿站及怂恿喇嘛讹索等情。降旨令徐泽醇将该游击等解赴山西，交兆那苏图提讯。兹据讯明游击占住并未携妾同行，骚扰驿站，张延庆亦无怂恿喇嘛讹索情事。惟于前藏喇嘛罗藏娃在途滋事，后藏喇嘛因病逗留，该游击等失于约束。占住、张延庆著一并交部照例议处。介休县知县程震佑讯未违例滥应，著无庸议。"

（文宗朝卷六七·页二〇下～二一下）

○ 咸丰四年（甲寅）九月乙酉（1854.11.9）

谕内阁："谆龄奏达赖喇嘛等以贼氛未靖欲为唪经，祈令迅就殄灭等因呈请代奏一折。该达赖喇嘛等衷悃实出至诚，朕甚嘉悦。达赖喇嘛著加恩赏给哈达一块、念珠一串，呼征阿奇图呼图克图著赏给哈达一块，交驻藏帮办大臣转给该达赖喇嘛等祗领。"

（文宗朝卷一四五·页二六上～下）

○ 咸丰五年（乙卯）十月乙巳（1855.11.24）

谕内阁："满庆奏达赖喇嘛闻大行皇太后升遐齐集喇嘛僧众唪经修斋，并欲专遣使臣堪布赴京，呈请代奏一折。该达赖喇嘛自闻大行皇太后大事虔心唪经，并欲特遣使臣堪布等前来，可嘉之至。惟念西藏距京窎远，且后藏年班使臣堪布就道方殷，若仍令前藏使臣堪布来京，则驿路往来未免艰辛过甚。著满庆晓谕该达赖喇嘛等，毋庸特遣使臣堪布赴京，以示朕曲加体恤之至意。"

（文宗朝卷一八〇·页一三上～下）

八世班禅

○ 咸丰十年（庚申）三月辛巳（1860.4.7）

又谕（内阁）："满庆等奏喇嘛专差进贡，恳请援案由四川进京一折。班禅额尔德尼呼毕勒罕于本年十月坐床后，专差巴雅尔堪布呈进丹书克、贡物，具见悃忱。著准其援照成案，仍由四川进京，以示怀柔远人至意。"

（文宗朝卷三一〇·页二七上）

○咸丰十一年（辛酉）十二月壬戌（1862.1.8）

又谕（内阁）："满庆等奏：达赖喇嘛、班禅额尔德尼、慧能呼征阿齐图呼图克图闻大行皇帝升遐不胜哀恸，具呈请安，呈进佛尊、哈达，聚集僧众念经修福等语。达赖喇嘛、班禅额尔德尼、慧能呼征阿齐图呼图克图闻皇考文宗显皇帝大故，即输诚聚集僧众念经，并请差堪布进京请安，实属可嘉。著满庆等传谕达赖喇嘛等，俱准其差遣堪布来京。颁赏达赖喇嘛珊瑚念珠一串、椰子念珠一串、大荷包一对、小荷包四个。颁赏班禅额尔德尼玻璃小朝珠一串、菩提念珠一串、大荷包一对、小荷包四个。颁赏慧能呼征阿齐图呼图克图玻璃念珠一串、大荷包一对、小荷包四个。俟赍到时转令祗领。其应行来京呈递丹书克使臣堪布等均俟二十七个月后再行来京。"

（穆宗朝卷一二·页五七下～五八上）

八世帕克巴拉呼图克图

○嘉庆二十年（乙亥）十二月壬申（1816.1.20）

幸北海，阅冰技。科尔沁扎萨克郡王琳沁扎勒赞等四人……帕克巴拉呼图克图等二人于神武门外瞻觐。

（仁宗朝卷三一四·页一〇上～下）

○道光八年（戊子）二月癸未（1828.3.28）

察木多之帕克巴拉呼图克图遣使请安，赐敕奖赏；并颁西瓦拉呼图克图等赏件。

（宣宗朝卷一三三·页二二下）

○道光十一年（辛卯）九月丙子（1831.11.1）

达赖喇嘛之呼毕勒罕、班禅额尔德尼、噶勒丹锡呼图萨玛第巴克什阿旺嘉木巴勒粗勒齐木、察木多帕克巴拉呼图克图遣使表贺万寿。赐敕褒奖，赏赉如例。

（宣宗朝卷一九七·页一三下～一四上）

○道光二十一年（辛丑）二月戊寅（1841.3.15）

谕内阁："经额布等奏察木多喇嘛吁恳进京祝嘏一折。该喇嘛帕克巴拉呼图克图情殷祝嘏，具见悃忱。念其跋涉之劳，著传谕本年毋庸前来，仍俟年班进京，以示体恤。"

（宣宗朝卷三四七·页八上～下）

○道光三十年（庚戌）正月癸卯（1850.2.21）

谕内阁："大行皇太后大故，……所有应来各呼图克图喇嘛等，亦著过二十七个月照例来京。至藏内呈进丹书克之遣使堪布、察木多之帕克巴拉呼图克图等使、回子伯克、土司土舍、廓尔喀等，均著过二十七个月再各按应来年分来京。"

（宣宗朝卷四七六·页一一下～一二上）

○道光三十年（庚戌）二月甲申（1850.4.3）

谕内阁："……兹遇皇考大行皇帝大事，……其各项应来之呼图克图、喇嘛等，亦著过二十七个月照例来京。其藏内呈进丹书克使臣堪布、察木多之帕克巴拉呼图克图等使臣、回子伯克吐斯吐舍、廓尔喀等，均著过二十七个月再行各按年班来京。"

（文宗朝卷四·页八上～九上）

九世帕克巴拉呼图克图

○咸丰四年（甲寅）五月庚子（1854.5.28）

又谕："谆龄代奏：察木多帕克巴拉呼图克图之呼毕勒罕、西瓦拉呼图克图因贼匪扰害各处，呈请祝祷颂经以祈速灭贼匪等语。帕克巴拉呼图克图等因贼匪扰害各处，情愿带领众呼图克图、喇嘛在察木多地方所有庙内专心念经，祝祷速将贼匪歼除，实属出于至诚，朕甚嘉悦。著加恩赏给帕克巴拉呼图克图、西瓦拉呼图克图哈达各一块，交驻藏帮办大臣转行赏给帕克巴拉呼图克图等。"

（文宗朝卷一二九·页三上～下）

○咸丰八年（戊午）五月癸卯（1858.7.9）

缓察木多呼图克图等年班例贡。

（文宗朝卷二五五·页一八上）

噶勒丹锡哷图萨玛第巴克什

○嘉庆二十五年（庚辰）十月癸卯（1820.11.25）

又谕（军机大臣等）："玉麟等奏承办布达拉赏项事务之噶勒丹锡哷图萨玛第巴克什闻皇考大行皇帝大故，恭请朕安，呈进佛哈达，率领三大庙宇众喇嘛等前往大小各庙至诚念经一折。噶勒丹锡哷图萨玛第巴克什闻皇考大故，即发至诚，齐集众喇嘛等念经，复欲代达赖喇嘛偕班禅额尔德尼遣堪布等来请朕安，甚属可嘉，著照所请。其赏给萨玛第巴克什大哈达一个、大荷包一对、小荷包四个，赉到时玉麟等转赏萨玛第巴克什祗领。"

（宣宗朝卷七·页一三上～下）

○道光元年（辛巳）十月丙午（1821.11.23）

谕军机大臣等："文干等奏噶勒丹锡哷图萨玛第巴克什等恳请另差巴雅尔堪布恭赉贡物赴京一折。本年噶勒丹锡哷图萨玛第巴克什等专差堪布恭进贡物，行至褚玛尔地方被番贼抢劫。兹复会同济咙呼图克图、荣增班第达等备办贡物，请由四川进京。文干等因其情词诚恳准令来京，已于十月初五日自藏起程。此次噶勒丹锡哷图萨玛第巴克什等重备贡品，遣使远来，固出于爱戴之诚，但未免加增劳费。惟此时已行至中途，只好令其由川陕一路前来，沿途照例应付。嗣后该喇嘛等如有进贡及请觐等事，该驻藏大臣等总当先行具奏，不可遽令起程。俟奉有谕旨，应否准其来京，再行遵照办理可也。将此谕令知之。"

（宣宗朝卷二五·页二三下～二四下）

○道光元年（辛巳）十二月丁亥（1822.1.3）

谕内阁："理藩院奏班禅额尔德尼等所遣巴雅尔堪布业已到京，或俟噶勒丹锡哷图萨玛第巴克什所遣巴雅尔堪布来时一同遣往恭谒昌陵，或先遣往之处请旨一折。班禅额尔德尼等因仁宗睿皇帝大故既特遣使来献贡物，著即派尚书穆克登布、侍郎博启图、敏珠勒呼图克图等，俟噶勒丹锡哷图萨玛第巴克什所遣之使堪布等到京时，照料一同遣往恭谒昌陵。来使等所赍供物，届期仍交原来照料之候补知府忠禄等妥为照料送往。所带恭请朕安进献之贡，俟来使等由陵寝回时，再著呈递。"

（宣宗朝卷二七·页一三上～一四上）

○道光二年（壬午）二月癸未（1822.2.28）

诏谕噶勒丹锡哷图萨玛第巴克什之呼毕勒罕阿旺扎木巴勒粗勒齐木："尔敬遵朕谕，推衍西方黄教，广育群生，宣力有年。前因达赖喇嘛转世未出呼毕勒罕以前，朕曾降旨命尔领办西藏一切事务。尔接奉朕旨后，推衍黄教、训导喇嘛等事均如达赖喇嘛在时一律妥协，甚属可嘉。兹尔遣堪布贡噶扎木巴呈进丹书克恭请朕安，情辞诚悫，朕皆披览。仰赖昊贶，朕体甚安。尔维持黄教，训导群生，勤学喇嘛遗留经卷，自必无恙。尔务须仰体朕阐兴黄教爱育群生之至意，诱掖喇嘛勤学经卷，宣布佛教，俾群生安堵，督率普藏各寺喇嘛等加意勤习经卷，毋怠。尔遣来之人差毕回藏，特颁诏谕，询尔无恙，并赐尔重三十两银茶桶一个、各色大缎十二匹、大小哈达各七方，到时祇领。特谕。"

（宣宗朝卷二九·页八下～九下）

○道光二年（壬午）二月甲辰（1822.3.21）

诏谕噶勒丹锡哷图萨玛第巴克什之呼毕勒罕阿旺扎木巴勒粗勒齐木："尔接闻皇考仁宗睿皇帝升遐之信，即率大小各寺喇嘛念经拜忏。兹复具表呈进佛尊、哈达、香枝等物，又恭请朕安，呈进佛尊、哈达、数珠，甚属恭顺。尔阖藏人众久戴皇考重恩，兹闻升遐，如此竭诚念经，并遣使叩安，朕甚褒嘉。尔使到京时，梓宫业已永远奉安山陵。朕特命大臣率领尔使，恭赍供物，赴陵供献。想皇考在天之灵必鉴尔悃诚，锡以福祉。尔系代达赖喇嘛办事之大喇嘛，受皇考之恩极重，嗣后惟当感戴皇考之恩，阐兴黄教，勤习经卷，俾群生各享安居之福，以副朕优待黄教之至意。懔遵毋怠。今来使回藏之便，特问尔好，颁给诏书，并赐尔三十两重银茶桶一个、各色大缎十二匹、大小哈达各七方外，并缮写赏尔及济咙呼图克图等赏件清单，交尔使堪布阿旺罗布藏带回，到时祗领。特谕。"

（宣宗朝卷三〇·页二一下～二二下）

○道光二年（壬午）闰三月己卯（1822.4.25）

又谕噶勒丹锡哷图萨玛第巴克什之呼毕勒罕阿旺扎木巴勒粗勒齐木："自尔办理西藏事务以来，推衍黄教、训导喇嘛等事，均能代达赖喇嘛妥协办理，并率藏内各寺僧众等虔诵经卷，诚心祷祝，将达赖喇嘛之呼毕勒罕寻得，朕甚嘉悦。今虽有达赖喇嘛之呼毕勒罕，但年岁尚小，尔萨玛第巴克什务须仰体朕推广黄教、子视群生之意，加意照管呼毕勒罕，令其勤习经卷，并训导阖藏堪布等熟习经卷，毋怠。兹特问尔好，颁给诏书并赐蟒缎一端、妆缎一端、闪缎一端、八丝缎四端、大哈达五方，到时祗领。特谕。"

（宣宗朝卷三二·页七上～下）

○道光二年（壬午）五月丙戌（1822.7.1）

谕军机大臣等："文干等奏：接准理藩院咨会，上年年班堪布进京呈递丹书克赍回赏件，将掌办商上事务之噶勒丹锡哷图萨玛第巴克什列名在济咙呼图克图呼毕勒罕之后，与旧式未符，不敢拘泥原单，亦不敢擅行互易等语。济咙呼图克图年虽幼稚，未办商上事务，其分位本在噶勒丹锡哷图萨玛第巴克什之前。现据理藩院查明嘉庆二十五年呈递丹书克赏单，即系按伊等分位前后开列。此次该堪布承赍恩赏各件，理藩院仍照向例开缮清单，名次先后并无错误。著文干等接奉谕旨，即行照单赏给。将此谕令知之。"

（宣宗朝卷三五·页二一下～二二上）

○道光五年（乙酉）三月戊申（1825.5.8）

又谕："松廷等奏误将噶勒丹锡哷图萨玛第巴克什添写呼图克图字样，

查明更正，自请交部议处。噶勒丹锡哷图萨玛第巴克什前因充当达赖喇嘛正师傅，曾经赏给衍宗禅师名号，并未加封呼图克图。乃于咨行驻藏大臣文内，率写呼图克图字样，该大臣等未即详查驳斥，率于奏折内添写。现据松廷等自行查明更正，所有松廷、保昌自请议处之处，著加恩改为交部察议。"

（宣宗朝卷八〇·页二三下～二四上）

○道光十年（庚寅）九月丁卯（1830.10.28）

谕内阁："惠显奏，达赖喇嘛、班禅额尔德尼、噶勒丹锡哷图萨玛第巴克什等呈请明年恭遣巴雅尔堪布呈递丹书克，为朕五旬万寿大庆祝嘏。朕心实深嘉悦。著照所请，交惠显照例办理，于明年七月间起程，仍由四川行走。"

（宣宗朝卷一七四·页三下）

○道光十年（庚寅）十二月壬辰（1831.1.21）

谕军机大臣等："惠显等奏噶勒丹锡哷图萨玛第巴克什吁恳赴京祝嘏一折。噶勒丹锡哷图萨玛第巴克什因明岁为朕五旬万寿吁请赴京祝嘏，情词恳切，出于至诚，可嘉之至。惟道途遥远，达赖喇嘛年甫一十五岁，该萨玛第巴克什系办理商上事务之人，未便令其离藏。著该大臣等传知该萨玛第巴克什明岁毋庸来京。将此谕令知之。"

（宣宗朝卷一八一·页一八下～一九上）

○道光十一年（辛卯）三月壬戌（1831.4.21）

谕内阁："惠显等奏，达赖喇嘛等遣巴雅尔堪布进佛，恭祝万寿，业经由藏起程等语。达赖喇嘛、班禅额尔德尼、噶勒丹锡哷图禅师等因朕五旬万寿庆辰遣巴雅尔堪布进佛，系出伊等诚悃，朕深嘉悦。惟由藏至京程途遥远，未免劳费。惠显等自应前期具奏请旨，乃不预先奏闻，殊属非是。惠显、兴科著传旨申饬。现在巴雅尔堪布业经由藏起程，著即妥为照料来京。俟届朕六旬万寿之年，达赖喇嘛等若仍如此恳请，该大臣等务于年前具奏请旨。"

（宣宗朝卷一八五·页一四下～一五上）

○道光十一年（辛卯）九月丙子（1831.11.1）

达赖喇嘛之呼毕勒罕、班禅额尔德尼、噶勒丹锡呼图萨玛第巴克什阿旺嘉木巴勒粗勒齐木、察木多帕克巴拉呼图克图遣使表贺万寿。赐敕褒奖，赏赉如例。

（宣宗朝卷一九七·页一三下～一四上）

○道光十八年（戊戌）三月辛丑（1838.4.23）

噶勒丹锡呼图萨玛第巴克什遣使呈进贡物。赐敕褒奖，赏赉如例。

（宣宗朝卷三〇七·页二一上）

○道光二十年（庚子）正月丙辰（1840.2.27）

谕内阁："理藩院奏大行皇后事宜请照例派员颁给班禅额尔德尼、代理达赖喇嘛事务之噶勒丹锡呼图萨玛第巴克什恩诏，俾在各庙布施唪经等因请旨一折。此次大行皇后事宜应行颁给班禅额尔德尼、代理达赖喇嘛之噶勒丹锡呼图萨玛第巴克什恩诏，及颁赏物件之侍卫、部院章京、喇嘛等，均著毋庸派往，即交回藏之来使堪布等赍往。其布达拉等四大庙及在各庙布施唪经等事，著交驻藏大臣等办理。所有一切应用银两、茶叶，著四川总督照例拨给。"

（宣宗朝卷三三〇·页二四下～二五下）

○道光二十一年（辛丑）二月庚午（1841.3.7）

又谕（内阁）："孟保等奏班禅额尔德尼等呈进贡物，可否交年班堪布带京等语。此次班禅额尔德尼及代办达赖喇嘛事务之噶勒丹锡呼图萨玛第巴克什呈进贡物，著即交二十二年后藏年班堪布带京呈进。"

（宣宗朝卷三四六·页三一上）

七世第穆呼图克图

○道光四年（甲申）十二月甲申（1825.2.13）

又谕（内阁）："松廷等奏呼毕勒罕坐床呈进贡物一折。第穆呼图克图之呼毕勒罕阿旺罗布藏吉克美甲木瑳坐床后，恳请差人呈进例贡，著准其呈进。该处明岁正值前藏年班堪布进京之期，著仍照向例随同前藏年班堪布由青海一路行走。"

（宣宗朝卷七七·页二四上）

三世呼征阿齐图诺们汗

○道光五年（乙酉）三月戊申（1825.5.8）

谕内阁："松廷等奏阿齐图诺们汗之呼毕勒罕恳请添进贡物。该呼毕勒罕因准其作为阿齐图诺们汗之呼毕勒罕，请每逢前藏年班堪布进京时添进贡物。虽系出于至诚，惟该呼毕勒罕前辈呈进贡物本有一定数目，著不必添进。"

（宣宗朝卷八〇·页二三上～下）

○道光三十年（庚戌）三月甲寅（1850.5.3）

谕军机大臣等："穆腾额等奏达赖喇嘛、呼征阿齐图诺们罕闻大行皇太后慈驭升遐不胜哀泣，叩请圣安，呈进佛尊、哈达，并率集各喇嘛尽心讽经修造善事一折。正月十四日当皇考大行皇帝大故，朕曾降旨，谕令应行来京呈进丹书克之使臣堪布等，均俟二十七月后再行来京。兹达赖喇嘛、呼征阿齐图诺们罕闻皇祖妣大行皇太后大故，即出至诚，率集众喇嘛等于讽经毕会同班禅额尔德尼差派使臣堪布等恭请圣安，殊属可嘉。惟思皇考大行皇帝大故之信，此时计可抵藏，该达赖喇嘛闻之，自必出于至诚，差派使臣堪布等恭请圣安，呈进丹书克。著穆腾额等转行晓谕达赖喇嘛等，即将皇祖妣大行皇太后大故及皇考大行皇帝大故，遣派堪布一分来京，且将朕体恤达赖喇嘛之意转行晓谕。并著赏给达赖喇嘛珊瑚念珠一串、椰子念珠一串、大荷包一对、小荷包四个，赏给呼征阿齐图诺们罕水晶念珠一串、大荷包一对、小荷包四个，均著于抵藏之时转行赏给。"

（文宗朝卷六·页八上～九下）

○咸丰十一年（辛酉）十二月壬戌（1862.1.8）

又谕（内阁）："满庆等奏达赖喇嘛、班禅额尔德尼、慧能呼征阿齐图呼图克图闻大行皇帝升遐不胜哀恸，具呈请安，呈进佛尊、哈达，聚集僧众念经修福等语。达赖喇嘛、班禅额尔德尼、慧能呼征阿齐图呼图克图闻皇考文宗显皇帝大故，即输诚聚集僧众念经，并请差堪布进京请安，实属可嘉。著满庆等传谕达赖喇嘛等，俱准其差遣堪布来京。颁赏达赖喇嘛珊瑚念珠一串、椰子念珠一串、大荷包一对、小荷包四个。颁赏班禅额尔德尼玻璃小朝珠一串、菩提念珠一串、大荷包一对、小荷包四个。颁赏慧能呼征阿齐图呼图克图玻璃念珠一串、大荷包一对、小荷包四个。俟赏到时转令祗领。其应行来京呈递丹书克使臣堪布等均俟二十七个月后再行来京。"

（穆宗朝卷一二·页五七下～五八上）

荣增班第达

○嘉庆二十五年（庚辰）十一月甲子（1820.12.16）

谕军机大臣等："玉麟等奏班禅额尔德尼闻皇考仁宗睿皇帝大故，恭请朕安，呈进佛、哈达，并齐集各庙喇嘛至诚念经一折。班禅额尔德尼仰蒙皇考之恩，今闻升遐，即发至诚，齐集众喇嘛念经，仍欲遣堪布恭请朕安，甚属可嘉。赏赐班禅额尔德尼珊瑚小朝珠一盘、椰子念珠一盘、大荷包一对、小荷包四个，济咙呼图克图之呼毕勒罕催生石小朝珠一盘、大荷包一对、小荷包四个，达赖喇嘛之师荣增班第达之呼毕勒罕金珀小朝珠一盘、大荷包一对、小荷包四个。朕仰蒙皇考付托重恩，又安天下，必以国事为要，节哀养身，喇嘛等毋庸挂念。著玉麟等转行晓谕班禅额尔德尼等祗领赏项。"

（宣宗朝卷八·页二二下～二三下）

八世济咙呼图克图

○嘉庆元年（丙辰）正月辛未（1796.3.3）

敕谕："据松筠奏达赖喇嘛、班禅额尔德尼、济咙呼图克图等，因朕传位嗣皇帝，请嗣后加倍呈递丹书克并佛像等语，具见伊等诚悃，朕嘉悦览之。但卫藏距京遥远，伊等如年班遣堪布喇嘛等加倍呈递丹书克不无糜费。且朕与嗣皇帝本无区别，照进一分，亦尽足以抒其庆赞之诚。著松筠传谕达赖喇嘛、班禅额尔德尼等，遵照向例仍进一分，毋庸加倍，示朕体恤至意。"

（高宗朝卷一四九四·页四三下～四四上）

○道光二年（壬午）五月丙戌（1822.7.1）

谕军机大臣等："文干等奏：接准理藩院咨会，上年年班堪布进京呈递丹书克赍回赏件，将掌办商上事务之噶勒丹锡呼图萨玛第巴克什列名在济咙呼图克图呼毕勒罕之后，与旧式未符，不敢拘泥原单，亦不敢擅行互易等语。济咙呼图克图年虽幼稚，未办商上事务，其分位本在噶勒丹锡呼图萨玛第巴克什之前。现据理藩院查明嘉庆二十五年呈递丹书克赏单，即系按伊等分位前后开列。此次该堪布承赍恩赏各件，理藩院仍照向例开缮清单，名次先后并无错误。著文干等接奉谕旨，即行照单赏给。将此谕令知之。"

（宣宗朝卷三五·页二一下～二二上）

西藏其他僧俗贵族

○咸丰四年（甲寅）五月庚子（1854.5.28）

以修西藏敏珠尔伦济珠布贝庙工竣，赏噶卜伦旺曲揭布虚公爵红宝石顶，颁给御书庙额曰"宗乘不二"。

（文宗朝卷一二九·页四下）

○咸丰五年（乙卯）十一月辛未（1855.12.20）

谕内阁："赫特贺奏色呼本诺们罕闻大行皇太后升遐齐集喇嘛僧众唪经设醮，并欲特遣使臣堪布赴京一折。色呼本诺们罕朗结曲丕自闻大行皇太后升遐，虔心出于至诚，齐集喇嘛僧众唪经，并欲特遣使臣堪布前来请安，实堪嘉尚。惟念本年年班使臣堪布就道方殷，若再遣使赴京，则驿路往来未免艰辛过甚。著赫特贺晓谕朗结曲丕毋庸特遣使臣堪布入都，以示朕曲加矜恤之至意。"

（文宗朝卷一八三·页二下～三上）

○咸丰八年（戊午）六月丁未（1858.7.13）

又谕（内阁）："图伽布奏噶勒丹希呼图呼图克图之呼毕勒罕呈请转奏，来京瞻仰天颜请旨一折。噶勒丹希呼图呼图克图之呼毕勒罕呈请进京瞻仰朕颜，实属至诚。著照所请，准其进京陛见。"

（文宗朝卷二五六·页六下）

○咸丰九年（己未）十二月辛亥（1860.1.8）

又谕（内阁）："满庆等奏达赖喇嘛之父敬备贡物，恳请交附巴雅尔堪布恭进一折。达赖喇嘛呼毕勒罕之父公彭错策旺呈进贡物，具见悃忱。著准其将贡物附交巴雅尔堪布恭进，并准其于达赖喇嘛及辅国公、台吉、扎萨克例贡之年随同进献。"

（文宗朝卷三〇三·页一三下～一四上）

四川、甘肃等地喇嘛和土司头人

○嘉庆七年（壬戌）十二月戊午（1803.1.14）

上幸瀛台，阅冰技。哈密扎萨克郡王额尔德锡尔等十七人、瓦寺安抚司索诺木荣宗等三十二人……于西苑门外瞻觐。

（仁宗朝卷一〇六·页二七上）

○嘉庆七年（壬戌）十二月丙寅（1803.1.22）

上御保和殿，筵宴朝正外藩。科尔沁、喀喇沁、巴林、翁牛特、土默特、扎噜特、茂明安、敖汉、阿巴哈纳尔、鄂尔多斯、郭尔罗斯、喀尔喀、阿拉善、四子部落、苏尼特、哈密、土尔扈特、青海王、贝勒、贝子、公、额驸、台吉、塔布囊等及瓦寺安抚司、霍罕来使、噶勒丹锡呼图呼图克图等随文武大臣依次就坐。诸乐并作，上进酒。

（仁宗朝卷一〇六·页三〇下）

○嘉庆十年（乙丑）十二月庚子（1806.2.9）

上幸瀛台，阅冰技。喀什噶尔三品伯克伊斯堪达尔等四人……四川土司甲木参诺尔布等三十人于西苑门外瞻觐。

（仁宗朝卷一五五·页一〇下～一一上）

○嘉庆十年（乙丑）十二月戊申（1806.2.17）

上御保和殿，筵宴朝正外藩。……明正、巴塘、德尔格忒土司等随文武大臣依次就坐。诸乐并作，上进酒。……

（仁宗朝卷一五五·页二〇下～二一上）

○嘉庆十四年（己巳）五月丙寅（1809.6.19）

谕军机大臣等："特清额等奏土司、屯番吁恳进京祝嘏一折。本年朕五旬万寿，中外臣民输情舞蹈，川省各土司久隶版图，渥沾闿泽，兹以遭逢庆典，同殷嗎向，冀抒感戴积忱，自应俯顺番情，准令来京瞻觐。但部落众多，若概俞所请，其中甫经朝觐回川者，往来跋涉，转非所以体恤远人。著照该将军等所拟，将应入下次年班及向来进京之土司、屯番人等酌定数目，届期照例遴派人员护送，于九月初旬到京，俾得随班叩祝，遂其悃忱。此次即作为下次年班，以示朕怀柔抚恤至意。将此传谕知之。"

（仁宗朝卷二一一·页一四上～一五上）

○嘉庆十四年（己巳）十月甲午（1809.11.14）

御同乐园，赐皇子及王以下文武大臣、蒙古王公、外藩使臣、四川土司等食。至丙申皆如之。

（仁宗朝卷二一九·页五上～下）

○嘉庆十四年（己巳）十月丙申（1809.11.16）

上御正大光明殿，赐皇子及王以下文武大臣、蒙古王公、外藩使臣、四川土司等宴，并赏赍有差。

（仁宗朝卷二一九·页六上～下）

○嘉庆二十四年（己卯）九月庚辰（1819.11.8）

上御同乐园，赐王公大臣、蒙古王、贝勒、贝子、公、额驸及外藩使臣、四川土司等食。至甲申皆如之。

（仁宗朝卷三六二·页一九上）

○嘉庆二十四年（己卯）十月乙未（1819.11.23）

御太和殿，王以下文武大臣官员、蒙古王公、外藩使臣、四川土司等行庆贺礼，作乐宣表如仪。

（仁宗朝卷三六三·页六下）

○嘉庆二十四年（己卯）十月丙申（1819.11.24）

御同乐园，赐皇子、皇孙及王以下文武大臣、蒙古王公、外藩使臣、四川土司等食。至戊戌皆如之。

（仁宗朝卷三六三·页七上）

○嘉庆二十四年（己卯）十月丁酉（1819.11.25）

上御正大光明殿，赐皇子、皇孙及王以下文武大臣、蒙古王公、外藩使臣、四川土司等宴，并赏赉有差。

（仁宗朝卷三六三·页七上～下）

○嘉庆二十四年（己卯）十月戊戌（1819.11.26）

上御山高水长，赐皇子、皇孙及王以下文武大臣、蒙古王、贝勒、额驸、外藩使臣、四川土司等食。

（仁宗朝卷三六三·页八下）

○道光九年（己丑）十二月癸未（1830.1.17）

（前略）土司明正宣慰司甲木参多结等三十八人于西华门外瞻觐。

（宣宗朝卷一六三·页三三下）

○道光十九年（己亥）正月癸亥（1839.3.11）

又谕（内阁）："向来回子伯克每年朝觐，九班轮流，四川土司三年朝觐，两班轮流。在该伯克、土司等输忱展觐，不敢告劳，惟念万里驰驱，载途雨雪，朕俯怀况瘁，为期未免过勤。著加恩自道光十九年起，回子伯克年班改为间二年朝觐，仍照旧九班轮流。第一班著于道光二十一年来京，第二班著于二十四年来京，此后照此办理。四川土司年班改为间五年朝觐一次，仍照旧班轮流。第一班著于道光二十四年来京，第二班著于三十年来京，此后均照此办理。用示朕怀柔远服体恤优加至意。该衙门即遵谕行。"

（宣宗朝卷三一八·页二三上～二四上）

○咸丰二年（壬子）十二月甲辰（1853.2.6）

土司宣慰司坚参、生郎、多吉等三人……于午门外瞻觐。

（文宗朝卷八〇·页四上）

○咸丰九年（己未）二月丙寅（1859.3.29）

四川土司二品顶带泽尔甲等三十六员于清漪园东宫门外瞻觐。

（文宗朝卷二七七·页一五下）

赈灾、免赋

○ 嘉庆元年（丙辰）二月壬午（1796.3.14）

谕内阁："本年恩诏普免各直省地丁钱粮，甘肃省所属府、州、县有止征粮草者，又兰州、巩昌、西宁、凉州四府征收番民粮草，虽不在蠲免地丁之内，第念该省地处边陲，著一体加恩将应征番民粮草全行蠲免，屯粮、草束蠲免十分之三，俾边徼民番共臻乐利。"

（仁宗朝卷二·页五下）

○ 嘉庆元年（丙辰）十月己亥（1796.11.26）

免青海被雪成灾番户应征银三年。

（仁宗朝卷一〇·页一九上）

○ 嘉庆五年（庚申）五月丙申（1800.7.6）

免四川被贼滋扰之射洪、盐亭、遂宁、西充、南部、剑、长寿、涪、酆都、平武、松潘、三台、中江、绵、梓潼、江油、彰明十七厅、州、县本年额赋。

（仁宗朝卷六七·页一九下）

○ 嘉庆六年（辛酉）七月戊戌（1801.9.1）

拨山西藩库银六十万两，山东、河南藩库银各三十万两，赈恤甘肃被旱灾民。并免皋兰、狄道、渭源、金、靖远、陇西、安定、会宁、宁远、伏羌、西和、岷、通渭、漳、平凉、静宁、隆德、固原、华亭、安化、宁、合水、正宁、环、山丹、平番、古浪、秦、秦安、清水、礼、阶、灵台、镇原、崇信、武威、永昌、镇番、西宁、碾伯、成、文、徽、两当四十四厅、州、县并西固、三岔二州同、沙泥州判、红水、东乐二县丞所属节年新旧额赋、草束有差。

（仁宗朝卷八五·页二四上～下）

○嘉庆六年（辛酉）九月戊子（1801.10.21）

赈甘肃宕昌番民。

（仁宗朝卷八七·页一四下）

○嘉庆七年（壬戌）三月丙子（1802.4.7）

缓征甘肃皋兰、渭源、金、靖远、狄道、陇西、安定、会宁、岷、通渭、漳、西和、伏羌、宁远、平凉、静宁、华亭、隆德、固原、庄浪、安化、宁、正宁、合水、环、秦、礼、清水、秦安、阶、文、泾、灵台、崇信、镇原、山丹、东乐、永昌、镇番、古浪、平番四十一厅、州、县并西固州同、沙泥州判、红水县丞所属上年旱灾及被旱之河、盐茶、武威、西宁、碾伯、成、徽、两当八厅、州、县、三岔州判所属本年春征额赋。

（仁宗朝卷九五·页六下～七上）

○嘉庆十年（乙丑）正月辛卯（1805.2.5）

给甘肃西宁、碾伯、大通、皋兰、金、灵、宁朔、中卫八州、县被水灾民口粮有差。

（仁宗朝卷一三九·页三下）

○嘉庆十年（乙丑）闰六月甲辰（1805.8.17）

缓征甘肃陇西、宁远、伏羌、通渭、西和、静宁、环、皋兰、古浪、平番、西宁、碾伯、大通、巴燕戎格十四厅、州、县水灾、旱灾新旧额赋。

（仁宗朝卷一四六·页三二上）

○嘉庆十年（乙丑）七月癸丑（1805.8.26）

（前略）赈陇西、宁远、伏羌、通渭、西和、静宁、环七州、县被旱灾民。给皋兰、古浪、平番、西宁、碾伯、大通、巴燕戎格七厅、县被水灾民口粮有差。

（仁宗朝卷一四七·页四上）

○嘉庆十一年（丙寅）正月壬子（1806.2.21）

贷甘肃皋兰、平番、西宁、碾伯、大通、巴燕戎格、陇西、宁远、伏羌、通渭、西和、静宁、环十三厅、州、县及东乐县丞所属被水、被旱灾民籽种、口粮。

（仁宗朝卷一五六·页八上）

○嘉庆十一年（丙寅）九月甲子（1806.10.31）

赈甘肃宁夏、宁朔、平罗三县被水灾民。缓征宁夏、宁朔、平罗、皋兰、西宁五县新旧额赋，并贷籽种、口粮。

（仁宗朝卷一六七·页八上）

○嘉庆十二年（丁卯）六月壬申（1807.7.6）

免甘肃被贼滋扰之大通县番民本年应纳粮石及贡马银，并贷口粮有差。

（仁宗朝卷一八一·页三上）

○嘉庆十三年（戊辰）八月丁酉（1808.9.23）

除甘肃西宁、碾伯二县水冲地三十六顷有奇额赋。

（仁宗朝卷二〇〇·页二下）

○嘉庆十三年（戊辰）八月庚子（1808.9.16）

赈甘肃皋兰、金、陇西、平罗、靖远、中卫、宁夏、西宁、巴燕戎格、伏羌、宁朔、灵、大通十三厅、州、县被水、被雹灾民，并缓征新旧额赋。

（仁宗朝卷二〇〇·页四上）

○嘉庆十四年（己巳）正月壬戌（1809.2.15）

展赈甘肃皋兰、金、陇西、平罗、靖远、中卫、宁夏、西宁、巴燕戎格九厅、县上年被水、被雹灾民。

（仁宗朝卷二〇六·页六下～七上）

○嘉庆十六年（辛未）十二月甲子（1812.2.2）

赏四川绰倭土司地震灾民银。

（仁宗朝卷二五二·页一四下）

○嘉庆十七年（壬申）六月甲辰（1812.7.11）

免卫藏伙尔等二十族番民雪灾上年贡马银。

（仁宗朝卷二五八·页三上）

○嘉庆二十年（乙亥）十一月丁酉（1815.12.16）

缓征甘肃皋兰、金、靖远、安定、陇西、平罗、西宁、盐茶八厅、县雹灾、旱灾、霜灾新旧额赋。

（仁宗朝卷三一二·页一六上）

○嘉庆二十一年（丙子）正月甲申（1816.2.1）

贷甘肃皋兰、金、靖远、安定、陇西、平罗、西宁、盐茶、狄道、静宁、会宁、通渭、宁远、漳、灵台、秦安、清水、灵、碾伯、大通、秦、两当、平凉、宁夏、宁朔二十五厅、州、县及花马池州同所属上年歉收贫民籽种、口粮。

（仁宗朝卷三一五·页三下）

○嘉庆二十一年（丙子）四月丙子（1816.5.23）

贷甘肃皋兰、靖远、陇西、安定、盐茶、平罗、西宁、会宁、宁远、漳、宁夏、静宁、宁朔、大通、碾伯十五厅、州、县上年旱灾及歉收地方贫民口粮。

（仁宗朝卷三一八·页一四下）

○嘉庆二十一年（丙子）九月戊申（1816.10.22）

缓征甘肃皋兰、狄道、渭源、西宁四州、县水灾、雹灾新旧额赋草束。

（仁宗朝卷三二二·页二上）

○嘉庆二十一年（丙子）十一月丙午（1816.12.19）

贷甘肃皋兰、狄道、渭源、西宁、宁朔、陇西、宁远、安定、岷、通渭、两当十一州、县被雹、被水灾民口粮。

（仁宗朝卷三二四·页一上～下）

○嘉庆二十二年（丁丑）三月丁卯（1817.5.9）

抚恤四川口外章谷地方地震灾民。

（仁宗朝卷三二八·页一六下）

○嘉庆二十三年（戊寅）二月甲申（1818.3.22）

免西宁所属格尔吉被雪番族应征银三年。

（仁宗朝卷三三九·页一六下）

○嘉庆二十四年（己卯）十二月甲寅（1820.2.10）

免西宁口外番族积欠马贡银。

（仁宗朝卷三六五·页三四下）

○嘉庆二十五年（庚辰）正月戊午（1820.2.14）

贷甘肃成、镇原、徽、秦、秦安、西宁、平凉、宁夏、伏羌、静宁、泾、灵台、宁朔、平罗、阶、狄道十六州、县及庄浪县丞所属上年被水、被雹灾民籽种、口粮。

（仁宗朝卷三六六·页三上～下）

○道光元年（辛巳）十一月甲子（1821.12.11）

缓征甘肃宁、陇西、武威、古浪、镇原、中卫、洮、静宁、西宁、灵台十厅、州、县被灾歉收新旧钱粮、草束，并给灵、泾二州灾民口粮、房屋修费。

（宣宗朝卷二六·页二九上）

○道光二年（壬午）正月甲寅（1822.1.30）

贷甘肃中卫、灵、宁夏、宁朔、平罗、靖远、皋兰、渭源、安定、会宁、岷、平番、西宁、宁、陇西、武威、古浪、镇原、洮、静宁、泾、灵台、通渭、西和、华亭、安西、敦煌二十七州、县并王子庄州同所属上年被水、被旱、被雹灾民籽种、口粮。

（宣宗朝卷二八·页六下～七上）

○道光二年（壬午）十二月戊辰（1823.2.8）

谕内阁："那彦成等奏玉舒番族每岁马贡折银请循旧例交纳一折。青海大臣衙门所管玉舒番族向有马贡折银，由该番目自赴西宁交纳。嗣于乾隆三十一年改派主事通丁前往催收，各番族供应较繁，殊滋扰累。那彦成等请循照旧例办理，用示体恤。著照所请，嗣后此项贡马折银，著仍循旧例，责令该总管、千、百户等照数凑齐，于每岁九月间交该处贸易番目自赴西宁交纳。仍著青海大臣会同西宁镇派员兑收贮库。所有主事通丁催征之例永行停止。至该主事前往会盟之年，如有自备土仪致送番族及客商私带货物一并查明究办，以除积弊。"

（宣宗朝卷四七·页三〇上～下）

○道光二年（壬午）十月壬寅（1822.11.14）

缓征甘肃静宁、灵、渭源、靖远、西宁、碾伯六州、县被水、被雹、被霜村庄新旧额赋，并赈河州被水灾民。

（宣宗朝卷四二·四下）

○道光三年（癸未）正月戊寅（1823.2.18）

贷甘肃静宁、西宁、洮州、秦、狄道、宁、安定七厅、州、县上年地震灾民粮石。

（宣宗朝卷四八·页一九上）

○道光三年（癸未）二月丁巳（1823.3.29）

除甘肃陇西、岷、灵、宁夏、宁朔、中卫、平罗、西宁、高台、玉门十州、县及西固州同所属水冲、沙压民屯地九百四十三顷有奇正耗银粮、草束。

（宣宗朝卷四九·页二二上）

○道光四年（甲申）十月庚辰（1824.12.11）

除青海玉舒番上下隆坝族被雪压毙番人七十八户马贡银。

（宣宗朝卷七四·页二九下）

○道光四年（甲申）十一月壬子（1825.1.12）

缓征甘肃皋兰、河、狄道、靖远、金、渭源、陇西、西和、安定、会宁、通渭、宁远、静宁、隆德、武威、古浪、平番、西宁、碾伯、大通、灵二十一州、县及沙泥州判、庄浪、东乐二县丞所属灾区新旧额赋。

（宣宗朝卷七五·页三一下）

○道光五年（乙酉）正月甲午（1825.2.23）

贷甘肃狄道、静宁、固原、安西、河、秦、泾、肃、抚彝、皋兰、渭源、靖远、金、伏羌、安定、会宁、通渭、宁远、漳、隆德、安化、张掖、山丹、武威、永昌、古浪、平番、中卫、平罗、西宁、碾伯、大通、秦安、礼、徽、灵台、镇原、崇信、高台三十九厅、州、县并肃州州同、庄浪、毛目、东乐各县丞所属灾民口粮、籽种有差。

（宣宗朝卷七八·页七上～下）

○道光五年（乙酉）三月庚戌（1825.5.10）

贷甘肃洮州、循化、静宁、宁、靖远、陇西、西和、漳、隆德、环、永昌、古浪、平番、清水、两当、灵台、礼十七厅、州、县及庄浪县丞所属上年灾歉贫民口粮有差。

（宣宗朝卷八〇·页二七下）

○道光六年（丙戌）十一月辛丑（1826.12.22）

展缓甘肃供应兵差之狄道、伏羌、通渭、岷、西和、会宁、宁远、洮州、固原、静宁、华亭、安化、合水、环、宁、山丹、永昌、古浪、平番、西宁、碾伯、大通、循化、秦、秦安、清水、礼、徽、泾、崇信、肃、高台、安西、敦煌、隆德、盐茶、张掖、抚彝、巴燕戎格三十九厅、州、县暨沙泥州判、红水、庄浪、东乐县丞、西固州同所属节年未完额赋。

（宣宗朝卷一一〇·页二〇下）

○道光七年（丁亥）正月辛巳（1827.1.31）

贷甘肃洮州、皋兰、渭源、会宁、西和、伏羌、张掖、武威、古浪、平番、宁朔、西宁、秦、秦安、礼、两当、镇原十七厅、州、县上年被水、被雹灾民口粮、籽种有差。

（宣宗朝卷一一三·页八上）

○道光九年（己丑）六月己巳（1829.7.7）

免西藏喀喇乌苏等处被雪成灾番族贡马银，并抚恤被灾官兵户口。

（宣宗朝卷一五七·页九上）

○道光九年（己丑）十二月乙亥（1830.1.9）

抚恤西藏三十九族被雪成灾番民。

（宣宗朝卷一六三·页一五上）

○道光十年（庚寅）闰四月壬寅（1830.6.5）

给西藏喀喇乌苏等处被灾番民口粮。

（宣宗朝卷一六八·页一二下）

○道光十年（庚寅）十月甲寅（1830.12.14）

缓征甘肃皋兰、安定、会宁、贵德、碾伯、中卫、金、固原、宁夏、宁朔、灵、清水、泾、崇信十四厅、州、县被雹、被水、被霜灾民本年额赋，并供办兵差之河、狄道、渭源、靖远、陇西、宁远、伏羌、通渭、岷、西和、洮州、平凉、静宁、隆德、华亭、盐茶、安化、宁、正宁、合水、环、抚彝、张掖、山丹、庄浪、武威、永昌、镇番、古浪、平番、平罗、循化、丹噶尔、巴燕戎格、西宁、大通、秦、秦安、礼、徽、两当、阶、文、成、灵台、镇原、肃、高台、安西、敦煌、玉门五十二厅、州、县及东乐、红水、陇西、庄浪、毛目县丞、花马池、西固、王子庄州同、沙泥、三岔州判所属九处积欠银粮。

（宣宗朝卷一七八·页三六上～下）

○道光十三年（癸巳）九月辛未（1833.10.16）

缓征甘肃西宁县被雹村庄新旧额赋。

（宣宗朝卷二四三·页六下）

○道光十四年（甲午）八月乙未（1834.9.5）

贷甘肃皋兰、狄道、靖远、盐茶、西宁、碾伯六厅、州、县被旱灾民仓粮。

（宣宗朝卷二五五·页四上）

○道光十五年（乙未）十二月癸亥（1835.1.26）

除玉舒格尔吉等十一族被灾番户应征银两。

（宣宗朝卷二七五·页一六上）

○道光二十年（庚子）七月庚寅（1840.7.30）

缓征甘肃河、狄道、洮州、西宁、碾伯五厅、州、县被震、被霜灾区新旧额赋。

（宣宗朝卷三三六·页三下）

○道光二十一年（辛丑）十一月庚午（1842.1.1）

免玉舒番族被雪压毙人户应征银。

（宣宗朝卷三六二·页一一下）

○道光二十一年（辛丑）十一月癸酉（1842.1.4）

缓征甘肃皋兰、河、狄道、靖远、安定、固原、安化、宁、环、武威、宁夏、宁朔、灵、中卫、平罗、西宁、碾伯、灵台十八州、县及花马池州同、沙泥州判、东乐县丞所属被雹、被霜、被水歉区旧欠额赋。

（宣宗朝卷三六二·页一五下）

○道光二十二年（壬寅）十一月癸亥（1842.12.20）

缓征甘肃武威、碾伯、皋兰、河、狄道、金、靖远、宁远、会宁、平凉、静宁、隆德、固原、安化、宁、环、宁夏、宁朔、灵、中卫、平罗、西宁、泾、崇信、灵台、镇原二十六州、县暨沙泥州判所属歉收村庄新旧额赋。

（宣宗朝卷三八五·页一〇上）

○道光二十七年（丁未）八月戊申（1847.9.10）

谕内阁："布彦泰奏西宁县属猝被水灾，黄河水势骤长，委员查勘抚恤一折。甘肃西宁县属地方山水陡发，冲没田庐、人口，业经该督派委一员先行履勘抚恤。惟事关民瘼，必宜迅速办理，不可稍缓须臾。至黄河水势骤长，上下游有无被灾，应否赈恤之处，著该督再遴派一二贤能之员，迅速分别前往各处逐细详勘，酌量被灾轻重妥为抚恤，悉心核实妥办，毋令一夫失所，以副朕轸念灾区至意。"

（宣宗朝卷四四五·页四上～下）

○道光二十七年（丁未）十一月甲辰（1848.1.4）

缓征甘肃河、宁远、伏羌、安定、会宁、洮、隆德、固原、安化、宁、张掖、古浪、宁夏、宁朔、平罗、崇信、皋兰、平番、西宁、碾伯、大通二十一州、县及盐茶同知、陇西县丞所属被雹、被水、被旱、被霜村庄新旧正杂额赋。

（宣宗朝卷四四九·页四一上～下）

○道光二十八年（戊申）十一月己卯（1848.12.4）

缓征甘肃渭源、伏羌、陇西、西和、华亭、宁、宁夏、宁朔、灵、中卫、平罗、西宁、崇信、灵台、金、安定、会宁、平凉、静宁、固原、隆德、泾二十二州、县歉收村庄新旧额赋。

（宣宗朝卷四六一·页六上）

○道光三十年（庚戌）十二月戊午（1851.1.2）

缓征甘肃河、陇西、灵、西宁、灵台五州县及陇西县丞所属被水、被旱、被雹、被霜灾区旧欠额赋并皋兰、靖远、宁夏、宁朔、中卫、平罗六县新旧额赋。

（宣宗朝卷二三·页四上）

○咸丰二年（壬子）十二月丁亥（1853.1.20）

缓征甘肃河、靖远、安定、静宁、泾、崇信、镇原、灵台、皋兰、狄道、渭源、固原、宁夏、宁朔、灵、中卫、平罗、西宁、大同十九州、县及陇西县丞所属被旱、被水、被雹、被霜地方新旧额赋。

（文宗朝卷七九·页一一上～下）

○咸丰六年（丙辰）十一月丙子（1856.12.19）

蠲缓甘肃皋兰、靖远、静宁、宁夏、宁朔、平罗、碾伯、泾、崇信、镇原、西宁、河、狄道、隆德、宁、武威、灵、灵台十八州、县并沙泥州判所属被水、被雹、被旱灾区新旧额赋。

（文宗朝卷二一三·页五上－下）

○咸丰八年（戊午）三月丁丑（1858.4.14）

又谕（内阁）："满庆奏唐古忒番民苦累据情代奏一折。唐古忒因重修布达拉山上楼房工程，并办理达赖喇嘛呼毕勒罕事宜，情形甚属苦累。著加恩即在备存察木多、拉里、西藏三台盈余生息银内赏给银一万两，毋庸按年归还，以示体恤。其余著照所请，由粮库支给，仍按年扣还归款。"

（文宗朝卷二四七·页四上）